Sentirse bien

David D. Burns

Sentirse bien

Una nueva terapia
contra las depresiones

PAIDÓS

Buenos Aires
Barcelona
México

Título original: *Feeling Good. The New Mood Therapy*
Publicado en inglés por William Morrow and Company, Inc., Nueva York.

Traducción de Beatriz López (partes I y II)
y Graciela Jáuregui Lorda de Castro (partes III a VII)

Cubierta de Julio Vivas

Burns, David D.
    Sentirse bien : una nueva terapia contra las depresiones. – 1a.
ed. - Buenos Aires : Paidós, 2005.
    424p. ; 22x16 cm. – (Autoayuda ; 39038)

    Traducido por: Beatriz López y Graciela Jáuregui Corda
de Castro

    ISBN 950-12-2638-7

    1. Autoayuda. I. López, Beatriz, trad. II. Jáuregui Corda
de Castro, Graciela, trad. III. Título
    CDD 158.1

1ª edición en Argentina, 2005

Queda hecho el depósito que previene la Ley 11.723
Impreso en Argentina – Printed in Argentina

Impreso en Color Efe
Paso 192, Avellaneda, en febrero de 2005
Tirada: 1000 ejemplares.

ISBN 950-12-2638-7

Indice

I
Teoría e investigación

II
Casos prácticos

III
Depresiones realistas

Lista de tablas

Este libro está dedicado a mi maestro personal, el doctor Aaron T. Beck, en testimonio de mi admiración por sus conocimientos y coraje, y de mi agradecimiento por su paciencia, dedicación y simpatía.

Prólogo

Me complace que David Burns ponga al alcance del público en general este método para modificar los estados de ánimo que últimamente ha suscitado tanto interés y entusiasmo entre los profesionales de la salud mental. El doctor Burns ha condensado años de investigación realizada en la Universidad de Pensilvania sobre las causas y los tratamientos de la depresión, y presenta lúcidamente el componente esencial de autoayuda correspondiente al tratamiento especializado que ha resultado de esa investigación. Este libro constituye una importante aportación para quienes deseen darse a sí mismos una educación de "primera clase" en la comprensión y el dominio de sus estados de ánimo.

Vamos a decir algo sobre la evolución de la terapia cognitiva que puede interesar a los lectores de *Feeling Good: The New Mood Therapy*. Poco tiempo después de haber empezado mi carrera profesional como un entusiasta estudiante y profesional de la psiquiatría psicoanalítica tradicional, comencé a investigar la base empírica de la teoría y la terapia freudianas de la depresión. Si bien esa base resultaba de difícil acceso, los datos que iba obteniendo en mi búsqueda sugerían una teoría nueva y comprobable sobre las causas de las perturbaciones emocionales. La investigación parecía revelar que el individuo deprimido se ve a sí mismo como un "perdedor", como una persona inadaptada destinada a la frustración, la carencia, la humillación y el fracaso. Experimentos posteriores pusieron de manifiesto una notable diferencia entre la autoevaluación, las expectativas y las aspiraciones de la persona deprimida, por una parte, y sus logros reales —a menudo muy importantes— por la otra. Llegué a la conclusión de que la depresión debe de incluir una perturbación del pensamiento: la persona deprimida piensa de manera idiosincrásica y negativa sobre sí misma, su ambiente y su futuro. Esta tendencia mental pesimista afecta a su estado de ánimo, su motivación y sus relaciones con los demás, y culmina en el cuadro de síntomas físicos y psicológicos típico de la depresión.

En la actualidad, contamos con un gran cúmulo de datos procedentes de la investigación y la experiencia clínica que sugieren que la gente puede aprender a controlar las dolorosas oscilaciones de los estados de ánimo y la conducta contraproducente aplicando algunos principios y técnicas relativamente sencillos. Los resultados más bien positivos de esta investigación han despertado el interés por la teoría cognitiva en los psiquiatras, psicólogos y otros profesionales de la salud mental. Muchos autores han considerado que nuestras conclusiones constituyen un acontecimiento fundamental para el estudio científico de la psicoterapia y la evolución personal. La incipiente teoría de las perturbaciones emocionales en la que se basa esta investigación es ya objeto de investigaciones exhaustivas en centros académicos de todo el mundo.

El doctor Burns explica con claridad este progreso alcanzado en la comprensión de la depresión. Presenta, en un lenguaje sencillo, métodos innovadores y eficaces para modificar los dolorosos estados de ánimo depresivos y reducir la agobiante ansiedad. Confío en que los lectores de este libro serán capaces de aplicar a sus problemas los principios y técnicas que hemos desarrollado trabajando con nuestros pacientes. Si bien las personas con perturbaciones emocionales más graves necesitarán la ayuda de un profesional de la salud mental, las que tengan problemas más controlables podrán salir adelante empleando las técnicas que apelan al "sentido común", recientemente creadas, que describe el doctor Burns. Así, *Sentirse bien* debe convertirse en una guía inmensamente útil para las personas que deseen ayudarse a sí mismas.

Por último, en este libro se refleja el singular talento de su autor, cuyo entusiasmo y energía creativa se han convertido en un verdadero regalo para sus pacientes y colegas.

DR. AARON T. BECK
Profesor de psiquiatría,
Facultad de Medicina
de la Universidad de Pensilvania

Agradecimientos

Doy las gracias a mi esposa, Melanie, por la ayuda que me prestó como correctora y por la paciencia que demostró y el apoyo que me brindó durante las muchas tardes y fines de semana que llevó la preparación de este libro. Asimismo, quiero agradecer a Mary Lovell su entusiasmo y la ayuda que me prestó mecanografiando el manuscrito.

El desarrollo de la terapia cognitiva ha sido el resultado de un trabajo de equipo en el que han participado muchos individuos de talento, que han realizado incalculables aportaciones a través de su labor en la Mood Clinic y en el Center for Cognitive Therapy. Entre ellos figuran los doctores Aaron Beck, John Rush, María Kovacs, Brian Shaw, Gary Emery, Steve Hollon, Rich Bedrosian y muchísimos otros. Quiero mencionar además a algunos miembros del personal actual, como Ruth Greenberg y los doctores Jeff Young, Ira Herman, Art Freeman y Ron Coleman, por sus diversas contribuciones.

Varias personas me han dado permiso para referirme a su trabajo detalladamente en este libro, entre ellos los doctores Raymond Novaco, Arlene Weissman y Mark K. Goldstein.

Quisiera mencionar especialmente a Maria Guarnaschelli, la correctora de este libro, por su infinita energía y vitalidad, que tanta inspiración me brindaron.

Mientras realizaba los estudios preparatorios y la investigación que culminaron en este libro, fui becario del Foundations' Fund for Research in Psychiatry, a cuyos responsables agradezco el apoyo que me ofrecieron y que hizo posible esta experiencia.

Tengo que dar las gracias también al doctor Frederick K. Goodwin, jefe de la Sección de Psicología Clínica del National Institute of Mental Health, por su valioso asesoramiento sobre la incidencia de los factores biológicos y las drogas antidepresivas en el tratamiento de las perturbaciones de los estados de ánimo.

Asimismo, desearía expresar mi agradecimiento a Arthur P. Schwartz, porque gracias a su estímulo y persistencia ha podido llegar a publicarse este libro.

Introducción

En este libro compartiré con los lectores algunos de los últimos métodos comprobados científicamente para la superación de los estados de ánimo depresivos y la experimentación de un sentimiento de bienestar con respecto a su propia vida. Las técnicas se basan en una nueva forma de tratamiento conocida como terapia cognitiva, un método de actuación rápida para tratar los trastornos emocionales como la depresión y la ansiedad. Este tratamiento se denomina "terapia cognitiva" porque consiste en enseñar al paciente a modificar su manera de interpretar y ver las cosas cuando se ve asaltado por alguna perturbación, con el fin de que se sienta mejor y actúe más productivamente.

Las técnicas para mejorar el estado de ánimo son bastante fáciles de dominar y sorprendentemente eficaces. En realidad, la terapia cognitiva es la primera forma de psicoterapia en la historia que ha demostrado ser, según las investigaciones clínicas, más eficaz que la terapia con drogas antidepresivas en el tratamiento de la depresión grave. Las investigaciones publicadas también han demostrado que la terapia cognitiva es superior en el tratamiento de la depresión a muchas otras formas de psicoterapia, entre ellas la terapia de la conducta, la terapia de grupo y las terapias de introspección. Estos resultados han intrigado a muchos psiquiatras y psicólogos y han provocado una ola de investigaciones clínicas y básicas. En un artículo de la doctora Myrna Weissman, de la Facultad de Medicina de la Universidad de Yale en New Haven, que apareció en una importante revista de psiquiatría (*Archives of General Psychiatry*), se llega a la conclusión de que, en general, los estudios realizados demuestran la superioridad de la terapia cognitiva cuando se compara con otras terapias específicas. Como sucede con todo nuevo descubrimiento de las investigaciones sobre medicina y salud mental, antes de emitir juicio definitivo habrá que esperar a que pase el tiempo y a que aparezcan nuevos estudios, pero las conclusiones iniciales son muy prometedoras.

En la nueva terapia se concede mucha importancia a las intervenciones basadas en el sentido común. Su modo de acción rápida ha provocado escepticismo en más de un terapeuta tradicional. Sin embargo, los métodos terapéuticos convencionales a menudo no dan resultado en muchos trastornos anímicos y, en realidad, a veces empeoran el estado del paciente. En cambio, después de sólo tres meses de tratamiento, la mayoría de las personas con un estado de depresión grave tratadas en la Mood Clinic han experimentado una reducción considerable de los síntomas que provocaron su iniciación en el tratamiento.

He escrito este libro para que el lector pueda conocer los métodos que han ayudado a tantas personas a superar sus estados depresivos e intensificar su felicidad y autoestima. Cuando aprendan a dominar sus estados de ánimo, aprenderán que la maduración personal puede ser una experiencia maravillosa. En ese proceso desarrollarán una serie de valores personales más significativos y adoptarán una filosofía vital totalmente coherente que les proporcionará los resultados que desean: una mayor eficacia y una gran alegría.

Yo mismo tuve que recorrer un camino indirecto para llegar a la investigación de la terapia cognitiva. En el verano de 1973, metí a mi familia en nuestro Volkswagen y comencé el largo y difícil viaje que conduce desde la zona de la bahía de San Francisco hasta Filadelfia. Había aceptado una plaza de capacitación como psiquiatra residente para investigar los estados de ánimo en la Facultad de Medicina de la Universidad de Pensilvania. Inicialmente trabajé en la Unidad de Investigaciones sobre la Depresión del Philadelphia Veterans Administration Hospital, donde reuní datos sobre las teorías químicas de la depresión popularizadas recientemente. Como consecuencia de esta investigación y de mis experimentos pude conseguir una información fundamental sobre la manera en que el çerebro controla los niveles de cierta sustancia química considerada importante para la regulación de los estados de ánimo. Con motivo de este trabajo, recibí el premio A. E. Bennett para la investigación psiquiátrica básica en 1975.

Para mí fue un sueño que se hacía realidad, porque siempre había pensado que ese premio era el punto culminante de una carrera. Pero faltaba un elemento crucial. Los descubrimientos se encontraban muy lejos de los problemas clínicos que tenía que afrontar día tras día en *mi tratamiento* de seres humanos que sufrían —y a veces morían— a causa de la depresión y otras perturbaciones emocionales. Había demasiados pacientes que simplemente no respondían a las formas existentes de tratamiento.

Aparece en mi memoria el recuerdo de un viejo veterano, Fred. Durante más de una década, Fred había padecido una grave e implacable depresión. Solía sentarse en la sala de la Unidad de Investigaciones sobre la Depresión y temblar, con la vista fija en la pared, durante todo el día. Cuando uno intentaba hablarle, él levantaba la vista y murmuraba: "Me voy a morir, doctor, me voy a morir". Permanecía tanto tiempo en la sala que empecé a preguntarme si acabaría muriéndose simplemente de viejo. Un día tuvo un ataque cardíaco y estuvo a punto de fallecer. Se sintió amargamente desilusionado al comprobar que podía sobrevivir. Después de pasar varias semanas en la Unidad Coronaria fue trasladado nuevamente a la Unidad de Investigaciones sobre la Depresión.

Fred fue tratado con todas las medicaciones antidepresivas conocidas hasta el momento y también con varias drogas experimentales, pero no se pudo conseguir que su depresión cediera. Al final, y como último recurso, su psiquiatra decidió aplicarle la terapia electroconvulsiva (TEC), tratamiento que se emplea sólo cuando todos los demás no han dado resultado. Yo no había participado nunca en la aplicación de la terapia de choque, pero acepté ayudar al psiquiatra. Recuerdo que después de la decimooctava y última aplicación del tratamiento, cuando Fred estaba recuperándose de la anestesia, recorrió el pasillo con la vista y me preguntó dónde estaba. Le dije que se encontraba en el hospital de veteranos y que lo estábamos llevando a su cuarto. Yo abrigaba la esperanza de poder detectar algún pequeño indicio de mejoría, así que le pregunté cómo se sentía. Levantó la vista hacia mí y murmuró con tristeza: "Quiero morirme".

Me di cuenta entonces de que necesitábamos una munición más potente para luchar contra la depresión, pero no sabía cuál podía ser. Aproximadamente en ese momento el doctor John Paul Brady, director del Departamento de Psiquiatría de la Universidad de Pensilvania, me sugirió que hiciese algún trabajo con el doctor Aaron T. Beck, una de las autoridades más conocidas del mundo en materia de trastornos de los estados de ánimo. El doctor Beck estaba investigando un tipo de tratamiento revolucionario y controvertido, basado en la conversación, que denominaba "terapia cognitiva".

Como he dicho antes, la palabra "cognitiva" se refiere simplemente al modo de pensar y de sentir que una persona tiene en determinado momento. La tesis del doctor Beck era simple:

1) cuando usted está deprimido o ansioso, está *pensando* de un modo ilógico, negativo, y sin darse cuenta actúa de una manera contraproducente;

2) con un poco de esfuerzo, usted puede adiestrarse a sí mismo para enderezar sus retorcidos esquemas mentales;

3) cuando desaparezcan sus síntomas más dolorosos, volverá a ser productivo y feliz y se respetará a sí mismo,

4) estos objetivos, por lo general, pueden lograrse en un período relativamente breve, empleando métodos sencillos.

Parecía bastante simple y evidente. Sin duda, mis pacientes deprimidos piensan en las cosas de un modo innecesariamente pesimista y distorsionado. Pero yo dudaba de que los hábitos emocionales y mentales más profundos y arraigados pudiesen eliminarse fácilmente con un programa de adiestramiento del tipo descrito por el doctor Beck. ¡Parecía una idea *demasiado* simple!

Pero me recordé a mí mismo que muchos de los mayores descubrimientos de la historia de la ciencia no eran nada complicados, y sin embargo en un principio fueron observados con profundo escepticismo. La posibilidad de que los conceptos y los métodos cognitivos revolucionasen el tratamiento de los trastornos de los estados de ánimo me intrigaba lo suficiente como para decidirme a probar esa terapia con algunos de mis pacientes más difíciles, a título de experimento. Me sentía bastante pesimista con respecto a la consecución de algún resultado significativo, pero deseaba averiguar por mí mismo si la terapia cognitiva era o no un tontería.

Los resultados me sorprendieron. Muchos de aquellos individuos experimentaron un alivio por primera vez en muchos años. Algunos afirmaron que se sentían felices por primera vez en su vida. A raíz de estas experiencias clínicas, comencé a trabajar más estrechamente con el doctor Beck y sus colaboradores en la Mood Clinic de la Universidad de Pensilvania. Nuestro grupo inició y llevó a cabo varios estudios científicos para evaluar los efectos de los nuevos métodos de tratamiento que estábamos desarrollando. Los resultados de estas investigaciones han producido un enorme impacto en los profesionales de la salud mental de todo el territorio de los Estados Unidos y en otros países, y se detallarán en el capítulo 1.

No es necesario que usted esté gravemente deprimido para obtener un gran beneficio de estos métodos. A todos nos viene bien una "puesta a punto" mental de vez en cuando. Este libro le indicará exactamente qué tiene que hacer cuando lo vea todo negro. Le mostrará cómo identificar los motivos por los cuales se siente así y le ayudará a crear estrategias eficaces para superar sus problemas lo antes posible. Si está dispuesto a invertir un poco de tiempo en sí mismo, podrá aprender a dominar sus estados de ánimo con mayor eficacia, del mismo modo que un atleta que participa en un programa de entrenamiento diario puede desarrollar mayor resistencia y fuerza. El adiestramiento se llevará a cabo de un modo que resulte claro y evidente. Todas las sugerencias serán prácticas, para que usted pueda desarrollar un programa de maduración personal que genere simultáneamente un alivio emocional así como la comprensión de su trastorno y de sus causas originarias. Estos métodos realmente dan buenos resultados y los efectos pueden ser bastante intensos.

I

TEORIA E INVESTIGACION

1
Un avance fundamental en el tratamiento de los trastornos anímicos

Se ha dicho que la depresión es el problema número uno de la salud pública. En realidad, la depresión se halla tan difundida que ya se conoce como el resfriado de las perturbaciones psíquicas. Pero existe una diferencia terrible entre la depresión y el catarro. La depresión puede matarle. Según señalan los estudios pertinentes, el índice de suicidios ha registrado un impresionante incremento en los últimos años, incluso en el caso de niños y adolescentes. Este creciente índice de mortalidad ha tenido lugar a pesar de los miles de millones de drogas antidepresivas y tranquilizantes que se han suministrado durante las últimas décadas.

Esta situación podría parecer bastante desoladora. Antes de que se deprima más, permítame que le cuente las buenas noticias. La depresión es una enfermedad y no una parte necesaria de una vida sana. Y lo que es más importante: usted *puede* superarla aprendiendo unos métodos simples para mejorar su estado de ánimo. Un grupo de psiquiatras y psicólogos de la Facultad de Medicina de la Universidad de Pensilvania ha comunicado un importante avance en el tratamiento y la prevención de los trastornos de los estados de ánimo. Insatisfechos con los métodos tradicionales para el tratamiento de la depresión, que les resultaban lentos e ineficaces, estos doctores desarrollaron y comprobaron sistemáticamente un método totalmente nuevo y eficaz para combatir la depresión y otros trastornos emocionales. Una serie de estudios recientes confirma que estas técnicas reducen los síntomas de la depresión con mucho mayor rapidez que la psicoterapia convencional o la terapia basada en medicamentos. El nombre de este tratamiento revolucionario es "terapia cognitiva".

He participado directamente en el desarrollo de la terapia cognitiva y éste es el primer libro en el que se informa sobre nuestro trabajo al público en general. La aplicación sistemática y la evaluación científica de este método para el tratamiento de la depresión clínica remonta su origen hasta la innovadora labor del doctor Aaron T. Beck, que comenzó a perfeccionar su singular método para la transformación de los estados de ánimo a mediados de la década de los 50.[1] Sus esfuerzos de pionero empezaron a alcanzar notoriedad en los últimos cinco años, debido a la investigación que realizaron muchos profesionales de la salud mental para perfeccionar y evaluar los métodos de la terapia cognitiva en la Mood Clinic[2] del Centro Médico de la Universidad de Pensilvania y en muchos otros centros académicos.

La terapia cognitiva es una tecnología de acción rápida para modificar los estados de ánimo que usted puede aprender a aplicar por su cuenta. Insisto en que es de "acción rápida" porque creo que si usted está deprimido, no puede permitirse el lujo de iniciar una experiencia terapéutica prolongada que requeriría muchos meses o incluso años para que surtiera efecto. Usted tiene que aprender a eliminar los síntomas *con la mayor rapidez posible*. A la vez, usted tiene que alcanzar una maduración personal para poder reducir al mínimo futuros trastornos y evitar un nuevo paso por el infierno emocional de la depresión.

Las simples y eficaces técnicas para el control de los estados de ánimo de la terapia cognitiva le ofrecen:

1. *Una mejoría rápida de los síntomas:* suele observarse un alivio de todos los síntomas depresivos tan sólo en doce semanas.
2. *Comprensión:* una explicación clara de los motivos por los cuales se deprime y qué puede hacer para modificar su estado de ánimo. Usted sabrá cuáles son las causas de sus intensos sentimientos;

1. La idea de que su manera de pensar puede influir profundamente en sus estados de ánimo ha sido explicada por varios filósofos en los últimos 2500 años. Más recientemente, el enfoque cognitivo de las perturbaciones emocionales ha sido examinado en los escritos de muchos psiquiatras y psicólogos, entre ellos Alfred Adler, Albert Ellis, Karen Horney y Arnold Lazarus, por mencionar sólo algunos. La historia de este movimiento la ha contado A. Ellis en *Reason and Emotion in Psychotherapy*, Nueva York, Lyle Stuart, 1962. [Trad. cast.: *Razón y emoción en psicoterapia*, Bilbao, Desclee de Brouwer, 1980.]

2. Mood Clinic ha pasado a ser recientemente el Center for Cognitive Therapy. En la actualidad es un instituto de capacitación para psicoterapeutas, así como también un servicio activo para el tratamiento de los pacientes que padecen trastornos anímicos.

cómo distinguir las emociones "normales" de las "anormales", y cómo diagnosticar y evaluar la gravedad de sus trastornos.

3. *Autocontrol:* aprenderá a aplicar estrategias seguras y eficaces que le harán sentir mejor siempre que se encuentre deprimido. Yo le guiaré para que desarrolle un plan de autoayuda gradual, realista y práctico. Cuando lo aplique, su estado de ánimo quedará bajo su control voluntario.

4. *Prevención y maduración personal:* una profilaxis (prevención) genuina y duradera de futuras oscilaciones de su estado de ánimo puede basarse efectivamente en la reevaluación de algunos valores y actitudes básicos que se encuentran en el centro mismo de su tendencia a las depresiones dolorosas. Le enseñaré cómo cuestionar y reevaluar algunos supuestos sobre la base de la valía humana.

Las técnicas que usted aprenderá para resolver los problemas abarcarán todas las crisis de la vida moderna, desde las irritaciones leves hasta el más importante de los derrumbamientos emocionales. Comprenderán problemas realistas como, por ejemplo, el divorcio, la muerte o el fracaso, así como también esos problemas crónicos y ambiguos que parecen no tener una causa externa evidente como, por ejemplo, la poca confianza en uno mismo, la frustración, la culpa o la apatía.

Tal vez ahora se le ocurra a usted esta pregunta: "¿Se trata simplemente de otra de esas psicologías populares de autoayuda?" En realidad, la terapia cognitiva es la primera forma de psicoterapia que ha resultado ser más eficaz que la terapia basada en drogas antidepresivas, según rigurosos estudios científicos que han sido objeto de un examen crítico por parte de la comunidad académica. Esta terapia es única en lo que se refiere a la obtención de una evaluación profesional y una legitimación en los más altos niveles académicos. *No* es solamente otra nueva modalidad de autoayuda, sino un descubrimiento fundamental que ha llegado a constituir una parte importante de la línea central de la investigación y la práctica psiquiátricas modernas. La base académica que hemos desarrollado sistemáticamente para nuestro trabajo ha aumentado sus efectos y sin duda le otorgará una influencia duradera por muchos años. Pero no se sienta desanimado por el nivel profesional que ha adquirido la terapia cognitiva. A diferencia de gran parte de la psicoterapia tradicional, no es oscura ni antiintuitiva. Es práctica y se basa en el sentido común, y usted puede conseguir que surta efecto en su persona, al igual que lo ha hecho en los pacientes tratados en la Mood Clinic.

El primer principio de la terapia cognitiva es que son las "cogniciones" o pensamientos los que crean *todos* los estados de ánimo. La palabra cognición se refiere al modo en que usted ve las cosas: sus percepciones, actitudes mentales y creencias. Comprende también la manera en que interpreta las cosas: lo que usted se dice a sí mismo sobre algo o alguien. Usted *se siente* así en este momento debido a los *pensamientos que tiene en este momento*.

Voy a poner un ejemplo. ¿Cómo se ha sentido mientras leía esto? Puede que haya pensado: "La terapia cognitiva parece demasiado buena para ser verdad. Conmigo nunca conseguiría nada". Si sus pensamientos son de este tipo, usted se está sintiendo escéptico o incluso desalentado. ¿Cuál es la causa de que se sienta así? Sus *pensamientos*. ¡Usted es el que crea esos sentimientos mediante el diálogo que entabla consigo mismo acerca de este libro!

A la inversa, puede que haya sentido una repentina mejora de su estado de ánimo al pensar: "Oh, parece que esto es algo que por fin podría ayudarme". Su reacción emocional *no* es una consecuencia de las frases que está leyendo, sino de lo que está *pensando*. En el momento en que usted experimenta determinado pensamiento y se lo cree, está provocando una respuesta emocional inmediata. Su pensamiento, en realidad, *crea* la emoción.

El segundo principio es que cuando se siente deprimido, sus pensamientos están dominados por una negatividad que lo invade todo. No sólo se percibe a usted mismo en tonos oscuros, pesimistas, sino también al resto del mundo. Y lo que es aún peor, llegará a creer que las cosas *son realmente* tan malas como usted las imagina.

Si está muy deprimido, comenzará incluso a creer que las cosas han sido y serán siempre negativas. Cuando mira hacia su pasado, recuerda todas las cosas malas que le han sucedido. Cuando trata de imaginar el futuro, ve sólo el vacío o los infinitos problemas y la angustia. Esta visión desolada crea una sensación de *impotencia*. Este sentimiento es absolutamente ilógico, pero parece tan real que acaba convenciéndose a sí mismo de que su incapacidad durará eternamente.

El tercer principio reviste enorme importancia filosófica y terapéutica. Nuestros estudios han comprobado que los pensamientos negativos que provocan su agitación emocional casi *siempre* contienen grandes distorsiones. Aunque esos pensamientos parecen válidos, usted verá que son irracionales o simplemente erróneos, y que ese retorcido pensamiento es la *única causa* de casi todo su sufrimiento.

Las connotaciones son sorprendentes. Su depresión no se basa en percepciones exactas de la realidad sino que es el producto de un deslizamiento mental: la depresión *no* es una experiencia humana valiosa, genuina o importante. Es una imitación falsa, sintética.

Suponga que cree que lo que he dicho puede ser válido. ¿Qué bien le hará a usted? Ahora hemos llegado al resultado más importante de nuestra investigación clínica. Usted puede aprender a dominar su depresión con más eficacia si aprende métodos que le ayuden a identificar y eliminar las perturbaciones mentales que le hacen sentir mal. Cuando comience a pensar con más objetividad, experimentará una rápida y profunda transformación emocional. Las técnicas para modificar los estados de ánimo incluidas en este libro pueden ayudarle a cambiar su vida y a transformar su autoimagen. Constituyen una revolución fundamental en el pensamiento psiquiátrico y psicológico moderno.

¿Qué eficacia tiene la terapia cognitiva frente a otros métodos ya establecidos y aceptados para tratar la depresión? ¿Puede la nueva terapia conseguir que mejoren las personas gravemente deprimidas sin utilizar medicación alguna? ¿Con qué rapidez surte efecto la terapia cognitiva? ¿Tiene resultados duraderos?

Hace varios años iniciamos un estudio piloto para comparar la terapia cognitiva con una de las drogas antidepresivas más usadas y eficaces del mercado, Tofranil (clorhidrato de imipramina). Más de cuarenta pacientes aquejados de depresión grave y enviados a la Mood Clinic fueron divididos al azar en dos grupos. Uno de los grupos iba a someterse a sesiones de terapia cognitiva sin medicación, mientras que el otro sería medicado con Tofranil y no recibiría terapia alguna. Se eligió este sistema de investigación excluyente porque nos daba más oportunidades de comparar la diferencia entre los dos tratamientos. Hasta ese momento, ninguna forma de psicoterapia había demostrado ser tan eficaz para combatir la depresión como el tratamiento con una droga antidepresiva. Por eso, los antidepresivos han experimentado un enorme aumento de interés por parte de los medios de comunicación, y en las dos últimas décadas han llegado a ser considerados por los círculos profesionales como el mejor tratamiento para las modalidades más graves de la depresión.

Los dos grupos de pacientes recibieron tratamiento durante doce semanas. Todos los pacientes fueron evaluados sistemáticamente con amplios tests psicológicos antes de la terapia, así como también en varios intervalos mensuales durante un año después de terminado el tratamiento. Los médicos que realizaron los tests psicológicos no fueron los mismos terapeutas que suministraron el tratamiento. Con esto se aseguró que la evaluación de los méritos de cada uno de los tratamientos fuese objetiva.

Los pacientes padecían episodios depresivos que iban de moderados a graves. La mayoría no había mejorado a pesar de haberse sometido a otros tratamientos con dos o más terapeutas en otras clínicas. Las tres cuartas partes eran suicidas en el momento en que los enviaron. El paciente medio había padecido una depresión crónica o intermitente durante ocho años. Muchos estaban absolutamente convencidos de que sus problemas no tenían solución y sentían que su vida no tenía esperanza. Los problemas anímicos que usted tiene puede que no sean tan abrumadores como los de ellos. Elegimos un grupo de pacientes difíciles para poder verificar el tratamiento en las situaciones más arduas y desafiantes.

El resultado del estudio fue totalmente inesperado y alentador. La terapia cognitiva demostró ser considerablemente superior a la terapia basada en drogas antidepresivas en todos los sentidos. Como puede ver (tabla 1-1, pág. 29), quince de los diecinueve pacientes tratados con la terapia cognitiva habían manifestado una recuperación completa después de doce semanas de tratamiento activo.[3] Otros dos pacientes habían mejorado, pero todavía padecían una depresión leve o intermitente. Sólo un paciente había abandonado el tratamiento y otro no había empezado a mejorar aún al terminar el período de estudio. En cambio, sólo cinco de los veinticinco pacientes asignados a la terapia con drogas antidepresivas habían manifestado una recuperación completa al final del período de doce semanas. Ocho de estos pacientes abandonaron el tratamiento como consecuencia de los efectos secundarios adversos de la medicación y otros doce no experimentaron ninguna mejoría o manifestaron una mejoría parcial.

Revistió especial importancia el descubrimiento de que los pacientes tratados con la terapia cognitiva mejoraron con más

3. La tabla 1-1 es una adaptación de la que figura en Rush, A. J., Beck, A. T., Kovacs, M. y Hollon, S., "Comparative Efficacy of Cognitive Therapy and Pharmacotherapy in the Treatment of Depressed Out-patients", *Cognitive Therapy and Research*, Vol. 1, n. 1, marzo de 1977, págs. 17-38.

Cantidad de pacientes que iniciaron tratamiento	Pacientes tratados solamente con terapia cognitiva 19	Pacientes tratados solamente con drogas antidepresivas 25
Cantidad que se recuperó totalmente*	15	5
Cantidad que experimentó una considerable mejoría pero todavía padecía una depresión leve o intermitente	2	7
Cantidad que no experimentó una mejoría considerable	1	5
Cantidad que abandonó el tratamiento	1	8

*El mayor nivel de mejoría en los pacientes tratados con terapia cognitiva fue estadísticamente significativo.

rapidez que aquellos en quienes la medicación surtió efecto. En una o dos semanas se registró una considerable reducción de los pensamientos suicidas en el grupo de la terapia cognitiva. Esta respuesta casi inmediata al tratamiento señala que las personas deprimidas no tienen que pasar meses angustiadas esperando que la terapia comience a surtir efecto. La eficacia de la terapia cognitiva también debe ser alentadora para aquellos que no quieren depender de la medicación a fin de elevar su estado de ánimo, sino que prefieren llegar a comprender la causa de la perturbación y hacer algo para superarla por sí mismos.

¿Qué pasó con los tres pacientes tratados con terapia cognitiva que no habían experimentado una recuperación total al cabo de las doce semanas? Nuestra experiencia clínica ha demostrado que algunas personas no responden tan rápidamente pero, no obstante, pueden seguir hasta recuperarse por completo si persisten durante un período más largo. El período elegido de doce semanas no debe considerarse un límite más allá del cual el pronóstico se vuelve imposible. Si bien la rapidez de la recuperación depende en parte de la gravedad y el carácter crónico de su depresión, lo que predice

fundamentalmente su recuperación es la voluntad persistente de realizar algún esfuerzo para ayudarse a sí mismo. Dada esta actitud, usted puede lograrlo.

¿Qué mejoría se puede esperar exactamente? El paciente medio tratado con terapia cognitiva experimentó una considerable desaparición de los síntomas al final del tratamiento. Muchos afirman ahora que se sienten más felices que nunca antes en su vida. Insisten en que el adiestramiento para modificar el estado de ánimo les produjo una sensación de autoestima y confianza. Algunos dicen que se sintieron verdaderamente alegres por primera vez. Independientemente de lo miserable, deprimido y pesimista que se sienta usted ahora, estoy convencido de que puede experimentar efectos beneficiosos similares.

¿Cuánto duran los efectos? Las conclusiones de los estudios de seguimiento realizados durante el año posterior a la finalización del tratamiento son muy interesantes. Mientras que muchas de las personas de los dos grupos habían tenido ocasionales oscilaciones del estado de ánimo en diversos momentos del año, los dos grupos siguieron en general conservando las mejoras que habían demostrado al finalizar las doce semanas de tratamiento.

¿A qué grupo le fue realmente mejor en el período de seguimiento? Los tests psicológicos, al igual que los informes de los propios pacientes, confirmaron que los integrantes del grupo sometido a la terapia cognitiva siguieron sintiéndose considerablemente mejor que los del otro grupo, y las diferencias fueron estadísticamente importantes. El índice de recaída en el transcurso del año en el grupo de la terapia cognitiva fue menos de la mitad del observado en los pacientes medicados. Eran diferencias importantes que favorecieron a los pacientes tratados con el nuevo método.

¿Significa esto que puedo garantizarle que nunca volverá a sentirse deprimido después de usar los métodos cognitivos para eliminar su actual depresión? Evidentemente, no. Sería como decirle que, una vez que haya logrado un buen estado físico practicando *jogging* diariamente, nunca más le faltará el aliento. Una parte de la condición del ser humano incluye el hecho de sentirse mal de vez en cuando, así que puedo garantizarle que *no* logrará un estado de felicidad infinita. Lo cual significa que tendrá que volver a aplicar las técnicas que puedan ayudarle si desea seguir dominando sus estados de ánimo. Hay una diferencia entre *sentirse* mejor (lo cual puede suceder espontáneamente) y *lograr* estar mejor (lo cual es el resultado de aplicar y volver a aplicar sistemáticamente los métodos

que mejorarán su estado de ánimo cada vez que sea necesario). Si usted está dispuesto a aplicar estos métodos de un modo continuado, puede que permanezca emocionalmente en forma, y con una mayor sensación de bienestar, autoestima y felicidad, durante el resto de su vida.

La enorme importancia de estos estudios de seguimiento reside en el hecho de que las últimas estimaciones del National Institute of Mental Health indican que, sin un tratamiento eficaz, la depresión se convierte en un trastorno recurrente y crónico en el 80 al 100 por ciento de los pacientes que han padecido un primer episodio depresivo. Por consiguiente, el buen resultado del estudio de seguimiento no fue casual. Habíamos creado una terapia breve y de acción rápida, que no sólo eliminaba la depresión, sino que evidentemente ejercía también un acentuado efecto preventivo. Fueron descubrimientos de importancia fundamental.

Ahora bien, ¿cómo ha recibido este trabajo el círculo académico? El efecto de nuestras conclusiones en los psiquiatras, psicólogos y otros profesionales especializados en la salud mental ha sido considerable, y parece que nos hallamos en el comienzo de una revolución cuyo mayor impacto todavía no se ha producido. A raíz de nuestras investigaciones, publicaciones profesionales, conferencias y talleres realizados en todo el país, el escepticismo inicial que inspiraba la terapia cognitiva está siendo reemplazado por un gratificante interés y entusiasmo general. En la actualidad, se están realizando excelentes estudios para confirmar y ampliar nuestros descubrimientos en algunos de los centros más importantes de los Estados Unidos y Europa. Un acontecimiento reciente de gran importancia fue la decisión del gobierno nacional de invertir millones de dólares durante los próximos años en un programa multiuniversitario de investigación de la depresión, auspiciado por el National Institute of Mental Health. Al igual que en nuestro estudio original, se compararán los efectos antidepresivos de la terapia cognitiva con los de una droga para mejorar el estado de ánimo, a fin de determinar cuál de los dos tratamientos es superior. Además, se evaluará un tercer tipo de psicoterapia, que se centra en los factores interpersonales. Este proyecto, explicado en un número reciente de la revista *Science*,[4] tiene por objeto, evidentemente, ser el estudio psicote-

4. Marshall, E., "Psychotherapy Works, but for Whom?", *Science*, vol. 207, 1 de febrero de 1980, págs. 506-508.

rapéutico más importante y mejor controlado de la historia. Estoy muy esperanzado por esta oportunidad que tienen los investigadores independientes para evaluar y confirmar nuestras conclusiones.

¿Qué significa todo esto? Estamos realizando un descubrimiento fundamental para la psiquiatría y la psicología modernas, un nuevo método para comprender las emociones humanas basado en una terapia verificable y convincente, ¡y da resultado! Muchos profesionales de la salud mental están ahora dedicándose a la terapia cognitiva, con lo que la bola de nieve empieza ya a crecer.

Desde que se completó el primer estudio, muchos cientos de personas deprimidas ha mejorado como consecuencia de la aplicación de la terapia cognitiva. Algunas se habían considerado desahuciadas y se acercaron a nosotros como última oportunidad antes de suicidarse. Muchas otras se encontraban simplemente perturbadas por las dolorosas tensiones de la vida diaria y deseaban alcanzar una mayor felicidad personal. Este libro es una aplicación práctica cuidadosamente elaborada y está destinado a usted. ¡Buena suerte!

2

Cómo diagnosticar sus estados de ánimo: el primer paso para curarlos

Tal vez usted se esté preguntando si en realidad ha estado padeciendo una depresión. Sigamos adelante y veamos dónde se ha quedado. El Beck Depression Inventory (BDI)* (véase la tabla 2-1, pág. 34) es un mecanismo fiable para medir los estados de ánimo con el que se detecta la presencia de la depresión y se mide exactamente su gravedad. Este sencillo cuestionario de selección múltiple se contesta en pocos minutos. Una vez que haya completado el BDI le enseñaré cómo hacer una interpretación simple de los resultados, basada en su puntuación total. Enseguida sabrá usted si ́ está padeciendo una verdadera depresión y, de ser así, cuál es su gravedad. Asimismo, le daré algunas directrices importantes para ayudarle a determinar si puede tratar eficaz y confiadamente su propia depresión usando este libro como guía, o si tiene un trastorno emocional más serio y le convendría la intervención de un profesional, además de los esfuerzos que pueda hacer usted mismo para ayudarse.

Al completar el cuestionario, lea cada punto con atención y rodee con un círculo el número que se encuentra junto a la respuesta que mejor se adapta a lo que usted ha estado sintiendo últimamente. Asegúrese de marcar sólo una respuesta de cada una de las veintiuna preguntas.[1] Si hay más de una respuesta que coincida con la forma

*Literalmente, Inventario de la depresión, de Beck. [E.]

1. Varias preguntas se refieren a si usted ha experimentado recientemente determinados síntomas como, por ejemplo, irritabilidad o insomnio, "...más que de costumbre", o "...más que antes". Si el síntoma ha estado presente durante mucho tiempo debido a una depresión crónica, usted tiene que responder a la pregunta tomando como base la comparación entre su estado de ánimo actual y el que tenía la última vez que se sintió feliz y sin síntomas de depresión. Si cree que nunca se ha sentido feliz y alejado de la depresión, conteste a la pregunta comparando el modo en que se siente ahora con lo que usted imagina que debe sentir una persona normal, sin ningún tipo de signos depresivos.

en que se ha estado sintiendo, rodee con un círculo el número más alto. Si lo duda, elija la que le parezca mejor. No deje ninguna pregunta sin contestar. Independientemente del resultado que obtenga, éste puede ser su primer paso para lograr una mejoría emocional.

Tabla 2-1. Inventario de la depresión, de Beck.*

1. **0** No me siento triste.
   1 Me siento triste.
   2 Me siento triste siempre y no puedo salir de mi tristeza.
   3 Estoy tan triste o infeliz que no puedo soportarlo.

2. **0** No me siento especialmente desanimado/a ante el futuro.
   1 Me siento desanimado/a con respecto al futuro.
   2 Siento que no tengo nada que esperar.
   3 Siento que en el futuro no hay esperanza y que las cosas no pueden mejorar.

3. **0** No creo que sea un fracaso.
   1 Creo que he fracasado más que cualquier persona normal.
   2 Al recordar mi vida pasada, todo lo que puedo ver es un montón de fracasos.
   3 Creo que soy un fracaso absoluto como persona.

4. **0** Obtengo tanta satisfacción de las cosas como la que solía obtener antes.
   1 No disfruto de las cosas de la manera en que solía hacerlo.
   2 Ya no obtengo una verdadera satisfacción de nada.
   3 Estoy insatisfecho/a o aburrido/a de todo.

5. 0 No me siento especialmente culpable.
   1 Me siento culpable una buena parte del tiempo.
   2 Me siento bastante culpable casi siempre.
   3 Me siento culpable siempre.

6. **0** No creo que esté siendo castigado/a.
   1 Creo que puedo ser castigado/a.
   2 Espero ser castigado/a.
   3 Creo que estoy siendo castigado/a.

Copyright 1978, Dr. Aaron T. Beck.

7. (0) No me siento decepcionado/a de mí mismo/a.
   1 Me he decepcionado/a a mí mismo/a.
   2 Estoy disgustado/a conmigo mismo/a.
   3 Me odio.

8. (0) No creo ser peor que los demás.
   1 Me critico por mis debilidades o errores.
   2 Me culpo siempre por mis errores.
   3 Me culpo por todo lo malo que sucede.

9. (0) No pienso en matarme.
   1 Pienso en matarme, pero no lo haría.
   2 Me gustaría matarme.
   3 Me mataría si tuviera la oportunidad.

10. (0) No lloro más que de costumbre.
    1 Ahora lloro más de lo que solía hacer.
    2 Ahora lloro todo el tiempo.
    3 Solía poder llorar, pero ahora no puedo llorar aunque quiera.

11. (0) Las cosas no me irritan más que de costumbre.
    1 Las cosas me irritan un poco más que de costumbre.
    2 Estoy bastante irritado/a o enfadado/a una buena parte del
      tiempo.
    3 Ahora me siento irritado/a todo el tiempo.

12. (0) No he perdido el interés por otras personas.
    1 Estoy menos interesado/a en otras personas que de costumbre.
    2 He perdido casi todo mi interés por otras personas.
    3 He perdido todo mi interés por otras personas.

13. (0) Tomo decisiones casi como siempre.
    1 Postergo la adopción de decisiones más que de costumbre.
    (2) Tengo más dificultad para tomar decisiones que antes.
    3 Ya no puedo tomar más decisiones.

14. (0) No creo que mi aspecto sea peor que de costumbre.
    1 Me preocupa el hecho de parecer viejo/a sin atractivos.
    2 Siento que hay permanentes cambios en mi aspecto que me
      hacen parecer poco atractivo/a.
    3 Creo que me veo feo/a.

15. (0) Puedo trabajar tan bien como antes.
    (1) Me cuesta mucho más esfuerzo empezar a hacer algo.

2 Tengo que obligarme seriamente para hacer cualquier cosa.
3 No puedo trabajar en absoluto.

16. 0 Puedo dormir tan bien como siempre.
    1 No duermo tan bien como solía hacerlo.
    2 Me despierto una o dos horas más temprano que de costumbre y me cuesta mucho volver a dormirme.
    3 Me despierto varias horas antes de lo que solía y no puedo volver a dormirme.

17. 0 No me canso más que de costumbre.
    1 Me canso más fácilmente que de costumbre.
    2 Me canso sin hacer casi nada.
    3 Estoy demasiado cansado/a para hacer algo.

18. 0 Mi apetito no es peor que de costumbre.
    1 Mi apetito no es tan bueno como solía ser.
    2 Mi apetito está mucho peor ahora.
    3 Ya no tengo apetito.

19. 0 No he perdido mucho peso, si es que he perdido algo, últimamente.
    1 He rebajado más de dos kilos y medio.
    2 He rebajado más de cinco kilos.
    3 He rebajado más de siete kilos y medio.

20. 0 No me preocupo por mi salud más que de costumbre.
    1 Estoy preocupado/a por problemas físicos como, por ejemplo, dolores, molestias estomacales o estreñimientos.
    2 Estoy muy preocupado/a por problemas físicos y me resulta difícil pensar en cualquier otra cosa.
    3 Estoy tan preocupado/a por mis problemas físicos que no puedo pensar en ninguna otra cosa.

21. 0 No he notado cambio alguno reciente en mi interés por el sexo.
    1 Estoy menos interesado/a en el sexo de lo que solía estar.
    2 Ahora estoy mucho menos interesado/a en el sexo.
    3 He perdido por completo el interés por el sexo.

Cómo interpretar el Inventario de la depresión, de Beck. Ahora que ya ha completado el test, sume los puntos correspondientes a cada una de las veintiuna preguntas y obtenga el total. Puesto que la puntuación más alta que puede obtener en cada una de las veintiuna preguntas es tres, el total más alto posible de todo el test será de sesenta y tres (lo cual indicaría que usted marcó el número tres en todas las preguntas). Como la puntuación más baja de cada pregunta es cero, la puntuación más baja posible del test será cero (lo cual indicaría que usted marcó el número cero en todas las preguntas).

Ahora ya puede evaluar su depresión tomando como guía la tabla 2-2. Como puede ver, cuanto más elevada sea la puntuación total, tanto más grave será su depresión. En cambio, cuanto más baja sea, mejor se sentirá usted.

Tabla 2-2. Guía para la interpretación del inventario
de la depresión, de Beck.

Puntuación total	Niveles de depresión*
1-10	Estos altibajos son considerados normales.
11-16	Leve perturbación del estado de ánimo.
17-20	Estados de depresión intermitentes.
21-30	Depresión moderada.
31-40	Depresión grave.
más de 40	Depresión extrema.

*Una puntuación persistente de 17 o más indica que puede necesitar ayuda profesional.

Aunque el test no es difícil ni lleva mucho tiempo contestar a todas las preguntas y obtener la puntuación total, no se deje engañar por su sencillez. Usted acaba de aprender a usar un instrumento muy refinado para el diagnóstico de la depresión. Muchos estudios realizados en la década pasada demostraron que el test BDI y otros mecanismos similares para clasificar los estados de ánimo tienen un alto grado de exactitud y fiabilidad para detectar y medir la depresión. En un estudio reciente realizado en un consultorio psiquiátrico de urgencias, se llegó a la conclusión de que un inventario de la depresión con autoevaluación similar al que usted acaba de completar registraba realmente la presencia de síntomas depresivos con mayor frecuencia que las entrevistas formales realizadas por médicos clínicos experimentados que no utilizaban el test. Usted puede usar el BDI con confianza para diagnosticarse a sí mismo y controlar su mejoría.

A medida que vaya aplicando las diversas técnicas de autoayuda descritas en este libro, realice el test BDI a intervalos regulares para evaluar sus adelantos objetivamente. Sugiero que lo haga una vez por semana como mínimo. Es lo mismo que pesarse regularmente cuando está siguiendo una dieta. Observará que los diversos capítulos de este libro se centran en diferentes síntomas de la depresión. A medida que usted aprenda a superar estos síntomas, verá que su puntuación total comenzará a bajar. Esto le demostrará que está mejorando. Cuando su puntuación sea inferior a diez, usted estará en la franja considerada normal. Cuando sea menos de cinco, usted estará sintiéndose especialmente bien. En teoría, me gustaría ver que su puntuación es menor de cinco la mayor parte del tiempo. Este es uno de los objetivos de su tratamiento.

¿Resulta algo seguro para toda persona deprimida tratar de curarse sola empleando los principios y métodos esbozados? La respuesta es: ¡rotundamente sí! Y es así porque la decisión crucial de *tratar de ayudarse a uno mismo* es la clave que le permitirá sentirse mejor lo antes posible, independientemente de lo grave que pareciera ser su trastorno anímico.

¿En qué circunstancias debe buscar ayuda profesional? Si el BDI mostrase que usted está deprimido pero su puntuación total es inferior a 17, su depresión, por lo menos en este momento, es leve y no debe alarmarlo. Usted desea sin duda alguna resolver el problema, pero tal vez no sea necesaria la intervención de un profesional. Si se combinan los esfuerzos sistemáticos de autoayuda, según las directrices propuestas en este libro, con una comunicación franca y continuada con un amigo en el que confía, probablemente bastará. Si su puntuación es más de 16, usted sufre una depresión más fuerte. Sus estados de ánimo pueden ser tremendamente molestos y posiblemente peligrosos. Mientras que todos nosotros nos sentimos sumamente perturbados durante períodos breves, si su puntuación se mantiene en esta franja durante más de dos semanas, debe pensar en consultar a un profesional. Estoy convencido de que usted aún puede conseguir algún tipo de ventaja aplicando lo que le enseño, y podría muy bien vencer a su depresión completamente solo, pero puede que no sea inteligente insistir en ensayar este método sin la guía de un profesional. Busque un consejero competente y de confianza.

Además de evaluar la puntuación total que le da el BDI no deje de prestar atención a la pregunta 9, que se refiere a tendencias suicidas. Si usted obtuviera un dos o un tres en esta pregunta, puede tener una peligrosa tendencia al suicidio. Le recomiendo con mucha vehemencia que acuda a un profesional sin pérdida de tiempo. He incluido algunos métodos eficaces para evaluar y combatir los impulsos suicidas en un capítulo posterior, pero usted debe consultar a un profesional cuando el suicidio empiece a parecerle una opción deseable o necesaria. El motivo que debe inducirlo a empezar un tratamiento es la impotencia que siente, no el hecho del suicidio. La mayoría de los individuos con graves depresiones creen que están desahuciados más allá de toda duda. Esta ilusión destructiva es simplemente un síntoma de la enfermedad, no un hecho. ¡Su sensación de estar desahuciado constituye una prueba rotunda de que en realidad no lo está!

Asimismo, es importante que observe la pregunta 20, que se refiere a si últimamente ha estado más preocupado por su salud. ¿Ha padecido alguna molestia inexplicable, dolores, fiebre, pérdida de peso u otros síntomas posibles de enfermedad física? De ser así, valdría la pena realizar una consulta médica, que comprenda un historial clínico, un examen físico completo y análisis de laboratorio. Su médico puede que no encuentre ningún vestigio de enfermedad física. Esto sugerirá que los molestos síntomas físicos que padece están relacionados con su estado emocional. La depresión puede imitar a muchos trastornos físicos porque las oscilaciones de su estado de ánimo suelen crear una amplia variedad de síntomas físicos enigmáticos. Entre ellos, para mencionar sólo algunos, estreñimiento, diarrea, dolor, insomnio o tendencia a dormir demasiado, fatiga, pérdida del apetito sexual, mareos, temblores y entumecimiento. A medida que mejore su depresión, estos síntomas probablemente desaparecerán. Sin embargo, recuerde que muchas enfermedades tratables pueden disfrazarse inicialmente de depresión, y un examen médico podría revelar un diagnóstico temprano (y salvador) de un trastorno orgánico que sin duda tendrá solución.

Hay varios síntomas que indican —pero no prueban— la existencia de un serio trastorno mental, y requieren la consulta con un profesional de la salud mental y posiblemente un tratamiento, *además del* programa de maduración personal autoadministrado que presento en este libro. Entre algunos de los síntomas principales figuran los siguientes: la convicción de que los demás están conspirando y tramando cosas contra usted para hacerle daño o quitarle la vida; una experiencia extraña que las personas comunes no pueden comprender; la convicción de que hay fuerzas externas que controlan su mente o su cuerpo; la sensación de que los demás pueden oír sus pensamientos o leer su mente; oír voces que proceden del exterior de su cabeza; ver cosas que no existen, y recibir mensajes transmitidos por la radio o la televisión.

Los síntomas mencionados no forman parte de una enfermedad depresiva, sino que por el contrario representan trastornos mentales graves, los cuales deben someterse a un tratamiento psiquiátrico. Con bastante frecuencia, las personas que experimentan esos síntomas están convencidas de que no les pasa nada malo, y pueden recibir la sugerencia de buscar un tratamiento psiquiátrico con un sospechoso resentimiento y bastante resistencia. En cambio, si usted abriga el profundo temor de estar volviéndose loco y padece episodios de pánico en los que siente que pierde el control o está perdiendo los estribos, es casi seguro que no le está ocurriendo nada de eso. Se trata de los síntomas característicos de la ansiedad común, un trastorno mucho menos grave.

La manía es un tipo especial de trastorno anímico que usted debe conocer. Es lo opuesto a la depresión y requiere la intervención rápida de un psiquiatra que pueda recetar litio. El litio estabiliza las oscilaciones anímicas extremas y permite que el paciente lleve una vida normal. Sin embargo, hasta que se inicia la terapia, esta enfermedad puede ser emocionalmente destructiva. Entre los síntomas figura un estado de ánimo anormalmente alegre que persiste por lo menos durante dos días y no es provocado por las drogas ni el alcohol. La conducta del paciente maníaco se caracteriza por acciones impulsivas regidas por un criterio deficiente (como, por ejemplo, gastar dinero excesiva e irresponsablemente) junto a una gran sensación de autoconfianza. La manía va acompañada de una mayor actividad agresiva o sexual; movimientos del cuerpo continuos e hiperactivos; pensamientos continuados; conversación excitada, incesante, y una menor necesidad de dormir. Las personas maníacas tienen la ilusión de que son extraordinariamente poderosas y brillantes, y a menudo insisten en que están al borde de un descubrimiento científico o filosófico, o de un proyecto económico lucrativo. Muchos individuos creativos famosos padecen esta enfermedad y se las arreglan para controlarla con litio. Debido al sentimiento de bienestar que produce esta enfermedad muchas veces no se puede convencer a las personas que sufren su primer ataque de que inicien un tratamiento. Los primeros síntomas son tan intoxicantes que la víctima se resiste a aceptar la idea de que su repentina adquisición de autoconfianza y éxtasis interior es en realidad sólo la manifestación de una enfermedad destructiva.

Después de un tiempo, el estado eufórico puede acrecentarse hasta llegar a ser un delirio incontrolable que requiere la hospitalización involuntaria, o puede convertirse con la misma rapidez en una depresión paralizante con una acentuada inmovilidad y gran apatía. Quiero que usted conozca los síntomas de la manía porque un porcentaje significativo de personas que padecen un episodio de depresión verdaderamente importante pueden desarrollar esos síntomas más adelante. Cuando sucede esto, la personalidad del individuo afligido experimenta una profunda transformación durante un período de días o semanas. Si bien la psicoterapia y un programa de autoayuda pueden ser de suma utilidad, el tratamiento con litio bajo supervisión médica es imprescindible para obtener una respuesta óptima. Con este tratamiento, el pronóstico de una enfermedad maníaca es siempre excelente.

Supongamos que su puntuación en el BDI es inferior a 17 y que usted *no* tiene una fuerte tendencia suicida, alucinaciones o síntomas maníacos. En lugar de abatirse y sentirse desgraciado, puede hacer algo para sentirse mejor, empleando los métodos explicados en este libro. Puede empezar a disfrutar de la vida y el trabajo, y emplear la energía que gasta sintiéndose deprimido en una existencia vital y creativa.

3
Comprenda sus estados de ánimo: lo que usted piensa determina lo que usted siente

Al leer el capítulo anterior, usted ha podido enterarse de cuán amplios son los efectos de la depresión: su estado de ánimo decae totalmente, su autoimagen se desmorona, su cuerpo no funciona bien, su voluntad se paraliza y sus acciones lo conducen al fracaso. Ese es el motivo por el cual se siente *completamente* hundido en una maraña de ideas negras. ¿Cuál es la clave de todo esto?

Dado que, durante toda la historia de la psiquiatría, la depresión ha sido considerada como un trastorno emocional, los terapeutas de la mayoría de las escuelas de pensamiento le dan mucha importancia al hecho de "ponerse en contacto" con sus sentimientos. Nuestra investigación revela lo inesperado: ¡la depresión no es en absoluto un trastorno emocional! El cambio repentino registrado en la manera en que usted *se siente* no tiene mayor importancia *causal* que la que tiene una nariz congestionada cuando está acatarrado. Cada sentimiento doloroso que usted experimenta es el resultado de un pensamiento negativo distorsionado. Las actitudes pesimistas ilógicas son las que desempeñan la función principal en la aparición y el mantenimiento de todos sus síntomas.

En cualquier episodio depresivo y en toda emoción dolorosa, siempre se halla presente un pensamiento negativo intenso. Es probable que sus melancólicos pensamientos sean completamente diferentes de los que siente cuando no está abatido. Una mujer joven, a punto de terminar su doctorado, lo expresó de la manera siguiente:

Cada vez que me deprimo, me siento como si me hubiese golpeado una repentina sacudida cósmica, y empiezo a *ver* las cosas de un modo diferente. El cambio puede producirse en menos de una hora. Mis pensamientos se vuelven negativos y pesimistas. Cuando examino mi pasado, me convenzo de que nada de lo que he hecho tiene valor. Todo período feliz me parece una ilusión. Mis logros parecen tan genuinos como el decorado utilizado para ambientar una película del oeste. Llego a convencerme de que mi verdadera personalidad no tiene valor ni sentido. No puedo avanzar en mi trabajo porque me paraliza la duda. Pero no me puedo quedar quieta porque el sufrimiento es insoportable.

Usted aprenderá, como hizo ella, que los pensamientos negativos que invaden su mente son la verdadera *causa* de sus emociones contraproducentes. Estos pensamientos son los que lo mantienen en una especie de letargo y lo hacen sentirse inútil. Sus pensamientos o cogniciones negativos son los síntomas de su depresión que con mayor frecuencia se olvidan. Estas cogniciones contienen la clave para alcanzar la curación y son, por consiguiente, sus síntomas más importantes.

Cada vez que se sienta deprimido con respecto a algo, trate de identificar el correspondiente pensamiento negativo que haya experimentado justo antes de la depresión y durante la misma. Puesto que estos pensamientos son los que han creado realmente su actual estado de ánimo, podrá modificar este último aprendiendo a reestructurarlos.

Probablemente usted sea escéptico con respecto a todo esto por el hecho de que su modo de pensar negativo haya llegado a integrarse tanto en su vida que se haya convertido en automático. Por esta razón, yo llamo a los pensamientos negativos "pensamientos automáticos". Pasan por su mente automáticamente sin que usted realice el menor esfuerzo para colocarlos allí. Son tan evidentes y naturales para usted como la manera en que sostiene un tenedor.

En la figura 3-1 aparece esbozada la relación que existe entre la manera en que usted *piensa* y la manera en que usted *siente*. Allí se ilustra la primera clave fundamental para comprender sus estados de ánimo: sus emociones traducen totalmente la manera en que usted *mira* las cosas. Es un hecho neurológico evidente que antes de poder experimentar cualquier acontecimiento debe procesarlo en su mente y darle un significado. Usted debe *comprender* qué le está sucediendo antes de que pueda *sentirlo*.

Si su comprensión de lo que está sucediendo es exacta, sus emociones serán normales. Si su percepción está enmarañada y distorsionada de algún modo, su respuesta emocional será anormal. La depresión corresponde a esta categoría. Es siempre el resultado de "interferencias" mentales: distorsiones. Sus estados depresivos

Figura 3-1. La relación entre el mundo y la manera en que usted siente. No son los hechos reales sino sus percepciones las que producen cambios en su estado de ánimo. Cuando usted esté *triste,* sus pensamientos constituirán una interpretación realista de acontecimientos negativos. Cuando usted esté deprimido o ansioso, sus pensamientos serán siempre ilógicos, distorsionados, carentes de realismo o, simplemente, erróneos.

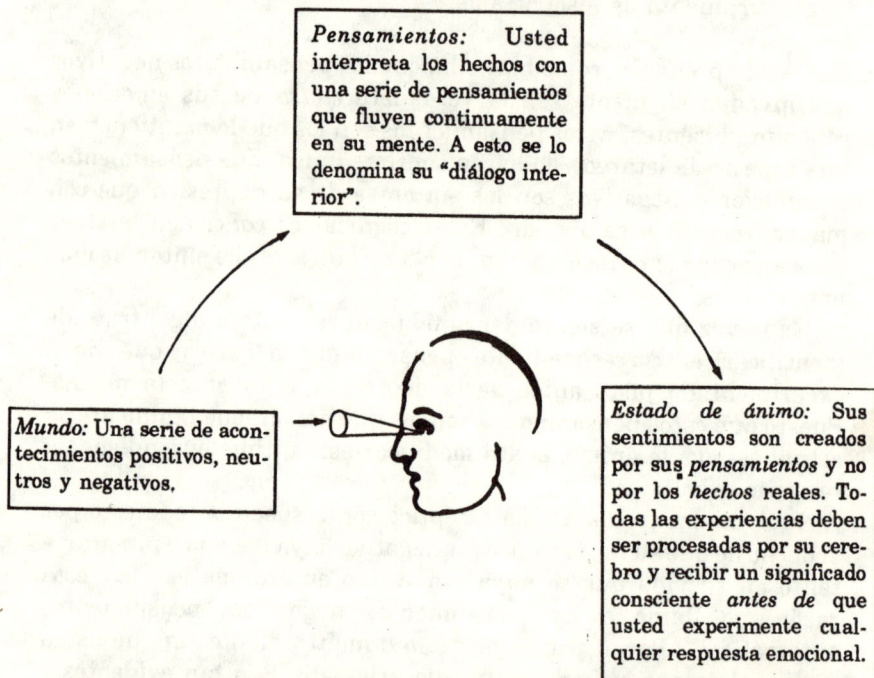

> *Pensamientos:* Usted interpreta los hechos con una serie de pensamientos que fluyen continuamente en su mente. A esto se lo denomina su "diálogo interior".

> *Mundo:* Una serie de acontecimientos positivos, neutros y negativos.

> *Estado de ánimo:* Sus sentimientos son creados por sus *pensamientos* y no por los *hechos* reales. Todas las experiencias deben ser procesadas por su cerebro y recibir un significado consciente *antes de* que usted experimente cualquier respuesta emocional.

pueden compararse con la música chirriante que produce una radio que no está bien sintonizada en la emisora correspondiente. El problema *no* reside en que los tubos o transistores estén quemados o dañados, o en que la señal de la emisora esté distorsionada a consecuencia del mal tiempo. Se trata simplemente de ajustar el dial. Cuando usted aprende a producir esta sintonización mental, la música volverá a escucharse claramente otra vez y su depresión cederá.

Algunos lectores —tal vez usted— pueden experimentar un ataque de desesperación al leer el párrafo anterior. Sin embargo, no tiene *nada de inquietante.* En todo caso, ese párrafo debe comunicar un sentimiento de esperanza. Entonces ¿qué fue lo que hizo que su estado de ánimo se hundiera mientras lo leía? Fue su pensamiento: "A otras personas les puede bastar esa especie de sintonización. Pero yo soy una radio averiada que ya no tiene arreglo. Mis lámparas están quemadas. No me interesa si hay diez mil pacientes deprimidos que hayan mejorado; estoy convencido, más allá de toda sombra de duda, de que mis problemas no tienen solución". ¡Escucho esta afirmación cinco veces por semana! Casi todas las personas deprimidas parecen convencidas, más allá de toda razón, de que son esa persona especial que *realmente* ya no tiene esperanza. ¡En esta fantasía se refleja la clase de proceso mental que se encuentra en el centro mismo de su enfermedad!

Siempre me ha fascinado la facilidad que tiene cierta gente para crear ilusiones. Cuando era niño, solía pasar horas en la librería local, leyendo libros sobre magia. Los sábados me pasaba horas en las tiendas que vendían objetos de magia, mirando cómo el hombre que se encontraba detrás del mostrador elaboraba complicados trucos con cartas, pañuelos y esferas que flotaban en el aire, desafiando todas las leyes del sentido común. Uno de los recuerdos más felices de mi infancia procede de cuando tenía ocho años y vi a Blackstone, "El mago más grande del mundo", en Denver, Colorado. Fui invitado junto con otros niños del público a subir al escenario. Blackstone nos dijo que pusiéramos las manos sobre una jaula de pájaros de setenta centímetros de ancho por setenta de alto, llena de palomas blancas vivas hasta que la parte superior, la inferior y los cuatros lados se encontraron completamente cubiertos por nuestras manos. El mago se paró cerca de nosotros y dijo: ¡"Mirad fijamente la jaula!". Así lo hice. Los ojos se me salían de las órbitas pero me negaba a parpadear. Exclamó el mago: "Ahora daré una palmada". Lo hizo. En aquel instante la jaula y las palomas desaparecieron. Mis manos estaban suspendidas en el aire. ¡Era imposible! ¡Pero sucedió! Yo estaba perplejo.

Ahora sé que su habilidad como ilusionista no era mayor que la del paciente deprimido medio, más o menos como usted. Cuando usted está deprimido, posee la notable capacidad de *creer*, y hacer que la gente que lo rodea crea, cosas que no tienen una base real. Como terapeuta, mi tarea es *penetrar* en su ilusión, y enseñarle a *mirar detrás* de los espejos para que pueda ver cómo ha estado engañándose a sí mismo. ¡Usted podría decir incluso que estoy pensando en desilusionarle! Pero no creo que vaya a importarle en absoluto.

Echele un vistazo a la siguiente lista de diez distorsiones cognitivas que forman la base de todas sus depresiones. Acostúmbrese a reconocerlas. He preparado esta lista con sumo cuidado; representa la esencia destilada de muchos años de investigación y experiencia clínica. Vuelva a ella una y otra vez cuando lea la parte práctica de este libro. Cuando se sienta abatido, esta lista será de incalculable valor para hacerle comprender cómo está engañándose a sí mismo.

DEFINICIONES DE LAS DISTORSIONES COGNITIVAS

1. *Pensamiento todo-o-nada*. Se refiere a su tendencia a evaluar sus cualidades personales recurriendo a categorías extremas, blanco-o-negro. Por ejemplo, un importante político me dijo: "He perdido las elecciones a gobernador, así que soy un inútil". Un estudiante que siempre obtenía la más alta calificación, al conseguir otra sólo un poco menos alta llegó a esta conclusión: "Ahora soy un fracaso total". Las formas de pensamiento todo-o-nada constituyen la base del perfeccionismo. Hacen que usted tema cometer cualquier error o imperfección porque entonces se considerará un absoluto perdedor, y se sentirá un inútil sin valor.

Esta manera de evaluar las cosas no es realista, porque la vida rara vez es completamente blanca o negra. Por ejemplo, nadie es absolutamente brillante ni absolutamente tonto. De igual modo, nadie es completamente atractivo ni completamente feo. Mire el suelo de la habitación donde se encuentra usted sentado ahora. ¿Está perfectamente limpio? ¿Hay polvo y suciedad en cada uno de sus puntos? ¿O está parcialmente limpio? Los absolutos no existen en este universo. Si usted trata de situar sus experiencias en categorías absolutas a la fuerza estará constantemente deprimido, porque sus percepciones no se ajustarán a la realidad. Lo único que conseguirá será desacreditarse continuamente porque, haga lo que haga, *nunca* satisfará sus exageradas expectativas. El nombre técnico de este tipo de error de percepción es "pensamiento dicótomo". Usted ve todas las cosas en blanco o negro, los matices grises no existen.

2. *Generalización excesiva*. Cuando tenía diez años, compré un juego de cartas trucadas en la feria del estado de Arizona, denominado *Svengali Deck*. Usted mismo tal vez haya visto este truco sencillo pero impresionante: yo le muestro a usted la baraja de cartas, cada una es diferente. Usted elige una al azar. Supongamos que elige el as de espadas. Sin decirme de qué carta se trata, usted la vuelve a poner en la baraja. Ahora yo exclamo "¡Abraca-

dabra!" Y cuando le doy la vuelta a la baraja, todas las cartas se han transformado en el as de espadas.

Cuando usted generaliza en exceso, realiza el equivalente mental de "abracadabra". Usted llega arbitrariamente a la conclusión de que algo que le ha ocurrido una vez volverá a sucederle una y otra vez, que se multiplicará como el as de espadas. Como lo que sucedió es invariablemente desagradable, usted se siente abatido.

Un vendedor deprimido vio un excremento de pájaro en la ventanilla de su coche y pensó: "Esta es la suerte que tengo. ¡Los pájaros están siempre cagándose en *mi* ventanilla!" Este es un perfecto ejemplo de generalización excesiva. Cuando le pregunté sobre esta experiencia, admitió que en veinte años de viajes no podía recordar otra oportunidad en la que hubiese encontrado excremento de pájaros en la ventanilla de su coche.

El dolor del rechazo es consecuencia casi totalmente de una generalización excesiva. Si no existe ésta, una afrenta personal podrá ser temporalmente decepcionante pero *nunca* demasiado perturbadora. Un joven tímido reunió todas sus fuerzas para pedirle una cita a una muchacha. Cuando ella le dijo cortésmente que no podía porque tenía otro compromiso, él se dijo a sí mismo: "Nunca voy a poder salir con una chica. Ninguna chica querrá salir conmigo. Me quedaré solo y triste toda la vida". Según sus distorsionadas cogniciones, llegó a la conclusión de que porque ella lo rechazaba una vez, lo haría *siempre,* y que, como todas las mujeres tienen idénticos gustos en un ciento por ciento, él sería rechazado infinitamente por cualquier mujer de la tierra. ¡Abracadabra!

3. *Filtro mental.* Usted elige un detalle negativo de cualquier situación y se fija exclusivamente en él, percibiendo así que toda la situación es negativa. Por ejemplo, una estudiante universitaria deprimida oyó que otros estudiantes estaban ridiculizando a su mejor amiga. Se puso furiosa porque pensó: "¡Así es básicamente toda la raza humana, cruel e insensible!" ¡La estudiante estaba pasando por alto el hecho de que en los meses anteriores pocas personas, o ninguna, había sido cruel o insensible con ella! En otra ocasión, cuando terminó uno de sus exámenes parciales, estaba segura de que del total de cien preguntas, se había equivocado en diecisiete. Pensaba exclusivamente en esas diecisiete y llegó a la conclusión de que iban a suspenderla. Cuando recibió su examen había una nota adjunta que decía: "Respondió correctamente ochenta y tres de un total de cien. Este resultado ha sido con mucho

la calificación más alta de todos los estudiantes de este año. Sobresaliente".

Cuando usted está deprimido, se pone un par de gafas con cristales especiales que no dejan pasar nada que sea positivo. Todo lo que permite entrar en su mente consciente es negativo. Dado que usted no tiene conciencia de este "proceso de filtrado", llega a la conclusión de que *todo* es negativo. El nombre técnico de este proceso es "abstracción selectiva". Es un mal hábito que puede provocar mucha angustia innecesaria.

4. *Descalificar lo positivo*. Una ilusión mental incluso más espectacular es la persistente tendencia que tienen algunos individuos a transformar las experiencias neutras o incluso positivas en negativas. No se trata sólo de *ignorar* las experiencias positivas, usted las transforma inteligente y rápidamente en su opuesto de pesadilla. A esto lo llamo "alquimia al revés". Los alquimistas medievales soñaban con encontrar algún método para transmutar ciertos metales en oro. Si usted ha estado deprimido, es probable que haya desarrollado el talento de hacer exactamente lo contrario: usted puede transformar en un instante una felicidad de oro en un plomo emocional. Sin embargo, no lo hace intencionalmente; es probable que usted ni siquiera se dé cuenta de lo que se está haciendo a sí mismo.

Un ejemplo cotidiano sería la forma en que la mayoría de nosotros hemos sido condicionados para responder a los elogios. Cuando alguien alaba su aspecto o su trabajo, puede que usted se diga a sí mismo: "Quieren quedar bien, y nada más". Con un golpe rápido, usted descalifica mentalmente su elogio. Y hace lo mismo con ellos cuando les dice: "Oh, no tiene importancia, de verdad". Si usted arroja continuamente agua fría sobre las cosas buenas que suceden, ¡no se sorprenda si la vida le parece húmeda e inhóspita!

Descalificar lo positivo es una de las formas más destructivas de la distorsión cognitiva. Lo que usted hace se parece a un intento científico para encontrar pruebas que confirmen alguna hipótesis personal. La hipótesis que predomina en su pensamiento depresivo es por lo general alguna versión de "yo soy de segunda clase". Cada vez que tiene una experiencia negativa, usted se detiene en ella y llega a esta conclusión: "Eso prueba lo que he sabido siempre". En cambio, cuando tiene una experiencia positiva, se dice a sí mismo: "Ha sido una casualidad. No tiene importancia". El precio que paga por esta tendencia suya es una intensa tristeza y la incapacidad para apreciar las cosas buenas que le suceden.

Si bien este tipo de distorsión cognitiva es un lugar común, también puede constituir la base de una de las formas más extremas e intratables de la depresión. Por ejemplo, una joven hospitalizada durante un grave episodio depresivo, me dijo: "No puedo importarle a nadie porque soy una persona horrible. Soy una solitaria. No hay nadie en el mundo que dé un centavo por mí". Cuando fue dada de alta del hospital, muchos pacientes y miembros del personal manifestaron una gran simpatía por ella. ¿Adivina cómo negó esta joven todo esto? "Ellos no importan, porque no me ven en el mundo real. Una persona *real* fuera del hospital nunca se interesaría por mí". Le pregunté entonces cómo conciliaba esto con el hecho de que tuviera muchos amigos y familiares fuera del hospital que *realmente* se interesaban por ella. Me respondió: "Ellos tampoco cuentan, porque no conocen mi verdadera personalidad. Mire, doctor Burns, por dentro estoy absolutamente podrida. Soy la peor persona del mundo. ¡Sería imposible que le gustase realmente a alguien ni siquiera durante un momento!" Al descalificar las experiencias positivas de este modo, la joven pudo mantener una creencia negativa que evidentemente no era real y no coincidía con sus experiencias cotidianas.

Aunque su pensamiento negativo no sea probablemente tan extremo como el de esa paciente, puede que esté ignorando muchas veces al día, inadvertidamente, cosas positivas que le hayan sucedido. Esta actitud elimina gran parte de la riqueza de la vida y hace que las cosas parezcan innecesariamente tristes.

5. *Conclusiones apresuradas.* Usted puede apresurarse a sacar arbitrariamente una conclusión negativa que no está justificada por los hechos de la situación planteada. Dos ejemplos de esta actitud son "la lectura del pensamiento" y "el error del adivino".

LECTURA DEL PENSAMIENTO: Usted supone que otras personas le desprecian, y está tan convencido de esto que ni siquiera se toma la molestia de comprobarlo. Suponga que está pronunciando una excelente conferencia y nota que un hombre sentado en la primera fila está cabeceando. Ese hombre ha estado casi toda la noche en pie, de juerga, pero usted, desde luego, no lo sabe. Usted podría experimentar el pensamiento siguiente: "Este público piensa que soy aburrido". Suponga que un amigo pasa a su lado por la calle y no lo saluda porque está tan absorto en sus pensamientos que no lo ve. Usted podría llegar a la siguiente conclusión errónea: "Me ignora, así que ya no debo caerle bien". Tal vez su cónyuge no está receptivo una noche porque ha recibido una crítica en el trabajo y está muy molesto como para querer hablar de ello. A usted se le cae el alma a los pies por la manera en que interpreta ese silencio: "Está enfadado conmigo. ¿Qué es lo que hice mal?"

Tal vez usted responda a estas reacciones negativas imaginarias retrayéndose o contraatacando. Esta conducta contraproducente puede actuar como una profecía que se cumple a sí misma e iniciar una interacción negativa en una relación cuando en el fondo no pasaba nada.

EL ERROR DEL ADIVINO: Es como si tuviera una bola de cristal que sólo le predijera tristeza. Usted imagina que va a suceder algo malo, y toma esta predicción como un *hecho* aun cuando no sea realista. La bibliotecaria de una escuela secundaria se repetía a sí misma durante sus ataques de ansiedad: "Me voy a desmayar o a volverme loca". Estas predicciones no eran realistas porque ella nunca se había desmayado (¡ni vuelto loca!) en toda su vida. Ni tenía ningún síntoma grave que sugiriera una inminente locura. En una sesión de terapia, un médico que padecía una aguda depresión me explicó por qué abandonaba su profesión: "Me doy cuenta de que estaré deprimido toda la vida. Mi aflicción seguirá y seguirá, y estoy absolutamente convencido de que este tratamiento o cualquier otro están destinados al fracaso". Esta predicción negativa sobre su pronóstico le hacía sentir desesperanzado. La mejora que experimentaron sus síntomas poco después de haber empezado la terapia indicó cuán desacertada había sido su profecía.

¿Usted siempre se apresura a sacar conclusiones como las expuestas en el párrafo anterior? Suponga que telefonea a un amigo que no le devuelve la llamada después de un tiempo razonable. Usted entonces se siente deprimido cuando se dice a sí mismo que probablemente su amigo recibió el mensaje pero no mostró interés alguno en llamarlo por teléfono. ¿Cuál es su distorsión? Leer el pensamiento de los demás. Usted se amarga y decide no volverlo a llamar ni averiguar qué pasó, porque se dice a sí mismo: "Va a pensar que soy un pesado si lo vuelvo a llamar. Me voy a poner en ridículo". A causa de estas predicciones negativas (el error del adivino), usted evita a su amigo y se siente humillado. Tres semanas después se entera de que su amigo no había recibido el mensaje. Resulta que todo aquel lío fue sólo un cúmulo de tonterías autoimpuestas. ¡Otro doloroso producto de la magia de su mente!

6. *Magnificación y minimización.* Otra trampa del pensamiento en la que podría caer es la llamada "magnificación" y "minimización", pero me gusta denominarla el "truco binocular", porque usted aumenta las cosas de manera desproporcionada o las reduce demasiado. La magnificación se produce cuando usted se fija en sus propios errores, temores o imperfecciones y exagera su importancia: "Dios mío, he cometido un error. ¡Qué terrible! ¡Qué horrible! ¡La noticia va a correr como un reguero de pólvora! ¡Mi reputación está arruinada!" Usted está mirando sus errores a través del extremo de los binoculares que los hacen aparecer enormes y grotescos. A esto también se lo ha llamado "catástrofe", porque usted convierte hechos negativos comunes en monstruos de pesadilla.

Cuando usted piensa en sus cualidades, tal vez haga lo opuesto: mirar por el extremo posterior de los binoculares de modo que las cosas se vean pequeñas y sin importancia. Si usted magnifica sus imperfecciones y minimiza sus cualidades, sin duda se sentirá inferior. Pero el problema no está en *usted:* ¡son los lentes locos que está usando!

7. *Razonamiento emocional.* Usted toma sus emociones como prueba de la verdad. Su lógica es la siguiente: "Me siento como un inútil, por consiguiente soy un *inútil*". Este tipo de razonamiento es equívoco porque sus sentimientos reflejan sus pensamientos y creencias. Si éstos están distorsionados —como suele suceder—, sus emociones no tendrán validez. Entre los ejemplos que pueden encontrarse de razonamiento emocional están los siguientes: "Me siento culpable, por consiguiente, debo de haber hecho algo mal"; "Me siento abrumado y desesperanzado; por consiguiente, debe de ser imposible resolver mis problemas". "Me siento inadaptado; por lo tanto, debo ser una persona inútil". "No tengo ánimo para hacer nada; de modo que es lo mismo que me quede en la cama". O, "Estoy enfadado con usted, lo cual prueba que usted ha estado actuando muy mal y tratando de aprovecharse de mí".

El razonamiento emocional interviene en casi todas sus depresiones. Dado que las cosas le *parecen* tan negativas, supone que realmente lo son. No se le ocurre cuestionar la validez de las percepciones que crean sus sentimientos.

Un efecto secundario habitual del razonamiento emocional es la dilación. Usted evita ordenar su escritorio porque se dice: "Me siento tan mal cuando pienso en ese desordenado escritorio, que limpiarlo será imposible". Seis meses después, finalmente, se da ánimos a sí mismo y lo hace. Resulta una tarea bastante gratificante y no tan dura. Se ha estado engañando todo el tiempo porque tiene el hábito de dejar que sus sentimientos negativos guíen su manera de actuar.

8. *Enunciaciones "debería".* Usted trata de motivarse diciendo: *"Debería* hacer esto" o *"Debo* hacer eso". Estas enunciaciones le hacen sentirse presionado y resentido. Paradójicamente, termina por sentirse apático y sin motivación alguna. Albert Ellis llama a esto *"mus*turbation".* Yo lo llamo el enfoque "debería" de la vida.

Cuando usted dirige este tipo de enunciaciones hacia los demás, por lo general puede que acabe sintiéndose frustrado. Cuando, debido a una emergencia, llegué cinco minutos tarde a una primera sesión de terapia, la nueva paciente pensó: "No *debería* ser tan egocéntrico y desconsiderado. *Debería ser* puntual". Este pensamiento la hizo sentir amargada y resentida.

Las enunciaciones "debería" generan muchos trastornos emocionales innecesarios en su vida diaria. Cuando la realidad de su conducta no logre cumplir sus propias normas, sus "debería" y "no debería" le producirán autoaversión, vergüenza y culpa. Cuando los resultados demasiado humanos de otras personas no satisfagan sus expectativas, como sucederá inevitablemente de vez en cuando, se sentirá amargado o se convertirá en un cínico. Tendrá que cambiar sus expectativas para acercarse a la realidad o de lo contrario se sentirá siempre humillado por la conducta humana. Si reconoce este hábito en usted, he descrito más adelante varios métodos eficaces para eliminarlo en los capítulos sobre la culpa y la irritación.

9. *Etiquetación y etiquetación errónea.* Ponerse etiquetas personales significa crear una imagen de sí mismo completamente negativa, basada en sus errores. Es una forma extrema de la generalización excesiva. La filosofía en la que se basa es: "La medida de un hombre la dan los errores que comete". Usted puede sentir probablemente la tentación de poner etiquetas cada vez que describe sus errores, utilizando oraciones que empiezan con las palabras "Soy un..." Por ejemplo, cuando yerra el lanzamiento en el decimoctavo

*Juego de palabras intraducible, en el que se combina el verbo *must* (deber) con la palabra *masturbation* (masturbación). [T.]

hoyo, usted puede decir: *"Soy un perdedor nato"*, en lugar de: "He lanzado mal". De modo similar, cuando las acciones de la sociedad en la que usted invirtió bajan en lugar de subir, puede pensar: *"Soy un fracaso"*, en lugar de: "Cometí un error".

Ponerse etiquetas a usted mismo no sólo es contraproducente: es irracional. Su *ser* no puede igualarse a *ninguna* cosa que usted haga. Su vida es una compleja y siempre cambiante corriente de pensamientos, emociones y acciones. Para decirlo de otro modo, usted se parece más a un río que a una estatua. Deje de definirse con etiquetas negativas, son demasiado simplistas y erróneas. ¿Pensaría que usted es exclusivamente un "comedor" sólo porque come, o un "respirador" sólo porque respira? Esto es una tontería, pero esa tontería se vuelve dolorosa cuando usted se etiqueta a sí mismo a partir de la sensación de sus incapacidades.

Cuando etiquete a otras personas, invariablemente acabará generando hostilidad. Un ejemplo común es el jefe que ve a su secretaria ocasionalmente irritable como "una bruja poco colaboradora". A causa de esta etiqueta, le guarda rencor y aprovecha cada ocasión que tiene para criticarla. Ella, a su vez, le impone la etiqueta de "machista insensible" y se queja de él en cuanta oportunidad se le presenta. De modo que una y otra vez se atacan mutuamente, centrándose en cada debilidad o imperfección como prueba de la inutilidad del otro.

Poner etiquetas erróneas significa describir un hecho con palabras que son inexactas y con una gran carga emocional. Por ejemplo, una mujer que estaba haciendo una dieta se comió una porción de helado y pensó: "Qué asquerosa y repulsiva que soy. Soy una *cerda*". ¡Estos pensamientos la hicieron sentir tan mal que se comió el kilo completo que contenía la caja!

10. *Personalización*. Esta distorsión es la madre de la culpa. Usted asume la responsabilidad ante un hecho negativo cuando no hay fundamentos para que lo haga. Decide arbitrariamente que lo que ha sucedido ha sido culpa suya o se debe a su incapacidad, aun cuando usted no haya sido responsable de eso. Por ejemplo, cuando un paciente no realizó la tarea de autoayuda que yo le había sugerido, me sentí culpable a causa de lo que pensé: "Debo de ser un terapeuta fatal. Es culpa mía que ella no esté trabajando con más ahínco para ayudarse. Es responsabilidad mía asegurarme de que se ponga bien". Cuando una madre vio el cuaderno de ejercicios de su hijo, había una nota de la maestra en la que se indicaba que el

niño no estaba trabajando bien. Inmediatamente ella decidió: "Debo de ser una mala madre. Esto demuestra que he fracasado".

La personalización le hará sentir una culpa paralizante. Sufrirá una sensación paralizante y abrumadora a causa de la responsabilidad que le obligará a llevar el mundo entero sobre sus hombros. Usted ha confundido lo que significa tener *influencia* con tener *control* sobre otras personas. En su función de docente, consejero, padre, médico, ejecutivo, usted puede influir sin duda en las personas con las que interactúa, pero nadie podría esperar lógicamente que usted las controle. Lo que hace la otra persona es finalmente responsabilidad suya, no de usted. Más adelante, en este mismo libro, se examinarán métodos que le ayudarán a superar su tendencia a personalizar y a reducir su sentido de la responsabilidad a proporciones realistas, manejables.

Las diez formas de distorsiones cognitivas son la causa de muchos, o todos, sus estados depresivos. Aparecen resumidas en la tabla 3-1 de la página 55. Estudie esa tabla y domine esos conceptos; trate de familiarizarse con ellos como si fueran su número telefónico. Vuelva una y otra vez a la tabla 3-1 a medida que vaya aprendiendo los diversos métodos para modificar los estados de ánimo. Cuando se haya familiarizado con estas diez formas de distorsión, su conocimiento le reportará beneficios durante el resto de su vida.

He preparado una simple prueba de autoevaluación para ayudarle a comprobar y fortalecer su comprensión de las diez distorsiones. Al leer cada uno de los breves relatos siguientes, imagine que usted es la persona que se describe en ellos. Rodee con un círculo una o más de las respuestas que indican las distorsiones contenidas en los pensamientos negativos. Explicaré la respuesta a la primera pregunta. Las respuestas clave a las siguientes preguntas figuran al final de este capítulo. ¡Pero no las mire por anticipado! Estoy *seguro* de que podrá identificar por lo menos *una* distorsión en la primera pregunta, ¡y eso es ya una ventaja!

1. Usted es un ama de casa y se le cae el alma a los pies cuando su marido, disgustado, se queja porque la carne está demasiado hecha. Y entonces empieza a pensar esto: "Soy un fracaso total. ¡No puedo soportarlo! *¡Nunca* hago *nada* bien! ¡Trabajo como una esclava y éste es el agradecimiento que consigo! ¡El muy idiota!". Estos pensamientos le hacen sentir triste y enfadada. Entre sus distorsiones figuran una o más de las siguientes:

Tabla 3-1. Definiciones de las distorsiones cognitivas.

1. *PENSAMIENTO TODO-O-NADA:* Usted está viéndolo todo en categorías blanco-o-negro. Si sus resultados no llegan a ser perfectos, se considera un completo fracaso.

2. *GENERALIZACION EXCESIVA:* Usted considera un solo hecho negativo como si fuese un completo modelo de derrota.

3. *FILTRO MENTAL:* Usted escoge un solo detalle negativo y se fija exclusivamente en él, de modo que su visión de toda la realidad se oscurece, como la gota de tinta que tiñe toda la jarra de agua.

4. *DESCALIFICACION DE LO POSITIVO:* Usted rechaza las experiencias positivas insistiendo en que "no cuentan", por una u otra razón. De este modo, puede mantener una creencia negativa que se contradice con sus experiencias cotidianas.

5. *CONCLUSIONES APRESURADAS:* Usted hace una interpretación negativa aunque no existan hechos definidos que fundamenten convincentemente su conclusión.

   a. *Lectura del pensamiento:* Usted decide arbitrariamente que alguien está reaccionando de modo negativo con respecto a usted, y no se toma la molestia de averiguar si es así.

   b. *El error del adivino:* Usted prevé que las cosas resultarán mal, y está convencido de que su predicción es un hecho ya establecido.

6. *MAGNIFICACION (CATASTROFE) O MINIMIZACION:* Usted exagera la importancia de las cosas (como, por ejemplo, un error suyo o el logro de algún otro), o reduce las cosas indebidamente hasta que parecen diminutas (sus propias cualidades más notables o las imperfecciones de otro). A esto se le denomina también el "truco binocular".

7. *RAZONAMIENTO EMOCIONAL:* Usted supone que sus emociones negativas reflejan necesariamente lo que son las cosas en la realidad: "Lo siento, luego es verdad".

8. *ENUNCIACION "DEBERIA":* Usted trata de motivarse con "deberías" y "no deberías", como si tuvieran que azotarlo y castigarlo ants de esperar que usted haga algo. La consecuencia emocional es la culpa. Cuando dirige este tipo de enunciación hacia los demás, siente irritación, frustración y resentimiento.

9. *ETIQUETACION Y ETIQUETACION ERRONEA:* Esta es una forma extrema de generalización excesiva. En lugar de describir su error, usted le pone una etiqueta negativa para usted mismo: "Soy un *perdedor*". Cuando la conducta de alguien no le sienta bien, le pone otra etiqueta negativa: "Es un maldito piojoso". La atribución de

etiquetas erróneas implica la descripción de un hecho con un lenguaje muy vívido y con una gran carga emocional.

10. *PERSONALIZACION:* Se ve a sí mismo como la causa de algún hecho negativo externo del cual, en realidad, usted no ha sido básicamente responsable.

---

a) pensamiento todo-o-nada;
b) generalización excesiva;
c) magnificación;
d) etiquetación;
e) todas las anteriores.

Ahora analizaré las respuestas correctas a esta pregunta para que usted pueda efectuar un control inmediato. Cualquier respuesta que haya marcado es correcta. De modo que si usted señaló *cualquier cosa,* ¡señaló bien! He aquí por qué. Cuando usted se dice a sí mismo: "Soy un fracaso *total*", está utilizando el pensamiento todo-o-nada. ¡Ya está bien! La carne estaba un poquito seca, pero no por eso su vida es un completo fracaso. Cuando usted piensa: "*Nunca* hago *nada* bien", usted está *generalizando excesivamente.* ¿Nunca? ¡Vamos! ¿Nada? Cuando se dice a sí misma: "No puedo soportarlo", usted está *magnificando* el dolor que siente. Lo está agrandando desproporcionalmente porque lo *está* soportando, y si lo *está haciendo* es porque *puede.* Las protestas de su marido no son exactamente lo que usted quiere oír, pero no constituyen una reflexión sobre su propia valía. Por último, cuando usted exclama: "¡Trabajo como una esclava y éste es el agradecimiento que consigo! ¡El muy idiota!", está poniéndoles una etiqueta a los dos. El no es un *idiota,* simplemente está irritable y se muestra insensible. Existe el comportamiento idiota, pero no los idiotas. De modo similar, es tonto ponerse a uno mismo la etiqueta de *esclavo.* Así está dejando que el malhumor de él le amargue la noche.

Muy bien, ahora continuemos con esta pequeña prueba.

2. Usted acaba de leer la frase en la cual le informaba de que tendría que hacer esta prueba de autoevaluación. De pronto se le cae el alma a los pies y piensa: "¡Oh, no, otra prueba! Siempre hago pésimamente las pruebas. Tendré que saltarme esta parte del libro. Me pone nervioso, así que de todos modos no servirá". Entre sus distorsiones figuran:

a) conclusiones apresuradas (error del adivino);

b) generalización excesiva;
c) pensamiento todo-o-nada;
d) personalización;
e) razonamiento emocional.

3. Usted es un psiquiatra de la Universidad de Pensilvania. Está tratando de corregir su manuscrito sobre la depresión después de haberse reunido con su corrector en Nueva York. Aunque su corrector parecía sumamente entusiasta, usted nota que se está poniendo nervioso y sintiéndose inútil debido a sus pensamientos: "¡Cometieron un terrible error cuando eligieron mi libro! No seré capaz de hacer un buen trabajo. No podré nunca conseguir que el libro sea fresco, ágil y vívido. Mi escritura es demasiado monótona y mis ideas no son lo bastante buenas". Entre sus distorsiones cognitivas figuran:
a) pensamiento todo-o-nada;
b) conclusiones apresuradas (predicción negativa);
c) filtro mental;
d) descalificación de lo positivo;
e) magnificación.

4. Usted está solo y decide asistir a una reunión social para personas solas. Poco después de llegar al lugar, siente urgencia por irse porque se encuentra ansioso y a la defensiva. Los siguientes pensamientos pasan por su mente: "Probablemente no son personas muy interesantes. ¿Para qué torturarme? No son más que un puñado de perdedores. Puedo decirlo porque estoy muy aburrido. Esta fiesta será una lata". Entre sus errores figuran:
a) etiquetación;
b) magnificación;
c) conclusiones apresuradas (error del adivino y lectura del pensamiento);
d) razonamiento emocional;
e) personalización.

5. Usted recibe un aviso de despido de parte de su jefe. Se siente furioso y frustrado. Piensa: "Esto prueba que el mundo no tiene nada de bueno. Yo nunca tengo una oportunidad". Entre sus distorsiones figuran:
a) pensamiento todo-o-nada;
b) descalificación de lo positivo;

c) filtro mental;

d) personalización;

e) enunciación "debería".

6.   Usted está a punto de pronunciar una conferencia y nota que su corazón está latiendo aceleradamente. Se siente tenso y nervioso porque piensa: "Dios mío, probablemente olvidaré lo que voy a decir. De todos modos, mi discurso no es nada bueno. Mi mente se quedará en blanco. Haré el ridículo". Entre sus errores de pensamiento figuran:

a) pensamiento todo-o-nada;

b) descalificación de lo positivo;

c) conclusiones apresuradas (error del adivino);

d) minimización;

e) etiquetación.

7.   La persona con la que tenía una cita lo llama en el último momento para cancelarla porque está enferma. Usted se siente irritado y decepcionado porque piensa: "Me han dejado plantado. ¿Qué hice yo para que las cosas fallaran?" Entre sus errores de pensamiento figuran:

a) pensamiento todo-o-nada;

b) enunciaciones "debería";

c) conclusiones apresuradas (lectura del pensamiento);

d) personalización;

e) generalización excesiva.

8.   Usted ha propuesto la escritura de un informe para su trabajo. Todas las noches, cuando trata de sentarse para hacerlo, todo el proyecto le parece tan difícil que inmediatamente se pone a ver televisión. Comienza a sentirse abrumado y culpable. Piensa lo siguiente: "Soy tan haragán que nunca lo terminaré. Sencillamente no puedo hacer esa maldita cosa. No la acabaría nunca. De todos modos, no va a salir bien". Entre sus errores de pensamiento figuran:

a) conclusiones apresuradas (error del adivino);

b) generalización excesiva;

c) etiquetación;

d) magnificación;

e) razonamiento emocional.

9.   Usted ha leído este libro completo y, después de aplicar los

métodos durante varias semanas, empieza a sentirse mejor. Su puntuación del BDI ha bajado de veintiséis (moderadamente deprimido) a once (sentimientos de depresión intermitentes). Entonces, repentinamente, empieza a sentirse peor y su puntuación vuelve a subir, ahora a veintiocho. Usted se siente desilusionado, desesperanzado, amargado y desesperado debido a que piensa: "No estoy yendo a ninguna parte. Estos métodos no conseguirán ayudarme, después de todo. Ya debería estar bien. Aquella 'mejoría' fue por casualidad. Me estaba engañando a mí mismo cuando pensé que me sentía mejor. No mejoraré nunca". Entre sus distorsiones cognitivas figuran:

a) descalificación de lo positivo;
b) enunciación "debería";
c) razonamiento emocional;
d) pensamiento todo-o-nada;
e) conclusiones apresuradas (predicción negativa).

10. Usted ha estado tratando de seguir una dieta. Este fin de semana ha estado nervioso y, como no tiene nada que hacer, se lo pasa picando de aquí y de allá. Después del cuarto caramelo, se dice a sí mismo: "No me puedo controlar. Mi dieta y mi *jogging* de toda la semana no han servido para nada. Debo de parecer un globo. No debería haber comido eso. No puedo soportar esto. ¡Voy a comer como un cerdo todo el fin de semana!". Empieza a sentirse tan culpable que se mete otro puñado de caramelos en la boca en un frustrado intento de sentirse mejor. Entre sus distorsiones figuran:

a) pensamiento-todo-o-nada;
b) etiquetación errónea;
c) predicción negativa;
d) enunciación "debería";
e) descalificacion de lo positivo.

CLAVE PARA LAS RESPUESTAS

1.	A B C D E	6.	A C D E
2.	A B C E	7.	C D
3.	A B D E	8.	A B C D E
4.	A B C D	9.	A B C D E
5.	A C	10.	A B C D E

A estas alturas es posible que se esté preguntando: "Muy bien. Entiendo que mi depresión es la consecuencia de mis pensamientos negativos porque mi perspectiva de la vida cambia enormemente cuando mi ánimo sube o baja. Pero si mis pensamientos negativos están tan distorsionados, ¿por qué me engaño continuamente? Puedo pensar con tanta claridad y sentido de la realidad como cualquier otra persona, de modo que si lo que me digo a mí mismo es tan irracional, ¿por qué parece tan lógico?"

Aun cuando sus pensamientos depresivos estén distorsionados, crean sin embargo una poderosa ilusión de realidad. Voy a revelar la base de la decepción en términos directos: ¡sus sentimientos no son hechos! En realidad, sus sentimientos, en sí mismos ni siquiera cuentan, excepto como un espejo de su manera de pensar. Si sus percepciones no tienen sentido, los sentimientos que crean serán tan absurdos como las imágenes reflejadas en los espejos de un parque de atracciones. Pero estas emociones anormales *se sienten* con la misma validez y realidad que los sentimientos genuinos creados por pensamientos sin distorsiones, de modo que usted automáticamente les atribuye veracidad. Por eso la depresión es una forma tan poderosa de magia negra mental.

Una vez que usted ha provocado la depresión mediante una serie "automática" de distorsiones cognitivas, sus sentimientos y acciones se reforzarán mutuamente en un círculo vicioso que se perpetuará a sí mismo. Dado que usted *cree* todo lo que su cerebro deprimido le dice, experimenta sentimientos negativos acerca de casi todo. Esta reacción se produce en milésimas de segundo, demasiado rápidamente como para que usted ni siquiera pueda darse cuenta. La emoción negativa *se siente* como si fuese real, y a su vez concede un aura de credibilidad al pensamiento distorsionado que la creó. El ciclo continúa perpetuándose indefinidamente y con el tiempo usted se encuentra atrapado. La prisión mental es una ilusión, un engaño que usted ha creado sin darse cuenta, pero *parece* real porque *se siente* como si fuese real.

¿Cuál es la clave para liberarse de su prisión emocional? Simplemente ésta: sus pensamientos crean sus emociones; por consiguiente, sus emociones no pueden probar que sus pensamientos son exactos. Los sentimientos desagradables sólo indican que usted está pensando algo negativo y creyéndoselo. Sus emociones *siguen* a sus pensamientos al igual que los patitos siguen a su madre pata.

¡Pero el hecho de que los patitos sigan fielmente a su madre no prueba que la madre sepa adónde está yendo!

Examinemos su ecuación: "Siento, luego existo". Esta actitud en la que las emociones reflejan una verdad definitiva y evidente no es privativa de las personas deprimidas. En la actualidad, la mayoría de los psicoterapeutas comparten la convicción de que el hecho de ser más *consciente* de sus sentimientos y de expresarlos más abiertamente indica madurez emocional. En consecuencia, sus sentimientos representan una realidad superior, una integridad personal, una verdad incuestionable.

Mi posición es completamente diferente. Sus sentimientos, en sí mismos no son en absoluto necesariamente especiales. En realidad, en la medida en que sus emociones negativas se basan en distorsiones mentales —como ocurre con demasiada frecuencia—, apenas pueden considerarse deseables.

¿Quiero decir que usted debe liberarse de *todas* las emociones? ¿Quiero convertirlo en un robot? No. Quiero enseñarle a evitar sentimientos dolorosos basados en distorsiones mentales, porque no son válidos ni deseables. Creo que una vez que haya aprendido a percibir la vida con más realismo experimentará una vida emocional mejor con una mayor apreciación de la verdadera tristeza —que carece de distorsiones—, así como también de la alegría.

A medida que siga leyendo las siguientes partes de este libro, podrá aprender a corregir las distorsiones que le engañan cuando se siente mal. A la vez, tendrá la oportunidad de reevaluar algunos de los valores y supuestos básicos que crean su vulnerabilidad ante las oscilaciones destructivas del estado de ánimo. He descrito los pasos necesarios con todo detalle. Las modificaciones en los modelos del pensamiento ilógico tendrán un profundo efecto en sus estados de ánimo y acrecentarán su capacidad para desarrollar una vida productiva. Ahora, sigamos adelante y veamos cómo podemos resolver sus problemas.

II

CASOS PRACTICOS

4
Comience mejorando su autoestima

Cuando usted está deprimido, invariablemente cree que es un inútil. Cuanto peor es la depresión, mayor es la intensidad de ese sentimiento. Usted no es el único. Un estudio reciente del doctor Aaron Beck revela que más del ochenta por ciento de los pacientes deprimidos manifestaban sentir disgusto por sí mismos.[1] Además, el doctor Beck ha descubierto que los pacientes deprimidos creen que sus deficiencias afectan justo a las cualidades que más aprecian: inteligencia, logros, popularidad, belleza, salud y fuerza. Dice que una autoimagen deprimida puede caracterizarse con cuatro adjetivos: uno se siente derrotado, anormal, abandonado e inútil.

Casi todas las reacciones emocionales negativas nos hacen daño *tan sólo* porque son la consecuencia de una baja autoestima. Una autoimagen empequeñecida es el cristal de aumento que puede transformar un error trivial o una imperfección en el símbolo abrumador de una derrota personal. Por ejemplo, Eric, un estudiante de primer año de derecho, tiene una sensación de pánico en clase. "Cuando el profesor me llame, probablemente no sabré contestar." Aunque el temor de Eric al fracaso estaba primero en su mente, mi diálogo con él reveló que la causa real del problema era la sensación de incapacidad personal:

DAVID: Suponga que realmente se equivocara en clase. ¿Por qué sería tan especialmente perturbador para usted? ¿Por qué es tan trágico?

1. Beck, Aaron, T., *Depression: Clinical, Experimental, and Theoretical Aspects*, Nueva York, Hoeber, 1967. (Reeditado como: *Depression: Causes and Treatment*, University of Pennsylvania Press, Filadelfia, 1972, págs. 17-23.) [Trad. cast.: *Diagnóstico y tratamiento de la depresión*, Madrid, Merck, Sharp and Dohme, 1980.]

ERIC: Entonces me pondría en ridículo.

DAVID: Suponga que ha hecho el ridículo. ¿Por qué sería tan trágico?

ERIC: Porque entonces todos me despreciarían.

DAVID: Suponga que la gente lo ha despreciado. ¿Y entonces qué?

ERIC: Entonces me sentiría muy mal.

DAVID: ¿Por qué? ¿Por qué tendría que sentirse muy mal si la gente lo despreciara?

ERIC: Bueno, eso querría decir que yo no soy una persona digna de consideración. Además, podría arruinar mi carrera. Obtendría malas calificaciones y no podría ser nunca un abogado.

DAVID: Suponga que no llega a ser abogado. Supongamos, sólo como hipótesis del análisis que estamos haciendo, que usted ha abandonado la facultad. ¿Por qué le resultaría tan insoportable?

ERIC: Eso significaría que fracasé en algo que he deseado toda mi vida.

DAVID: ¿Y qué significaría eso para usted?

ERIC: La vida no tendría sentido. Significaría que soy un fracaso. Significaría que no soy digno de consideración.

En este breve diálogo, Eric demostró que creía que sería terrible ser objeto de desaprobación, o cometer un error, o fracasar. Parecía convencido de que si una persona lo despreciaba, todos lo harían. Era como si la palabra RECHAZO quedara estampada repentinamente en su frente para que todos la vieran. Parecía no tener sensación alguna de autoestima que no dependiese de la aprobación y el éxito. Se medía a sí mismo por la forma en que los demás lo consideraban y por lo que él había logrado. Eric sentía que, si sus deseos de obtener aprobación y éxito no se vieran satisfechos, él no sería nada porque no existía un verdadero apoyo que naciera de su interior.

Si usted cree que la tendencia perfeccionista de Eric con respecto a obtener logros y aprobación es contraproducente y poco realista, tiene razón. Sin embargo, para Eric esta tendencia era *realista* y *razonable*. Si usted ahora está deprimido o alguna vez lo ha estado, es posible que le resulte mucho más difícil reconocer las estructuras del pensamiento ilógico que provocan su desvalorización. En realidad, probablemente esté convencido de que sin duda es inferior o carece de valor. Y toda sugerencia que indique lo contrario podrá parecerle tonta y deshonesta.

Lamentablemente, cuando usted está deprimido es posible que no esté solo en su convicción de que es un incapaz. En muchos casos será tan *persuasivo* y *persistente* en la creencia de que tiene defectos y de que no es bueno, que podrá conseguir que sus amigos, su familia e incluso su terapeuta acepten esta idea que usted tiene de sí mismo. Durante muchos años los psiquiatras tendieron a aceptar el sistema de autoevaluación negativa de las personas deprimidas sin comprobar la validez de lo que los pacientes decían sobre sí mismos. Esto aparece ejemplificado en los escritos de un observador tan agudo como Sigmund Freud en su tratado "La aflicción y la melancolía", que constituye la base del sistema psicoanalítico ortodoxo para el tratamiento de la depresion. En este estudio clásico, Freud manifiesta que cuando el paciente dice que es un inútil, una persona incapaz de conseguir éxitos y moralmente despreciable, *debe de tener razón*. En consecuencia, resulta infructuoso que el terapeuta esté en desacuerdo con el paciente. Freud creía que el terapeuta debe aceptar que el paciente es, en realidad, poco interesante, antipático, insignificante, egocéntrico y deshonesto. Estas cualidades describen la verdadera personalidad de un ser humano, de acuerdo con Freud, y el proceso de la enfermedad simplemente hace que la verdad se vuelva más evidente:

> El paciente representa a su yo ante nosotros como carente de valía, incapaz de cualquier logro y moralmente despreciable; se increpa a sí mismo y espera ser expulsado y castigado... Sería igualmente infructuoso desde un punto de vista científico y terapéutico contradecir a un paciente que presenta estas acusaciones contra su yo. *Seguramente debe de tener razón en algún sentido* [el subrayado es mío] y debe de estar describiendo algo que es como le parece a él que es. En realidad, nosotros debemos confirmar algunas de sus afirmaciones sin reserva. *El paciente es realmente tan carente de interés e incapaz de amar y obtener logros como él dice ser* [el subrayado es mío]... Parece estar justificado también en otras autoacusaciones: *se trata simplemente de que tiene un ojo más agudo para la verdad que otras personas que no son melancólicas* [el subrayado es mío]. Cuando en su autocrítica acentuada se describe como insignificante, egoísta, deshonesto, falto de independencia, y alguien cuyo único objetivo ha sido ocultar la debilidad de su propia naturaleza, puede, hasta donde nosotros sabemos, que *se haya*

acercado bastante a la comprensión de sí mismo [el subrayado es mío]; sólo nos preguntamos por qué un hombre tiene que enfermar antes de poder tener acceso a una verdad de este tipo.

Sigmund Freud, "La aflicción y la melancolía".[2]

La manera en que un terapeuta maneje los sentimientos de incapacidad que usted tiene es decisiva para la cura, puesto que su sensación de inutilidad es una clave de la depresión. Esta cuestión reviste también una considerable importancia filosófica: la naturaleza humana, ¿es *inherentemente* defectuosa? Los pacientes depresivos, ¿están realmente afrontando la verdad definitiva sobre sí mismos? ¿Y cuál, en última instancia, es la fuente de la auténtica autoestima? Este, en mi opinión, es el interrogante más importante con que deberá enfrentarse en su vida.

Primero, usted *no puede adquirir* valía a través de lo que hace. Los logros pueden darle satisfacción pero no la felicidad. La autovaloración basada en los logros es una "pseudoestima", no la verdadera. Tengo muchos pacientes que han alcanzado el éxito pero no se han librado de la depresión que estarán de acuerdo conmigo. Usted tampoco puede basar una sensación válida de autoestima en su aspecto, talento fama o fortuna. Marilyn Monroe, Mark Rothko, Freddie Prinz y una multitud de famosas víctimas del suicidio corroboran esta horrible verdad. Tampoco el amor, la aprobación, la amistad o la capacidad de mantener relaciones humanas íntimas, afectuosas, pueden añadir nada a su valor inherente. La gran mayoría de las personas deprimidas en realidad son muy amadas, pero eso no les ayuda en absoluto porque les falta la autoestima y el amor por sí mismas. En el fondo, sólo su propia sensación de autoestima determina la manera en que se sienten.

"Entonces", puede que se esté usted preguntando con cierta exasperación, "¿cómo lograr una sensación de autoestima? La verdad es que *me siento* un inútil y estoy convencido de que no soy tan bueno como otras personas. No creo que haya nada que yo pueda hacer para modificar estos malditos sentimientos porque yo soy básicamente así".

Una de las características fundamentales de la terapia cognitiva es que se niega empecinadamente a aceptar su sensación de

---

2. Freud, S., *Collected Papers*, 1917. Traducida por Joan Riviere, volumen IV, capítulo 8, "Mourning and Melancholia", págs. 155-156, Londres, Hogarth Press Ltd., 1952. [Trad. cast.: véase *Obras completas*, Buenos Aires, Amorrortu, 1988.]

inutilidad. En mi práctica terapéutica conduzco a mis pacientes a través de una reevaluación sistemática de la imagen negativa que tienen de sí mismos. Formulo la misma pregunta una y otra vez: "¿Usted *tiene razón* realmente cuando insiste en que en alguna parte de su ser interno es en esencia un perdedor?"

El primer paso es examinar de cerca lo que usted dice sobre sí mismo cuando insiste en que no es bueno. Las pruebas que presente para defender su inutilidad, por lo general, o siempre, carecerán de sentido.

Esta opinión se basa en un reciente estudio de los doctores Aaron Beck y David Braff en el que se señala que en realidad hay una perturbación formal del pensamiento en los pacientes deprimidos. Se comparó a personas deprimidas con pacientes esquizofrénicos y con personas no deprimidas en lo referente a su capacidad para interpretar el significado de varios refranes como, por ejemplo, "más vale prevenir que curar". Los pacientes esquizofrénicos y los depresivos cometieron muchos errores lógicos y tuvieron dificultades para extraer el significado de los refranes. Eran demasiado concretos y no podían hacer generalizaciones exactas. Aunque la gravedad del defecto era evidentemente menos profunda y extraña en los pacientes depresivos que en los esquizofrénicos, también aquéllos resultaron sin lugar a dudas distintos con respecto a los individuos normales.

En términos prácticos, el estudio indicó que en los períodos de depresión usted pierde algo de su capacidad para pensar con claridad; le cuesta poner las cosas en la perspectiva adecuada. Los acontecimientos negativos aumentan su importancia hasta que dominan toda su realidad, y usted no puede decir realmente que lo que sucede está distorsionado. Todo le parece muy *real*. La ilusión de infierno que usted crea *es muy convincente*.

Cuanto más deprimido y desdichado se sienta, tanto más retorcido se volverá su modo de pensar. Y, a la inversa, cuando no exista la distorsión mental, usted *no podrá* experimentar ni una baja autoestima ni sensaciones depresivas.

¿Qué tipos de errores mentales comete más a menudo cuando se infravalora a sí mismo? Un buen punto por donde empezar es la lista de distorsiones que comentamos en el capítulo 3. La distorsión mental más habitual que debe examinar cuando se siente desvalorizado es el pensamiento todo-o-nada. Si usted ve la vida sólo en esas categorías extremas, creerá que su comportamiento sólo puede ser magnífico o terrible, no existirá nada más. Como me dijo un vendedor: "Lograr el noventa y cinco por ciento o más de mi objetivo en las ventas mensuales es aceptable. El noventa y cuatro por ciento o menos equivale al fracaso total".

Este sistema de evaluación todo-o-nada no sólo es muy poco realista y contraproducente, sino que además crea una ansiedad abrumadora y frecuentes decepciones. Un psiquiatra deprimido que vino a verme advirtió durante un período de dos semanas en el que se sintió deprimido, que no disponía de tanta potencia sexual y que además tenía dificultades para mantener las erecciones. Sus tendencias perfeccionistas habían dominado no sólo su ilustre carrera profesional sino también su vida sexual. En consecuencia, había tenido relaciones sexuales con su mujer de forma regular en días alternos, programándolas con toda precisión durante los veinte años de casados que llevaban. A pesar de que su potencia sexual había disminuido —lo cual es un síntoma común de la depresión— se dijo a sí mismo: "*Debo* continuar con mis relaciones sexuales con la frecuencia de siempre". Este pensamiento le creó tanta ansiedad que cada vez era más incapaz de lograr una erección satisfactoria. Dado que su perfecto comportamiento sexual se había visto truncado, empezó a atormentarse con el extremo "nada" de su sistema todo-o-nada y llegó a la conclusión siguiente: "Ya no soy el compañero perfecto en el matrimonio. Soy un fracaso como marido. Ni siquiera soy un hombre. Soy una cosa sin valor". Aunque era un psiquiatra competente (y algunos podrían decir que incluso brillante), me confió gimoteando: "Doctor Burns, usted y yo sabemos que es un hecho innegable que nunca más seré capaz de tener relaciones sexuales". A pesar de sus años de formación como médico, era capaz de llegarse a creer semejante pensamiento.

COMO VENCER LA SENSACION DE INUTILIDAD

A estas alturas puede que usted esté diciendo: "Muy bien, veo que hay cierta falta de lógica detrás de esa sensación de inutilidad. Por lo menos en el caso de *algunas* personas. Pero ellos son fundamentalmente ganadores; no son como yo. Parece que sus pacientes son médicos famosos y empresarios de éxito. Cualquiera le habría dicho que su falta de autoestima era ilógica. Pero yo *soy* realmente un mediocre. Otros *son*, en realidad, más apuestos, más populares y triunfadores que yo. Entonces, ¿qué puedo hacer? Nada, ¡ahí está! Mi sensación de inutilidad no es un espejismo. Se basa en la realidad, de modo que encuentro poco consuelo en que me digan que *piense* lógicamente. No creo que haya manera alguna de conseguir que estos horribles sentimientos desaparezcan a menos que trate de engañarme a mí mismo, y usted y yo sabemos que no dará resultado".

Primero le mencionaré un par de métodos conocidos que utilizan muchos terapeutas, los cuales *no* me parece que constituyan soluciones satisfactorias para su problema de falta de autoestima. A continuación, le enseñaré algunos métodos más coherentes que podrán ayudarle.

En consonancia con la idea de que hay alguna profunda verdad en su convicción de que carece básicamente de valor, algunos psicoterapeutas pueden permitirle expresar esos sentimientos de incapacidad durante una sesión de terapia. Sin duda, resultará beneficioso que usted descargue esos sentimientos. El alivio catártico puede a veces, pero no siempre, dar como resultado una mejora temporal del estado de ánimo. Sin embargo, si el terapeuta no ofrece una devolución objetiva sobre la validez de su autoevaluación, usted puede llegar a la conclusión de que él está de acuerdo con usted. ¡Y puede que tenga razón! En realidad, puede que usted lo haya engañado como se engaña a usted mismo. En consecuencia, se sentirá aún más incapaz.

Los silencios prolongados en las sesiones de terapia pueden llegar a perturbarle y obsesionarle aún más en lo que respecta a su voz interior crítica. Este tipo de terapia no directiva, en la cual el terapeuta adopta un rol pasivo, suele producir una mayor ansiedad y depresión al paciente. Pero aun cuando se sienta realmente mejor al lograr un alivio emocional con un terapeuta empático y que demuestre interés por usted, la sensación de mejoría puede que dure poco si usted no ha transformado significativamente la forma que tiene de evaluarse a usted mismo y a su vida. Si no modifica considerablemente su pensamiento contraproducente y sus pautas de conducta, probablemente volverá a caer en la depresión.

Así como la descarga emocional por sí misma no basta por lo general para vencer la sensación de inutilidad, la introspección y la interpretación psicológica tampoco suelen ayudar. Por ejemplo, Jennifer era una escritora que vino a mi consultorio a causa del pánico que experimentaba antes de la publicación de su novela. En la primera sesión me dijo: "He ido a ver a varios terapeutas. Me han dicho que mi problema es el *perfeccionismo* y las expectativas y exigencias imposibles que sostengo respecto a mí misma. Además, puede que haya heredado esto de mi madre, que es compulsiva y perfeccionista. Ella puede encontrar diecinueve cosas mal en un cuarto increíblemente limpio. Yo siempre he tratado de complacerla, pero rara vez sentí que lo lograba independientemente de lo bien que lo hiciera. Los terapeutas me han dicho: '¡Deje de ver a todos como si fueran su madre! ¡Deje de ser tan perfeccionista!' Pero, ¿cómo lo *hago*? Me gustaría y quiero hacerlo, pero ninguno ha sido capaz de decirme nunca cómo resolverlo".

La queja de Jennifer es una de las que oigo diariamente en mi consultorio. Identificar la naturaleza o el origen de su problema puede proporcionarle capacidad introspectiva, pero por lo general no modificará su manera de actuar. No es sorprendente. Usted ha practicado durante años y años los malos hábitos mentales que han contribuido a crear su baja autoestima. Será necesario un esfuerzo sistemático y constante para resolver el problema. ¿Un tartamudo deja de tartamudear cuando comprende el hecho de que no vocaliza bien? ¿Mejora el rendimiento de un jugador de tenis sólo porque el entrenador le dice que golpea la pelota contra la red con demasiada frecuencia?

Dado que la exteriorización de las emociones y la introspección —los dos elementos básicos de la dieta psicoterapéutica estándar— no pueden ayudarle, ¿quién podrá? Como terapeuta cognitivo, tengo tres objetivos al enfrentarme a su sensación de inutilidad: una rápida y decisiva transformación de la manera en que usted *piensa, siente y actúa*. Estos resultados serán la conclusión de un programa de capacitación sistemática en el que se emplean métodos concretos simples que usted puede aplicar cotidianamente. Si está dispuesto a dedicar cierto tiempo y esfuerzo de manera regular a este programa, puede que obtenga un éxito proporcionado al esfuerzo que haya realizado.

¿Está dispuesto? Si es así, hemos llegado al comienzo. Usted está a punto de dar el primer paso crucial para mejorar su estado de ánimo y su autoimagen.

He creado muchas técnicas específicas y de fácil aplicación que pueden ayudarle a desarrollar su sensación de autoestima. Mientras lea los apartados siguientes, recuerde que su simple lectura no le garantizará un aumento de su autoestima, por lo menos no durante mucho tiempo. Tendrá que trabajar en ello y practicar los diversos ejercicios. En realidad, le recomiendo que dedique un poco de tiempo diariamente a trabajar para mejorar su autoimagen porque *solamente* así podrá experimentar una maduración personal más rápida y duradera.

1. *¡Enfréntese a ese crítico interno!* Su diálogo autocrítico interno le crea una sensación de inutilidad. Las afirmaciones autodegradantes como, por ejemplo, "No tengo ninguna cualidad", "Soy una porquería", "Soy inferior a otras personas", etc., son las que crean y alimentan sus sentimientos de desesperación y baja autoestima. Para superar este peligroso hábito mental, es necesario seguir tres pasos:

a) Acostúmbrese a reconocer y anotar los pensamientos autocríticos cuando pasan por su mente;

b) Sepa por qué esos pensamientos no son reales y

c) Practique respuestas para esos sentimientos a fin de desarrollar un sistema de autoevaluación más realista.

Un método eficaz para lograr esto es la "técnica de la columna triple". Simplemente trace dos líneas en una hoja de papel para dividirla en tres partes (figura 4-1, pág. 74). Titule la columna de la izquierda "Pensamientos automáticos (autocrítica)", la del medio "Distorsión cognitiva" y la de la derecha "Respuesta racional (autodefensa)". En la columna de la izquierda anote todas esas autocríticas dolorosas que se hace cuando se siente un inútil y se infravalora.

Suponga, por ejemplo, que se da cuenta de pronto de que va a llegar tarde a una reunión importante. Se le cae el alma a los pies y es presa del pánico. Ahora pregúntese: "¿Qué pensamientos están pasando por mi mente en este momento? ¿Qué me estoy diciendo? ¿Por qué esta situación me está perturbando?" A continuación escriba esos pensamientos en la columna de la izquierda.

Puede que usted haya estado pensando: "Nunca hago nada bien" y "Siempre llego tarde". Escriba estos pensamientos en la columna de la izquierda y numérelos (figura 4-1, pág. 74). Usted también podría haber pensado: "Todo el mundo me despreciará. Esto demuestra lo idiota que soy". Con la misma rapidez con que esos pensamientos cruzan por su mente, anótelos. ¿Por qué? Porque son la *causa* misma de su trastorno emocional. Lo desgarran como cuchillos que desgarrasen su carne. Estoy seguro de que sabe lo que quiero decir porque lo ha *sentido*.

¿Cuál es el segundo paso? Usted ya ha empezado a prepararse para este ejercicio cuando ha leído el capítulo 3. Utilizando la lista de las diez distorsiones cognitivas (pág. 46), fíjese si puede identificar los errores de pensamiento en cada uno de sus pensamientos

Figura 4-1. La "técnica de la triple columna" puede aplicarse para reestructurar la manera de pensar que tiene sobre usted mismo cuando de algún modo ha cometido un error. El objetivo es reemplazar con pensamientos racionales más objetivos las autocríticas muy duras e ilógicas que automáticamente inundan su mente cuando sucede un hecho negativo.

Pensamiento automático (AUTOCRITICA)	Distorsión cognitiva	Respuesta racional (AUTODEFENSA)
1. Nunca hago nada bien.	1. Generalización excesiva.	1. ¡Tonterías! Hago muchas cosas bien.
2. Siempre llego tarde.	2. Generalización excesiva.	2. No llego *siempre* tarde. Es ridículo. Piensa cuántas veces has llegado puntualmente. Si llego tarde más a menudo de lo que quisiera, trabajaré sobre este problema y crearé un método para ser más puntual.
3. Todos me mirarán con desdén.	3. Lectura del pensamiento. Generalización excesiva. Pensamiento todo-o-nada. Error del adivino.	3. Alguien puede decepcionarse si llego tarde pero por eso no va a terminarse el mundo. Tal vez la reunión no empiece puntualmente.
4. Esto demuestra lo idiota que soy.	4. Etiquetación.	4. Vamos, no soy un "idiota".
5. Haré el ridículo.	5. Etiquetación. Error del adivino.	5. Idem. Tampoco voy a hacer el "ridículo". Puedo quedar en ridículo si llego tarde, pero eso no quiere decir que sea un ridículo. Todo el mundo llega tarde alguna vez.

automáticos negativos. Por ejemplo, "Nunca hago nada bien" es un caso de generalización excesiva. Apúntelo en la segunda columna. Siga señalando las distorsiones en sus otros pensamientos negativos, como se ve en la figura 4-1.

Ahora ya está preparado para el paso decisivo de la transformación del estado de ánimo: poner un pensamiento más racional y menos inquietante en la columna de la derecha. Usted no trata de animarse racionalizando o diciendo cosas que no cree que sean objetivamente válidas. En cambio, trata de reconocer *la verdad*. Si lo que usted escribe en la columna de la "Respuesta racional" no es convincente y realista, no le ayudará en absoluto. Asegúrese de que usted cree en su refutación de la autocrítica. Esta respuesta racional puede tener en cuenta lo que era ilógico y erróneo con respecto a su pensamiento automático de autocrítica.

Por ejemplo, en respuesta a "Nunca hago las cosas bien", podría escribir: "¡No es así! Hago algunas bien y otras mal, como todo el mundo. Llegué tarde a la cita que tenía, pero no saquemos las cosas de quicio".

Suponga que no puede pensar en una respuesta racional ante un pensamiento negativo determinado. Entonces olvídelo durante unos días y vuelva a él después. Por lo general, podrá ver la otra cara de la moneda. A medida que usted trabaje con la técnica de la triple columna durante quince minutos diarios por espacio de un mes o dos, comprobrá que cada vez es más fácil. No tema preguntar a otras personas cómo responderían a un pensamiento negativo si usted no puede imaginar la respuesta racional adecuada al suyo.

Una advertencia: No use palabras que describan sus reacciones emocionales en la columna del "Pensamiento automático". Sólo escriba los pensamientos que han creado la emoción. Por ejemplo, advierte que su coche tiene una rueda pinchada. No escriba "Me siento un infeliz", porque no podrá desaprobarlo con una respuesta racional. El hecho es que usted *se siente* un infeliz. En cambio, apunte los pensamientos que automáticamente pasaron por su mente en el momento en que vio la rueda; por ejemplo, "qué estúpido soy; debería haber comprado una rueda de cambio el mes pasado". o "¡Diablos! ¡Vaya suerte la mía!" Entonces puede reemplazarlos por respuestas racionales como, por ejemplo, "Habría sido mejor comprar una rueda nueva, pero no soy estúpido y nadie puede predecir con certeza el futuro". Este proceso no volverá a hinchar la rueda, pero por lo menos no tendrá que cambiarla con un yo desinflado.

Si bien es mejor no describir sus emociones en la columna del

"Pensamiento automático", puede resultar bastante útil realizar algo de "contabilidad emocional" antes y después de utilizar la técnica de la columna triple para determinar el modo en que cambian realmente sus sentimientos. Lo podrá hacer muy fácilmente si registra su perturbación emocional en una escala que abarque del cero al 100% antes de señalar sus pensamientos automáticos y responder a ellos. En el ejemplo anterior, podría observar que estaba un 80% frustrado e irritado en el momento en que vio la rueda pinchada. Luego, una vez que haya completado el ejercicio escrito, puede registrar el alivio experimentado, digamos un 40% más o menos. Si hay una disminución, sabrá que el método le ha dado resultado.

Un formulario levemente más detallado que diseñó el doctor Aaron Beck, denominado "Registro diario de pensamientos disfuncionales", le permite registrar no sólo sus pensamientos perturbadores sino también sus sentimientos, y el hecho negativo que los desencadenó (figura 4-2, pág. 77).

Por ejemplo, suponga que usted vende seguros y un posible cliente le insulta sin que usted le haya provocado y le corta bruscamente la comunicación telefónica. Describa el hecho real en la columna "Situación" pero no en la columna "Pensamientos automáticos". A continuación anote sus sentimientos y los pensamientos negativos distorsionados que les dieron origen en la columna correspondiente. Por último, responda a esos pensamientos y realice su contabilidad emocional. Algunas personas prefieren usar el "Registro diario de pensamientos disfuncionales" porque les permite analizar los hechos, pensamientos y sentimientos negativos de una manera sistemática. Asegúrese de emplear la técnica que le resulte más cómoda.

El hecho de tomar nota de sus pensamientos negativos y las respuestas racionales puede parecerle simplista, ineficaz o incluso una especie de truco. También puede que comparta los sentimientos de algunos pacientes que en un principio se negaron a hacerlo diciendo: "¿Qué sentido tiene? No dará resultado; no podría dar resultado porque realmente no valgo nada y ya no tengo esperanza".

Esta actitud sólo puede servir como profecía que se cumple a sí misma. Si usted no está dispuesto a coger la herramienta y usarla, no podrá realizar el trabajo. Comience por tomar nota de sus pensamientos automáticos y las respuestas racionales durante quince minutos todos los días durante dos semanas y vea el efecto que esto tiene en su estado de ánimo, según la medición del

Figura 4-2. Registro diario de los pensamientos disfuncionales.*

Situación	Emociones	Pensamientos automáticos	Distorsiones cognitivas	Respuestas racionales	Resultado
Describa brevemente el acontecimiento real que le provocó la emoción desagradable.	1. Especifique: triste, ansioso, irritado, etc. 2. Califique el grado de emoción entre el 1 y el 100%	Escriba el pensamiento o pensamientos automáticos que acompañan a la emoción o emociones.	Identifique la distorsión o distorsiones cognitivas presentes en cada pensamiento automático.	Anote una respuesta racional para cada pensamiento negativo.	Especifique y califique las emociones posteriores entre el 0 y el 100%.
Un cliente nuevo me corta la comunicación telefónica cuando lo llamo para describirle nuestro nuevo programa de seguros. Me dice: "¡No me ponga nervioso!"	Irritado, 99% Triste, 50%	1. Nunca venderé una póliza. 2. Me gustaría estrangular a ese tipo. 3. Debo haber dicho algo inconveniente.	1. Generalización excesiva 2. Magnificación; etiquetación 3. Conclusiones apresuradas; personalización	1. He vendido muchas pólizas. 2. Se comportó de un modo impertinente. Todos lo hacemos a veces. ¿Por qué dejar que me afecte? 3. En realidad no hice nada diferente de lo que hago por lo general para acercarme a un nuevo cliente. Así que, ¿por qué padecer?	Irritado, 50% Triste, 10%

Explicación: Cuando usted experimente una emoción desagradable, observe cuál es la situación que pareció provocarla. Luego, observe el pensamiento automático relacionado con la emoción. En la calificación de la emoción, 1= leve; 100 = lo más intensa posible.
Copyright 1979, Aaron T. Beck.

inventario de la depresión de Beck. Puede que se sorprenda al notar el comienzo de un período de maduración personal y un cambio saludable en la imagen que tiene de sí mismo.

Esta fue la experiencia de Gail, una joven secretaria cuya autoestima estaba tan baja que se sentía en constante peligro de que la criticaran sus amigos. Se mostró tan sensible ante el hecho de que su compañera de vivienda le pidiese que la ayudase a limpiar el apartamento después de una fiesta, que se sintió rechazada e inútil. En un principio era tan pesimista sobre las probabilidades que tenía de sentirse mejor que apenas pude persuadirla para que realizase un intento con la técnica de las tres columnas. Cuando se decidió a intentarlo a regañadientes, se sorprendió al ver cómo su autoestima y su estado de ánimo empezaban a experimentar una rápida transformación. Me dijo que *anotar* los muchos pensamientos negativos que pasaban por su mente durante el día la ayudó a ser más objetiva. Dejó de tomarse tan en serio esos pensamientos. Gracias a sus ejercicios escritos diarios, empezó a sentirse más tranquila y sus relaciones interpersonales mejoraron muchísimo. En la figura 4-3 se incluye un extracto de su trabajo escrito.

La experiencia de Gail no es inusual. El simple ejercicio diario de responder a sus pensamientos negativos con respuestas racionales se encuentra en el centro del método cognitivo. Es uno de los enfoques más importantes para modificar su manera de pensar. Es fundamental que *apunte* sus pensamientos automáticos y las respuestas racionales; no trate de hacer el ejercicio mentalmente. El hecho de escribirlos le obligará a desarrollar mucha más objetividad de la que podría llegar a lograr dejando que las respuestas deambulen por su mente. Además le ayudará a situar los errores mentales que provocan su depresión. La técnica de la columna triple no está limitada a los problemas de insatisfacción personal, sino que puede aplicarse también a una gran gama de dificultades emocionales en las cuales el pensamiento desempeña una función fundamental. Usted puede eliminar el dolor principal que causan problemas que por lo general definiría como totalmente "realistas" como, por ejemplo, una bancarrota, un divorcio o una grave enfermedad mental. Por último, en la parte sobre profilaxis y maduración personal, aprenderá cómo aplicar una ligera variación del método del pensamiento automático para penetrar en la parte de su mente donde se ocultan las causas de las oscilaciones del estado de ánimo. Usted podrá sacar a la luz y transformar esos "puntos de

78

presión" de su mente que le convierten en vulnerable sobre todo a la depresión.

2. *Biorrealimentación mental.* Otro método que puede ser muy útil consiste en controlar sus pensamientos negativos con un contador de pulsera. Puede comprarlo en una tienda de deportes o de equipos de golf; se parece a un reloj, es barato, y cada vez que se presiona el botón cambia el número que aparece en el dial. Apriete el botón cada vez que le cruce por la mente un pensamiento negativo sobre usted mismo; esté constantemente alerta para detectar esos pensamientos. Al final del día, observe la puntuación total que haya alcanzado y anótelo en un registro diario.

Al principio notará que el número aumenta; y así sucederá durante varios días a medida que usted vaya mejorando la identificación de sus pensamientos críticos. Pronto empezará a observar que el total diario se detiene en un nivel y permanece en él durante un período que oscilará entre una semana y diez días, y luego empezará a *bajar*. Esto indicará que sus pensamientos perjudiciales están disminuyendo y que usted está mejorando. Este método suele requerir tres semanas.

No se sabe con certeza por qué una técnica tan simple funciona tan bien, pero un automonitoreo sistemático ayuda por lo general a desarrollar un mayor autocontrol. Cuando aprenda a dejar de sermonearse a sí mismo, empezará a sentirse mucho mejor.

En el caso de que decida usar un contador de pulsera, quiero insistir en que no debe tener por finalidad ser un sustituto de los diez o quince minutos diarios dedicados a apuntar sus pensamientos negativos distorsionados y responder a ellos tal como se ha explicado anteriormente. El método escrito no puede omitirse, porque expone a la luz del día el carácter ilógico de los pensamientos que lo perturban. Una vez que ya esté aplicándolo regularmente, puede usar el contador de pulsera para cortar de raíz en otros momentos sus dolorosas cogniciones.

3. *¡Enfréntese con las cosas, no se deje abatir!: La mujer que pensaba que era una "mala madre".* Al leer los apartados anteriores, puede que se le haya ocurrido la siguiente objeción: "Todo esto tiene que ver con mis *pensamientos.* Pero, ¿qué sucede si mis problemas son reales? ¿Qué me aportará pensar de manera diferente? Yo tengo algunas incapacidades reales que tienen que ser abordadas".

Nancy, que tiene treinta y cuatro años y es madre de dos hijos,

Figura 4-3. Extractos tomados de la tarea escrita diaria de Gloria aplicando la "técnica de la triple columna". En la columna de la izquierda, registró los pensamientos negativos que automáticamente fluían en su mente cuando la muchacha con la que compartía el apartamento le pedía que lo limpiase. En la columna del medio identificó sus distorsiones, y en la columna de la derecha escribió interpretaciones más realistas. El ejercicio escrito diario aceleró muchísimo su maduración personal y le produjo un considerable alivio emocional.

Pensamientos automáticos (AUTOCRITICA)	Distorsión cognitiva	Respuesta racional (AUTODEFENSA)
1. Todos saben lo desorganizada y egoísta que soy.	1. Conclusiones apresuradas (lectura del pensamiento); generalización excesiva.	1. A veces soy desorganizada y otras veces soy organizada. Todos no piensan lo mismo de mí.
2. Soy totalmente egocéntrica y desconsiderada. Simplemente no soy buena.	2. Pensamiento todo-o-nada.	2. Soy desconsiderada a veces, y a veces soy muy considerada. Probablemente sea verdad que a veces actúo demasiado egocéntricamente. Puedo trabajar para modificar esta actitud. Puede que yo sea imperfecta pero eso no quiere decir que "no sea buena".
3. Mi compañera de vivienda probablemente me odia. No tengo amigos verdaderos.	3. Conclusiones apresuradas (lectura del pensamiento); pensamiento todo-o-nada.	3. Mis amistades son tan buenas como las de cualquiera. A veces me tomo la crítica que me hacen como si fuese un rechazo con respecto a *mí*, Gloria, la persona. Pero los demás, por lo general,

no me rechazan. Só-
lo expresan su dis-
gusto ante lo que
hice (o dije), y siguen
aceptándome des-
pués.

---

pensaba de ese modo. Se divorció de su primer marido hace seis años y acaba de volverse a casar. Está terminando sus estudios universitarios como estudiante en dedicación parcial. Por lo general, Nancy está animada, es entusiasta y se dedica mucho a su familia. Sin embargo, ha padecido depresiones episódicas durante muchos años. Durante esos períodos se vuelve sumamente crítica consigo misma y con los demás, y manifiesta dudas sobre su persona e inseguridad. Precisamente llegó a mí en uno de esos períodos de depresión.

Me impresionó la vehemencia con que se autocriticaba. Había recibido una nota de la maestra de su hijo en la que le comunicaba que el pequeño tenía dificultades en la escuela. Su primera reacción fue abatirse y culparse a sí misma. Lo que sigue es un extracto de nuestra sesión de terapia:

NANCY: Debería haber ayudado a Bobby a hacer sus tareas porque ahora se ha desorientado y no está preparado para la escuela. Hablé con la maestra de Bobby y me dijo que no tiene confianza en sí mismo y que no sigue bien las directrices. En consecuencia su trabajo escolar ha ido deteriorándose. He experimentado varios pensamientos autocríticos después de la llamada y me he sentido repentinamente descorazonada. Empecé a decirme que una buena madre siempre dedica un poco de tiempo a realizar alguna actividad con sus hijos todas las noches. Soy la responsable de su comportamiento deficiente: mentir, no trabajar bien en la escuela. No se me ocurre cómo tratarlo. Soy realmente una mala madre. Empecé a pensar que mi hijo era tonto y que estaba a punto de fracasar y que yo era la culpable.

Mi primera estrategia fue enseñarle cómo contrarrestar la

afirmación "Soy una mala madre", porque me pareció que esta autocrítica era dolorosa y poco realista, y le creaba una angustia paralizante que no la ayudaría en su intento de guiar a Bobby para que saliese de su crisis.

DAVID: Muy bien. ¿Qué tiene de malo esta afirmación: "Soy una mala madre"?

NANCY: Bueno...

DAVID: ¿Existe algo así como una "mala madre"?

NANCY: Desde luego.

DAVID: ¿Cuál es su definición de una "mala madre"?

NANCY: Una mala madre es alguien que se desenvuelve mal en la educación de sus hijos. No es tan eficiente como otras madres, así que sus hijos no crecen como los demás. Parece evidente.

DAVID: ¿Así que para usted una "mala madre" es alguien que tiene pocas aptitudes maternales? ¿Esa es su definición?

NANCY: Algunas madres no tienen aptitudes maternales.

DAVID: Pero a todas las madres les faltan aptitudes maternales en alguna medida.

NANCY: ¿Sí?

DAVID: No hay ninguna madre en este mundo que sea perfecta en todas las aptitudes maternales. De modo que a todas les faltan aptitudes maternales en algún aspecto. Según su definición, parece que todas las madres son malas madres.

NANCY: Yo siento que *yo soy* una mala madre, pero no todo el mundo lo es.

DAVID: Bien, defínalo otra vez. ¿Qué es una "mala madre"?

NANCY: Una mala madre es alguien que no comprende a sus hijos o está cometiendo errores perjudiciales constantemente. Errores que son perniciosos.

DAVID: De acuerdo con esta nueva definición, usted no es una "mala madre", y no hay "malas madres", porque nadie está cometiendo errores perjudiciales constantemente.

NANCY: ¿Nadie...?

DAVID: Usted dijo que una mala madre comete errores perjudiciales *constantemente*. No existe una persona que cometa errores constantemente las veinticuatro horas del día. Toda madre es capaz de hacer *algunas* cosas bien.

NANCY: Bueno, puedo haber padres abusivos que estén siempre castigando, pegando; en el diario aparecen casos así. Sus hijos terminan por no tener remedio. Ahí sin duda podría haber una mala madre.

DAVID: Hay padres que recurren a una conducta abusiva, es verdad. Y esos individuos podrían mejorar su comportamiento, lo cual los podría hacer sentir mejor con respecto a sí mismos y a sus hijos. Pero no es realista decir que esos padres están *constantemente* haciendo cosas abusivas o perniciosas, y no va a ayudar a solucionar nada el hecho de ponerles la etiqueta de "malos". Esos individuos tienen realmente un problema con su agresividad y necesitan un adiestramiento en autocontrol, pero lo único que conseguiría es empeorar las cosas si usted tratara de convencerlos de que su problema es la maldad. Por lo general, estas personas ya creen que son seres humanos muy malos y eso forma parte de su problema. Ponerles la etiqueta de "malas madres" sería inexacto y, además, irresponsable, como tratar de apagar un incendio con gasolina.

En este diálogo yo trataba de mostrarle a Nancy que lo que ella hacía era tratar de anularse a sí misma, al ponerse la etiqueta de "mala madre". Esperaba demostrarle que, independientemente de cómo definiera lo que significa ser una "mala madre", la definición nunca sería realista. Una vez que abandonó esa tendencia destructiva al abatimiento y a ponerse la etiqueta de inútil, pudimos seguir adelante y desarrollar estrategias para ayudar a su hijo a resolver los problemas que tenía en la escuela.

NANCY: Pero yo todavía siento que soy una "mala madre".

DAVID: Bueno, una vez más, ¿cómo la define?

NANCY: Es alguien que no le ofrece a su hijo la suficiente atención, una atención positiva. Yo estoy tan ocupada en la facultad. Y cuando sí le presto atención, temo que sea siempre atención negativa. ¿Quién sabe? Eso es lo que estoy diciendo.

DAVID: Una "mala mare" es alguien que no le proporciona a su hijo la suficiente atención, ¿eso dice usted? ¿Suficiente para qué?

NANCY: Para que su hijo sepa desenvolverse bien en la vida.

DAVID: ¿En *todo,* o en algunas cosas?

NANCY: En algunas cosas. Nadie puede desenvolverse bien en todo.

DAVID: ¿Bobby se desenvuelve bien en algunas cosas? ¿Tiene algunas virtudes que lo rediman?

NANCY: Oh, sí. Hay muchas cosas de las que disfruta y en las que demuestra un buen rendimiento.

DAVID: Entonces usted no puede ser una "mala madre", de acuerdo con su definición, porque su hijo se desenvuelve bien en muchas cosas.

NANCY: Entonces, ¿por qué me siento como si fuese una mala madre?

DAVID: Parece que usted se está etiquetando a sí misma como "mala madre" porque le gustaría pasar más tiempo con su hijo y porque a veces se siente una incompetente, y porque hay una clara necesidad de mejorar su comunicación con Bobby. Pero no la ayudará a resolver estos problemas el hecho de que automáticamente llegue a la conclusión de que es una "mala madre". ¿Lo que digo tiene sentido para usted?

NANCY: Si yo le prestara más atención y le ayudase más, podría rendir más en la escuela y estar mucho más contento. Siento que yo tengo la culpa cuando a él no le va bien.

DAVID: ¿Así que usted está dispuesta a echarse la culpa por los errores de él?

NANCY: Sí, yo tengo la culpa. Soy una mala madre.

DAVID: ¿Y usted también se acredita el mérito por los logros de él? ¿Y por su felicidad?

NANCY: No; a *él* le corresponde el mérito por esas cosas, no a mí.

DAVID: ¿Le parece que tiene sentido? ¿Que usted sea responsable de sus errores pero no de sus aciertos?

NANCY: No.

DAVID: ¿Comprende lo que estoy tratando de decirle?

NANCY: Sí.

DAVID: Eso de "mala madre" es una abstracción; no existe en este universo algo semejante a una "mala madre".

NANCY: Correcto. Pero las madres pueden hacer cosas malas.

DAVID: Son personas como las demás, y las personas hacen una diversidad de cosas: buenas, malas y neutras. Eso de "mala madre" es sólo una fantasía; no existe tal cosa. La silla es una cosa. Una "mala madre" es una abstracción. ¿Lo comprende?

NANCY: Lo he entendido, pero algunas madres son más experimentadas y eficientes que otras.

DAVID: Sí, existen todos los grados de eficiencia en las aptitudes de los padres. Y casi todos tienen mucho margen para mejorar. La pregunta significativa no es "¿Soy una buena o una mala madre?" sino "¿Cuáles son mis aptitudes y mis debilidades relativas, y qué puedo hacer para mejorar?"

NANCY: Comprendo. Ese enfoque tiene mucho más sentido y parece mucho mejor. Cuando me pongo la etiqueta de "mala madre", me siento inútil y deprimida, y no hago nada productivo. Ahora veo hacia dónde ha estado apuntando usted. Una vez que deje de criticarme a mí misma, me sentiré mejor, y tal vez pueda ser más útil para Bobby.

DAVID: ¡Correcto! De modo que cuando usted mira el problema de esa manera está hablando de buscar estrategias para resolverlo. Por ejemplo, ¿cuáles son sus aptitudes de madre? ¿Cómo puede empezar a mejorarlas? Ahora es el tipo de cosa que sugeriría con respecto a Bobby. El hecho de verse como una "mala madre" consume su energía emocional y la distrae de la tarea de mejorar sus aptitudes maternales. Es una actitud irresponsable.

NANCY: Sí. Si puedo dejar de castigarme con esa afirmación, me sentiré mucho mejor y podré empezar a trabajar para ayudar a Bobby. En el momento en que deje de decirme que soy una mala madre, empezaré a sentirme mejor.

DAVID: Sí, ¿ahora, qué puede decirse a sí misma cuando tiene la urgencia de decir "Soy una mala madre"?

NANCY: Puedo decir que no tengo que odiar a todo mi ser porque haya una cosa determinada que me disgusta de Bobby, o si él tiene un problema en la escuela. Puedo tratar de *definir* el problema y *atacar* el problema, y trabajar para solucionarlo.

DAVID: Correcto. Ese es un enfoque positivo. Me gusta. Usted refuta la afirmación negativa y añade una afirmación positiva. Me gusta.

A continuación nos pusimos a contestar varios "pensamientos negativos" que Nancy había anotado después de la llamada de la maestra de Bobby (véase la figura 4-4, pág. 87). Cuando Nancy aprendió a refutar sus pensamientos autocríticos, experimentó un

85

alivio emocional muy necesario. Entonces fue capaz de diseñar algunas estrategias específicas destinadas a ayudar a su hijo a superar sus dificultades.

El primer paso de su plan era hablarle a Bobby sobre las dificultades que había estado experimentando para averiguar cuál era el problema real. ¿Tenía dificultades, como había sugerido su maestra? ¿Cuál era su perspectiva del problema? ¿Era verdad que estaba sintiéndose tenso y con poca confianza en sí mismo? ¿Su tarea le había resultado especialmente difícil últimamente? Una vez que hubo obtenido esta información y definido el problema real, Nancy se dio cuenta de que estaba en condiciones de trabajar para encontrar una solución adecuada. Por ejemplo, si Bobby dijera que algunos de los cursos le resultaban particularmente difíciles, ella podría crear un sistema de recompensas en casa que lo estimulasen para hacer más tareas de las que le pedían. Además, decidió leer varios libros sobre aptitudes parentales. Su relación con Bobby mejoró y las calificaciones y el comportamiento del niño en la escuela se modificaron rápidamente.

El error de Nancy había sido contemplarse a sí misma de una manera global, emitiendo el juicio moral de que era una mala madre. Este tipo de crítica la incapacitaba porque creaba la impresión de que tenía un problema personal tan importante y grave que nadie podía hacer nada para resolverlo. El trastorno emocional que le causaba esta etiqueta le impedía definir el problema real, *dividirlo* en sus partes específicas y *aplicar las soluciones adecuadas*. De haber seguido abatida, existía la evidente posibilidad de que Bobby siguiese con un rendimiento bajo, con lo que Nancy se habría vuelto cada vez más incompetente.

¿Cómo puede aplicar usted lo que aprendió Nancy a su propia situación? Cuando se esté infravalorando a usted mismo, le podría resultar útil preguntarse qué quiere decir realmente cuando trata de definir su verdadera identidad con una etiqueta negativa como, por ejemplo, "tonto", "impostor", "estúpido", etc. Una vez que empiece a separar estas etiquetas destructivas, se dará cuenta de que son arbitrarias y sin sentido. En realidad, ocultan el problema, creando confusión y desesperación. Cuando se haya liberado de ellas, podrá definir y afrontar cualquier problema real que exista.

Resumen. Cuando esté padeciendo un estado de ánimo depresivo, puede que se diga a sí mismo que es inherentemente incapaz o, simplemente, que no es "bueno". Llegará a convencerse de que tiene un fondo malo o de que es esencialmente inútil. En la medida en que

Figura 4-4. Tarea escrita de Nancy sobre las dificultades de Bobby en la escuela. Es similar a la "técnica de la triple columna", excepto que no le pareció necesario escribir las distorsiones cognitivas contenidas en sus pensamientos automáticos.

Pensamiento automático (AUTOCRITICA)	*Respuesta racional* (AUTODEFENSA)
1. No le he prestado atención a Bobby.	1. En realidad, paso *demasiado tiempo* con él; soy sobreprotectora.
2. Debería haberlo ayudado con su tarea, ahora él se encuentra desorientado y no está preparado para la escuela.	2. La tarea de la escuela es responsabilidad suya, no mía. Le puedo explicar cómo hacer para organizarse. ¿Cuáles son mis responsabilidades? a) Supervisar su tarea; b) Insistir en que se realice a cierta hora; c) Preguntarle si tiene dificultades; d) Establecer un sistema de recompensas.
3. Una buena madre dedica tiempo a sus hijos todas las noches, realizando alguna actividad con ellos.	3. No es verdad. Yo paso tiempo con mis chicos cuando dispongo de él y deseo hacerlo, pero no es posible siempre. Además, su programa de actividades es asunto suyo.
4. Soy la responsable de su conducta irregular y de que no le esté yendo bien en la escuela.	4. Yo sólo puedo guiar a Bobby. El resto depende de él.
5. No tendría problemas en la escuela si yo lo hubiese ayudado. Si yo hubiese supervisado su tarea antes, este problema no se habría producido.	5. No es así. Los problemas se producirán igual aunque yo esté supervisando las cosas.
6. Soy una mala madre. Soy la causa de sus problemas.	6. No soy una mala madre; trato de hacer las cosas bien. No puedo

controlar lo que sucede en todas las esferas de su vida. Tal vez pueda conversar con él y con su maestra para ver cómo puedo ayudarlo. ¿Por qué castigarme a mí cada vez que alguien a quien amo tiene un problema?

7. Todas las otras madres trabajan con sus chicos, pero yo no sé como proceder con Bobby.

7. ¡Generalización excesiva! No es verdad. Deja de abatirte y comienza a enfrentarte con las cosas.

---

crea esos pensamientos, experimentará una reacción emocional grave de desesperación y odio contra sí mismo. Incluso podrá llegar a sentir que estaría mejor muerto, que por lo menos así no se sentiría tan insoportablemente mal ni se rechazaría a sí mismo. Puede incluso llegar a quedarse paralizado e inactivo, temeroso y sin ganas de participar en la corriente normal de la vida.

Debido a las negativas consecuencias emocionales y conductuales de ese modo de pensar tan extremista, el primer paso consiste en dejar de decirse que es un inútil. Sin embargo, probablemente no pueda hacerlo hasta que esté absolutamente convencido de que estas afirmaciones son *incorrectas* y *no realistas*.

¿Cómo puede lograrse esto? Debe considerar en primer lugar que una vida humana es un proceso que implica un cuerpo físico en constante cambio, así como también una enorme cantidad de pensamientos, sentimientos y conductas rápidamente cambiantes. Por consiguiente, su vida es una experiencia que evoluciona, una corriente continua. Usted no es una cosa; por eso, toda etiqueta es limitadora, muy inexacta y global. Las etiquetas abstractas como, por ejemplo, "inútil" o "inferior", *no comunican nada* y *no significan nada*.

Pero todavía puede que esté convencido de que usted es de segunda categoría. ¿Qué prueba tiene? Tal vez razone así: "Me siento un inútil. Por consiguiente, debo *ser* un inútil. De otro modo, ¿por qué iba a estar embargado por estas emociones tan insoportables?" Su error se encuentra en su *razonamiento emocional*. Sus sentimientos no determinan su valor, simplemente demuestran su estado relativo de bienestar o malestar. Los estados internos muy malos, deplorables, no demuestran que usted sea una persona pésima, sin valor; demuestran sólo que usted piensa que lo es; debido a que se encuentra en un estado de ánimo depresivo temporal, está pensando ilógica e irracionalmente sobre sí mismo.

¿Diría usted que los estados de ánimo muy buenos y la felicidad prueban que usted es buenísimo o especialmente valioso? ¿O significan sencillamente que se está sintiendo bien?

Así como sus sentimientos no determinan su valor, tampoco lo hacen sus pensamientos o conductas. Algunos pueden ser positivos, creativos y mejorar su estado de ánimo; la gran mayoría son neutros. Otros pueden ser irracionales, contraproducentes e inadecuados. Estos pueden modificarse si está dispuesto a hacer el esfuerzo, pero sin duda no quieren decir ni pueden querer decir que usted no es bueno. No existe en este universo algo semejante a un ser humano inútil.

"¿Entonces, cómo puedo desarrollar un sentimiento de autoestima?", tal vez se pregunte. La respuesta es: ¡No tiene que hacerlo! No tiene que hacer nada especialmente valioso para crear o merecer autoestima; todo lo que tiene que hacer es acallar esa voz interior crítica que le está sermoneando. ¿Por qué? *¡Porque esa voz interior crítica está equivocada!* El origen de su masturbación mental está en su modo de pensamiento distorsionado, ilógico. Su sensación de inutilidad no está basada en la verdad, es sólo el absceso que se encuentra en el núcleo del síndrome depresivo.

Por consiguiente, cuando se sienta mal recuerde estos tres pasos fundamentales:

1. Apunte hacia esos pensamientos negativos y escríbalos. ¡No los deje revolotear en su cabeza, atrápelos en el papel!
2. Vuelva a leer la lista de las diez distorsiones cognitivas. Vea cómo las está retorciendo e inflando desproporcionadamente.
3. Reemplace el pensamiento que hizo que se sintiese infravalorado por otro más objetivo que lo desmienta. Al hacerlo, empezará a sentirse mejor. Así aumentará su autoestima, y su sensación de inutilidad (y desde luego, su depresión) desaparecerá.

5
Cómo superar la tendencia
a no hacer nada

En el último capítulo usted ha aprendido que puede modificar su estado de ánimo modificando su modo de *pensar*. Hay un segundo método fundamental para mejorar el estado de ánimo que es enormemente eficaz. Las personas no sólo piensan, también actúan, de modo que no es sorprendente el hecho de que usted pueda modificar considerablemente su modo de sentir cambiando su manera de actuar. Existe sólo un inconveniente: cuando está deprimido, no tiene ganas de hacer gran cosa.

Uno de los aspectos más destructivos de la depresión es la manera en que paraliza su voluntad. Cuando se trata de la forma más leve, es posible que usted postergue la realización de algunas tareas fastidiosas. A medida que se intensifica su falta de motivación, prácticamente toda actividad parece tan difícil que se siente abrumado por el deseo de no hacer nada. Como no consigue hacer casi nada, se siente cada vez peor. No sólo se aparta de sus fuentes normales de estímulo y placer; además, su falta de productividad acrecienta el odio que siente por sí mismo, lo cual se traduce en un mayor aislamiento e incapacitación.

Si no advierte la prisión emocional en la que está atrapado, esta situación puede seguir durante semanas, meses o incluso años. Su inactividad será mucho más frustrante si alguna vez se enorgulleció de la energía que tenía para vivir. Su no hacer nada puede afectar también a su familia y amigos, quienes, al igual que usted, no pueden comprender su conducta. Pueden llegar a decir que usted quiere estar deprimido o, de lo contrario, "despegaría el trasero de la silla". Un comentario de ese tipo sólo sirve para acrecentar su angustia y su parálisis.

La inactividad constituye una de las grandes paradojas de la naturaleza humana. Algunas personas se lanzan a la vida naturalmente con gran vehemencia, mientras que otras siempre se quedan atrás, retrocediendo ante cada cambio de situación como si conspiraran contra sí mismos. ¿Alguna vez se ha preguntado por qué?

Si una persona fuese condenada a pasar meses de aislamiento, separada de todas las actividades y relaciones interpersonales normales, caería en una considerable depresión. Incluso los monos entran en un estado de retraso si son separados de sus pares y confinados en una pequeña jaula. ¿Por qué usted se impone voluntariamente un castigo similar? ¿Quiere sufrir? Si aplica las técnicas cognitivas, podrá descubrir las razones precisas de las dificultades que experimenta para motivarse.

En mi práctica veo que la gran mayoría de los pacientes deprimidos que me envían mejoran considerablemente si tratan de ayudarse a sí mismos. A veces parece casi no importar lo que haga mientras haga algo con la intención de autoayudarse. Conozco dos casos supuestamente "desahuciados" que encontraron una enorme ayuda en el simple hecho de poner una marca en un trozo de papel. Uno de los pacientes era un artista que había estado convencido durante años de que no podía dibujar ni siquiera una línea recta. En consecuencia ni siquiera trataba de dibujar. Cuando su terapeuta le sugirió que comprobara su convicción tratando realmente de trazar una línea, salió tan recta que empezó a dibujar otra vez y pronto desaparecieron sus síntomas. Y, sin embargo, muchos individuos deprimidos pasan por una etapa en la que *se niegan obstinadamente* a hacer algo para ayudarse a sí mismos. En el momento en que este problema fundamental de la motivación se resuelve, la depresión, por lo general, comienza a disminuir. Por consiguiente, se puede comprender por qué gran parte de nuestra investigación ha estado orientada a la localización de las causas de esta parálisis de la voluntad. Empleando este conocimiento, hemos creado algunos métodos específicos para ayudarle a resolver el problema de la postergación.

Voy a describir a dos pacientes desconcertantes a las que yo traté. Tal vez piense usted que su inactividad es extrema y llegue a la conclusión errónea de que deben ser "locas" con quienes usted tiene poco en común. En realidad, yo pienso que sus problemas son la consecuencia de actitudes similares a las suyas, de modo que no los descarte.

La paciente A, una mujer de veintiocho años, ha hecho un experimento para ver cómo respondería su estado de ánimo ante una serie de actividades. Resulta que se siente mucho mejor cuando hace prácticamente *cualquier cosa*. La lista de cosas que suelen mejorar su estado de ánimo comprende limpiar la casa, jugar al tenis, ir a trabajar, practicar con su guitarra, comprar las cosas para la cena, etc. Una sola cosa la hace sentirse sin duda alguna peor: esta única actividad casi siempre la hace sentirse intensamente desgraciada. ¿Adivina de qué se trata? NO HACER NADA: quedarse en la cama todo el día, mirando el techo y regodeándose en pensamientos negativos. Y adivine lo que hace los fines de semana. ¡Correcto! Se mete en la cama el sábado por la mañana y comienza el descenso a sus infiernos interiores. ¿Usted cree que ella realmente quiere sufrir?

La paciente B, médico, me da un mensaje claro, definido, al iniciar su terapia. Me dice que ella comprende que la rapidez de la mejoría depende de su voluntad de trabajar entre las sesiones, e insiste en que lo que más desea en el mundo es sentirse bien, porque hace dieciséis años que vive destruida por la depresión. Insiste en que se sentirá contenta de venir a las sesiones de terapia, pero que no debo pedirle que levante un dedo para ayudarse a sí misma. Me dice que si la obligo a dedicar cinco minutos a tareas de autoayuda, se matará. Cuando describe con detalle el método espantoso, mortífero, de autodestrucción que ha planificado cuidadosamente en el quirófano de su hospital, resulta evidente que habla absolutamente en serio. ¿Por qué está decidida a no ayudarse?

Yo sé que su problema con respecto a postergar cosas que debe hacer es probablemente menos grave y se refiere sólo a cosas de poca importancia, como el pago de las cuentas, una visita al dentista, etc. O tal vez haya tenido dificultades para terminar un informe relativamente sencillo que es fundamental para su carrera. Pero la pregunta que nos llena de perplejidad es la misma: ¿por qué, con frecuencia, nos comportamos de maneras que no benefician a nuestro autointerés?

La dilación de las cosas y la conducta contraproducente pueden parecer graciosas, frustrantes, intrigantes, exasperantes o patéticas, según sea su perspectiva. Para mí es un rasgo muy humano, tan difundido que todos nos tropezamos con él casi a diario. Ha habido escritores, filósofos y estudiosos de la naturaleza humana que han tratado a través de la historia de formular alguna explicación de la conducta contraproducente, como, por ejemplo, las siguientes teorías más conocidas:

1) Usted es fundamentalmente perezoso; es simplemente su "naturaleza".
2) Usted *desea* hacerse daño y sufrir. Le gusta sentirse deprimido, o bien tiene un impulso autodestructivo, un "deseo de muerte".
3) Usted es pasivo-agresivo, y quiere frustrar a las personas que le rodean no haciendo nada.
4) Usted debe de estar obteniendo alguna "compensación" por el hecho de postergar las cosas y no hacer nada. Por ejemplo, disfruta llamando la atención de los demás cuando está deprimido.

Cada una de estas famosas explicaciones representa una teoría psicológica diferente, ¡y todas son inexactas! La primera es un modelo de "rasgos"; su inactividad es contemplada como un rasgo fijo de la personalidad y se origina en su "lado perezoso". El problema de esta teoría es que sólo etiqueta el problema pero no lo explica. Ponerse a sí mismo la etiqueta de "perezoso" es inútil y contraproducente porque crea la falsa impresión de que la falta de motivación es una parte innata e irreversible de su constitución. Este tipo de pensamiento no constituye una teoría científica válida; por el contrario, es un ejemplo de una distorsión cognitiva (etiquetación).

El segundo modelo implica que usted desea lastimarse y sufrir, porque portergar las cosas tiene algo de agradable o deseable. Esta teoría es tan absurda que he vacilado en incluirla, pero está muy difundida y es vigorosamente apoyada por un considerable porcentaje de psicoterapeutas. Si se imagina que a usted o a cualquier otra persona le gusta estar deprimido y no hacer nada, recuérdese entonces que la depresión es la forma más agobiante del sufrimiento humano. Dígame: ¿qué tiene de maravilloso? Todavía no he conocido a un paciente que realmente sea feliz con la desgracia.

Si no está convencido y piensa que realmente disfruta con el dolor y el sufrimiento, hágase la prueba del clip sujetapapeles. Enderece uno de los extremos del clip e introdúzcalo debajo de una de sus uñas. A medida que lo va clavando más y más profundo, usted podrá notar cómo el dolor se hace cada vez más intolerable. Ahora pregúntese: ¿es realmente agradable? ¿*Realmente* me gusta sufrir?

La tercera hipótesis —usted es "pasivo-agresivo"— constituye el pensamiento de muchos terapeutas, que creen que la conducta depresiva puede explicarse sobre la base de la "cólera internalizada". Su tendencia a postergar las cosas puede contemplarse como una expresión de esa hostilidad reprimida, porque su inacción suele molestar a las personas que lo rodean. Un problema con respecto a esta teoría es que la mayoría de los individuos deprimidos o proclives a postergar las cosas no se sienten especialmente irritados. El resentimiento, a veces, puede contribuir a su falta de motivación, pero por lo general no es lo fundamental del problema. Si bien su familia puede sentirse frustrada por su depresión, seguramente no es su propósito que ellos reaccionen así. En realidad, es más frecuente que uno *tema* disgustarlos. La connotación de que usted no hace nada *intencionalmente* para frustrarlos es insultante y falsa; ese tipo de sugerencia hará que se sienta peor.

La última teoría —usted debe estar obteniendo alguna "compensación" por postergar las cosas— se refiere a una psicología más reciente, de orientación conductista. Se considera que sus estados de ánimo y sus acciones son el resultado de las recompensas y los castigos establecidos en su ambiente. Si usted se siente deprimido y no hace nada para superarlo, se deduce que su conducta será recompensada de algún modo.

Hay una pizca de verdad en esta teoría; las personas deprimidas reciben a veces mucho apoyo y palabras tranquilizadoras de los demás, que tratan de ayudarlas. Sin embargo, la persona deprimida rara vez goza de toda la atención que recibe a causa de su fuerte tendencia a descalificarla. Si usted está deprimido y alguien le dice que le quiere, es probable que usted piense: "No sabe lo malo que soy. No merezco este elogio". La depresión y el letargo no tienen recompensas reales. La teoría número cuatro es igual que las otras.

¿Cómo encontrar la causa real de la parálisis de su motivación? El estudio de los desórdenes de los estados de ánimo nos ofrece la oportunidad única de observar extraordinarias transformaciones en los niveles de la motivación personal en períodos breves. El mismo individuo que comúnmente está lleno de energía creativa y optimismo puede verse reducido, en un episodio depresivo, a una inmovilidad patética, hasta quedar postrado en cama. Haciendo un rastreo de las dramáticas oscilaciones del estado de ánimo, podemos reunir valiosos indicios que revelan muchos de los misterios de la motivación humana. Simplemente, pregúntese: "Cuando pienso en esa tarea que no he hecho, ¿qué pensamientos vienen inmediatamente a mi mente?" Luego anote esos pensamientos en un papel. Lo que escriba reflejará una serie de actitudes desconcertantes, conceptos erróneos y supuestos equivocados. Se enterará de que los sentimientos que impiden su motivación como, por ejemplo, la apatía, la ansiedad o la sensación de estar abrumado, son el resultado de las distorsiones de su pensamiento.

En la figura 5-1 se muestra un ciclo letárgico típico. Los pensamientos de la mente de este paciente son negativos; se dice a sí mismo: "No tiene sentido que haga nada porque soy un perdedor nato y estoy destinado a fracasar". Un pensamiento de este tipo suena muy convincente cuando está deprimido, puesto que le inmoviliza y le hace sentir inútil, abrumado, impotente y despreciable. Usted entonces toma estas emociones negativas como prueba de que sus actitudes pesimistas son válidas y comienza a cambiar su modo de afrontar la vida. Puesto que está convencido de que fracasará haga lo que haga, ni siquiera lo intenta, en cambio, se queda en la cama. Se acuesta pasivamente boca arriba y fija la mirada en el techo, con la esperanza de quedarse dormido, dolorosamente consciente de que está dejando que su carrera se malogre mientras sus negocios van cayendo abajo hasta llegar a la quiebra. Es posible que se niegue a atender el teléfono por temor a oír una mala noticia; la vida se convierte en una rutina de aburrimiento, aprehensión y tristeza. Este círculo vicioso puede seguir indefinidamente a menos que usted sepa cómo superarlo.

Como se indica en la figura 5-1, la relación entre sus pensamientos, sentimientos y conductas es recíproca: todas sus emociones y acciones son el producto de sus pensamientos y actitudes. Análogamente, sus sentimientos y sus pautas de conducta influyen en sus percepciones en una amplia variedad de formas. Se deduce de este modelo que todo cambio emocional es el producto, en última instancia, de las cogniciones; cambiar su conducta le ayudará a sentirse mejor con respecto a sí mismo si ejerce una influencia positiva en la forma en que usted está *pensando*. Por consiguiente, puede modificar su mentalidad contraproducente si cambia su conducta de manera que simultáneamente esté desmintiendo las actitudes contraproducentes que constituyen el núcleo de su problema motivacional. De igual modo, al modificar su forma de pensar, se sentirá con más ánimos para hacer cosas, y esto ejercerá un efecto positivo aun más intenso en sus modelos de pensamiento. Así, puede transformar su ciclo letárgico en un ciclo productivo.

A continuación se enumeran los tipos de mentalidades que se relacionan más comúnmente con la postergación de las cosas y el no hacer nada. Tal vez se vea reflejado en una o más de ellas.

1. *Desesperanza*. Cuando está deprimido, se encuentra tan congelado por el dolor del presente que olvida completamente que alguna vez se ha sentido mejor en el pasado y le parece inconcebible

PENSAMIENTOS
CONTRAPRODUCENTES:
"No tiene sentido hacer algo. No
tengo energía. No me siento con
ánimos. Seguramente fracasaré si
lo intento. Las cosas son demasiado difíciles. De todos modos,
no me produciría satisfacción
alguna si hiciera algo. No tengo
ganas de hacer nada, así que no
tengo que hacer nada. Me quedaré
un rato en la cama. Puedo dormir
y olvidarme de las cosas. Es mucho
mas fácil. Es mejor descansar."

EMOCIONES CONTRA-
PRODUCENTES:
Se siente cansado, abu-
rrido, apático, desanimado,
culpable, inútil, indigno y
abrumado, y se odia a sí
mismo.

ACCIONES CONTRA-
PRODUCENTES:
Se queda en la cama. Evita
a la gente, el trabajo y todas
las actividades que podrían
producirle satisfacción.

CONSECUENCIAS DEL
CICLO LETARGICO:
Se aísla de sus amigos. Esto le
convence de que realmente es
un perdedor. Su menor productividad le convence de que
realmente es un inútil. Se
hunde cada vez más en un
inmotivado estado de parálisis.

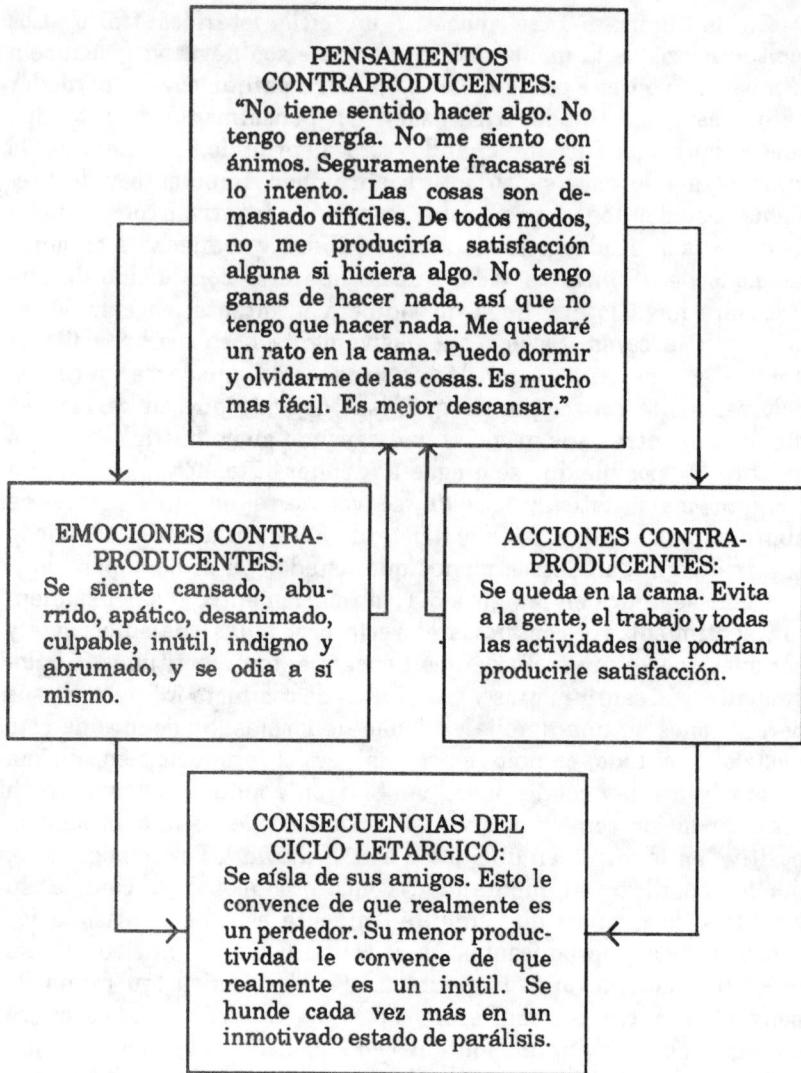

Figura 5-1. El ciclo letárgico. Sus pensamientos negativos contraproducentes le hacen sentir desdichado. Sus dolorosas emociones, a su vez, le
convencen de que sus pensamientos pesimistas y distorsionados son
realmente válidos. Análogamente, los pensamientos y acciones contraproducentes se refuerzan mutuamente de un modo circular. Las consecuencias
desagradables del no hacer nada empeoran aun más sus problemas.

que podría encontrar un sentido más positivo a su vida en el futuro. Por consiguiente, toda actividad le parecerá sin sentido porque está absolutamente seguro de que su falta de motivación y su sensación de opresión son interminables e irreversibles. Desde esta perspectiva, la sugerencia de que haga algo para "ayudarse" podría sonar tan absurda e insensible como decirle a un moribundo que se anime.

2. *Impotencia.* Posiblemente usted no puede hacer nada que le haga sentirse mejor porque está convencido de que sus estados de ánimo son consecuencia de factores que escapan a su control como, por ejemplo, los ciclos hormonales, factores de la dieta, la suerte y las evaluaciones que hacen de usted otras personas.

3. *Sensación de agobio.* Existen varias maneras de abrumarse a usted mismo y no hacer nada. Tal vez magnifique una tarea hasta el punto de que le parezca imposible de abordar. O suponga que debe hacer todo enseguida en lugar de dividir cada trabajo en pequeñas unidades separadas y manejables que pueda completar una por una. Otra posibilidad es que inadvertidamente se distraiga de la tarea que está realizando obsesionándose con una infinita variedad de cosas que todavía no se ha puesto a hacer. Para ilustrar lo irracional que resulta esta actitud, imagine que cada vez que se sentase a comer pensara en todos los alimentos que tendría que ingerir durante toda su vida. Imagine durante un momento que ve apiladas frente a usted toneladas de carne, verduras, helado, y miles de litros de líquidos. ¡Y usted tiene que comerse todo eso antes de morirse! Ahora, suponga que antes de cada comida se dijese a sí mismo: "Esta comida es tan sólo una gota de agua en una fuente. ¿Cómo podré terminar de comer todos esos alimentos? No tiene sentido que esta noche me coma una miserable hamburguesa". Usted se sentirá tan asqueado y abrumado que su apetito se desvanecerá y se le hará un nudo en el estómago. Cuando piensa en todas las cosas que está postergando, está haciendo exactamente lo mismo sin advertirlo.

4. *Conclusiones apresuradas.* Usted siente que no está dentro de sus posibilidades realizar una acción eficaz que le produzca satisfacción porque tiene el hábito de decir: "No puedo", o "Lo haría, pero..." Así, cuando le sugerí a una mujer deprimida que cocinara una tarta de manzana, me respondió: "Ya no puedo cocinar". Lo que en realidad quería decir era: "Tengo la sensación de que no disfrutaría cocinando y me da la impresión de que sería terriblemente difícil". Cuando verificó estos supuestos intentando cocinar

una tarta, descubrió que era sorprendentemente gratificante y no le resultaba en absoluto difícil.

5. *Autoetiquetación:* Cuanto más postergue lo que tenga que hacer, tanto más se estará condenando a sentirse inferior. Esta actitud socava más su autoconfianza. El problema se agrava cuando se aplica la etiqueta de "indeciso" o "haragán". Esto hace que usted vea su ineficacia en la acción como si fuese su verdadera personalidad, de modo que automáticamente ya no puede esperar nada de sí.

6. *Subvaloración de las recompensas.* Cuando esté deprimido, quizá no pueda dar principio a ninguna actividad significativa, y no sólo porque cualquier tarea le parezca terriblemente difícil, sino además porque sentirá que no vale la pena hacer el esfuerzo por la recompensa que va a recibir. "Anhedonia" es el término técnico correspondiente a la disminución de la capacidad de experimentar satisfacción y placer. Un error de pensamiento común —su tendencia a "descalificar lo positivo"— puede estar en la raíz de este problema. ¿Recuerda en qué consiste este error de pensamiento?

Un empresario se me quejó de que nada de lo que había hecho durante el día le había resultado satisfactorio. Me explicó que por la mañana había tratado de llamar a un cliente, pero la línea estaba ocupada. Mientras colgaba el teléfono, se dijo: "Ha sido una pérdida de tiempo". Más tarde llevó a cabo con éxito una importante negociación de la empresa. Esta vez se dijo a sí mismo: "Cualquier persona de nuestra empresa podría haberlo resuelto tan bien o mejor. Era un problema fácil, así que mi función no ha sido realmente importante". Su falta de satisfacción obedece al hecho de que siempre encuentra la forma de desacreditar sus esfuerzos. Su mala costumbre consiste en decir: "No tiene importancia", y torpedea con éxito cualquier sensación de realización.

7. *Perfeccionismo.* Usted se derrota a sí mismo con objetivos y modelos equivocados. No se contenta con menos de un resultado óptimo en cualquier cosa que hace, de modo que con frecuencia termina teniéndose que contentar con *nada.*

8. *Temor al fracaso.* Otra fijación mental que lo paraliza es el temor al fracaso. Como usted imagina que realizar el esfuerzo y no lograr un buen resultado sería una derrota personal abrumadora, se niega terminantemente a intentarlo. Varios errores de pensamiento tienen que ver con el temor al fracaso. Uno de los más comunes es la generalización excesiva. Usted razona: "Si fracaso en esto,

significa que fracasaré en cualquier cosa". Esto, desde luego, es imposible. Nadie puede fallar en todo. Todos tenemos nuestras raciones de victorias y derrotas. Si bien es cierto que la victoria es dulce y la derrota suele ser amarga, el fracaso en cualquier tarea no tiene por qué ser un veneno fatal, pues el mal gusto no durará para siempre.

Otra fijación mental que contribuye al temor de la derrota se desarrolla cuando usted evalúa su actuación exclusivamente por el resultado sin tener en cuenta su esfuerzo individual. Esto es ilógico y señala una "orientación hacia el producto" en lugar de una "orientación hacia el proceso". Voy a explicarlo con un ejemplo personal. Como terapeuta sólo puedo controlar lo que yo digo y cómo interactúo con cada paciente. No puedo controlar el modo en que un paciente dado responderá a mis esfuerzos durante una sesión de terapia determinada. Lo que digo y mi forma de interactuar es el proceso; la manera de reaccionar de cada individuo es el producto. Un día determinado, varios pacientes me dirán que les ha resultado muy fructífera la sesión de ese día, mientras que dos o tres me dirán que su sesión no les resultó especialmente útil. Si yo evaluase mi trabajo exclusivamente según el resultado o producto, experimentaría una sensación de alegría cada vez que a un paciente le fuese bien, y me sentiría como un fracasado y un inútil cada vez que un paciente reaccionara negativamente. Esta actitud convertiría mi vida en una montaña rusa y mi autoestima subiría y bajaría de una manera agotadora e impredecible durante todo el día. Pero si yo reconozco que todo lo que puedo controlar es la aportación que realizo en el proceso terapéutico, puedo enorgullecerme de un buen trabajo coherente independientemente del resultado de una sesión determinada. Fue una gran victoria personal cuando aprendí a evaluar mi trabajo de acuerdo con el proceso y no con el producto. Si un paciente me da un informe negativo, trato de aprender de él. Si he cometido un error, trato de corregirlo, pero no tengo que arrojarme por la ventana.

9. *Temor al éxito.* Debido a su falta de confianza, el éxito puede parecerle aun más peligroso que el fracaso, porque usted está seguro de que se basa en la suerte. Por consiguiente, está convencido de que no podría conservarlo y siente que sus logros despertarán falsamente las expectativas de los demás. Luego, cuando se descubre la terrible verdad de que usted es básicamente un "perdedor", la decepción, el rechazo y sufrimiento serán mucho más amargos. Puesto que está

seguro de que terminará cayendo al precipicio, parece más sensato no dedicarse a trepar montañas.

Asimismo, es posible que tema al éxito porque prevea que la gente planteará aún mayores exigencias con respecto a usted. Como está convencido de que no *debe* y no *puede* satisfacer sus expectativas, el éxito lo pondría en una situación peligrosa e imposible. Por consiguiente, trata de mantener el control evitando todo compromiso.

10. *Temor a la desaprobación o la crítica.* Imagina que, si trata de hacer algo nuevo, cualquier error o equivocación tropezará con una gran desaprobación y enormes críticas, porque la gente que a usted le interesa no le aceptará si es humano e imperfecto. El riesgo del rechazo le parece tan peligroso que para protegerse adopta la actitud más pasiva. ¡Si no se esfuerza, no podrá equivocarse!

11. *Coerción y resentimiento.* Un enemigo mortal de la motivación es la sensación coercitiva. Usted se siente muy presionado para actuar, tanto desde el interior como desde el exterior. Esto sucede cuando trata de motivarse con moralistas "deberías". Se dice a sí mismo: *"Debería* hacer esto" y *"Tengo que* hacer eso". Entonces se siente obligado, agobiado, tenso, resentido y culpable. Se siente como un delincuente infantil bajo la vigilancia de un guardián tiránico. Cada tarea adquiere un matiz tan desagradable que no puede soportar afrontarla. Luego, y dado que las va postergando, se condena a sí mismo llamándose haragán, holgazán e inútil. Esto, además, consume su energía.

12. *Baja tolerancia ante la frustración.* Usted supone que debe ser capaz de resolver sus problemas y alcanzar sus metas con rapidez y facilidad, de modo que cae en un estado frenético de pánico y furia cuando la vida le presenta obstáculos. En lugar de persistir pacientemente durante un cierto período de tiempo, es posible que se desquite de la "injusticia" de todo eso cuando las cosas se ponen difíciles, y se rinda completamente. A esta situación también la llamo "síndrome del derecho", porque usted se siente y actúa como si tuviera derecho al éxito, el amor, la aprobación, una salud perfecta, la felicidad, etc.

Su frustración es la consecuencia del hábito de comparar la realidad con un ideal que tiene en su cabeza. Cuando los dos no coinciden, condena a la realidad. A usted no se le ocurre que es mucho más fácil modificar sus expectativas que manipular la realidad.

Esta frustración suelen generarla las enunciaciones "debería".

100

Mientras está practicando *jogging*, puede recurrir a la queja: "Con todos los kilómetros que he recorrido, debería estar ya en mejor forma". ¿En serio? ¿Por qué debería estarlo? Tal vez se haga la ilusión de que esas afirmaciones exigentes, punitivas, le ayudarán obligándole a practicar y esforzarse más. Rara vez resultará así. La frustración se suma a su sensación de inutilidad e intensifica su deseo de abandonar y no hacer nada.

13. *Culpa y autoacusación.* Si está paralizado por la convicción de que es malo o de que le ha fallado a alguien, naturalmente se sentirá sin motivaciones para seguir adelante con su vida diaria. Hace poco traté a una señora mayor que vivía sola y que se pasaba el día en la cama a pesar de que se sentía mejor cuando hacía las compras, cocinaba y salía con sus amigas. ¿Por qué? Esta dulce mujer se sentía responsable del divorcio de su hija, ocurrido cinco años antes. Me explicó: "Cuando los visité, debería haberme sentado a conversar con mi yerno. Debería haberle preguntado cómo les estaba yendo. Quizá podría haberlos ayudado. Yo deseaba hacerlo y sin embargo no aproveché la oportunidad. Ahora siento que les he fallado". Después de analizar juntos lo ilógico de su pensamiento, inmediatamente se sintió mejor y volvió a su habitual actividad. Dado que era un ser humano y no Dios, no podía pretender realizar predicciones acerca del futuro o saber exactamente cómo intervenir.

A estas alturas, usted debe de estar pensando: "¿Y con eso qué quiere decir? Yo sé que mi inactividad es algo ilógico y contraproducente. Me veo reflejado en varias de las mentalidades que ha descrito. Pero me siento como si estuviese tratando de abrirme paso en una piscina de mermelada. No puedo conseguir andar. Usted puede decir que toda esta opresión obedece a mis actitudes, pero la siento como si fuese una tonelada de ladrillos. Entonces, ¿qué puedo hacer para superarla?"

¿Sabe por qué prácticamente *cualquier* actividad significativa tiene una mínima probabilidad de mejorar su estado de ánimo? Si usted no hace nada, comenzará a preocuparse con ese flujo de pensamientos destructivos, negativos. Si usted hace algo, se distraerá transitoriamente de ese diálogo interno de autodenigración. Y lo que es aún más importante, la sensación de dominio que experimenta desaprobará muchos de los pensamientos distorsionados que le hicieron reducir su ritmo al principio.

Cuando examine las siguientes técnicas de autoactivación, elija las que le gusten más y trabaje con ellas durante una semana o dos.

¡Recuerde que no tiene que dominarlas todas! La salvación de un hombre no puede consistir en otra maldición. Use los métodos que le parezcan más adecuados para su propia manera de postergar las cosas.

Plan diario de actividades. El plan diario de actividades (figura 5-2, pág. 104) es simple pero eficaz y puede ayudarle a organizarse para combatir el letargo y la apatía. El horario tiene dos partes. En la columna *Por realizar* escriba hora por hora el plan que desea cumplir cada día. Aun cuando en realidad pueda realizar sólo una parte de su plan, el simple acto de crear un método de acción cada día puede resultar inmensamente útil. No es necesario que sus planes sean detallados. Ponga sólo una o dos palabras en cada casillero para señalar lo que le gustaría como, por ejemplo, "vestirse", "almorzar", "preparar el resumen", etc. No debe invertir más de cinco minutos en hacer esto.

Al final del día llene la columna *Realizado*. Registre en cada casillero lo que realmente ha hecho durante el día. Puede ser igual a lo que planeó o diferente; no obstante, aunque sólo haya estado mirando la pared, escríbalo. Además, identifique cada actividad con la letra H correspondiente a habilidad o la letra P, relativa al placer. Las actividades H son aquellas que constituyen algún logro como, por ejemplo, cepillarse los dientes, preparar la comida, ir a la oficina conduciendo su coche, etc. Entre las actividades P figuran leer un libro, ir al cine, comer, etc. Después de haberle asignado la letra H o P a cada actividad, estime la cantidad de placer real o el grado de dificultad de la letra usando una escala de cero a cinco. Por ejemplo, podría poner H-1 en las tareas especialmente fáciles como vestirse, mientras que H-4 o H-5 indicarían que hizo algo más difícil y audaz como, por ejemplo, no comer mucho o solicitar un empleo. Puede calificar las actividades de placer de una manera similar. Si alguna actividad le resultaba agradable antes, cuando no estaba deprimido, pero en la actualidad casi no le produce placer alguno, asígnele una P-1/2 o una P-0. Algunas actividades como preparar la cena, por ejemplo, pueden identificarse como H o como P.

¿Por qué este simple plan de actividades puede serle útil? En primer término, suavizará su tendencia a obsesionarse interminablemente con el valor de diversas actividades y a detenerse a considerar contraproducentemente si hacer o no hacer algo. Lograr hacer aunque sea una parte de las actividades programadas, le ofrecerá algo de satisfacción y combatirá su depresión.

Cuando planifique su día, desarrolle un programa equilibrado que incluya actividades de recreo agradables así como también trabajo. Si se está sintiendo melancólico, tal vez desee dedicar más tiempo a la diversión, aunque dude de que pueda disfrutar de las cosas tanto como de costumbre. Puede ser que se encuentre agotado por haberse estado exigiendo demasiado a sí mismo, provocando un desequilibrio en su sistema de "dar-recibir". De ser así, tómese unos días de "vacaciones" y programe sólo aquellas cosas que *desee* hacer.

Si usted adopta este programa, verá que su motivación aumenta. Cuando comience a hacer cosas, empezará a desaprobar su convicción de que es incapaz de funcionar eficazmente. Como dijo un paciente acostumbrado a postergar las cosas: "Al programar mi día y comparar los resultados, he tomado conciencia de cómo uso mi tiempo. Esto me ha ayudado a hacerme cargo de mi vida otra vez. Me doy cuenta de que puedo llevar el control si lo deseo".

Utilice este plan diario de actividades durante una semana como mínimo. Cuando examine las actividades en las que participó durante la semana anterior, verá que algunas le han proporcionado una mayor sensación de habilidad y placer, como indica la puntuación más alta. Al seguir planificando cada día, use esta información para programar un mayor número de esas actividades y evite las que están asociadas con niveles menores de satisfacción.

El plan diario de actividades puede resultar especialmente útil en el caso de un síndrome común que denomino "la melancolía de los feriados y los fines de semana". Este tipo de depresión aparece con más frecuencia en personas que están solas y tienen sus mayores dificultades emocionales cuando se encuentran sin compañía. Si éste es su caso, probablemente suponga que estos períodos están condenados a ser insoportables, así que debe hacer muy poco para ocuparse de sí mismo creativamente. Mira fijamente las paredes y tiene ideas negras, o se queda en la cama todo el sábado y el domingo; o, en los momentos buenos, mira un programa aburrido de televisión y cena frugalmente un bocadillo y una taza de café instantáneo. ¡Sin duda sus fines de semana son duros! No solamente se encuentra deprimido y solo, sino que además se trata a sí mismo de una manera que sólo puede provocarle sufrimiento. ¿Trataría a alguna otra persona con tanto sadismo?

Esta melancolía de los fines de semana puede superarse empleando el plan diario de actividades. El viernes por la noche, programe algunas actividades para el sábado, hora por hora. Es posible que usted se resista a hacerlo, diciendo: "¿Qué sentido tiene?

Figura 5-2. Plan diario de actividades

	POR REALIZAR Planifique sus actividades hora por hora al comienzo del día.	REALIZADO Al final del día, registre lo que realmente ha hecho y califique cada actividad con una H correspondiente a habilidad y una P correspondiente a placer.*

Fecha _____

Hora

Hora		
8-9		
9-10		
10-11		
11-12		
12-13		
13-14		
14-15		
15-16		
16-17		
17-18		
18-19		
19-20		
20-21		
21-24		

*Las actividades H y P deben calificarse entre 0 y 5: cuanto más elevado sea el número, tanto mayor será la sensación de satisfacción.

Estoy completamente solo". El hecho de estar completamente solo es precisamente el motivo para usar el plan. ¿Por qué supone que está destinado a ser desdichado? ¡Esta predicción sólo puede funcionar como una profecía que se cumple a sí misma! Compruébelo adoptando un método productivo. Sus planes no tienen que ser detallados para que resulten útiles. Puede planear ir a la peluquería, salir de compras, visitar a un museo, leer un libro o pasear por un parque. Descubrirá que esbozar un simple plan y adoptarlo puede hacer mucho para levantarle el estado de ánimo. Y, quién sabe... si está dispuesto a preocuparse por sí mismo, puede notar de pronto que los demás también demostrarán más interés por usted.

Al final del día, antes de acostarse, anote lo que realmente hizo hora por hora y califique cada actividad con una H o una P. A continuación haga un nuevo plan para el día siguiente. Este simple procedimiento puede constituir el primer paso para llegar a lograr una sensación de autorrespeto y genuina autoconfianza.

Hoja antipostergación. En la figura 5-3 hay un formulario que ha resultado eficaz para romper el hábito de la postergación. Quizás usted esté eludiendo cierta tarea porque piense que será demasiado difícil y nada gratificante. Utilizando la hoja antipostergación puede adiestrarse para comprobar si estas predicciones negativas se cumplen. Escriba todos los días, en la columna adecuada, una o más tareas que haya estado retrasando. Si la tarea requiere mucho tiempo y esfuerzo, es mejor dividirla en una serie de pequeños pasos, de manera que cada uno pueda llevarse a cabo en quince minutos o menos. Luego escriba en la columna siguiente cuán difícil piensa que será cada paso de la tarea, utilizando una escala del 0 al 100%. Si se imagina que la tarea será fácil, puede anotar una estimación baja, como por ejemplo, del 10 al 20%; para tareas más difíciles, utilice del 80 al 90%. En la columna siguiente, escriba su predicción acerca de lo satisfactorio y gratificante que resultará llevar a cabo cada fase de la tarea, empleando nuevamente el sistema de porcentajes. Una vez que haya registrado estas predicciones, siga adelante y realice el primer paso de la tarea. Una vez finalizado cada paso, tome nota de lo difícil que le ha resultado realmente, así como también del grado de placer que ha obtenido haciéndolo. Registre esta información en las últimas dos columnas, usando una vez más el sistema de porcentajes.

Figura 5-3. Un profesor postergó durante varios meses la redacción de una carta porque se imaginaba que sería difícil y poco gratificante. Decidió dividir la tarea en pequeños pasos y predecir, de acuerdo con una escala del 0 al 100%, el grado de dificultad y gratificación que implicaría cada paso (véanse las columnas correspondientes). Después de completar cada paso, anotó la dificultad y gratificación efectivamente resultantes. Se sorprendió al ver que sus expectativas negativas eran realmente muy desacertadas.

Hoja antipostergación

(Anote la dificultad y satisfacción previstas *antes* de realizar la tarea. Anote la dificultad y satisfacción reales *después* de haber completado cada paso.)

Fecha	Actividad (dividir cada actividad en pequeños pasos)	Dificultad pronosticada (0-100%)	Satisfacción pronosticada (0-100%)	Dificultad real (0-100%)	Satisfacción real (0-100%)
10/6/76	1. Realizar un esbozo de la carta.	90	10	10	60
	2. Redactar el borrador.	90	10	10	75
	3. Mecanografiar la versión final.	75	10	5	80
	4. Escribir el sobre y enviar la carta.	50	5	0	95

En la figura 5-3 se muestra cómo utilizó esta hoja un profesor universitario para escribir una carta que había estado postergando durante varios meses. Se trataba de la solicitud de un cargo docente que se ofrecía en otra universidad. Como puede ver, él preveía que escribir la carta sería difícil e infructuoso. Después de haber registrado sus pesimistas predicciones, sintió curiosidad por ver cómo podía esbozar la carta y preparar un borrador para comprobar si sería tan tedioso e infructuoso como pensaba. Descubrió, para su gran sorpresa, que le resultaba fácil y satisfactorio y se sintió tan motivado que terminó de preparar la carta. Registró estos datos en las dos últimas columnas. La información que obtuvo con este experimento le asombró tanto que aplicó la hoja antipostergación en muchos otros aspectos de su vida. En consecuencia, su productividad y autoconfianza registraron un aumento espectacular y su depresión desapareció.

Registro diario de pensamientos disfuncionales. Este registro, presentado en el capítulo 4, puede emplearlo con gran provecho cuando esté abrumado por el deseo de no hacer nada. Simplemente escriba los pensamientos que pasan por su mente cuando reflexiona sobre una tarea determinada. Esto le revelará inmediatamente cuál es su problema. Luego escriba respuestas racionales adecuadas que demuestren que esos pensamientos no son realistas, lo cual le ayudará a movilizar la suficiente energía como para dar ese difícil primer paso. Una vez que lo haya hecho, cobrará impulso y ya estará en marcha.

En la figura 5-4 aparece un ejemplo de este método. Annette es una joven soltera, atractiva, propietaria de un negocio que ella misma atiende y que funciona muy bien (es la paciente A descrita en la pág. 91). Annette lo pasa bien durante la semana, ocupada con el trajín de su tienda. Los fines de semana tiende a esconderse en la cama, a menos que tenga actividades sociales ya previstas. En el momento en que se acuesta, se siente desanimada, y sin embargo afirma que el hecho de salir de la cama está fuera de su control. Cuando Annette registró sus pensamientos automáticos un domingo por la tarde (figura 5-4), se hizo evidente cuáles eran sus problemas: ella esperaba tener el deseo, el interés y la energía suficientes antes de hacer algo; suponía que no tenía sentido hacer nada puesto que estaba sola, y se insultaba y hostigaba por su inactividad.

Cuando respondió a sus pensamientos, sintió que el cielo se le abría un poquito y pudo levantarse, darse una ducha y vestirse.

Figura 5-4. Registro diario de pensamientos disfuncionales

Fecha	Situación	Emociones	Pensamientos automáticos	Respuestas racionales	Resultado
17/7/79	El domingo me quedé en cama todo el día, durmiendo a ratos, sin deseos ni energía para levantarme y hacer cualquier cosa productiva.	Depresión Agotamiento Culpabilidad Odio contra mí mismo/a Soledad	No tengo ganas de hacer nada.	Es porque no estoy haciendo nada. ¡Recuerda que la motivación viene después de la acción!	Siento un cierto alivio y al final decido levantarme y darme una ducha.
			No tengo energía para salir de la cama.	*Puedo* salir de la cama; no soy un/a lisiado/a.	
			Soy un fracasado como persona.	Logro hacer cosas cuando me lo propongo. Estar sin hacer nada me deprime y me aburre, pero no significa que sea un "fracaso como persona" ¡*porque tal cosa no existe!*	
			No tengo verdaderos intereses.	En realidad, yo tengo intereses, pero no cuando no estoy haciendo nada. Si empiezo a hacer algo, probablemente mi interés aumentará.	
			Soy un/a egocéntrico/a porque no me importa nada de lo que ocurre a mi alrededor.	En realidad, a mí me importan otras cosas cuando me siento bien. Es lógico estar menos	

Figura 5-4. Continuación

interesado en los demás cuando uno se siente deprimido.	¿Y eso qué tiene que ver conmigo? Soy libre de hacer lo que se me ocurra.
Casi todo el mundo está fuera divirtiéndose.	Disfruto de las cosas cuando me siento bien. Si hago algo probablemente lo disfrute una vez que haya empezado, aunque no me lo parezca así cuando estoy en la cama.
Yo no disfruto con nada.	No tengo pruebas de que deba ser así; ahora estoy haciendo algo para superar esta situación y viendo algunos resultados. Cuando me siento bien, estoy lleno/a de energía. Cuando estoy haciendo cosas, tengo más energía.
Nunca tendré un nivel de energía normal.	¡Entonces no lo hago! Nadie me está obligando a conversar. Así que tengo que decidirme a hacer algo por mi cuenta. Por lo menos puedo levantarme de la cama y empezar a hacer cosas.
No quiero ver a nadie ni hablar con nadie.	

Entonces se sintió todavía mejor y quedó con una amiga para ir al cine y a cenar. Como había predicho en la columna de las respuestas racionales, cuanto más hizo mejor se sintió.

Si usted decide usar este método, asegúrese de anotar realmente los pensamientos perturbadores. Si trata de representarlos mentalmente, es probable que no llegue a ninguna parte, porque los pensamientos que le oprimen son escurridizos y complejos. Cuando trate de responderles, vendrán hacia usted con más fuerza desde todos los ángulos con tanta velocidad que ni siquiera sabrá cuál ha golpeado. Pero cuando los escriba, quedarán expuestos a la luz de la razón. De esta manera usted puede reflexionar sobre ellos, identificar las distorsiones y proponer algunas respuestas útiles.

Hoja de predicción del placer. Una de las actitudes contraproducentes de Annette es su suposición de que no tiene sentido hacer nada productivo si está sola. Debido a esta convicción, no hace nada y se siente desdichada, lo cual confirma justamente su actitud de que es terrible estar sola.

Solución: Utilizando la hoja de predicción del placer que aparece en la figura 5-5, pág. 111, compruebe si está justificada su idea de que no tiene sentido hacer nada. Durante varias semanas, programe una serie de actividades que contengan un potencial de maduración personal o satisfacción. Realice algunas de ellas solo y algunas con otras personas. Registre con quién hizo cada actividad en la columna correspondiente y pronostique el grado de satisfacción que le proporcionará cada una, usando una escala del cero al 100%. Luego realícelas. En la columna de la satisfacción real registre cuán agradable le resultó realmente cada actividad. Es posible que se sorprenda al ver que las cosas que hizo solo son más gratificantes de lo que pensaba.

Asegúrese de que las cosas que hace solo sean de la misma calidad que las que realiza con otras personas, para que sus comparaciones sean válidas. Si decide cenar solo en su casa con las sobras del almuerzo, por ejemplo, no lo compare con la cena que comparte con un amigo en un restaurante francés de lujo.

En la figura 5-5 aparecen las actividades de un joven que se enteró de que su novia (que vivía a 400 kilómetros de distancia) tenía otro novio y no quería verlo más. En lugar de abatirse y autocompadecerse, decidió vivir. Observará en la última columna que los niveles de satisfacción que experimentó solo se situaron entre el 60 y el 90%, mientras que los que sintió en actividades compartidas con

Figura 5-5. Hoja de predicción del placer

Fecha	Actividad para lograr satisfacción. (Sensación de logro o placer.)	¿Con quién la realizó? (Si la hizo solo, especifíquelo.)	Satisfacción pronosticada (0-100%) (Anótelo antes de realizar la actividad.)	Satisfacción real (0-100%) (Regístrelo después de realizar la actividad.)
2/8/79	Lectura (1 hora)	solo	50%	60%
3/8/79	Cena + bar con Ben	Ben	80%	90%
4/8/79	Fiesta de Susan	solo	80%	85%
5/8/79	Ciudad de Nueva York y tía Helen	padres y abuela	40%	30%
5/8/79	Casa de Nancy	Nancy y Joelle	75%	65%
6/8/79	Cena en casa de Nancy	12 personas	60%	80%
6/8/79	Fiesta de Luci	Luci + 5 personas	70%	70%
7/8/79	Jogging	solo	60%	90%
8/8/79	Teatro	Luci	80%	70%
9/8/79	Casa de Harry	Harry, Jack, Ben y Jim	60%	85%
10/8/79	Jogging	solo	70%	80%
10/8/79	Partida de cartas	papá	50%	70%
11/8/79	Cena	Susan y Ben	70%	70%
12/8/79	Museo de arte	solo	60%	70%
12/8/79	Pizzería	Fred	80%	85%
13/8/79	Jogging	solo	70%	80%

otras personas se situaron entre el 30 y el 90%. Este conocimiento reforzó su autoconfianza, porque se dio cuenta de que no estaba condenado a la desdicha por haber perdido a su novia y que no tenía que depender de otros para divertirse.

Usted puede usar la hoja de predicción del placer para comprobar si tiene una serie de supuestos que puedan impulsarle a la postergación de las cosas, como, por ejemplo, los siguientes:

1) No puedo disfrutar de nada cuando estoy solo.
2) No tiene sentido hacer nada porque he fracasado en algo importante para mí (por ejemplo, no conseguí el empleo o la promoción en la que había puesto todo mi empeño).
3) Como no soy rico, triunfador ni famoso, no puedo disfrutar realmente a fondo.
4) No puedo disfrutar de las cosas si no soy el centro de atención.
5) Las cosas no serán muy satisfactorias si no puedo hacerlas a la perfección (o con éxito).
6) No me sentiría muy satisfecho si sólo hiciera una parte de mi trabajo. Tengo que hacerlo *todo* hoy.

Todas estas actitudes producirán una serie de profecías que se cumplirán solas si no las pone a prueba. Si, en cambio, las controla utilizando la hoja de predicción del placer, posiblemente se sorprenderá al ver que la vida puede ofrecerle muchísimas satisfacciones. ¡Acéptelas!

Una pregunta que suele suscitar la hoja de predicción del placer es la siguiente: "Supongamos que programo varias actividades, ¿y si compruebo que son tan desagradables como había previsto?" Esto podría suceder. De ser así, trate de observar sus pensamientos negativos y anótelos, respondiéndolos con el registro diario de pensamientos disfuncionales. Por ejemplo, suponga que va solo a un restaurante y se siente tenso. Tal vez esté pensando: "Estas personas probablemente piensen que soy un perdedor porque estoy aquí completamente solo".

¿Qué respuesta le daría a ese pensamiento? Podría recordarse que los pensamientos de otras personas no deben afectar a su estado de ánimo. Esto se lo he demostrado a algunos de mis pacientes diciéndoles que experimentaré dos pensamientos sobre ellos de quince segundos cada uno. Uno de los pensamientos será sumamente positivo y el otro será muy negativo e insultante. Ellos deberán decirme cómo les afecta cada uno de mis pensamientos. Yo cierro los ojos y pienso: "Jack es una magnífica persona y a mí me gusta". A continuación pienso: "Jack es la peor persona de Pensilvania". Como Jack no sabe cuál de los pensamientos es el bueno y cuál el malo, ¡no le afectarán en absoluto!

¿Este breve experimento le parece trivial? No lo es, porque sólo sus propios pensamientos pueden llegar a afectarle. Por ejemplo, si se encuentra en un restaurante y se siente desdichado porque está solo, en realidad no tiene ni idea de lo que piensan los demás. Son sus pensamientos y sólo los suyos los que están haciéndolo sentir terriblemente mal; *usted es la única persona en el mundo que puede atormentarse con eficacia.* ¿Por qué se asigna la etiqueta de "perdedor" por el hecho de estar solo en un restaurante? ¿Sería tan cruel como para etiquetar a otra persona? ¡Deje de insultarse así! Conteste a ese pensamiento automático con una respuesta racional: "El hecho de ir solo a un restaurante no me convierte en un perdedor. Tengo exactamente el mismo derecho a estar aquí como cualquier otra persona. Si a alguno no le gusta, ¿qué me importa? Mientras yo me respete a mí mismo, no tengo por qué preocuparme de lo que opinan los demás".

Cómo eliminar sus "peros": el rechazo del "pero". Sus "peros" pueden constituir el mayor obstáculo para desarrollar una acción eficaz. En el momento en que piensa en hacer algo productivo, se pone excusas que empiezan con un "pero". Por ejemplo, *"Podría* salir a correr hoy, PERO..."

1) en realidad estoy muy cansado para correr;
2) soy demasiado perezoso;
3) no tengo el estado de ánimo adecuado, etc.

He aquí otro ejemplo: *"Podría* dejar de fumar, PERO..."

1) no tengo la disciplina necesaria;
2) realmente no tengo ganas de someterme a una abstinencia total, y dejar de fumar gradualmente sería una tortura lenta;
3) he estado muy nervioso últimamente.

Si realmente quiere motivarse, tendrá que aprender cómo eliminar sus "peros". Una manera de hacerlo es utilizar el "método del rechazo del 'pero' que aparece en la figura 5-6. Suponga que es sábado y usted ha programado cortar el césped. Lo ha estado postergando durante tres semanas y aquello parece una jungla.

Figura 5-6. Método del rechazo del "pero". Las flechas en zigzag indican la dirección de su pensamiento cuando usted debate el tema en su mente.

Columna del "pero"	*Rechazo del "pero"*
En realidad *debería* cortar el césped, pero no me siento con ánimos.	Tendré más ganas de hacerlo una vez que haya empezado. Cuando termine de hacerlo me sentiré muy bien.
Pero está tan alto que no terminaría nunca de cortarlo.	No llevará tanto tiempo con la cortadora eléctrica. Y de todos modos puedo hacer sólo una parte ahora.
Pero estoy muy cansado.	Entonces, corta sólo una parte y descansa.
Ahora prefiero descansar o ver la televisión.	Sí, pero no me sentiré bien sabiendo que tengo esta tarea pendiente.
Pero soy demasiado perezoso para hacerlo hoy.	Eso no puede ser verdad; lo he hecho muchísimas veces antes.

Usted se dice: "En realidad debería, PERO no tengo ganas". Registre este pensamiento en la columna PERO. A continuación contraataque escribiendo un rechazo del "pero": "Me sentiré con más ganas una vez que haya empezado, y cuando lo termine me sentiré muy bien". Su próximo impulso probablemente será inventar una nueva objeción: "PERO está tan crecido que no terminaré nunca". Ahora contraataque con un nuevo rechazo, como se muestra en la figura 5-6, y prosiga con este proceso hasta que se le hayan terminado las excusas.

Aprenda a legitimarse a sí mismo. ¿Suele convencerse a sí mismo de que lo que hace carece de importancia? Si tiene este mal hábito, sentirá naturalmente que nunca hace nada meritorio. No habrá ninguna diferencia si usted es un premio Nobel o un jardinero; la vida le parecerá vacía porque su amarga actitud eliminará la alegría

Figura 5-7 .

Afirmación autodescalificante	*Afirmación autorratificante*
Cualquiera podría lavar estos platos.	Es una tarea rutinaria y aburrida. Merezco un reconocimiento extra por hacerla.
No tenía sentido lavar estos platos. Volverán a ensuciarse otra vez.	De eso se trata justamente. Estarán limpios cuando los necesitemos.
Podría haber ordenado la habitación mucho mejor.	En el universo no hay nada perfecto, pero he conseguido que la habitación tenga muchísimo mejor aspecto.
El resultado de mi discurso fue sólo obra de la buena suerte.	No ha sido una cuestión de suerte. Lo he preparado bien y lo he pronunciado con convicción. He hecho un muy buen trabajo.
He limpiado el coche pero todavía no está tan bien como el coche nuevo de mi vecino.	El coche tiene ahora mucho mejor aspecto. Disfrutaré conduciéndolo.

de todos sus esfuerzos y le derrotará aun antes de haber empezado. ¡Es natural que no se sienta motivado!

Para eliminar esta destructiva tendencia, un buen primer paso sería identificar los pensamientos autodepresivos que le hacen sentir de este modo al principio. Responda a esos pensamientos y reemplácelos por otros más objetivos y autolegitimadores. En la figura 5-7 se ven algunos ejemplos. Una vez que haya aprendido, practique conscientemente la autolegitimación durante todo el día con cada cosa que haga aunque le parezca trivial. Es posible que no sienta demasiado alivio emocional al comienzo, pero siga practicando aun cuando le parezca un acto mecánico. Después de algunos días comenzará a experimentar cierta mejora en su estado de ánimo y sentirá más orgullo por lo que está haciendo.

Usted puede objetar: "¿Por qué debo darme una palmadita en la espalda por cada cosa que hago? Mi familia, amigos y socios deberían apreciarme más". Aquí hay varios problemas. En primer lugar, aunque la gente esté haciendo caso omiso de sus esfuerzos, usted es culpable del mismo delito si también se ignora a sí mismo, y con poner mala cara no se mejora la situación.

Aun cuando alguien lo alabe, usted no podrá asimilar el elogio a menos que decida creer y, por consiguiente, dar validez a lo que se le está diciendo. ¿Cuántos elogios genuinos caen en sus oídos sordos porque usted los desacredita mentalmente? Cuando actúa así, otras personas se sienten frustradas porque usted no responde positivamente a lo que ellas están diciendo. Naturalmente, acaban abandonando el intento de combatir su hábito autodepresivo. Por último, sólo lo que usted piensa sobre lo que hace influirá realmente en su estado de ánimo.

Puede resultar útil simplemente realizar una lista escrita o mental de las cosas que hace cada día. Luego atribúyase mentalmente un punto por cada una de ellas, aunque sean pequeñas. Esto le ayudará a concentrarse en lo que ha hecho en lugar de concentrarse en lo que no se ha puesto a hacer. Puede parecer simplista, ¡pero funciona!

Técnica TIC-TOC. Si está postergando la iniciación de una tarea específica, tome nota de los pensamientos que cruzan por su mente sobre este asunto. Estas TIC *(Task-Interfering Cognitions),* o cogniciones que obstaculizan las tareas, perderán gran parte del poder que tienen sobre usted si las anota y las reemplaza por TOC *(Task-Oriented Cognitions),* cogniciones orientadas hacia las tareas, utilizando la técnica de la doble columna. En la figura 5-8 se incluyen varios ejemplos. Cuando registre sus TIC-TOC, asegúrese de identificar la distorsión de la TIC que es la causa de su derrota. Tal vez descubra, por ejemplo, que su peor enemigo es el pensamiento todo-o-nada, o el hábito de descalificar lo positivo, o quizá tenga la mala costumbre de hacer predicciones negativas arbitrarias. Una vez que tome conciencia del tipo de distorsión que más comúnmente le paraliza, será capaz de corregirla. Su hábito de postergar las cosas y desperdiciar el tiempo dejará paso a la acción y la creatividad.

Asimismo, puede aplicar este principio a las imágenes mentales y los ensueños, así como también a los pensamientos. Cuando usted elude una tarea, probablemente esté fantaseando automáticamente de un modo negativo o derrotista con respecto a ella. Esto crea una tensión y una aprensión innecesarias, que perjudican su compor-

116

TICs (Cogniciones que interfieren con las tareas)	*TOCs* (Cogniciones orientadas hacia las tareas)
Ama de casa: Nunca podré tener el garaje despejado. Durante años se ha ido acumulando chatarra allí.	Generalización excesiva; pensamiento todo-o-nada. Limpia un poquito para que quede comenzada la tarea. No hay ninguna razón para tener que hacerlo todo hoy.
Empleado de banco: Mi trabajo no es muy importante ni interesante.	Descalificación de lo positivo. Puede parecerme rutinario a mí, pero es muy importante para las personas que vienen al banco. Cuando no estoy deprimido, puede resultar muy agradable. Hay mucha gente que realiza trabajos rutinarios pero no por eso son seres humanos sin importancia. Tal vez podría hacer algo más interesante en mi tiempo libre.
Estudiante: Escribir esta monografía no tiene sentido. El tema es aburrido.	Pensamiento todo-o-nada. Haz un trabajo corriente. No tiene que ser una obra de arte. Podría aprender algo y me hará sentir mejor el hecho de terminarlo.
Secretaria: Probablemente me equivocaré al mecanografiar esto y cometeré muchísimos errores. Entonces mi jefe me gritará.	Error del adivino. No tengo que ser una mecanógrafa perfecta. Puedo corregir los errores. Si el jefe se pone demasiado crítico, puedo hacerlo callar, o decirle que yo trabajaría mejor si él colaborara más y fuese menos exigente.
Político: Si pierdo estas elecciones para	Error del adivino; etiquetación. No es una vergüenza perder en una

gobernador, seré el hazmerreír de todos.

confrontación política. Muchas personas me respetan por adoptar una postura honesta con respecto a algunos temas importantes. Lamentablemente, a menudo no gana el mejor, pero puedo creer en mí mismo salga vencedor o no.

Vendedor de seguros:
¿Qué sentido tiene volver a llamar a este tipo? No pareció interesado.

Lectura del pensamiento.
No tengo manera de saberlo. Intentémoslo. Por lo menos, me pidió que le volviera a llamar. Algunas personas estarán interesadas y tengo que separar el grano de la paja. Puedo sentirme productivo aun cuando alguien me rechace. Venderé una póliza por cada cinco personas que me rechacen, ¡de modo que me conviene lograr todos los rechazos posibles! ¡Cuántos más rechazos, más ventas!

Hombre solitario y tímido:
Si llamo a una chica atractiva, me despreciará; ¿qué sentido tiene, entonces? Esperaré hasta que alguna chica ponga bien de manifiesto que le gusto. Así no tendré que correr el riesgo.

Error del adivino; generalización excesiva.
Todas no pueden rechazarme, y no es una vergüenza intentarlo. Puedo aprender de cualquier rechazo. Tengo que empezar a practicar para mejorar mi estilo, ¡así que me zambulliré hasta el fondo! Necesité coraje para saltar del trampolín alto la primera vez, pero lo hice y sobreviví. ¡Puedo hacer esto también!

Autor:
Este capítulo tiene que ser muy bueno, pero no me siento muy creativo.

Pensamiento todo-o-nada.
Es cuestión de preparar un borrador adecuado. Puedo mejorarlo después. Descalificación de lo positivo; pensamiento todo-o-nada.

Atleta:
No puedo seguir una disciplina. No tengo autocontrol. Nunca estaré en forma.

Debo tener autocontrol porque me ha ido bien. Es cuestión de trabajar un rato y dejar de hacerlo si me agoto.

tamiento y acrecientan la probabilidad de que su temor se haga realidad.

Por ejemplo, si tiene que dar una charla a un grupo de colegas, es posible que se atormente y se preocupe durante semanas antes de la charla porque en el interior de su mente se vea olvidando lo que tiene que decir o reaccionando defensivamente ante una pregunta molesta del público. Cuando llega el momento de dar la charla, usted ya se ha programado eficazmente para actuar de ese modo ¡y se encuentra tan nervioso que sale tan mal como se lo había imaginado!

Si se atreve a intentarlo, he aquí una solución: todas las noches, antes de acostarse, imagínese mentalmente durante diez minutos que da la charla de una manera positiva. Véase a usted mismo dando una imagen de seguridad, presentando el material con firmeza y respondiendo a todas las preguntas del público con calidez y capacidad. Es posible que se sorprenda de que este simple ejercicio pueda hacer tanto para mejorar su manera de sentir lo que hace. Evidentemente, no puede garantizarse que las cosas vayan a salir siempre exactamente como usted las imagina, pero *no* hay duda alguna de que sus expectativas y estado de ánimo influirán profundamente en lo que realmente suceda.

Pequeños pasos para pequeños pies. Un método sencillo y obvio de automotivación consiste en aprender a dividir cualquier tarea propuesta en las pequeñas partes que la componen. Esto combatirá su tendencia a abrumarse deteniéndose en todas las cosas que tiene que hacer.

Suponga que parte de su trabajo es la asistencia a muchas reuniones, pero a usted le resulta difícil concentrarse a causa de la ansiedad, la depresión o sus propias ensoñaciones. No se puede concentrar bien porque piensa: "No entiendo esto como debería entenderlo. Caramba, es aburrido. Realmente preferiría estar haciendo el amor o pescando en este momento".

He aquí cómo puede vencer el aburrimiento, superar la distracción e incrementar su capacidad para concentrarse: ¡divida la tarea en sus partes componentes más pequeñas! Por ejemplo, decida escuchar sólo tres minutos y luego dedique un minuto a soñar despierto con intensidad. Al final de estas vacaciones mentales, escuche durante otros tres minutos y no tenga ningún pensamiento que le distraiga durante este breve período. Luego permítase otro recreo de un minuto para soñar despierto.

Esta técnica le permitirá tener un nivel de concentración general más eficaz. El hecho de permitirse pensamientos que le distraigan durante períodos breves disminuirá el poder que tienen sobre usted. Después de un tiempo, parecerán absurdos.

Una manera muy útil de dividir una tarea en unidades manejables consiste en limitar el tiempo. Decida cuánto tiempo dedicará a una tarea determinada y luego deténgase al terminar el período asignado y dedíquese a hacer algo más agradable, haya terminado o no con la tarea. Así de sencillo como parece, puede realizar maravillas. Por ejemplo, la mujer de un político muy importante se pasó años acumulando resentimiento hacia su marido por su fascinante vida de éxitos. Ella sentía que su vida consistía en una carga opresiva constituida por la educación de los chicos y la limpieza de la casa. Como era una persona compulsiva, nunca creía que tenía tiempo suficiente para terminar sus tediosos quehaceres. La vida era una rutina. Estaba bloqueada por la depresión y había sido tratada infructuosamente por una larga serie de famosos terapeutas durante una década mientras buscaba en vano la escurridiza llave de la felicidad personal.

Después de asistir a dos consultas con uno de mis colegas (el doctor Aaron T. Beck), experimentó un rápido cambio en su estado de ánimo que la sacó de la depresión (la magia terapéutica de Beck nunca termina de asombrarme). ¿Cómo realizó este aparente milagro? Fue fácil. Le sugirió que su depresión obedecía en parte al hecho de que no estaba tratando de alcanzar objetivos que fueran significativos para ella porque no creía en sí misma. En lugar de reconocer y afrontar su temor a correr riesgos, culpaba de su desorientación a su marido y se quejaba de que su casa siempre estaba patas arriba.

El primer paso fue decidir cuánto tiempo creía que deseaba dedicar cada día a los quehaceres domésticos; tenía que dedicarle sólo la cantidad de tiempo establecida aun cuando la casa no estuviese perfectamente arreglada y destinar el resto del día a realizar actividades que le interesaran. Decidió que una hora de quehaceres domésticos estaría bien y se inscribió en un programa de graduados para desarrollar su propia carrera. Esto le dio una sensación de liberación. Como si fuese algo mágico, la depresión se desvaneció junto con el rencor que abrigaba contra su marido.

No quiero darle la idea de que la depresión sea generalmente tan fácil de eliminar. Incluso en el caso que se acaba de exponer, la paciente tendrá que combatir con toda una serie de recaídas. Es posible que vuelva a caer temporalmente en la misma trampa de tratar de hacer demasiadas cosas, culpar a los demás y sentirse abrumada. Entonces tendrá que aplicar nuevamente la misma solución. Lo importante es que haya encontrado un método que le dé resultado.

El mismo enfoque podría servirle a usted. ¿Tiene tendencia a meterse en la boca trozos más grandes de los que puede masticar con comodidad? ¡*Atrévase* a poner modestos límites de tiempo a lo que hace! ¡*Tenga el coraje* de dejar una tarea sin terminar! Se sorprenderá al ver que experimenta un considerable aumento de la productividad y una mejora del estado de ánimo, con lo que su tendencia a la postergación puede llegar a ser algo perteneciente al pasado.

Motivación sin coerción. Una de las causas que originan su tendencia a la postergación puede ser la existencia de un sistema inadecuado de automotivación. Sin advertirlo, es posible que esté malogrando sus intentos atormentándose con tantos "debería" y "debo" para luego no sentir deseos de hacer nada. ¡Se está derrotando a usted mismo por la *forma* en que se niega cualquier posibilidad de movimiento! El doctor Albert Ellis denomina a esta trampa mental "*must*urbation" .*

Reformule la manera que tiene de ordenarse cosas eliminando esas palabras coercitivas de su vocabulario. Otra forma de obligarse a salir de la cama por la mañana sería decir: "Salir de la cama me hará sentir mejor, aunque sea difícil al principio. Si bien no tengo la *obligación* de levantarme, podría terminar sintiéndome contento de haberlo hecho. Si, en cambio, estoy disfrutando realmente del descanso y la relajación, puedo quedarme y aprovechar esta ocasión". Si traduce las obligaciones en deseos, se estará tratando a sí mismo con respeto. Esto le producirá una sensación de libertad de elección y dignidad personal. Descubrirá que un sistema de recompensas funciona mejor y dura más que un latigazo. Pregúntese: "¿Qué *deseo* hacer? ¿Qué línea de acción me resultará más provechosa?" Creo que así descubrirá que esta manera de mirar las cosas puede aumentar su motivación.

Si todavía siente el deseo de quedarse acostado, abatirse y dudar de que levantarse es realmente lo desea hacer, haga una lista de las

*Véase la nota del traductor de la pág. 52. [T.]

Figura 5-9.

Ventajas de quedarse acostado	Desventajas de quedarse acostado
1. Es fácil.	1. Aunque parece fácil, se vuelve terriblemente aburrido y doloroso después de un rato. En realidad, no es tan fácil no hacer nada y quedarme aquí acostado, vencido por el abatimiento y criticándome hora tras hora.
2. No tendré que hacer nada ni afrontar mis problemas.	2. Tampoco me veré obligado a hacer nada si salgo de la cama, pero podría sentirme mejor. El hecho de que evite mis problemas no hará que desaparezcan, simplemente se agravarán, y yo no tendré la satisfacción de tratar de resolverlos. Probablemente es menos deprimente la incomodidad pasajera de tener que enfrentarse con las cosas que la angustia interminable de quedarse acostado.
3. Puedo dormir y evadirme.	3. No puedo dormir para siempre, y en realidad no necesito dormir más porque he estado durmiendo casi dieciséis horas por día. Probablemente me sentiré menos fatigado si me levanto y pongo en movimiento mis brazos y piernas, en lugar de quedarme dando vueltas en la cama como un inválido esperando que mis brazos y piernas se pudran.

ventajas de quedarse en la cama otro día. Por ejemplo, a un contable que estaba muy atrasado con su trabajo cuando se aproximaban las fechas de los vencimientos impositivos, le costaba mucho salir de la cama cada mañana. Sus clientes empezaron a quejarse y, para

122

evitar estos molestos enfrentamientos, el contable se quedó en cama durante meses tratando de evadirse, no atendiendo ni siquiera el teléfono. Muchos de sus clientes lo abandonaron y su actividad empezó a descender.

Su error estribaba en decirse: "*Sé* que *debería* ir a trabajar, pero no tengo ganas.¡Y tampoco tengo por qué ir! ¡Así que no voy!*".* Fundamentalmente, la palabra "debería" creaba la ilusión de que la única razón que tenía para salir de la cama era complacer a un grupo de clientes irritados y exigentes. Era algo tan desagradable que él *se resistía.* Lo absurdo del castigo que se estaba infligiendo a sí mismo se hizo patente cuando hizo una lista de las ventajas y desventajas de quedarse acostado (fig. 5-9). Después de preparar esa lista, se dio cuenta de que le convenía salir de la cama. Como a continuación se dedicó más a su trabajo, su estado de ánimo mejoró a pesar de que había perdido muchas oportunidades durante su período de inactividad.

Técnica desarmante. Su sensación de parálisis puede intensificarse si sus familiares y amigos tienen el hábito de aturdirle y animarle. Las críticas enunciaciones "debería" de ellos refuerzan los pensamientos insultantes que ya retumban en su cabeza. ¿Por qué su método está destinado al fracaso? Hay una ley básica de la física según la cual para cada acción existe una reacción igual pero de signo contrario. Cada vez que se sienta empujado, ya sea por la mano de alguien que literalmente le está frenando o por alguien que trata de manipularle, es lógico que usted se atrinchere y resista para mantener su equilibrio. Intentará ejercer su autocontrol y preservar su dignidad negándose a hacer lo que los demás le están indicando. La paradoja es que, a menudo, puede acabar haciéndose daño a sí mismo.

Puede resultar muy molesto que alguien le insista fastidiosamente para que haga algo que podría resultarle beneficioso. Esto le pondrá en una situación en la que no podrá ganar, porque si se niega a hacer lo que aquella persona le dice que haga, terminará por perjudicarse a sí mismo sólo por fastidiar a los demás. Por otra parte, si hace lo que el otro le dice, se sentirá mal. Por ceder a esas exigencias, tendrá la sensación de que la otra persona le está dominando, y eso anulará su autorrespeto. A nadie le gusta que lo coaccionen.

Veamos por ejemplo el caso de Mary. Se trata de una muchacha de diecinueve años, cuyos padres la trajeron a la clínica después de muchos años de depresión. Mary era una verdadera "hibernadora", y era capaz de sentarse sola en su habitación y ver series de televisión durante meses seguidos. En parte, esto obedecía a su convicción irracional de que tenía un aspecto "peculiar" y que la gente la miraría constantemente si saliera y se dejara ver, y también a la sensación de que su madre, que era muy dominante, la estaba coaccionando. Mary admitió que hacer cosas podría ayudarla a sentirse mejor, pero eso significaría ceder ante su madre, que le decía continuamente que se moviera un poco y se pusiese a hacer algo. Cuanto más insistía la madre, con más obstinación se resistía Mary.

Es una lamentable realidad de la naturaleza humana el hecho de que puede resultar sumamente difícil hacer algo cuando uno siente que le están obligando. Por suerte, es muy fácil aprender cómo tratar a las personas que le critican y sermonean y tratan de dirigir su vida. Suponga que es Mary y, después de volver a pensarlo, decide que se sentirá mejor si comenzase a hacer una serie de cosas. Usted acaba de tomar esta decisión cuando su madre entra en su dormitorio y le anuncia: "¡Basta de andar tirada por ahí! Estás desperdiciando tu vida. ¡Muévete! ¡Dedícate a las mismas cosas que hacen las chicas de tu edad!" En ese momento, a pesar de que usted ya había decidido hacerlo, siente una tremenda aversión a lo que le plantea su madre.

La técnica desarmante es un método afirmativo que le resolverá este problema (en el capítulo siguiente se describirán otras aplicaciones de esta maniobra verbal). La esencia de la técnica desarmante consiste en estar de acuerdo con su madre, pero de manera que le recuerde a ella que se está basando en su propia decisión y no en lo que le estaba diciendo que tenía que hacer. Por ejemplo, podría contestarle así: "Sí, mamá, acabo de pensar nuevamente en mi situación y he decidido que me *haría* bien empezar a hacer cosas. Voy a hacerlo, por decisión propia". Entonces puede empezar a hacer cosas sin sentirse mal. O si quiere realizar un comentario más acerado, puede decir: "Sí, mamá, ¡*He* decidido salir de la cama a pesar de que me lo has estado diciendo siempre!".

Visualización del éxito. Hay un poderoso método de automotivación que consiste en hacer una lista de las ventajas de una acción productiva que ha estado eludiendo porque requiere más autodisciplina de la que ha podido acumular. Esa lista le entrenará para que vea las consecuencias positivas de hacerla. ¡Es muy humano ir detrás de lo que a uno le interesa! Además, autoflagelarse para poder hacer algo eficaz no suele funcionar tan bien como una enorme y fresca zanahoria.

124

escrito para una revista destinada a personas solitarias, en el cual se explicaba cómo había aprendido un hombre soltero a superar su soledad. Cuando Stevie volvió a la semana siguiente, me dijo que había perdido el texto antes de poder leerlo. Cada semana, cuando se iba, sentía un ataque de ansiedad por ayudarse, pero cuando llegaba al ascensor ya sabía, en el fondo de su corazón, que la tarea asignada, por muy simple que fuese, sería demasiado *difícil* de realizar.

¿Cuál era el problema de Stevie? La explicación se remonta a aquel día de la piscina. El tenía todavía grabada en su mente la idea de que "No puedo hacer nada realmente por mi cuenta. Soy la clase de individuo que necesita que lo empujen". Dado que nunca se le ocurrió cuestionar esta idea, siguió funcionando como una profecía que se cumple a sí misma y, además, Stevie llevaba más de quince años de dilaciones que respaldaban su convicción de que él "era realmente" así.

¿Cuál era la solución? Primero Stevie tenía que tomar conciencia de los dos errores que eran la clave de su problema: el filtro mental y la etiquetación. Su mente estaba dominada por los pensamientos sobre las diversas cosas cuya realización postergaba, e *ignoraba* los cientos de cosas que hacía cada semana sin necesidad de que nadie lo empujase.

"Todo eso está muy bien", dijo Stevie después de que conversáramos sobre el tema. "Usted parece haber explicado mi problema, y creo que su explicación es correcta. Pero, ¿cómo puedo *cambiar* esta situación?"

La solución resultó ser más simple de lo que él preveía. Le sugerí que se comprase un contador de pulsera (como expliqué en el capítulo anterior), de modo que cada día pudiese contar las cosas que hacía por su cuenta sin que nadie le animara o estimulara. Al final del día tenía que anotar el total que aparecía en el contador y llevar un diario.

En un período de varias semanas, empezó a notar que su puntuación aumentaba. Cada vez que accionaba el contador, se recordaba a sí mismo que *él* dirigía su vida, y de este modo se adiestró para *percibir lo que hacía*. Stevie comenzó a sentir una mayor autoconfianza y a contemplarse como un ser humano capaz.

¿Parece algo sencillo? ¡Lo es! ¿Dará resultado en su caso? Probablemente usted piense que no. Pero, ¿por qué no comprobarlo? Si usted tiene una reacción negativa y está convencido de que el contador de pulsera no le dará resultado, ¿por qué no evaluar su predicción pesimista haciendo la prueba? Aprenda a tener en cuenta lo que cuenta; ¡posiblemente se sorprenderá de los resultados!

Ponga a prueba sus "No puedo". Una clave importante para lograr una autoactivación satisfactoria consiste en aprender a adoptar una actitud científica con respecto a las predicciones contraproducentes que usted formula sobre su actuación y sus aptitudes. Si somete a prueba esos pensamientos pesimistas, podrá descubrir cuál es la verdad.

Un pensamiento contraproducente corriente cuando está deprimido o postergando cosas es bloquearse a sí mismo con un "No puedo" cada vez que piensa en hacer algo productivo. Tal vez lo haga por temor a que lo culpen por no hacer nada. Usted trata de salvar las apariencias creando la ilusión de que es una persona demasiado inadecuada e incompetente como para hacer algo. El problema que entraña este modo de defender su letargo es que puede empezar a creer realmente lo que se está diciendo. Si dice "No puedo" y lo reitera con bastante frecuencia se convertirá en una especie de sugestión hipnótica y después de un tiempo llegará a estar verdaderamente convencido de que realmente es un inválido que no puede hacer nada. Entre los "no puedo" más típicos figuran: "No puedo cocinar", "No puedo funcionar", "No puedo trabajar", "No me puedo concentrar", "No puedo leer", "No puedo levantarme de la cama", y "No puedo limpiar mi apartamento".

Esos pensamientos no sólo son contraproducentes para usted sino que además amargarán su relación con los que ama porque para ellos todas sus afirmaciones "No puedo" serán un molesto lamento. No percibirán que a usted *realmente le parece* imposible hacer cualquier cosa. Lo criticarán y entablarán con usted frustrantes luchas por el poder.

Una técnica cognitiva sumamente eficaz consiste en comprobar sus predicciones negativas con experimentos reales. Suponga, por ejemplo, que se ha estado diciendo: "Estoy tan alterado que no puedo concentrarme lo suficiente como para leer algo". Para comprobar esta hipótesis, siéntese con el periódico de hoy y lea una frase y luego vea si puede resumirla en voz alta. Puede que enseguida afirme: "Pero nunca podría leer y entender todo un párrafo". Compruébelo otra vez. Lea un párrafo y resúmalo. Muchas depresiones graves, crónicas, se han resquebrajado con este poderoso método.

El sistema "No puedo perder". Quizás usted vacile en poner a prueba sus "No puedo" porque no desea correr el riesgo de fracasar. Si no corre ningún riesgo, por lo menos puede mantener la idea secreta de que usted es básicamente una persona admirable que por el momento ha decidido no comprometerse. Detrás de su actitud reservada y su falta de compromiso se ocultan una fuerte sensación de incapacidad y el miedo al fracaso.

El sistema "No puedo perder" le ayudará a combatir este temor. Haga una lista de las consecuencias negativas que podrían presentársele si corriera un riesgo y realmente fracasara. A continuación descubra las distorsiones que encierran sus temores y demuestre cómo podría afrontar la situación productivamente aun cuando experimentara realmente una decepción.

Lo que usted ha estado evitando puede entrañar un riesgo financiero, personal o académico. Recuerde que, aunque fracase, puede sacar algo bueno de esa experiencia. Después de todo, así es cómo usted aprendió a caminar. No salió de su cuna de un salto y se puso a danzar graciosamente por la habitación. Tropezó y se cayó de bruces y se levantó y volvió a intentarlo. ¿A qué edad se supone que repentinamente lo sabrá todo y no cometerá errores nunca más? Si puede amarse y respetarse cuando fracase, se abrirán ante usted mundos de aventuras y nuevas experiencias y sus miedos desaparecerán. En la figura 5-10 se presenta un ejemplo escrito del sistema "No puedo perder".

¡NO PONGA EL CARRO DELANTE DEL CABALLO!

Apuesto a que todavía no sabe de dónde procede la motivación. ¿Qué aparece primero, a su juicio, la motivación o la acción?

Si ha dicho la motivación, ha realizado una opción lógica, excelente. Lamentablemente, se ha equivocado. ¡No es la motivación lo que va primero, sino la *acción*! Tiene que preparar el surtidor. Luego empezará a sentirse motivado y los fluidos correrán espontáneamente.

Las personas que postergan la realización de las cosas suelen confundir la motivación con la acción. Usted espera tontamente sentirse con ánimo antes de ponerse a hacer algo. Como no tiene ganas de hacerlo, automáticamente lo pospone.

Su error estriba en que cree que primero viene la motivación y después conduce a la acción y el éxito. Pero por lo general es al revés:

Figura 5-10. Sistema "No puedo perder". Un ama de casa usó esta técnica para vencer su temor a presentar una solicitud de trabajo para un empleo de tiempo parcial.

Consecuencias negativas de ser rechazado en un empleo	*Pensamientos positivos y estrategias de superación*
1. Esto significa que nunca conseguiré un empleo.	1. Generalización excesiva. Esto es improbable. Puedo comprobarlo presentando solicitudes en una serie de empleos y haciendo todo lo posible para ver qué pasa.
2. Mi marido me despreciará.	2. Error del adivino. Pregúntale. Tal vez sea comprensivo.
3. ¿Pero qué pasaría si no se muestra comprensivo? Podría decir que esto demuestra que yo pertenezco a la cocina y no tengo lo que hay que tener.	3. Tengo que decirle que estoy haciendo todo lo posible y que su actitud de rechazo no me ayuda. Le diré que estoy decepcionada, pero que me reconozco un mérito por intentarlo.
4. Pero estamos casi arruinados. Necesitamos el dinero.	4. Hemos sobrevivido hasta ahora y no hemos dejado de tomar una sola comida.
5. Si no consigo un empleo, no podré comprarles a los chicos la ropa nueva que necesitan para la escuela. Parecerán unos desharrapados.	5. Puedo comprar la ropa más adelante. Tendremos que aprender a arreglarnos con lo que tenemos durante un tiempo. La felicidad no la produce la ropa sino nuestro autorrespeto.
6. Muchas de mis amigas tienen empleos. Creerán que no puedo ingresar en el mundo del trabajo.	6. No todas están empleadas, e incluso las que tienen un empleo probablemente recuerden una época en la que no lo tenían. Hasta ahora no han hecho nada que indique que me menosprecian.

la acción debe venir en primer lugar y la motivación aparece más adelante.

Fíjese en este capítulo, por ejemplo. El primer borrador de este capítulo era demasiado extenso, torpe e insípido. Era tan largo y aburrido que un verdadero postergador nunca habría tenido la paciencia de leerlo. La tarea de corregirlo me pareció algo así como tratar de nadar con zapatos de cemento. Cuando llegó el día que yo había destinado a su corrección, tuve que animarme a mí mismo para sentarme y comenzar. Mi motivación era más o menos del uno por ciento y mi deseo de evitar la tarea del noventa y nueve por ciento. ¡Qué trabajo más odioso!

Cuando ya estaba inmerso en el asunto, me sentí muy motivado y entonces el trabajo me pareció fácil. ¡Después de todo, escribir resultó divertido! Funciona así:

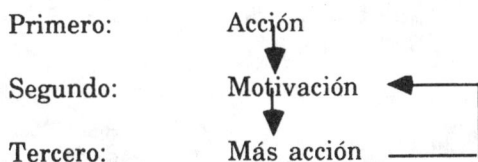

Primero:	Acción
Segundo:	Motivación
Tercero:	Más acción

Si usted es un postergador, puede que no sea consciente de este ciclo. Así que se queda en la cama esperando a que surja la inspiración. Cuando alguien le sugiere que haga algo, usted gime: "No tengo *ganas* de hacerlo". Bien, y ¿quién ha dicho que se supone que usted debe tener ganas? Si espera estar "con ánimo" de hacerlo, ¡tal vez se quede esperando para siempre!

La tabla siguiente le ayudará a repasar las diversas técnicas de motivación y elegir la que le resulte más útil.

Tabla 5-1. Sinopsis de los métodos de autoactivación

Síntomas que hay que combatir	*Técnicas de autoactivación*	*Objetivo del método*
1. Se siente desorganizado. No tiene nada que hacer. Está solo y aburrido los fines de semana.	1. Plan diario de actividades.	1. Planifique las cosas hora por hora y registre el porcentaje de habilidad y placer. Prácticamente cualquier actividad le hará sentir mejor que quedarse tendido en la cama y reducirá su sensación de inutilidad.
2. Posterga la realización de las tareas porque le parecen demasiado difíciles y nada gratificantes.	2. Hoja antipostergación.	2. Ponga sus predicciones negativas a prueba.
3. Se siente abrumado por el deseo de no hacer nada.	3. Registro diario de pensamientos disfuncionales.	3. Ponga al descubierto los pensamientos ilógicos que lo paralizan. Aprenda que la motivación sigue a la acción y no viceversa.
4. Piensa que no tiene sentido hacer algo cuando está solo.	4. Hoja de predicción del placer.	4. Planifique actividades que contengan la posibilidad de brindarle un desarrollo personal o una satisfacción, y prediga el grado de gratificación que le proporcionarán. Compare la satisfacción real que experimenta cuando está solo y cuando está con otros.

Tabla 5-1. Continuación

5.	Se da excusas a usted mismo para evitar las cosas.	5.	Rechazo del "pero".
6.	Tiene la idea de que haga lo que haga, no valdrá mucho.	6.	Autorratificación.
7.	Piensa en una tarea de un modo contraproducente.	7.	Técnica TIC-TOC.
8.	Se siente abrumado por la magnitud de todo lo que tiene que hacer.	8.	Pasos cortos para pies pequeños.
9.	Se siente culpable, oprimido, obligado y atado a sus deberes.	9.	Motivación sin coerción.

5.	Se libera de sus "peros" combatiéndolos con refutaciones realistas.
6.	Tome nota de los pensamientos autodescalificadores y enfréntese a ellos. Identifique modelos de pensamientos distorsionados como, por ejemplo, el "pensamiento todo-o-nada". Haga una lista de las cosas que sí logra todos los días.
7.	Reemplace las cogniciones que obstaculizan las tareas (TIC) por las cogniciones orientadas hacia las tareas (TOC).
8.	Divida la tarea en sus componentes más pequeños y realícelos uno a uno.
9.	a) Elimine los "debería" y los "debo" cuando se dé instrucciones a usted mismo.
	b) Enumere las ventajas y desventajas de cualquier actividad, para poder empezar a pensar en función de lo que *desea* hacer y no de lo que *debe* hacer.

Tabla 5-1. Continuación

10.	Alguien le critica y sermonea. Se siente presionado y resentido, y por lo tanto se niega a hacer nada en absoluto.	10.	Técnica desarmante.	Coincida con ellos y recuérdeles que es capaz de pensar por sí mismo.
11.	Tiene dificultades para modificar un hábito como, por ejemplo, el de fumar.	11.	Visualización del éxito.	Haga una lista de los beneficios que es implica haber cambiado de hábito. Visualícelos después de haber logrado un estado de profunda relajación.
12.	Se siente incapaz de hacer nada por iniciativa propia porque se considera un "postergador".	12.	Tome en cuenta lo que cuenta.	Cuente las cosas que realiza cada día por iniciativa propia, utilizando un contador de pulsera. Esto le ayudará a superar su mal hábito de insistir constantemente en sus ineptitudes.
13.	Se siente inadecuado e incompetente porque dice: "No puedo".	13.	Ponga a prueba sus "No puedo".	Proyecte un experimento en el cual cuestione y desapruebe sus predicciones negativas.
14.	Tiene miedo de fracasar, por lo tanto no arriesga nada.	14.	Sistema "No puedo perder".	Anote cualquier consecuencia negativa del fracaso y desarrolle por anticipado una estrategia para superarla.

6
Judo verbal:
aprenda a contestar cuando se encuentra
bajo el fuego de la crítica

Usted está aprendiendo que la causa de la sensación de inutilidad es su autocrítica constante. Esta adopta la forma de una conversación *interna* perturbadora en la cual usted se sermonea y hostiga continuamente de un modo poco realista y duro. Con frecuencia, su crítica interna puede desencadenarse por la cáustica observación de alguna otra persona. Tal vez usted tema a la crítica porque nunca ha aprendido técnicas eficaces para hacerle frente. Como es relativamente *fácil* de hacer, quiero subrayar la importancia de dominar el arte de manejar la denigración verbal y la desaprobación sin tomar una actitud defensiva ni perder la autoestima.

Muchos episodios depresivos se ponen en marcha por culpa de una crítica externa. Incluso los psiquiatras, que supuestamente son receptores profesionales de injurias ajenas, pueden reaccionar mal ante la crítica. El supervisor de un psiquiatra residente le transmitió una apreciación negativa con la intención de que le resultase útil. Una de sus pacientes se había quejado de que varios comentarios que el residente había hecho durante una sesión de terapia habían sido corrosivos. El residente reaccionó con un ataque de pánico y depresión cuando lo oyó, porque pensó: "¡Qué desastre! Ahora se sabe cómo soy de verdad. Incluso mis pacientes se dan cuenta de que soy una persona insensible, que no sirvo para nada. Probablemente me echarán a patadas de este trabajo y me sacarán de este estado con cajas destempladas".

¿Por qué la crítica hiere tanto a algunas personas, mientras que otras pueden permanecer inmutables frente al ataque más demoledor? En este capítulo aprenderá los secretos de las personas que afrontan la desaprobación sin miedo, y se le enseñarán pasos específicos, concretos, para superar y eliminar su exquisita vulnerabilidad ante la crítica. Al leer los siguientes apartados, tenga presente esto: para vencer su temor a la crítica será necesario realizar una moderada cantidad de prácticas. Pero no es difícil desarrollar y dominar esta habilidad, y el efecto positivo en su autoestima será enorme.

Antes de enseñarle la manera de salir de la trampa de amilanarse interiormente cuando le critican, voy a explicarle por qué la crítica les resulta más perturbadora a unas personas que a otras. En primer lugar, debe darse cuenta de que *no* son las otras personas, o los comentarios críticos que hacen, lo que le molesta. Repito, no ha habido nunca una sola vez en su vida en que los comentarios críticos de alguna otra persona le hayan hecho sentir mal, ni siquiera a muy pequeña escala. Al margen de la maldad o crueldad de esos comentarios, *no* tienen poder para perturbarle ni para hacerle sentir *un poquito* incómodo.

Después de leer el párrafo anterior, tal vez le dé la impresión de que me estoy dando mucho bombo, que me encuentro en un error, que no soy realista o que me pasa un poco de todo eso. Pero le aseguro que no es así cuando le digo que sólo una persona en el mundo tiene el poder de *deprimirle,* y esa persona es usted, ¡y nadie más!

Veamos ahora cómo funciona. Cuando otra persona le critica, enseguida se desencadenan en su mente ciertos pensamientos negativos. Su reacción emocional será la consecuencia de estos pensamientos y no de lo que la otra persona diga. Los pensamientos que le perturban contendrán invariablemente los mismos tipos de errores mentales descritos en el capítulo 3: generalización excesiva, pensamiento todo-o-nada, filtro mental, etiquetación, etc.

Por ejemplo, examinemos los pensamientos del joven psiquiatra residente. Su pánico fue la consecuencia de su catastrófica interpretación: "Esta crítica demuestra lo poco que valgo". ¿Qué errores mentales está cometiendo? En primer lugar, está apresurándose a sacar conclusiones cuando determina arbitrariamente que la crítica del paciente es válida y razonable, lo cual no tiene por qué ser así. Además, está *exagerando* la importancia de lo que le haya dicho realmente al paciente, que tal vez no haya sido diplomático (magnificación), y está *suponiendo* que no puede hacer nada para corregir cualquier error de su conducta (error del adivino). Ha predicho de un modo poco realista que sería rechazado y se arruinará como profesional porque iba a repetir indefinidamente el error que había cometido con este único paciente (generalización excesiva). Se ha concentrado exclusivamente en este error (filtro mental) y ha pasado por alto sus numerosos éxitos terapéuticos (descalificación o desconocimiento de lo positivo). El residente se identificó con su conducta errónea y llegó a la conclusión de que era un "ser humano insensible e inútil" (etiquetación).

El primer paso para superar el temor a la crítica tiene que ver con su propio proceso mental: aprenda a identificar los pensamientos negativos que experimenta cuando le critican. Será más útil si los anota usando la técnica de la doble columna explicada en los dos capítulos anteriores. Esto le permitirá analizar sus pensamientos y reconocer si su modo de pensar es ilógico o erróneo. Por último, escriba respuestas racionales que sean más razonables y menos perturbadoras.

En la figura 6-1 aparece un extracto de la tarea escrita del psiquiatra residente en la que se utiliza la técnica de la doble columna. Cuando el residente aprendió a *pensar* con respecto a esa situación de una manera más realista, dejó de desperdiciar esfuerzos mentales y emocionales imaginando catástrofes y pudo dedicar su energía a resolver creativamente los problemas fijándose objetivos. Después de evaluar con precisión qué era lo que había dicho que hubiera podido resultar ofensivo o hiriente, pudo aportar medidas para modificar el estilo clínico que tenía para tratar a los pacientes a fin de reducir al mínimo ese tipo de errores en el futuro. Como consecuencia, esa situación le sirvió para aprender, y su madurez y aptitudes clínicas aumentaron. Así, tuvo más confianza en sí mismo y pudo superar el temor a ser imperfecto.

Para decirlo sucintamente: cuando la gente le critica, los comentarios que hacen pueden ser *correctos* o *incorrectos*. Si son incorrectos, usted no tiene razón alguna para sentirse mal. ¡Piénselo un minuto! Muchos pacientes han venido a mí llorando, irritados y afligidos porque alguien querido les había hecho un comentario crítico que era desconsiderado e inexacto. Ese tipo de reacción es innecesario. ¿Por qué debe perturbarle el hecho de que alguien cometa el error de criticarlo de una manera injusta? Se trata del error del otro, no del suyo. ¿Por qué afligirse? ¿Usted esperaba que los demás fuesen perfectos? Por otra parte, si la crítica es *exacta, tampoco hay razón alguna* para sentirse abrumado. Nadie espera que usted sea perfecto. Simplemente reconozca su error y tome las medidas necesarias para corregirlo. Parece sencillo (¡y lo es!), pero puede que le cueste bastante esfuerzo transformar esta percepción en una realidad emocional.

Desde luego, tal vez tema usted a la crítica porque siente que necesita el amor y la aprobación de otras personas para sentirse

Figura 6-1. Extraído de la tarea escrita del psiquiatra residente, en la que usó la técnica de la doble columna. En un principio experimentó un ataque de pánico cuando su supervisor criticó la manera en que había manejado el caso de un paciente difícil. Después de anotar sus pensamientos negativos, se dio cuenta de que no eran muy realistas. En consecuencia, se sintió muy aliviado.

Pensamientos automáticos (AUTOCRITICA)	*Respuestas racionales* (AUTODEFENSA)
1. ¡Qué desastre! Ahora se sabe la verdad sobre mí. Hasta los pacientes se dan cuenta de que no valgo para nada, que soy un inútil.	1. Sólo porque un paciente se queje no quiere decir que "no valgo para nada, que soy un insensible". En realidad, la mayoría de mis pacientes me aprecian. Cometer un error no equivale a revelar mi "verdadera esencia". Todo el mundo tiene derecho a cometer errores.
2. Probablemente me sacarán a patadas del programa de residentes.	2. Esta idea es tonta y se basa en varios supuestos erróneos: a) todo lo que hago es malo; b) no tengo capacidad para madurar. Como a) y b) son absurdos, es sumamente improbable que mi posición aquí corra algún riesgo. En muchas ocasiones he sido alabado por mi supervisor.

respetable y feliz. El problema de este punto de vista es que tendrá que dedicar todas sus energías a tratar de agradar a la gente, y no le quedará mucha para la vida creativa y productiva. Paradójicamente, muchas personas pueden pensar que usted es menos interesante y agradable que sus amigos más seguros de sí mismos.

Hasta ahora, lo que le he dicho es una revisión de las técnicas cognitivas presentadas en el capítulo anterior. Lo esencial de este asunto es que sólo *sus* pensamientos pueden angustiarle, y si usted aprende a *pensar* de una manera más realista, *se sentirá* menos angustiado. Ahora mismo, escriba los pensamientos negativos que ordinariamente le pasan por la cabeza cuando alguien le critica. A continuación identifique las distorsiones y reemplácelas por respuestas racionales más objetivas. Esto le ayudará a sentirse menos irritado y amenazado.

Ahora me gustaría enseñarle algunas técnicas verbales muy simples que pueden tener una importancia práctica considerable. ¿Qué puede decir cuando alguien le está atacando? ¿Cómo puede controlar esas situaciones difíciles de un modo que acreciente su sensación de dominio y confianza en sí mismo?

Paso uno: empatía. Cuando alguien está atacándole o criticándole, puede que lo haga para ayudarle o para herirle. Lo que dice el crítico puede ser *correcto, incorrecto* o *parcialmente correcto.* Pero no es prudente concentrarse en esta cuestión al principio. En cambio, plantee a esa persona una serie de preguntas específicas destinadas a averiguar *exactamente* lo que quiere decir. Trate de no emitir juicios ni estar a la defensiva cuando hace las preguntas. Pida sin descanso más y más información específica. Trate de ver el mundo a través de los ojos del crítico. Si la persona le ataca con tópicos insultantes y ambiguos, pídale que sea más concreta y que indique exactamente qué es lo que le disgusta de usted. Esta maniobra inicial puede ayudarle mucho a sacarse de encima al crítico y a transformar una interacción ataque-defensa en otra de colaboración y respeto mutuo.

A menudo ejemplifico cómo hacerlo en una sesión de terapia dramatizando una situación imaginaria con el paciente para poder modelar esta aptitud particular. Le enseñaré cómo dramatizar; es una habilidad útil. En el diálogo siguiente quiero que se imagine que es un crítico irritado. Dígame lo más brutal y angustiante que se le ocurra. Lo que usted diga podrá ser verdadero, falso o parcialmente cierto. Le responderé a cada uno de sus ataques con la técnica empática:

> USTED (representando el rol de crítico irritado): Doctor Burns, usted es una mierda que no sirve para nada.
> DAVID: ¿Qué aspectos míos no sirven para nada?
> USTED: Todo lo que dice y hace. Es insensible, egocéntrico e incompetente.

DAVID: Examinemos cada uno de los calificativos. Quiero que trate de ser específico. Al parecer, he hecho o dicho algunas cosas que le han angustiado. En concreto, *¿qué* he dicho que le haya parecido insensible? ¿Qué fue lo que le dio la impresión de que era egocéntrico? ¿Qué *he hecho* como para parecerle un incompetente?

USTED: Cuando llamé el otro día para cambiar la hora de mi entrevista, usted parecía estar apurado e irritable, como si tuviera mucha prisa y no le importara nada de mí.

DAVID: Así es, atendí el teléfono apurado y sin miramientos. ¿Qué más he hecho que le haya irritado?

USTED: Siempre parece darme prisas al final de la sesión, como si esto fuese una gran cadena de producción para amasar dinero.

DAVID: Muy bien, le parece que también le he estado dando prisa en las sesiones. Puedo haberle dado la impresión de que estoy más interesado en su dinero que en usted. ¿Qué más he hecho? ¿Se le ocurren otras maneras en que podría haberlo ofendido o haberle fallado?

Lo que estoy haciendo es simple. Al hacerle preguntas específicas reduzco al mínimo la posibilidad de que me rechace completamente. Tanto usted como yo tomamos conciencia de algunos problemas concretos específicos que podemos abordar. Además, al *escucharlo* le estoy prestando una atención especial para poder comprender la situación *tal como la ve usted*. Esta actitud tiende a diluir cualquier irritación y hostilidad y orientar el intercambio hacia la solución de los problemas en lugar de llevarlo hacia la atribución de culpas o el debate. Recuerde la primera regla: aun cuando piense que la crítica es *completamente* injusta, responda con empatía haciendo preguntas específicas. Averigüe exactamente lo que quiere decir su crítico. Si la persona está muy acalorada, tal vez le descalifique, quizás incluso le diga obscenidades. No obstante, pídale más información. ¿Qué significan esas palabras? ¿Por qué esa persona le ha llamado "una mierda que no sirve para nada"? ¿*Cómo* ofendió usted a ese individuo? ¿*Qué* hizo usted? ¿*Cuándo* lo hizo? ¿*Con qué frecuencia* lo ha hecho? ¿*Qué otra cosa* de usted le disgusta a esa persona? Averigüe qué significa lo que usted hizo para su crítico. Trate de ver el mundo a través de los ojos de su crítico. Este método frecuentemente calmará los rugidos del león y sentará las bases para desarrollar una discusión más sensata.

Paso dos: desarmando al crítico. Si alguien le está disparando con un arma, usted tiene tres opciones: puede resistir y devolver los disparos —esto suele terminar en una guerra y en la destrucción mutua—; puede escapar o tratar de esquivar las balas —esta actitud a menudo produce humillación y pérdida de autoestima—, o bien puede quedarse en el mismo sitio y desarmar hábilmente al oponente. Yo he descubierto que la tercera solución es sin duda la más satisfactoria. Cuando usted le saca ventaja a la otra persona, termina siendo el ganador, y la mayoría de las veces su oponente también se sentirá ganador.

¿Cómo se logra esto? Es simple: ya sea que su crítico tenga razón o esté equivocado, inicialmente *busque alguna manera de coincidir con él.* Voy a ilustrar primero la situación más fácil. Supongamos que el crítico tiene razón. En el ejemplo anterior, cuando usted me acusó con irritación de parecer apurado e indiferente en varias ocasiones, yo podría decir: "Tiene toda la razón del mundo. Tenía mucha prisa cuando usted llamó y probablemente di la impresión de mostrar una actitud reticente. Otras personas también me lo han dicho a veces. Quiero insistir en que no fue mi intención herir sus sentimientos. Usted también tiene razón cuando dice que *hemos* despachado demasiado de prisa varias de nuestras sesiones. Podría recordarle que las sesiones pueden durar el tiempo que usted quiera, siempre que lo decidamos con la suficiente antelación para poder ajustar adecuadamente el horario. Tal vez le gustaría celebrar sesiones que duren quince o treinta minutos más, para ver si así le resultan más cómodas".

Ahora, suponga que la persona que le está atacando le está haciendo críticas que para usted son injustas y en absoluto válidas. ¿Qué pasaría si resulta poco realista que usted cambie? ¿Cómo puede estar de acuerdo con alguien cuando está seguro de que lo que le está diciendo son puras tonterías? Es fácil: usted puede coincidir *en principio* con la crítica, o puede hallar una *pizca* de verdad en la afirmación y estar de acuerdo, o puede admitir que la aflicción de la persona es comprensible porque se basa en su manera de percibir la situación. Puedo ejemplificar mejor esta situación continuando la dramatización: usted me ataca, pero esta vez dice cosas que son fundamentalmente falsas. De acuerdo con las reglas del juego, yo debo: 1) buscar alguna manera de coincidir con lo que usted diga, sea lo que fuere; 2) evitar los sarcasmos y las actitudes defensivas; 3) decir siempre la verdad. Sus afirmaciones pueden ser tan extrañas y tan descorteses como quiera, ¡yo garantizo que cumpliré fielmente estas reglas! ¡Empecemos!

USTED (sigue desempeñando el rol de crítico irritado): Doctor Burns, usted es una mierda.

DAVID: Me siento así algunas veces. Suelo fracasar con ciertas cosas.

USTED: ¡Esta terapia cognitiva no sirve para nada!

DAVID: Sin duda, hay mucho margen para mejorar.

USTED: Y usted es estúpido.

DAVID: Hay muchísima gente que es más brillante que yo. Con seguridad, no soy la persona más inteligente del mundo.

USTED: Usted no experimenta sentimientos reales por sus pacientes. Su método terapéutico es superficial y está lleno de trucos.

DAVID: No siempre soy tan cálido y abierto como me gustaría ser. Algunos de mis métodos podrían parecer llenos de trucos al principio.

USTED: Usted no es un verdadero psiquiatra. Este libro es una basura. Usted no es digno de confianza ni competente para ocuparse de mi caso.

DAVID: Siento muchísimo parecerle incompetente. Debe ser muy perturbador para usted. Parece que le resulta difícil confiar en mí, y es genuinamente escéptico con respecto a que podamos trabajar bien juntos. Tiene toda la razón del mundo: no podemos realizar juntos un trabajo satisfactorio si no experimentamos un sentimiento de respeto mutuo y de trabajo en equipo.

A estas alturas (¡o antes!) el irritado crítico, por lo general, habrá perdido ímpetu. Dado que yo no contraataco sino que, por el contrario, busco la manera de coincidir con mi oponente, la persona parece quedarse rápidamente sin municiones: he logrado desarmarla. Usted podría pensar que es una manera de ganar evitando dar la cara. Cuando el crítico empiece a calmarse, se encontrará en un mejor estado de ánimo para comunicarse.

Una vez que le he enseñado estos dos primeros pasos a un paciente en mi consultorio, suelo proponer que cambiemos de roles para que el paciente tenga la oportunidad de dominar el método. Hagámoslo. Yo le criticaré y le atacaré a usted, y usted practicará las técnicas de empatía y desarme sin tener en cuenta si mis comentarios son acertados o carecen de sentido. Para que el siguiente diálogo resulte un ejercicio más útil, tape con la mano las respuestas encabezadas por la palabra "Usted" y elabore sus propias respuestas. Luego fíjese en qué medida coinciden con lo que yo he escrito. Recuerde hacer las preguntas empleando el método de la empatía y busque maneras de coincidir conmigo utilizando la técnica del desarme.

DAVID (en el rol de crítico irritado): Usted no viene aquí para curarse. Lo único que busca es suscitar simpatía.

USTED (en el rol del que está sufriendo el ataque): ¿Qué es lo que le da la impresión de que sólo trato de inspirar simpatía?

DAVID: No hace nada para ayudarse a sí mismo entre una sesión y otra. Lo único que desea hacer es venir aquí a quejarse.

USTED: Es verdad que no he estado haciendo algunas de las tareas escritas que me sugirió. ¿Usted piensa que no debería quejarme en las sesiones?

DAVID: Usted puede hacer lo que quiera. Pero admita que no le importa un comino.

USTED: Quiere decir que piensa que yo no deseo mejorar, ¿o qué?

DAVID: ¡Usted no sirve! ¡Usted es una basura!

USTED: ¡Me he estado sintiendo así durante años! ¿No puede darme algunas ideas sobre lo que puedo hacer para sentirme de otro modo?

DAVID: Me rindo. Gana usted.

USTED: Tiene razón. ¡He ganado!

Le sugiero que no deje de practicar este método con un amigo. La representación de roles le ayudará a dominar las aptitudes necesarias cuando se plantee una situación real. Si no tiene a nadie con quien se sienta cómodo para realizar este ejercicio eficazmente, una buena alternativa sería escribir diálogos imaginarios entre usted y un crítico hostil, similares a los que acaba de leer. Después de cada sermón escriba cómo podría contestar usando la técnica de la empatía y el desarme. Puede parecer difícil al principio, pero creo que aprenderá con facilidad. Será realmente muy fácil una vez que haya captado su esencia.

Notará que usted tiene una tendencia profunda, casi irresistible, a *defenderse* cuando se le acusa injustamente. ¡Es un error FUNDA-MENTAL! Si usted cede ante esta tendencia, verá que la intensidad del ataque de su oponente aumentará. Paradójicamente, estará sumando proyectiles al arsenal de esa persona cada vez que se defienda. Por ejemplo, vuelva a ser el crítico y yo esta vez me *defenderé* contra sus absurdas acusaciones. Verá cuán rápidamente nuestra interacción se convierte en una guerra total.

> USTED (nuevamente en el rol de crítico): Doctor Burns, usted no tiene interés en sus pacientes.
> DAVID (respondiendo de una manera defensiva): Eso es falso e injusto. ¡No sabe de lo que está hablando! Mis pacientes respetan el duro trabajo que realizo.
> USTED: Bueno, ¡aquí tiene uno que no lo respeta! ¡Adiós! (Usted sale, con la decisión de no volver más. Mi actitud defensiva me lleva a un fracaso total.)

En cambio, si yo respondo con empatía y desarmo su hostilidad, en la mayoría de los casos usted sentirá que estoy *escuchándole* y *respetándole*. En consecuencia, usted perderá el ardor necesario para presentar batalla y se tranquilizará. Esto prepara el camino para el paso tres: devolución y negociación.

En un principio puede suceder que, a pesar de su firme decisión de utilizar estas técnicas, cuando se le plantee una situación real en la que sea objeto de crítica, se quede atrapado por sus emociones y sus viejos modelos de conducta. Es posible que ponga mala cara, discuta, se defienda vehementemente, etc., lo cual es comprensible. No se supone que usted pueda aprender todo esto de la noche a la mañana y tampoco tiene que ganar todas las batallas. Sin embargo, es importante que después analice sus errores con el fin de poder revisar la situación y ver cómo podría haberla conducido de otro modo, según las directrices sugeridas. Puede resultar inmensamente útil la colaboración de un amigo para dramatizar la situación difícil una vez que haya ocurrido, con el fin de que usted pueda practicar una serie de respuestas hasta que domine un método con el que se sienta cómodo.

Paso tres: devolución y negociación. Una vez que haya *escuchado* a su crítico, empleando el método de la empatía, y lo haya *desarmado* encontrando alguna manera de coincidir con él, se encontrará en condiciones de explicar su posición y sus emociones *con tacto* pero *con firmeza,* y de negociar cualquier diferencia real.

Supongamos que el crítico está absolutamente equivocado. ¿Cómo puede expresarlo sin ser destructivo? Se trata de algo sencillo: puede expresar su punto de vista objetivamente reconociendo que *podría* estar equivocado. Haga que el conflicto se base en los hechos y no en su personalidad u orgullo. Evite endilgarle etiquetas destructivas a su crítico. Recuerde, el error que ha cometido *no* le vuelve estúpido, inútil o inferior.

Por ejemplo, hace poco una paciente me dijo que yo le había enviado una factura por una sesión que ella ya había pagado. Me atacó diciéndome: "¿Por qué no mantiene en orden su contabilidad?" Sabiendo que ella estaba en un error, le respondí: "En realidad, puede haber un error en mis anotaciones. Me parece recordar que usted se olvidó el talonario ese día, pero tal vez esté confundida con respecto a esto último. Espero que admita la posibilidad de que usted o yo cometamos errores a veces. Así podemos estar más relajados entre nosotros. ¿Por qué no comprueba si tiene un cheque anulado? Así sabremos la verdad y hacemos los ajustes adecuados".

En este caso, la respuesta que le di, al no ser polémica, le permitió salvar las apariencias y evitó una confrontación en la cual su autorrespeto corría peligro. Aunque resultó que ella estaba equivocada, después manifestó alivio por el hecho de que yo admitiese que también cometo errores. Esta actitud la ayudó a sentirse mejor con respecto a mí, puesto que temía que yo fuese tan perfeccionista y exigente con ella como lo era ella consigo misma.

A veces usted y su crítico diferirán en materia de gustos y no de hechos. También en este caso, usted saldrá ganador si presenta su punto de vista con diplomacia. Por ejemplo, he descubierto que de cualquier manera que me vista, algunos pacientes responden favorablemente y otros negativamente. Me siento más cómodo con traje y corbata, o con una americana *sport* y corbata. Suponga que un paciente me critica porque mi ropa es demasiado formal, lo cual es irritante porque me da la apariencia de los que pertenecen al *establishment*. Después de conseguir más información específica sobre otras cosas mías que podrían disgustar a esta persona, podría contestar: "Sin duda puedo coincidir con usted en que los trajes son un poquito formales. Usted se sentiría más cómodo conmigo si me vistiese más informalmente. Estoy seguro de que comprenderá que después de vestirme de formas muy distintas, he llegado a la conclusión de que un traje bonito o una americana *sport* es muy aceptable para la mayoría de las personas con las que trabajo, y ésa es la razón por la cual he decidido adoptar este estilo. Espero que usted no dejará que esto obstaculice la continuidad de la tarea que realizamos juntos".

Usted tiene una serie de opciones cuando negocia con un crítico. Si éste sigue sermoneándole, reiterando una y otra vez el mismo tema, usted simplemente puede repetir su respuesta con cortesía pero con firmeza una y otra vez hasta que la persona se canse. Por ejemplo, si mi crítico siguiera insistiendo en que dejase de usar trajes, yo podría seguir diciendo cada vez: "Comprendo muy bien su punto de vista, y hay algo de cierto en lo que dice. Sin embargo, he decidido adoptar un atuendo más formal en este momento".

A veces la solución será algo intermedio. En este caso son aconsejables la negociación y el compromiso. Quizá tenga que transigir en *parte* de lo que desea. Pero si primero ha aplicado conscientemente las *técnicas de la empatía y el desarme*, es probable que consiga *más* de lo que desea.

En muchas ocasiones usted estará totalmente equivocado y el crítico tendrá razón. En este caso el respeto de su crítico por usted probablemente aumentará si usted *está de acuerdo con la crítica*, le agradece a la persona que le haya proporcionado esa información y se disculpa por cualquier daño que pueda haberle causado. Esto huele a sentido común pasado de moda (y lo es), pero puede ser asombrosamente eficaz.

A estas alturas, tal vez usted esté diciendo: "Pero, ¿no tengo *derecho* a defenderme cuando alguien me critica? ¿Por qué debo quedar bien siempre con la otra persona? Después de todo, *él* puede ser el tonto, y no yo. ¿No es *humano* irritarse y perder los estribos? ¿Por qué siempre tengo que *suavizar* las cosas?"

Bien, es bastante cierto lo que usted dice. Usted *tiene* derecho a defenderse vigorosamente cuando alguien le critica y a irritarse con quien quiera y cuando quiera. Y tiene razón cuando señala que es su crítico y no usted quien a menudo está confundido. Y hay bastante de verdad en el dicho: "Es mejor enfurecerse que entristecerse". Después de todo, si va a llegar a la conclusión de que alguien "no es bueno", ¿por qué no dejar que sea el otro? Y además, a veces resulta mucho mejor enfurecerse con la otra persona.

Muchos psicoterapeutas coincidirían con usted en este aspecto. Freud creía que la depresión era "la irritación vuelta hacia adentro". En otras palabras, pensaba que las personas deprimidas dirigían su rabia contra sí mismas. De acuerdo con esta perspectiva, muchos terapeutas instan a sus pacientes a tomar contacto con su irritación y expresarla con más frecuencia a los demás. Incluso podrían llegar

146

a decir que algunos de los métodos descritos en este apartado equivalen a una abstención represiva.

Se trata de una polarización falsa. Lo crucial no estriba en expresar o no expresar lo que siente, sino en la manera de hacerlo. Si su mensaje es: "Estoy irritado porque me está criticando y usted es un inútil", envenenará su relación con esa persona. Si usted se defiende de una reacción negativa de un modo defensivo y vengativo, disminuirá la posibilidad de desarrollar una interacción productiva en el futuro. En consecuencia, si bien su estallido le puede hacer sentir bien momentáneamente, es posible que a la larga acabe perjudicándose al quemar sus naves. Ha polarizado la situación prematura e innecesariamente, y se ha privado de la posibilidad de aprender lo que el crítico estaba tratando de mostrarle. Y lo que es peor, usted puede llegar a experimentar una reacción depresiva y castigarse excesivamente por su ataque de malhumor.

Técnica antipreguntón: Una aplicación especializada de las técnicas examinadas en este capítulo podría resultar muy útil para quienes se dediquen a dar conferencias o a enseñar. Concebí la "técnica antipreguntón" cuando empecé a dar conferencias a grupos universitarios y profesionales sobre el estado actual de las investigaciones sobre la depresión. Aunque mis conferencias por lo general son bien recibidas, a veces descubro que hay un solo preguntón entre los oyentes. Los comentarios del preguntón suelen tener varias características: 1) son intensamente críticos, pero parecen inexactos o irrelevantes con respecto al material presentado; 2) a menudo proceden de una persona que no es bien aceptada entre sus pares locales, y 3) son expresados en un estilo declamatorio e insultante.

Por consiguiente, tuve que desarrollar una técnica antipreguntón a la que pudiera recurrir para silenciar a ese tipo de persona de una manera inofensiva, a fin de que el resto de los oyentes tuviese también la oportunidad de hacer preguntas. Descubrí que el método siguiente es muy eficaz: 1) inmediatamente le *agradezco* a la persona su comentario; 2) admito que las cuestiones planteadas *son realmente* importantes, y 3) subrayo que *es necesario un mayor conocimiento* de las cuestiones planteadas y animo a mi crítico a realizar una investigación y estudio significativos del tema. Por último, invito al preguntón a compartir sus puntos de vista conmigo después de la conferencia.

Aunque ninguna técnica verbal puede garantizar que se consiga determinado resultado, rara vez he dejado de lograr un efecto favorable al emplear este método. De hecho, estos individuos preguntones con frecuencia se han acercado a mí después de la conferencia para felicitarme y agradecer mis amables comentarios. ¡A veces es el preguntón el que resulta más efusivo y el que aprecia más mi conferencia!

Resumen: Los diversos principios verbales y cognitivos para hacer frente a las críticas se sintetizan en el diagrama que aparece en la figura 6-2. En general, cuando alguien le insulte, usted inmediatamente deberá recorrer uno de estos tres caminos: la ruta *triste,* la ruta *furiosa* o la ruta *alegre.* Cualquiera de estas opciones que elija, constituirá una experiencia total en la que participarán su pensamiento, sus sentimientos, su conducta e, incluso, la forma en que funciona su cuerpo.

Casi todas las personas con tendencia a la depresión eligen la ruta triste. Usted *automáticamente* llega a la conclusión de que el crítico tiene razón. Sin realizar ninguna investigación sistemática, se apresura a determinar que usted estaba equivocado y ha cometido un error. Magnifica entonces la importancia de la crítica con una serie de errores de pensamiento. Usted podría *generalizar excesivamente* y llegar a la conclusión equivocada de que toda su vida es sólo una cadena de errores. O podría asignarle la *etiqueta* de "fracaso total". Y debido a su expectativa perfeccionista según la cual se supone que no tiene que presentar error alguno, probablemente se convencerá de que su (supuesta) equivocación indica que usted es un inútil. Como resultado de estos errores mentales, se deprimirá y sufrirá una pérdida de autoestima. Sus respuestas verbales carecerán de efectividad y serán pasivas, caracterizándose por una actitud de retroceso y retirada.

En cambio, usted puede elegir la ruta furiosa. Se *defenderá* de los horrores de ser imperfecto tratando de convencer al crítico de que es un monstruo. Se negará obstinadamente a admitir cualquier error porque, de acuerdo con sus normas perfeccionistas, sería equivalente a admitir que es un gusano indigno. De modo que rechazará las acusaciones suponiendo que la mejor defensa es una buena ofensa. Su corazón latirá aceleradamente, y su presión sanguínea se cargará de hormonas mientras se prepare para la batalla. Se tensarán todos sus músculos y se le endurecerá la mandíbula. Tal vez sienta una satisfacción temporal mientras le grita a su crítico con una indignación fariseica. ¡Le demostrará qué clase de energúmeno es! Lamentablemente, él no estará de acuerdo, y a la larga su estallido

Figura 6-2. Las tres formas en que usted podría reaccionar ante la crítica. De acuerdo con lo que usted piense con respecto a esa situación, se sentirá triste, furioso o contento. Su conducta y el resultado también se verán muy influidos por su actitud mental.

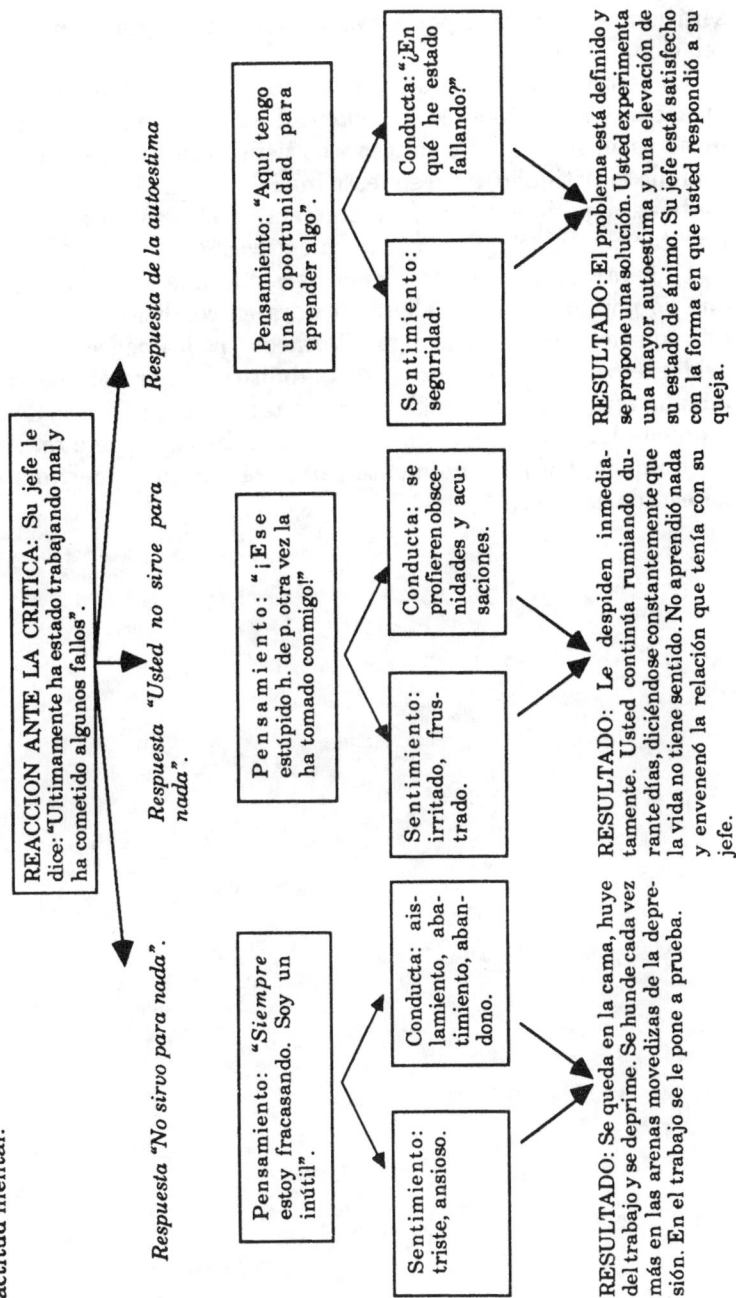

REACCION ANTE LA CRITICA: Su jefe le dice: "Ultimamente ha estado trabajando mal y ha cometido algunos fallos".

Respuesta de la autoestima

Respuesta "Usted no sirve para nada".

Respuesta "No sirvo para nada".

Pensamiento: *"Siempre estoy fracasando. Soy un inútil".*

Sentimiento: triste, ansioso.

Conducta: aislamiento, abandono.

RESULTADO: Se queda en la cama, huye del trabajo y se deprime. Se hunde cada vez más en las arenas movedizas de la depresión. En el trabajo se le pone a prueba.

Pensamiento: *"¡Ese estúpido h. de p. otra vez la ha tomado conmigo!"*

Sentimiento: irritado, frustrado.

Conducta: se profieren obscenidades y acusaciones.

RESULTADO: Le despiden inmediatamente. Usted continúa rumiando durante días, diciéndose constantemente que la vida no tiene sentido. No aprendió nada y envenenó la relación que tenía con su jefe.

Pensamiento: *"Aquí tengo una oportunidad para aprender algo".*

Sentimiento: seguridad.

Conducta: *"¿En qué he estado fallando?"*

RESULTADO: El problema está definido y se propone una solución. Usted experimenta una mayor autoestima y una elevación de su estado de ánimo. Su jefe está satisfecho con la forma en que usted respondió a su queja.

será contraproducente porque usted habrá conseguido envenenar la relación.

La tercera opción requiere que usted *tenga* autoestima o por lo menos que actúe *como si la tuviera*. Se basa en la premisa de que usted es un ser humano valioso y no tiene necesidad de ser perfecto. Cuando lo critiquen, su respuesta inicial será investigar. ¿La crítica contiene algo de verdad? ¿Exactamente qué hizo usted que pueda resultar objetable? ¿Realmente se equivocó?

Una vez definido el problema haciendo una serie de preguntas que no impliquen juicio alguno, estará en condiciones de proponer una solución. Si conviene algo intermedio, podrá negociar. Si estaba evidentemente equivocado, podrá admitirlo. Si era el crítico quien andaba errado, podrá señalárselo con tacto. Pero más allá de que su conducta haya sido correcta o no, usted sabrá que tiene *razón* como ser humano, porque finalmente percibirá que su autoestima nunca ha estado en juego.

7
¿Está irritado? ¿Cuál es su CI?

¿Cuál es su CI? No me interesa conocer su coeficiente de inteligencia, porque ésta tiene poco o nada que ver con su capacidad para ser feliz. Lo que deseo conocer es su coeficiente de *irritabilidad*, es decir, qué grado de cólera y fastidio tiende a absorber y contener en su vida diaria. Si tiene un CI particularmente alto, se encuentra en gran desventaja porque presentará reacciones desmedidas ante las frustraciones y decepciones, generando sentimientos de resentimiento que envilecerán su carácter y convertirán su vida en un esfuerzo desprovisto de alegría.

Voy a enseñarle cómo medir su CI. Lea la lista de veinticinco posibles situaciones fastidiosas que figura a continuación. En el espacio en blanco después de cada incidente, estime el grado en que comúnmente podría encolerizarle o provocarle, aplicando esta sencilla escala:

0 - Sentiría muy poco fastidio o ninguno.
1 - Se sentiría un poco irritado.
2 - Se sentiría moderadamente alterado.
3 - Se sentiría bastante irritado.
4 - Se sentiría muy irritado.

Marque su respuesta después de cada pregunta como en el ejemplo siguiente:

Usted está yendo en su coche a buscar a un amigo al aeropuerto y se ve obligado a esperar que pase un tren de carga. ___2___

La persona que contestó a esta pregunta estimó que a su reacción le correspondía el número dos porque se sentiría moderadamente irritada, pero esa irritación desaparecería una vez que el tren hubiera pasado. Al describir cómo reaccionaría usted por lo general ante cada una de las siguientes provocaciones, realice su mejor estimación general aun cuando se hayan omitido muchos detalles potencialmente importantes (como, por ejemplo, cómo habría pasado ese día, quién podría estar implicado en la situación, etc.)

ESCALA DE IRRITACION NOVACO[1]

1) Desempaqueta un aparato que acaba de comprar, lo enchufa y descubre que no funciona. _____

2) Le cobran de más por una reparación que no tiene otro remedio que realizar. _____

3) A usted le riñen constantemente, mientras las acciones de los demás pasan inadvertidas. _____

4) Se le queda el coche atrapado en el barro o en la nieve. _____

5) Usted le está hablando a alguien que no le contesta. _____

6) Alguien finge ser lo que no es. _____

7) Mientras está luchando por llevar cuatro tazas de café a su mesa en una cafetería, alguien lo atropella, derramando el café. _____

8) Usted ha colgado su ropa, pero alguien la tira al suelo y no la recoge. _____

9) Es perseguido por un vendedor desde el momento en que entra en una tienda. _____

10) Se ha puesto de acuerdo con alguien para ir a alguna parte pero esa persona se vuelve atrás en el último momento y lo deja colgado. _____

11) Le gastan bromas o le molestan. _____

12) Su coche se queda atascado en un semáforo y el tipo del vehículo que está detrás no deja de tocar la bocina. _____

13) Accidentalmente, efectúa un giro incorrecto en un aparcamiento. Cuando baja del coche, alguien le grita: "¿Dónde aprendiste a conducir?" _____

14) Alguien comete un error y lo culpa a usted. _____

15) Usted está tratando de concentrarse, pero alguien que se encuentra cerca está dando golpecitos en el suelo con el pie. _____

---

1. Esta escala fue creada por el doctor Raymond W. Novaco, del Programa de Ecología Social de la Universidad de California, Irvine, y se reproduce parcialmente aquí con su permiso. La escala completa contiene ochenta ítems.

16) Le presta a alguien un importante libro o herramienta y no se lo devuelven. _____

17) Ha tenido un día ocupado y la persona que vive con usted empieza a quejarse porque no entiende cómo puede ser que usted se haya olvidado de hacer algo que había quedado en hacer. _____

18) Está tratando de discutir algo importante con su compañero o su socio, quien no le da la oportunidad de expresar sus sentimientos. _____

19) Está discutiendo con alguien que insiste en hablar de un tema que conoce muy poco. _____

20) Alguien mete la nariz en una discusión entre usted y otra persona. _____

21) Necesita llegar rápidamente a un lugar, pero el coche que va delante del suyo corre a una velocidad de 40 kilómetros por hora en una zona donde la velocidad permitida es de 60 kilómetros por hora, y usted no puede adelantarlo. _____

22) Pisa un pedazo de chicle. _____

23) Un pequeño grupo de personas se burlan de usted cuando pasa por delante de ellas. _____

24) Agobiado por llegar a alguna parte, se rompe los pantalones con un objeto puntiagudo. _____

25) Usa la última ficha que tiene para hacer una llamada telefónica, pero la llamada se corta antes de que termine de marcar y no recupera la ficha. _____

Una vez completado el inventario de la irritación, está en condiciones de calcular su CI, es decir, su coeficiente de irritabilidad. Asegúrese de no haber omitido ningún punto. Sume la puntuación de los veinticinco incidentes. La puntuación mínima posible del test es cero, lo cual significaría que ha puesto un cero en cada situación. ¡Si es así, usted es un mentiroso o un gurú! La puntuación más alta es cien, lo cual indicaría que usted ha puesto un cuatro en cada situación y que se encuentra constantemente en el punto de ebullición o por encima de él.

Ahora ya puede interpretar su puntuación total de acuerdo con la escala siguiente:

0-45: El grado de irritación o fastidio que experimenta por lo general es notablemente bajo. Sólo un pequeño porcentaje de la población obtendrá una puntuación tan baja en este test. ¡Usted es uno de los pocos elegidos!

46-55: Usted es considerablemente más pacífico que la media.

56-75: Usted responde a las molestias de la vida con un grado de irritación medio.

76-85: Con frecuencia reacciona con irritación ante las muchas dificultades de la vida. Es sensiblemente más irritable que la media.

86-100: Es un verdadero campéon de la irritación y se atormenta con intensas y frecuentes reacciones de furia que no desaparecen con rapidez. Probablemente abriga sentimientos negativos durante mucho tiempo después de emitido el insulto inicial. Es posible que tenga fama de terrorista o impulsivo entre las personas que le conocen, y que padezca de frecuentes dolores de cabeza provocados por la tensión y una elevada presión sanguínea. Puede que la irritación a menudo escape a su control y provoque estallidos impulsivos y hostiles que a veces pueden provocarle problemas. Sólo un bajo porcentaje de la población adulta reacciona con la misma intensidad.

Ahora que sabe el grado de irritación que tiene, veamos lo que puede hacer para reducirlo. Los psicoterapeutas (y el público en general) han conceptualizado tradicionalmente dos formas fundamentales de controlar la irritación: a) volverla "hacia adentro", o b) volverla "hacia afuera". Se considera que la primera solución es la "enferma": usted internaliza su agresión y absorbe el resentimiento como una esponja. Finalmente, lo corroe y le produce sentimientos de culpa y depresión. Los primeros psicoanalistas como, por ejemplo, Freud, pensaban que la irritación internalizada era la causa de la depresión. Lamentablemente, no existen muestras convincentes que fundamenten esta idea.

Se dice que la segunda solución es la "sana": usted expresa su irritación y, al ventilar sus sentimientos, se siente supuestamente mejor. El problema que tiene este enfoque simplista es que no funciona muy bien. Si anda por ahí ventilando toda su irritación, la gente pronto le considerará un chiflado. Y al mismo tiempo no estará aprendiendo a tratar a la gente en sociedad *sin* irritarse.

La solución cognitiva va más allá de las dos propuestas en el párrafo anterior. Usted tiene una tercera opción: *deje de producir* irritación. No tendrá que elegir entre contenerla o expresarla porque no existirá.

En este capítulo le ofrezco directrices para ayudarle a evaluar las ventajas y desventajas de la irritación en una serie de situaciones, de modo que pueda decidir cuándo le conviene la irritación y cuándo le perjudica. Si quiere, puede llegar a ejercer control sobre sus sentimientos; poco a poco dejará de sentirse atormentado por la irritabilidad y la frustración excesivas que amargan su vida sin ningún motivo.

¿QUIEN LE PROVOCA IRRITACION?

"¡La gente!
¡Qué porquería!
¡Estoy harta de la gente!
Necesito huir por un tiempo de la gente."

La mujer que registró este pensamiento a las dos de la mañana no podía dormir. ¿Cómo podían ser tan desconsiderados los perros y los vecinos ruidosos del edificio de apartamentos donde vivía? Al igual que ella, apuesto a que usted está convencido de que son las acciones estúpidas y egocéntricas de los demás lo que le produce irritación.

Es natural creer que los sucesos externos le están molestando. Cuando está furioso con alguien, automáticamente lo convierte en el causante de todos sus malos sentimientos. Usted dice: "¡Me estás molestando! Me estás sacando de quicio". Cuando piensa así, en realidad está engañándose a sí mismo porque en realidad las otras personas no pueden provocarle irritación. Sí, ha leído bien. Un adolescente atolondrado podría sentarse, en el cine, en la fila de delante. Un estafador podría venderle una moneda antigua falsa en un anticuario. Un "amigo" podría negarle su participación en un negocio rentable. Su novia podría llegar siempre tarde a las citas a pesar de saber lo importante que es para usted la puntualidad. Independientemente de lo ultrajantes o injustos que le parezcan los demás, *ellos* no pueden hacer que se sienta mal, no lo han hecho nunca ni nunca lo harán. La amarga verdad es que usted es el que genera toda la rabia que experimenta.

Lo que acaba de leer, ¿le parece una estupidez o una herejía? Si cree que estoy contradiciendo lo evidente, tal vez tenga ganas de

155

quemar este libro o de tirarlo, disgustado. Si es así, lo desafío a seguir leyendo, porque...

La irritación, como todas las emociones, es la consecuencia directa de sus cogniciones. En la figura 7-1 se muestra la relación existente entre sus pensamientos y su irritación. Como observará, antes de sentirse irritado por cualquier suceso, primero debe tomar conciencia de lo que está ocurriendo y llegar a su propia interpretación del hecho. Sus sentimientos son el resultado del significado que le atribuye al hecho, *no* del hecho en sí.

Por ejemplo, suponga que después de un día ajetreado llega la noche y pone a su hijo de dos años a dormir en la cuna. Cierra la puerta de su dormitorio y se sienta para relajarse y ver la televisión. Veinte minutos más tarde, el niño abre de pronto la puerta de su cuarto y sale riendo. Usted podría reaccionar de diversas maneras, según el significado que le dé a la actitud de su hijo. Si se siente irritado, puede que llegue a pensar: "¡Maldito sea! Siempre el mismo incordio. ¿Por qué no se quedará en la cama y se portará como debe? ¡No me da nunca un minuto de respiro!" En cambio, puede que a usted le encante verlo salir de su cuarto porque piense: "¡Qué bien! Es la primera vez que sale solito de su cuna. Está creciendo y haciéndose más independiente". El hecho es el mismo en los dos casos. Su reacción emocional está determinada completamente por su forma de pensar sobre la situación.

Le apuesto a que sé lo que está pensando ahora: "Ese ejemplo del bebé no me sirve. Cuando *yo* me irrito hay una provocación que lo justifica. Hay muchísimos actos de verdadera crueldad e injusticia en este mundo. No existe una manera válida que me permita pensar en toda la porquería que tengo que aguantar cada día sin sentirme tenso. ¿Quiere hacerme una lobotomía y convertirme en un *zombie* insensible? ¡NO, GRACIAS!"

Sin duda, usted tiene razón en que todos los días se producen muchísimos acontecimientos verdaderamente negativos, pero los sentimientos que experimenta con respecto a ellos siguen siendo generados por las interpretaciones que usted les da. Observe con cuidado esas interpretaciones porque la ira puede ser un cuchillo de doble filo. Las consecuencias de un estallido impulsivo casi siempre acabarán volviéndose en su contra. Aun cuando sea objeto de un verdadero agravio, puede que no le convenga irritarse por eso. El dolor y el sufrimiento que se inflige a sí mismo al sentirse ultrajado pueden ser mucho más fuertes que el impacto del insulto original. Como dijo una mujer que dirige un restaurante: "Claro, tengo

Figura 7-1. No son los acontecimientos exteriores sino la percepción que usted tiene de ellos y los pensamientos los que le provocan lo que crea su respuesta emocional.

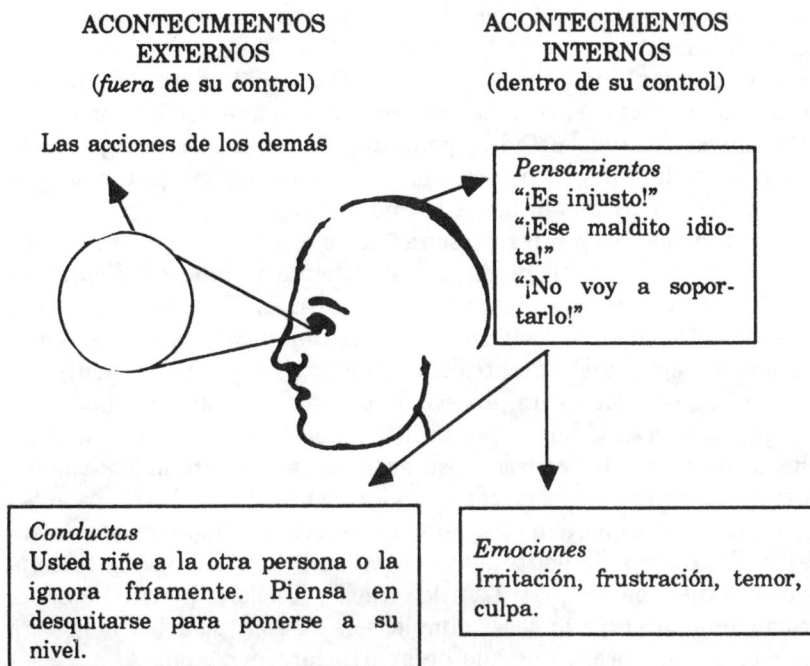

ACONTECIMIENTOS
EXTERNOS
(*fuera* de su control)

ACONTECIMIENTOS
INTERNOS
(dentro de su control)

Las acciones de los demás

Pensamientos
"¡Es injusto!"
"¡Ese maldito idiota!"
"¡No voy a soportarlo!"

Conductas
Usted riñe a la otra persona o la ignora fríamente. Piensa en desquitarse para ponerse a su nivel.

Emociones
Irritación, frustración, temor, culpa.

derecho a salirme de mis casillas. El otro día me di cuenta de que los jefes de cocina volvieron a olvidarse de encargar el jamón aunque yo se lo había recordado específicamente. Así que exploté y del disgusto cogí una olla de sopa caliente y la arrojé al suelo de la cocina. Dos minutos después me di cuenta de que había actuado como la burra más grande del mundo, así que gasté toda mi energía durante las cuarenta y ocho horas siguientes tratando de convencerme de que tenía derecho a hacer el ridículo ante la presencia de veinte empleados! ¡No valía la pena!"

En muchos casos su irritación es la consecuencia de sutiles distorsiones cognitivas. Como sucede en el caso de la depresión, muchas de sus percepciones son retorcidas, unilaterales o simplemente erróneas. Al aprender a reemplazar estos pensamientos distorsionados por otros más realistas y funcionales, se sentirá menos irritable y logrará un mayor autocontrol.

157

¿Qué clases de distorsión se producen más a menudo cuando está irritado? Una de las que más ofenden es la *etiquetación*. Cuando describe a la persona con la que está furioso diciendo que es un "haragán", o un "idiota", o "una mierda", la está viendo de un modo totalmente negativo. Podría llamar a esta forma extrema de la generalización excesiva "globalizante" o "monstruolizante". De hecho, alguien puede haber traicionado su confianza, y es absolutamente correcto sentir resentimiento por lo que esa persona *hizo*. En cambio, cuando usted le pone una etiqueta a alguien, crea la impresión de que esa persona es esencialmente mala. Usted está dirigiendo su irritación hacia lo que la persona "es".

Cuando cataloga a las personas de esta manera, enumera en su mente cada cosa que le disgusta (filtro mental) e ignora o disminuye las buenas cualidades (descalificar lo positivo). De este modo usted fija un falso objetivo para su ira. En realidad, cada ser humano es una compleja mezcla de atributos positivos, negativos y neutros.

La etiquetación es un proceso de pensamiento distorsionado que le hace sentirse indebidamente indignado y moralmente superior. Resulta destructivo construir su autoimagen de este modo: cuando usted se ponga a etiquetar, inevitablemente se abrirá paso su necesidad de culpar a la otra persona. Su sed de venganza intensifica el conflicto y suscita actitudes y sentimientos similares en la persona que es objeto de su furia. La etiquetación funciona inevitablemente como una profecía que se cumple sola. Usted polariza a la otra persona y provoca un estado de guerra interpersonal.

¿A qué se debe realmente la batalla? A menudo se trata de la defensa de su autoestima. La otra persona puede haberlo amenazado insultándolo o criticándolo o no apreciándolo o no simpatizando con usted o no coincidiendo con sus ideas. En consecuencia, usted puede percibirse a sí mismo en un duelo de honor hasta la muerte. El problema aquí es que la otra persona *no* es una porquería totalmente inservible, ¡por mucho que usted insista! Y, además, no puede aumentar su propia estima denigrando a otra persona aunque temporalmente le dé buen resultado. En definitiva, sólo sus propios pensamientos distorsionados, negativos, pueden arrebatarle el autorrespeto, como se señaló en el capítulo 4. Existe *sólo* una persona *y sólo una* en el mundo que tiene el poder de poner en peligro su autoestima, y es usted. Lo que usted siente que vale puede disminuir *únicamente* si usted se menosprecia. La solución real es ponerle fin a su absurdo sermón interior.

Otra distorsión característica de los pensamientos que generan irritación es la *lectura del pensamiento:* usted inventa motivos que explican a *su* gusto por qué la otra persona hizo lo que hizo. Estas hipótesis suelen ser erróneas porque no describen los pensamientos y percepciones reales que motivaron a la otra persona. Debido a su indignación, puede suceder que no se le ocurra comprobar lo que está diciéndose a sí mismo.

Las explicaciones más corrientes que usted podría darse por la conducta objetable de la otra persona serían: "En el fondo es malo"; "Es injusta"; "El es así"; "Es estúpida"; "Tiene maldad", etc. El problema con estas llamadas explicaciones reside en que son simplemente etiquetas adicionales que en realidad no proporcionan ninguna información válida. En realidad, son directamente engañosas.

Veamos un ejemplo: Joan se irritó cuando su marido le dijo que prefería mirar el partido de fútbol que transmitían el domingo por televisión en lugar de acompañarla a un concierto. Ella se sintió disgustada porque se dijo: "¡No me ama! ¡Siempre tiene que salirse con la suya! ¡Es injusto!"

El problema con la interpretación de Joan es que no es válida. El la ama, y no siempre se sale con la suya, y no está siendo "injusto" intencionalmente. ¡Ese domingo en particular juegan dos equipos importantes y él *realmente* desea ver el partido! No sería lógico que deseara vestirse y salir al concierto.

Cuando Joan piensa de ese modo tan ilógico con respecto a las motivaciones de su marido, crea dos problemas al precio de uno. Tiene que soportar la ilusión autogenerada de que no la aman, además de extrañar la compañía de su marido en el concierto.

La tercera forma de distorsión que produce irritación es la *magnificación.* Si usted exagera la importancia de un suceso negativo, la intensidad y la duración de su reacción emocional pueden resultar completamente desproporcionadas. Por ejemplo, si está esperando el último autobús y tiene una cita importante, puede decirse: "¡No podré cogerlo!" ¿No es un poquito exagerado? Puesto que va a cogerlo *puede* cogerlo, entonces, ¿por qué decirse a sí mismo que *no puede?* El inconveniente de esperar el autobús ya es bastante molesto sin necesidad de generar más incomodidad y autocompasión de este modo. ¿Realmente disfruta con esa manera de gruñir?

Los *debería* y *no debería* inadecuados representan el cuarto tipo de distorsión que alimenta su irritación. Cuando las acciones de algunas personas no son de su gusto, se dice a sí mismo que "no deberían" haber hecho lo que hicieron, o que "deberían haber" hecho algo que no hicieron. Por ejemplo, suponga que se registra en un hotel y descubre que han perdido la anotación de su reserva y ahora no tienen habitaciones disponibles. Usted insiste furiosamente: "¡Esto *no debería* haber sucedido! ¡Qué empleados tan estúpidos!"

Lo que causa su cólera, ¿es la falta de alojamiento? No. La falta de alojamiento sólo puede generar una sensación de pérdida, decepción o inconveniencia. Antes de poder sentir ira, debe efectuar necesariamente la interpretación de que *tiene derecho* a obtener lo que quiere en esa situación. En consecuencia, considera que es una injusticia que hayan perdido su reserva. Esta percepción le hace sentir irritado.

Entonces, ¿qué es lo que está mal? Cuando usted dice que los empleados *no deberían* haber cometido ese error, está generando una frustración innecesaria consigo mismo. Es lamentable que hayan perdido su reserva, pero es muy improbable que alguno tuviera la intención de tratarlo injustamente, o que esos empleados fuesen especialmente estúpidos. Pero cometieron un error. Cuando usted insiste en querer que los demás sean perfectos lo que consigue es simplemente hacerse desdichado *a sí mismo* y quedarse inmovilizado. He aquí el *quid* de la cuestión: su irritación probablemente no hará que aparezca una habitación como por arte de magia, y el inconveniente de tener que ir a otro hotel le afectará mucho menos que el autocastigo que se puede infligir a sí mismo pensando en la reserva perdida durante horas o días.

Las enunciaciones "debería" de tipo irracional se basan en el supuesto según el cual usted cree que *tiene derecho* a obtener siempre una gratificación inmediata. De modo que en las ocasiones en las que no consigue lo que desea le da un ataque de pánico o de rabia, porque adopta la actitud según la cual si no consigue X se morirá o se verá trágicamente privado de la felicidad para siempre (X puede representar amor, afecto, *status,* respeto, puntualidad, perfección, amabilidad, etc.). Esta insistencia en que sus deseos se vean gratificados en todo momento es la base de gran parte de esa cólera contraproducente. La gente que es proclive a la ira suele formular sus deseos en términos moralistas como éstos: "Si soy bueno con alguien, esa persona *debería* apreciarlo".

Las demás personas tienen libre albedrío y suelen pensar y actuar de maneras que a usted no le gustan. Toda su insistencia en el sentido de que deben coincidir con sus deseos no producirá este resultado. Sucede más a menudo lo contrario. Sus intentos para coaccionar y manipular a la gente con exigencias coléricas con frecuencia la alienarán y la polarizarán y harán que tenga menos deseos de complacerlo. Y es así porque a los demás no les gusta que les controlen o dominen, como tampoco le gusta a usted. Su irritación sólo hará que se limiten las posibilidades creativas para resolver los problemas.

La percepción de una injusticia es la causa última de casi todos, o todos, los episodios de cólera. En realidad, podemos definir la cólera como la emoción que se corresponde exactamente con su creencia de que lo están tratando injustamente.

Ahora llegamos a una verdad que usted puede considerar una píldora amarga o una revelación iluminadora. No existe ningún concepto universalmente aceptado de la justicia. Hay una innegable *relatividad* de la justicia, así como Einstein demostró la relatividad del tiempo y el espacio. Einstein postuló —y desde entonces se ha comprobado experimentalmente— que no hay un "tiempo absoluto" que sea uniforme en todo el universo. El tiempo puede parecer que se "acelera" y se "desacelera" y varía de acuerdo con el marco de referencia del observador. De manera similar, no existe una "justicia absoluta". La "justicia" varía de acuerdo con el observador, y lo que es justo para una persona puede parecerle injusto a otra. Incluso las reglas sociales y las críticas morales que son aceptadas dentro de una cultura pueden variar considerablemente en otra. Usted puede protestar diciendo que éste no es el caso e insistir en que su sistema moral personal es univeral, ¡pero no lo es!

He aquí la prueba: cuando un león devora a una oveja, ¿es injusto? Desde el punto de vista de la oveja, es *injusto;* la están asesinando salvaje e intencionalmente sin ninguna provocación por su parte. Desde el punto de vista del león, es *justo*. Tiene hambre y la oveja es el pan de cada día al cual cree tener derecho. ¿Quién tiene "razón"? No existe una respuesta definitiva o universal para esta pregunta porque no existe una "justicia absoluta" flotando en el ambiente para resolver la cuestión. En realidad, la justicia es simplemente una interpretación perceptiva, una abstracción, un concepto autocreado. ¿Qué pasa cuando *usted* come una hamburguesa? ¿Es "injusto"? Para usted, no. Desde el punto de vista de la vaca, ¡sin duda lo es (o lo era)! ¿Quién tiene "razón"? No hay una respuesta "verdadera" definitiva.

A pesar del hecho de que la "justicia absoluta" no existe, los códigos morales sociales y personales son importantes y útiles. No estoy recomendando que reine la anarquía. Estoy diciendo que las afirmaciones y los juicios morales sobre la justicia constituyen algo estipulado, no hechos objetivos. Los sistemas morales sociales, como, por ejemplo, los diez mandamientos, son esencialmente conjuntos de reglas que los grupos sociales deciden acatar. Una de las bases de esos sistemas es el interés propio bien calculado de cada miembro del grupo. Si usted no tiene en cuenta los sentimientos e intereses de los demás, probablemente terminará siendo menos feliz, porque tarde o temprano, cuando se den cuenta de que usted está aprovechándose de ellos, se desquitarán.

Los sistemas que definen la "justicia" varían en su mayor parte de acuerdo con la cantidad de personas que los acatan. Cuando una norma de conducta es observada únicamente por una persona, es posible que a otras les parezca excéntrica. Un ejemplo de una situación semejante sería el caso de una de mis pacientes, quien se lava las manos ritualmente más de cincuenta veces al día para "arreglar las cosas" y evitar sentimientos extremos de culpa y ansiedad. Cuando una norma es aceptada universalmente termina formando parte de un código moral general y puede llegar a ser un elemento constituyente del cuerpo de leyes. Por ejemplo, la prohibición de matar. Sin embargo, no existe un grado de aceptación general que pueda hacer que esos sistemas sean "absolutos" o "definitivamente válidos" para todos en todas las circunstancias.

Gran parte de las irritaciones cotidianas se producen cuando confundimos nuestros propios deseos personales con códigos morales generales. Cuando usted se enfurece con alguien y afirma que está actuando "injustamente", muy a menudo lo que sucede realmente es que está actuando "injustamente" con respecto a una serie de patrones y a un marco de referencia que difiere del suyo. Su suposición de que el otro está siendo "injusto" implica que su manera de ver las cosas es universalmente aceptada. Si éste fuera el caso, todos deberíamos ser iguales. Pero no lo somos. Todos pensamos de modo diferente. Cuando usted pasa esta verdad por alto y acusa a la otra persona de ser "injusta", está polarizando innecesariamente la interacción, porque la otra persona se sentirá insultada y asumirá una actitud defensiva. Entonces los dos discutirán infructuosamente sobre quién tiene "razón". Toda la disputa se basa en la ilusión de la "justicia absoluta".

A causa de la relatividad de la justicia, hay una falacia lógica inherente a su irritación. Aunque esté convencido de que el otro tipo está actuando injustamente, debe darse cuenta de que sólo lo hace con respecto al sistema de valores que tiene *usted*. Pero él está actuando de acuerdo con su propio sistema de valores, y no según el que rige para usted. La mayoría de las veces, su reprobable acción a él le parecerá bastante justa y razonable. Por consiguiente, desde su punto de vista —que es la única base posible que tiene para actuar— lo que hace es "justo". ¿Usted quiere que la gente actúe justamente? Entonces debe *querer* que actúe como lo hace aunque le *disguste* lo que hace, puesto que está actuando justamente dentro de su sistema. Usted puede tratar de convencerle para que modifique sus actitudes y termine modificando sus normas y sus acciones, y mientras tanto puede tomar medidas para asegurarse de que no sufrirá como consecuencia de lo que hace el otro. Pero cuando usted se dice a sí mismo: "Está actuando injustamente", se está engañando a sí mismo y está viendo un espejismo.

¿Significa esto que ningún tipo de irritación tiene sentido y que los conceptos de "justicia" y "moralidad" no sirven porque son relativos? Algunos escritores muy conocidos dan esta impresión. El doctor Wayne Dyer escribe:

> Estamos condicionados para buscar la justicia en la vida, y cuando no aparece, en general sentimos cólera, ansiedad o frustración. En realidad, sería igualmente productivo buscar la fuente de la eterna juventud, o algún mito por el estilo. La justicia no existe. No ha existido nunca ni nunca existirá. El mundo no está organizado de esa manera. Los petirrojos se comen a los gusanos. No es justo para los gusanos... Lo único que hay que hacer es observar la naturaleza para darse cuenta de que en el mundo no hay justicia. Los tornados, las inundaciones, los temporales, las sequías, todo es injusto.[2]

Esta postura representa el extremo opuesto, y es un ejemplo del pensamiento todo-o-nada. Es como decir: tire todos sus relojes porque Einstein demostró que el tiempo absoluto no existe. Los conceptos de tiempo y justicia son socialmente *útiles* aunque no existan en un sentido absoluto.

Además de su opinión de que el concepto de justicia es una ilusión, el doctor Dyer parece sugerir que la cólera no sirve para nada:

2. Doctor Wayne W. Dyer, *Your erroneous zones*, Nueva York, Avon Books, 1977, pág. 173 (trad. cast.: *Tus zonas erróneas*, Barcelona, Grijalbo, 1984).

Usted puede aceptar la cólera como parte de su vida, ¿pero se da cuenta de que no cumple ninguna finalidad utilitaria?... Usted no tiene que poseerla, y no cumple objetivo alguno que tenga que ver con ser una persona feliz y realizada... La ironía de la cólera es que nunca funciona para cambiar a los demás...[3]

Una vez más, sus argumentos parecen basarse en la distorsión cognitiva. Decir que la cólera no cumple *ninguna* finalidad también es un pensamiento todo-o-nada, y decir que *nunca* funciona es una generalización excesiva. En realidad, la irritación puede ser adaptativa y productiva en ciertas situaciones. De modo que la verdadera pregunta no es "¿Debo o no debo sentir irritación?" sino, en cambio, "¿Dónde fijaré el límite?"

Las dos directrices siguientes le ayudarán a determinar cuándo su irritación es productiva y cuándo no lo es. Estos dos criterios pueden ayudarle a sintetizar lo que está aprendiendo y a desarrollar una filosofía personal significativa sobre la ira:

1. ¿Mi irritación está dirigida a alguien que ha actuado *con conocimiento e intención y sin necesidad* de un modo ofensivo?

2. ¿Es útil mi irritación? ¿Me ayuda a lograr un objetivo deseado, o simplemente me frustra?

Ejemplo: usted está jugando al baloncesto y un sujeto del otro equipo le da un codazo en el estómago intencionalmente para hacer que se sienta mal y abandone el partido. Usted puede canalizar su irritación productivamente para jugar mejor y ganar. Hasta aquí su irritación es *adaptativa*.[4] Una vez que termina el partido, es posible que ya no sienta esa cólera. Ahora, es *maladaptativa*.[5]

Suponga que su hijo de tres años sale corriendo descuidadamente y baja la acera poniendo en peligro su vida. En este caso, el niño *no* está infligiendo un daño intencionalmente. No obstante, la irritación con que usted se exprese puede ser adaptativa. La excitación emocional de su voz transmite un mensaje de alarma y trascendencia que quizá no se produciría si usted tratase al niño con calma y con completa objetividad. En los dos ejemplos dados, usted *elige* mostrarse irritado, y la magnitud y expresión de la emoción están

3. *Ibíd.*
4. Adaptativo significa útil y autobeneficioso.
5. Maladaptativo significa inútil y autodestructivo.

bajo su control. Los efectos *adaptativos* y *positivos* de su irritación la diferencian de la hostilidad, que es impulsiva y descontrolada, y culmina en la agresión.

Suponga que está furioso porque ha leído en el diario una noticia sobre hechos de violencia sin sentido. En este caso, el acto parece claramente ofensivo e inmoral. Sin embargo, su irritación puede que no sea adaptativa si —como suele suceder— no piensa hacer nada al respecto. En cambio, si decide ayudar a las víctimas o iniciar una campaña para combatir la delincuencia de algún modo, su cólera también aquí podría ser adaptativa.

Sin dejar de recordar estos dos criterios, voy a explicarle una serie de métodos que puede emplear para reducir su irritación en las situaciones en las cuales no puede beneficiarle en modo alguno.

Desarrolle el deseo. La irritación puede ser la emoción más difícil de modificar, porque cuando usted se enfurezca se parecerá a un *bulldog* enloquecido, y puede que resulte sumamente difícil persuadirlo para que deje de hincar los dientes en la pierna de la otra persona. Usted *realmente no querrá* liberarse de esos sentimientos porque lo consumirá el deseo de venganza. Después de todo, como la irritación es la consecuencia de lo que usted percibe como algo injusto, es una *emoción moral,* y se sentirá sumamente reacio a abandonar ese justificado sentimiento. Experimentará el deseo casi irresistible de defender y justificar su irritación con un *fervor religioso.* Para superar esto será necesario un acto de mucha fuerza de voluntad. Entonces, ¿para qué molestarse?

El primer paso: utilice la técnica de la doble columna para hacer una lista de las ventajas y desventajas de sentirse irritado y actuar de un modo vengativo. Tenga en cuenta las consecuencias a corto y a largo plazo de su irritación. Repase la lista y pregúntese si son mayores los costos o los beneficios. Esto le ayudará a determinar si su resentimiento le conviene realmente. Como la mayoría, en definitiva, queremos lo que es mejor para nosotros mismos, este método puede preparar el terreno para una actitud más pacífica y productiva.

Veamos cómo funciona. Sue es una mujer de treinta y un años que tiene dos hijas de un matrimonio anterior. Su marido, John, es un abogado muy trabajador y tiene una hija adolescente de su primera mujer. Como el tiempo libre de John es muy limitado, Sue suele sentirse desamparada y resentida. Me dijo que creía que su marido no le estaba dando un trato justo en el matrimonio porque no le dedicaba el suficiente tiempo y atención. Enumeró las ventajas y desventajas de su irritabilidad tal como aparece en la figura 7-2.

Además hizo una lista de las consecuencias positivas que podrían resultar de la eliminación de su cólera: 1) la gente me apreciará más; desearán estar cerca de mí; 2) seré más constante; 3) podré controlar mejor mis emociones; 4) estaré más relajada; 5) me sentiré mejor conmigo misma; 6) me considerarán una persona positiva, práctica, que no juzga a nadie; 7) me comportaré más a menudo como un adulto y no como un niño que tiene que lograr lo que desea; 8) influiré más en la gente, y obtendré lo que deseo utilizando más una negociación firme, tranquila y racional que berrinches y exigencias, y 9) mis hijos, mi marido y mis padres me respetarán más. Como resultado de esta evaluación, Sue me dijo que estaba convencida de que el precio de su irritación excedía considerablemente los beneficios.

Es decisivo que usted realice este mismo tipo de análisis como primer paso para hacer frente a su cólera. Una vez que haya enumerado las ventajas y desventajas de su irritación, haga la misma comprobación. Pregúntese: si la conflictiva situación que me provoca la cólera no cambia inmediatamente, ¿estaría dispuesto a afrontarla en lugar de irritarme? Si puede responder afirmativamente, es evidente que está motivado para cambiar. Probablemente logrará tener más paz interior y autoestima, y aumentará su eficacia en la vida. Esta elección depende de usted.

Enfríe esos acalorados pensamientos. Una vez que haya decidido enfriarse, un método invalorable que podrá ayudarle será anotar los diversos "pensamientos acalorados" que pasan por su mente cuando está alterado. A continuación reemplácelos por pensamientos "fríos", menos perturbadores, más objetivos, empleando el método de la doble columna (fig. 7-3). Escuche esos "pensamientos acalorados" con su "tercer oído" para poder sintonizar las afirmaciones antagónicas que pasan por su mente. Registre este diálogo privado sin ejercer censura alguna. Estoy seguro de que observará todo tipo de expresiones exageradas y fantasías de venganza: anótelas. Seguidamente reemplácelas por "pensamientos fríos", que son más objetivos y menos belicosos. Esto le ayudará a sentirse menos excitado y abrumado.

Sue usó esta técnica para superar la frustración que sentía cuando la hija de John, Sandy, manipulaba a su padre y lo utilizaba a su antojo. Sue le decía continuamente a John que fuese más firme

Figura 7-2. El análisis costos-beneficios de la irritación

Ventajas de mi irritación	Desventajas de mi irritación
1. Me hace sentir bien.	1. Estropearé mi relación con John aún más.
2. John comprenderá que desapruebo su comportamiento.	2. Querrá rechazarme.
3. Tengo *derecho* a salirme de mis casillas si quiero.	3. Me sentiré a menudo culpable y enfadada conmigo misma después de salirme de mis casillas.
4. Se enterará de que no soy un felpudo.	4. Probablemente se tomará la revancha y se irritará a su vez, porque tampoco le gusta que abusen de él.
5. Le demostraré que no soporto que se aprovechen de mí.	5. Mi irritación nos impide a los dos corregir el problema que la ha provocado. Impide resolverlo y nos desvía de la cuestión que deberíamos abordar.
6. Aun cuando no consiga lo que quiero, por lo menos podré tener la satisfacción de desquitarme. Podré	6. En un momento estoy bien y al siguiente estoy mal. Mi irritabilidad hace que John y las demás personas que

$\rightarrow$

con Sandy en lugar de ser tan blando, pero él solía reaccionar negativamente ante sus sugerencias. Pensaba que Sue lo criticaba y le exigía cosas para conseguir lo que quería. Esto hacía que deseara pasar aún *menos* tiempo con ella, lo cual contribuía a formar un círculo vicioso.

Sue anotó los "pensamientos acalorados" que la hacían sentir celosa y culpable (véase la figura 7-3). Cuando los reemplazó por "pensamientos fríos", se sintió mejor, y esto le sirvió como un

Figura 7-2. Continuación

Ventajas de mi irritación	*Desventajas de mi irritación*
hacer que se sienta violento y herido como yo. Entonces tendrá que comportarse mejor.	me tratan nunca sepan qué esperar. Consigo que me pongan la etiqueta de malhumorada, chiflada, malcriada e inmadura. Me consideran una mocosa. 7. Podría convertir a mis hijos en neuróticos. Cuando crezcan, tal vez rechacen mis explosiones de cólera y me vean como alguien de quien es mejor huir antes que recurrir en busca de ayuda. 8. John puede abandonarme si se cansa de mis críticas y protestas. 9. Los sentimientos desagradables que genero me hacen sentir desdichada. La vida se convierte en una experiencia amarga y pierdo la alegría y la creatividad que solía estimar tanto.

antídoto para su deseo de tratar de controlar a John. Aunque seguía pensando que John estaba equivocado al dejar que Sandy lo manipulara, decidió que tenía derecho a estar equivocado. En consecuencia, lo importunó menos y él empezó a sentirse menos presionado. Su relación mejoró y maduró en un clima de libertad y respeto mutuos. Desde luego, el hecho de responder a sus "pensamientos acalorados" no fue el único ingrediente que contribuyó a que viviesen un segundo matrimonio satisfactorio, pero fue un paso

Figura 7-3. Sue anotó los "pensamientos acalorados" que le pasaban por la mente cuando su marido actuaba con debilidad ante el comportamiento egoísta de su hija adolescente. Cuando los reemplazó por "pensamientos fríos", sus celos y su resentimiento disminuyeron.

Pensamientos acalorados	*Pensamientos fríos*
1. ¡Cómo se atreve a no escucharme!	1. Es fácil. No está obligado a hacerlo todo a mi manera. Además *está* escuchando, pero se pone a la defensiva porque yo le estoy presionando mucho.
2. Sandy miente. Dice que está trabajando pero no es verdad. Espera la ayuda de John.	2. Está en su naturaleza mentir, ser perezosa y utilizar a la gente cuando se trata de hacer un trabajo para la escuela. Detesta trabajar. Ese es su problema.
3. John no tiene mucho tiempo libre y si el que tiene lo emplea en ayudarla a ella, tendré que estar sola y cuidar a mis hijos sin su ayuda.	3. Y con eso qué. Me gusta estar sola. Soy capaz de cuidar de mis hijos sin ayuda. No soy una inútil. Puedo hacerlo. A lo mejor querrá estar más tiempo

$\rightarrow$

necesario y gigantesco sin el cual los dos podrían haber terminado fácilmente en otro fracaso.

También puede usar el gráfico más elaborado, "Registro diario de pensamientos disfuncionales", para superar su irritación (véase la figura 7-4). Puede describir la situación provocativa y evaluar el grado de irritación que siente antes y después de realizar el ejercicio. En la figura 7-4 se muestra cómo una joven hizo frente a su frustración cuando alguien que podía ofrecerle un trabajo le respondió muy secamente por teléfono. La joven contó que el hecho

Figura 7-3. Continuación

Pensamientos acalorados	Pensamientos fríos
	conmigo si aprendo a no enfadarme siempre.
4. Sandy me está quitando tiempo.	4. Es verdad. Pero yo soy una mujer hecha y derecha. Puedo tolerar pasar algún tiempo sola. No me molestaría tanto si John estuviera trabajando con mis hijos.
5. John es un tonto. Sandy utiliza a la gente.	5. Es ya un hombre. Si quiere ayudarla, puede hacerlo. Quédate al margen. No es cosa tuya.
6. ¡No lo soporto!	6. Sí puedo. Es sólo algo temporal. He aguantado cosas peores.
7. Soy una chiquilla. Merezco sentirme culpable.	7. Tengo derecho a ser inmadura a veces. No soy perfecta y no tengo por qué serlo. No es necesario sentirse culpable. No sirve para nada.

de identificar sus "pensamientos acalorados" y eliminarlos la ayudó a contener una explosión emocional a tiempo. Así, evitó los lamentos y enfados que normalmente le habrían amargado todo el día. Me dijo: "Antes de hacer el ejercicio pensé que mi enemigo era el hombre que estaba en el otro extremo del teléfono. Pero me di cuenta de que *yo* me estaba tratando diez veces peor que él. Una vez que admití esto, me resultó relativamente fácil reemplazarlo todo por pensamientos fríos; ¡me sorprendí a mí misma al sentirme enseguida muchísimo mejor!"

Figura 7-4. Registro diario de pensamientos disfuncionales

Situación provocadora	Emociones	Pensamientos acalorados	Pensamientos fríos	Resultados
Llamo por un anuncio del diario en el que pedían una traductora de temas médicos para un empleo de tiempo parcial. En el anuncio decía: es necesario tener "cierta experiencia". En primer lugar, el tipo que me atendió ni siquiera me dijo qué clase de empresa era. ¡Luego me rechazó para el empleo porque no creía que yo tuviese la suficiente experiencia!	Irritación, odio, frustración 98%.	1. ¡Qué estúpido! *¡Quién demonios se cree que es!* Tengo experiencia más que suficiente.	1. ¿Por qué me excito tanto? No me gustó el tono de su voz. Entonces no me permitió realmente explicarle mi experiencia. Yo sé que soy buena. Entonces, no es culpa mía si no he conseguido el empleo, es culpa de él. Además, ¿de verdad me gustaría trabajar con alguien así?	Irritación, odio, frustración 15%.
		2. Era el mejor anuncio del diario y lo he desaprovechado.	2. Estoy exagerando. Hay muchos otros empleos que puedo conseguir.	
		3. Mis padres van a matarme.	3. Por supuesto que no lo harán. Por lo menos estoy haciendo el intento.	
		4. Me voy a poner a llorar.	4. ¿Pero no es ridículo? ¿Por qué alguien debería hacerme llorar? No vale la pena llorar por esto. Yo *sé* lo que valgo, eso es lo que importa.	

Técnicas de imaginación. Esos "pensamientos acalorados" negativos que pasan por su mente cuando está irritado constituyen el guión de una película privada (generalmente prohibida para menores de dieciocho años) que usted proyecta en su mente. ¿Alguna vez se ha detenido a ver la película que transcurre en la pantalla? Las imágenes, ensueños y fantasías de revancha y violencia pueden ser realmente espectaculares.

Tal vez no tenga conciencia de estas películas mentales a menos que las busque en su interior. Voy a darle un ejemplo. Suponga que le pido que visualice una manzana roja en una cesta marrón en este momento. Puede hacerlo con los ojos abiertos o cerrados. ¡Eso es! ¿La ve ahora? Eso es a lo que me refiero. La mayoría de nosotros disponemos de esas imágenes visuales durante todo el día. Forman parte de la conciencia normal, son ilustraciones en imágenes de nuestros pensamientos. Por ejemplo, a veces los recuerdos se nos aparecen como imágenes mentales. Conjure una imagen de algún acontecimiento vívido de su pasado: su ingreso en la universidad, su primer beso (¿todavía lo recuerda?), un largo paseo, etc. ¿Lo ve ahora?

Estas imágenes pueden afectarle mucho y su influencia puede ser positiva o negativamente excitante, igual que los sueños eróticos o las pesadillas. El efecto excitante de una imagen positiva puede ser intenso. Por ejemplo, mientras se encamina a un parque de atracciones puede que le asalte la imagen del mareo que siempre le produce el descenso en la montaña rusa, y experimentar la excitación de la velocidad en su estómago. El ensueño, en realidad, crea esa agradable anticipación. De manera similar, las imágenes negativas desempeñan una poderosa función en su nivel de excitación emocional. Visualice ahora a alguien con quien se haya enfurecido alguna vez en su vida. ¿Qué imágenes le vienen a la mente? ¿Se imagina dándole un puñetazo en la nariz o arrojándolo en un recipiente de aceite hirviendo?

Estos ensueños mantienen viva realmente su irritación durante *mucho tiempo* después de haberse producido el insulto inicial. Su sensación de rabia puede seguir devorándolo durante horas, días, meses o incluso años después de haber terminado el irritante suceso. Sus fantasías ayudan a mantener el dolor vivo. Cada vez que fantasea sobre lo sucedido, descarga nuevas dosis de excitación en su sistema. Usted se convierte en algo así como una vaca rumiando veneno.

¿Y quién está generando esa irritación? Usted, porque es usted

172

el que decide poner esas imágenes en su mente. Por lo que usted sabe, la persona con la que está furioso vive en Timbuktu, o tal vez ya no vive, así que sería muy difícil que tuviese la culpa. Usted es el director y el productor de la película ahora y, lo que es peor, es el único espectador. ¿Quién tiene que observar y experimentar toda esa excitación? ¡USTED! Usted es el único que está sometido a una constante tensión en las mandíbulas, a un endurecimiento de los músculos de la espalda y a una descarga de hormonas suprarrenales en la circulación. Usted es el único al que se le sube la presión sanguínea. EN SÍNTESIS: *usted se está hiriendo a sí mismo*. ¿Desea seguir haciéndolo?

Si no lo desea, querrá hacer algo para reducir las imágenes generadoras de irritación que está proyectando en su mente. Una técnica útil es transformarlas de manera creativa para que sean menos perturbadoras. El humor constituye una poderosa herramienta a la que puede recurrir. Por ejemplo, en lugar de imaginarse que le retuerce el cuello a la persona que lo ha puesto furioso, imagine que esa persona está dando vueltas en pañales en una enorme tienda atestada de gente. Visualice todos los detalles: la barriga, el alfiler del pañal, las piernas velludas. ¿Qué sucede ahora con su irritación? ¿Se le dibuja una amplia sonrisa en la cara?

Un segundo método tiene que ver con detener el pensamiento. Al observar las imágenes que se cruzan por su mente cada día, recuérdese que tiene el derecho de apagar el proyector. Piense en alguna otra cosa. Busque a alguien y póngase a conversar. Lea un buen libro. Póngase a cocinar. Salga a hacer *jogging*. Cuando no recompense a las imágenes de su irritación con su excitación, volverán cada vez con menos frecuencia. En lugar de desmoronarse en ellas, piense en algún acontecimiento próximo que le entusiasme o imagine una fantasía erótica. Si el recuerdo molesto es persistente, póngase a hacer algún ejercicio físico vigoroso, como nadar, correr o hacer flexiones. Estos ejercicios tienen el beneficio adicional de reencauzar su excitación potencialmente penosa de un modo muy beneficioso.

Reescriba las reglas. Puede que usted se esté amargando y afligiendo sin necesidad porque tiene una regla poco realista sobre las relaciones personales que le hace sentirse como un fracasado todo el tiempo. La clave de la cólera de Sue era su creencia de que *tenía derecho* al amor de John debido a su regla: "Si soy una persona buena y fiel, merezco ser amada".

Como consecuencia de este supuesto en apariencia inocente, Sue experimentaba una constante sensación de peligro en su matrimonio, porque cada vez que John no le daba la dosis adecuada de amor y atención, ella lo interpretaba como una confirmación de que no se merecía nada. Así, manipulaba y exigía atención y respeto en una constante batalla para defenderse de una pérdida de autoestima. La intimidad con su marido llegó a ser algo parecido a ir resbalando lentamente hacia el borde de un acantilado helado. No es extraño que se aferrara desesperadamente a John, y tampoco es extraño que explotara cuando sentía su indiferencia: ¿no se daba cuenta su marido de que su vida estaba en juego?

Además del intenso desagrado que generaba su regla del "amor", a la larga no funcionaba bien. Durante un rato, las manipulaciones de Sue le proporcionaban, en realidad, una parte de la atención que ansiaba. Después de todo, podía *intimidar* a John con sus explosiones emocionales, podía *castigarlo* con su fría reserva y podía *manipularlo* haciéndolo sentir culpable.

Pero el precio que paga Sue es que el amor que recibe no se da —y no puede darse— libre y espontáneamente. El se sentirá exhausto, atrapado y controlado. El resentimiento que haya estado acumulando luchará por liberarse. Cuando John deje de tragarse el principio de Sue según el cual *tiene* que ceder a sus exigencias, su ansia de libertad le superará y explotará. ¡Los efectos destructivos de lo que pasa por ser amor nunca dejan de asombrarme!

Si sus relaciones se caracterizan por ese tipo de tensión y tiranía cíclica, sería mejor que reescribiera las reglas. Si adopta una actitud más realista, puede poner fin a su frustración. Es mucho más fácil que tratar de cambiar el mundo. Sue decidió corregir su regla del "amor" de la siguiente manera: "Si me comporto de una manera positiva con John él responderá cariñosamente la mayor parte del tiempo. Y puedo seguir respetándome y funcionando bien cuando no lo haga". Esta formulación de sus expectativas era más realista y no dejaba su estado de ánimo y su autoestima a merced de su marido.

Las reglas que nos provocan problemas interpersonales a menudo no parecen ser malignas. Por el contrario, suelen parecer de alto contenido moral y humanístico. Hace poco traté a una mujer llamada Margaret que tenía la idea de que los "matrimonios *deben ser* mitad y mitad. Cada cónyuge *debe* entregarse al otro en la misma medida". Ella aplicaba esta regla a todas las relaciones humanas. "Si yo hago cosas agradables por los demás, ellos *deben* corresponder de la misma forma."

174

¿Qué es lo que está mal de esa actitud? Sin duda, parece "razonable" y "justa". Es una especie de subproducto de la regla de oro. He aquí lo que es erróneo: es un hecho innegable que las relaciones humanas, incluidos los matrimonios, rara vez son espontáneamente "recíprocas", porque las personas son diferentes. La reciprocidad es un ideal transitorio e inherentemente inestable al cual sólo se puede llegar mediante el esfuerzo constante. Implica un consenso mutuo, comunicación, compromiso y maduración. Requiere que se negocie y que se trabaje arduamente.

El problema de Margaret es que no admitía esta realidad. Vivía en un mundo de cuento de hadas donde la reciprocidad existía como una realidad asumida. Estaba siempre haciendo cosas buenas para su marido y para los demás y luego esperaba que le correspondieran de la misma forma. Lamentablemente, estos contratos unilaterales se desmoronaban porque los demás, por lo general, no sabían que ella esperaba una retribución.

Por ejemplo, una organización de caridad local publicó el aviso de una vacante en el cargo de asistente de dirección, muy bien pagado, que se produciría en unos meses. Margaret estaba bastante interesada en el puesto y presentó una solicitud. A continuación invirtió gran parte de su tiempo haciendo un trabajo voluntario para la organización, y supuso que los otros empleados le "corresponderían" apreciándola y respetándola y que el director le "correspondería" dándole el empleo. En realidad, los otros empleados no le respondieron con calidez. Tal vez percibieron y rechazaron su intento de controlarlos con su "amabilidad" y virtud. Cuando el director eligió a otro candidato para el cargo, Margaret puso el grito en el cielo y se sintió amargada y desilusionada ¡porque su regla de "reciprocidad" había sido violada!

Como su regla le causaba tantos problemas y decepciones, optó por reescribirla y considerar que la reciprocidad no es algo *dado* sino un objetivo para cuyo logro podía trabajar en beneficio de su propio interés. Al mismo tiempo abandonó la exigencia de que los demás le leyeran el pensamiento y respondieran como ella quería. Paradójicamente, ¡cuando aprendió a *esperar* menos, *consiguió* más!

Si usted tiene una regla "debería" o "no debería" que le haya estado provocando decepciones y frustraciones, reescríbala en términos más realistas. En la figura 7-5 hay una serie de ejemplos que le ayudarán a hacerlo. Observará que la sustitución de *una palabra* —"sería bonito que" en lugar de "debería"— puede resultar útil como primer paso.

Aprenda a esperar lo absurdo. Cuando se fue aplacando la irritación y la cólera en la relación entre Sue y John, tuvieron más intimidad y más amor. Empero, la hija de John, Sandy, reaccionó ante esta creciente intimidad con manipulaciones aún mayores. Empezó a mentir; cogía dinero en préstamo y no lo devolvía; se metía a escondidas en la habitación de Sue, le revolvía los cajones y le robaba sus objetos personales; dejaba la cocina toda desordenada; etc. Todas estas cosas fastidiaban enormemente a Sue, que se decía: "Sandy no debería actuar con tanta desfachatez. ¡Está loca! ¡Es injusto!" La sensación de frustración de Sue era el producto de dos ingredientes inevitables:

1. El comportamiento odioso de Sandy.
2. La expectativa de Sue acerca de que Sandy debería actuar con más madurez.

Puesto que las evidencias sugerían que Sandy *no iba* a cambiar, Sue tenía una sola alternativa: podía descartar su expectativa poco realista acerca de que Sandy se comportase como un adulto, como una señorita. Sue decidió escribirse a sí misma la siguiente nota, titulada:

POR QUE SANDY TIENE QUE ACTUAR
TAN REPULSIVAMENTE

Está en la naturaleza de Sandy ser manipuladora porque cree que tiene derecho a recibir amor y atención. Para ella, recibir amor y atención es una cuestión de vida o muerte. Piensa que tiene que ser el centro de atención para poder sobrevivir. Por consiguiente, considerará que cualquier falta de amor es injusta y constituye un gran peligro para su sentido de la autoestima.

Dado que ella cree que debe comportarse así para recibir atención, *debe* actuar de un modo manipulador. Por consiguiente, puedo esperar y predecir que seguirá actuando de este modo hasta que cambie. Puesto que es improbable que cambie en un futuro cercano, puedo esperar que siga comportándose de esta forma durante un tiempo. Por lo tanto, no tengo motivos para sentirme frustrada o sorprendida porque ella actúe de la manera en que *debería* actuar.

Además, quiero que todos los seres humanos, incluida Sandy,

Figura 7-5. Corrección de las "reglas debería"

Regla debería contraproducente	Versión corregida
1. Si soy atenta con alguien, esa persona debería apreciarlo.	1. Sería agradable que la gente apreciara siempre las cosas, pero esto no es realista. A menudo lo harán, pero no siempre.
2. Los extraños deberían tratarme con cortesía.	2. La mayoría de los extraños me tratarán con cortesía si yo no actúo como si estuviese siempre a punto de discutir. A veces algún energúmeno actuará ofensivamente. ¿Por qué dejar que esto me moleste? La vida es demasiado corta como para desperdiciar el tiempo pensando en los detalles negativos.
3. Si trabajo arduamente para conseguir algo, debería lograrlo.	3. Es ridículo. No tengo ninguna garantía de que *siempre* vaya a tener éxito en todo. No soy perfecta y no tengo por qué serlo.
4. Si alguien me trata injustamente, yo debería enfurecerme porque tengo derecho a hacerlo y porque me hace más humana.	4. Todos los seres humanos tienen derecho a enfurecerse, los traten injustamente o no. La cuestión real es: ¿me conviene enfurecerme? ¿Quiero estar enfadada? ¿Cuáles son los costos y los beneficios?
5. La gente no debería tratarme de maneras en las que yo no los trataría a ellos.	5. Tonterías. Todo el mundo no vive de acuerdo con mis reglas; entonces, ¿por qué esperar que la gente actúe así? *A menudo* me tratarán tan bien como yo los trato, pero no *siempre*.

actúen de la manera en que ellos consideran justa. Sandy cree que tiene derecho a recibir más atención. Puesto que su odiosa conducta se basa en lo que ella cree que le corresponde, puedo recordarme que lo que hace es justo desde su punto de vista.

Por último, quiero que mi estado de ánimo esté bajo mi control y no bajo el de ella. ¿Quiero hacerme sentir mal e irritada por su "justa, odiosa" conducta? ¡No! Entonces, puedo empezar a modificar mi forma de reaccionar frente a ella:

1. ¡Puedo agradecerle que me robe, puesto que es lo que ella "debería" hacer!
2. Puedo reírme de sus manipulaciones, ya que son tan infantiles.
3. Puedo decidir no estar enfadada a menos que quiera utilizar el enfado para lograr un objetivo específico.
4. Si siento una pérdida de mi autoestima debido a las manipulaciones de Sandy, puedo preguntarme: ¿quiero darle a una niña tanto poder sobre mí?

¿Cuál es el efecto deseado de esta nota? Las acciones provocadoras de Sandy probablemente son maliciosas a sabiendas. Sandy, conscientemente, apunta hacia Sue debido al resentimiento y la impotente frustración que siente. Cuando Sue se aflige, ¡paradójicamente le da a Sandy lo que ella desea! Sue puede reducir enormemente su frustración al modificar sus expectativas.

Manipulación consciente. Tal vez usted tema ser una persona fácil de convencer si modifica sus expectativas y se libera de su irritación. Podría tener la sensación de que otras personas se aprovecharían de usted. Esta aprehensión refleja su sensación de inutilidad, así como también el hecho de que no ha sido adiestrado en métodos más inteligentes de conseguir lo que quiere. Probablemente piense que si no planteara exigencias a la gente terminaría con las manos vacías.

Entonces, ¿cuál es la alternativa? Bueno, como punto de partida examinemos el trabajo del doctor Mark K. Goldstein, un psicólogo que ha realizado una investigación clínica creativa y brillante sobre el condicionamiento de la conducta de los maridos por parte de sus mujeres. Trabajando con esposas descuidadas e irritadas, tomó conocimiento de los métodos contraproducentes que usaban para obtener lo que querían de sus maridos. El doctor Goldstein se preguntó: ¿qué hemos aprendido en el laboratorio sobre los métodos científicos más eficaces para influir en *todos* los organismos vivos, incluidas las bacterias, las plantas y las ratas? ¿Podemos aplicar estos principios a los maridos malcarados y a veces hasta brutales?

La respuesta de estas preguntas fue sencilla: *recompense* la conducta deseada en lugar de *castigar* la conducta indeseada. El castigo provoca aversión y resentimiento y produce alienación y alejamiento. Casi todas las esposas desdichadas y abandonadas que tenía como pacientes trataban equivocadamente de castigar a sus maridos para que hiciesen lo que ellas deseaban. Al hacerles cambiar ese método por el modelo de la recompensa, según el cual la conducta deseada recibe muchísima atención, observó algunos cambios espectaculares.

Las esposas que trató el doctor Goldstein no son únicas. Estaban enzarzadas en los conflictos conyugales corrientes que tenemos la mayoría de nosotros. Esas mujeres estaban acostumbradas a prestar atención a sus cónyuges indiscriminadamente o bien, en algunos casos, sobre todo como reacción ante una conducta indeseada. Tenía que producirse una modificación importante para que suscitaran en sus maridos el tipo de respuesta que deseaban pero que no estaban logrando. Mediante un registro científico meticuloso de sus interacciones conyugales, esas mujeres pudieron llegar a controlar la manera en que respondían.

Veamos cómo funcionó este método en el caso de una de las pacientes del doctor Goldstein. Después de años de peleas, la esposa X le contó al terapeuta que había perdido a su marido. El la abandonó y se fue a vivir con su amiga. Sus interacciones principales con la esposa X se habían centrado en los malos tratos y la indiferencia. Al parecer, a él no le interesaba gran cosa de ella. Sin embargo, la llamaba por teléfono ocasionalmente, lo cual indicaba que podría tener algún interés. Ella tenía la opción de cultivar esta atención o de seguir reduciéndola con sus constantes desprecios.

La esposa X definió sus objetivos. Experimentaría para ver si *podría* recuperar realmente a su marido. El primer punto importante estribaría en determinar si sería capaz de conseguir que aumentase el contacto entre su marido y ella. Midió meticulosamente la frecuencia y duración de cada una de las llamadas telefónicas y de las visitas que le hacía, registrando esta información en un papel cuadriculado que pegó en la puerta de la nevera. Evaluó cuidadosamente la relación crucial entre la conducta de ella (el estímulo) y la frecuencia de los acercamientos de su marido (la respuesta).

No inició contacto alguno con él por iniciativa propia, pero en cambio respondió positiva y afectuosamente a sus llamadas. Su estrategia era sencilla. En lugar de observar todas las cosas de su marido que no le gustaban y reaccionar ante ellas, empezó a reforzar sistemáticamente las que sí le gustaban. Las recompensas que empleaba eran todas las cosas que le motivaban: elogios, la comida, el sexo, el afecto, etc.

Empezó respondiendo a sus llamadas esporádicas de un modo alegre, positivo, halagador. Lo alababa y lo animaba. Evitaba toda hostilidad, crítica, pelea y exigencia, y encontraba la manera de *estar de acuerdo* con todo lo que decía, empleando la técnica desarmante descrita en el capítulo 7. Al principio, terminaba todas estas llamadas después de cinco o diez minutos para asegurarse la probabilidad de que las conversaciones no degeneraran en una discusión o llegasen a aburrirlo. Esto garantizaba que la respuesta de ella fuese agradable para él y que la de él no fuese suprimida o eliminada.

Después de haber actuado así algunas veces, vio que su marido la llamaba cada vez con mayor frecuencia porque las conversaciones telefónicas le resultaban experiencias positivas y gratificantes. Advirtió el aumento de las llamadas telefónicas en su papel cuadriculado, igual que un científico observa y documenta lo que hace una rata de laboratorio. A medida que aumentaban las llamadas de su marido, empezó a sentirse estimulada, y parte de su irritación y resentimiento se desvaneció.

Un día él apareció en la casa y, de acuerdo con su plan, la esposa anunció: "Cuánto me alegro de que hayas venido, porque precisamente tengo un cigarro puro importado de Cuba para ti. Es de esos caros que realmente te gustan". En realidad, tenía una caja entera de cigarros guardada de modo que podía repetir lo mismo cada vez que él la visitaba, sin tener en cuenta el motivo o la hora de su visita. Ella observó que la frecuencia de sus visitas aumentó considerablemente.

De un modo similar, la esposa siguió "modelando" la conducta del marido utilizando recompensas en lugar de medios coercitivos. Se dio cuenta del éxito que había tenido cuando su marido decidió dejar a su amiga y le preguntó si podía volver a vivir con ella.

¿Estoy diciendo que ésta es la *única* manera de relacionarse con la gente e influir en ella? No, sería absurdo. Es sólo un condimento agradable, no todo el banquete, ni siquiera el plato principal. Pero es un manjar que frecuentemente se pasa por alto y que pocos apetitos pueden rechazar. No hay ninguna *garantía* de que dé resultado, algunas situaciones pueden ser irreversibles, y no siempre se puede conseguir lo que se quiere.

De cualquier modo, *ensaye* el sistema de recompensas positivas. Tal vez se sorprenda gratamente ante la notable efectividad de su estrategia secreta. Además de motivar a las personas que le interesan para que deseen estar cerca de usted, mejorará su estado de ánimo porque usted aprenderá a observar las cosas positivas que hacen los demás y a concentrarse en ellas en lugar de detenerse en las negativas.

Reducción del "debería". Como muchos de los pensamientos que generan su irritación tienen que ver con enunciaciones moralistas del tipo "debería", el hecho de dominar algunos métodos para eliminar los "debería" lo ayudará. Uno de ellos consiste en hacer una lista, aplicando el método de la doble columna, de todos los motivos por los cuales usted piensa que la otra persona "no debería" haber actuado como lo hizo. Luego cuestione esos motivos hasta entender por qué no son realistas y, en realidad, no tienen mucho sentido, como en la figura 7-6.

Ejemplo: Suponga que el carpintero ha hecho un trabajo muy malo en las alacenas de la cocina de su nueva casa. Las puertas están mal ajustadas y no cierran bien. Usted está furioso porque considera que es "injusto". Después de todo, le ha pagado lo que habían convenido, de modo que se siente con derecho a merecer un trabajo excelente por parte de un artesano de primera clase. Usted se siente lleno de irritación mientras se dice a sí mismo: "Este bastardo haragán debería esmerarse en su trabajo. ¿A dónde vamos a ir a parar?" Luego enumera las siguientes razones y refutaciones.

El fundamento para eliminar su enunciación "debería" es simple: no es verdad que usted tenga derecho a obtener lo que quiere sólo porque lo quiere. Tendrá que negociar. Llame al carpintero, quéjese e insista para que el trabajo sea corregido. Pero no duplique su problema acalorándose y atormentándose a sí mismo. Es probable que el carpintero no estuviese *tratando* de perjudicarlo y su irritación podría polarizarlo y ponerlo a la defensiva. Después de todo, la mitad de todos los carpinteros (y psiquiatras, secretarias, escritores y dentistas, etc.) en toda la historia humana han estado por debajo del promedio. ¿Lo cree así? Es verdad por definición, ¡porque el "promedio" *se define* como el punto medio! Es ridículo despotricar y quejarse de que el talento medio de este carpintero en particular es "injusto", o que "debería" ser diferente de lo que es.

Estrategias para la negociación. A estas alturas tal vez esté encolerizado, pensando: "¡Bien! ¡Vaya un berenjenal! El doctor Burns parece estar diciéndome que puedo encontrar la felicidad creyendo que los carpinteros haraganes e incompetentes *deben* hacer un trabajo mediocre. Después de todo, ¡es su modo de ser, afirma el doctor! ¡Qué disparate sin fundamento! No voy a renunciar a mi dignidad humana y dejar que la gente me pisotee y se vaya dejando un trabajo de segunda clase por el que estoy pagando una fortuna".

¡Cálmese! Nadie le está pidiendo que deje que el carpintero lo engañe. Si usted desea ejercer su influencia de un modo eficaz en lugar de dejarse abatir por la irritación y provocar una tormenta en su interior, por lo general un enfoque firme, tranquilo y seguro será lo más satisfactorio. Los "debería" moralistas sólo le harán sentir peor a usted y le polarizarán a él, y harán que se ponga a la defensiva y contraataque. Recuerde: pelear es una forma de intimidad. ¿Usted desea realmente ser tan *íntimo* con este carpintero? ¿No preferiría obtener lo que desea?

Cuando deje de consumir su energía en cólera, podrá concentrar sus esfuerzos en obtener lo que desea. Los siguientes principios de negociación pueden dar buenos resultados en una situación como la planteada:

1. En lugar de reprenderlo, *felicítelo* por lo que hizo bien. Es un hecho innegable de la naturaleza humana que pocas personas pueden resistirse a los halagos aun cuando sean flagrantemente falsos. Sin embargo, como usted puede encontrar *algo* bueno con respecto a él o a su trabajo, puede felicitarlo honestamente. Luego mencione el problema de las puertas de la alacena con tacto y explíquele con calma por qué quiere que vuelva y corrija las puertas.

2. *Desármelo* si él discute, encontrando una forma de coincidir con él, independientemente de lo absurdas que sean sus afirmaciones. Esto le hará callar y le permitirá tomar la delantera a usted. Inmediatamente:

3. *Aclare* su punto de vista otra vez con calma y firmeza.

Repita las tres técnicas una y otra vez en diferentes combinaciones hasta que el carpintero termine por ceder o lleguen a una solución aceptable. Emplee amenazas intimidatorias sólo como último recurso, y esté seguro de estar dispuesto a cumplirlas cuando las haga. Como principio general, use la diplomacia para expresar

Figura 7-6.

Razones por las cuales él debería haberse esmerado más en su trabajo	Refutaciones
1. Porque le pagué unos cuantos dólares.	1. Se le paga el mismo salario al margen de que se esmere especialmente en su trabajo o no.
2. Porque hacer un buen trabajo es cuestión de honestidad.	2. Probablemente creyó que había hecho un trabajo adecuado. Y el revesti-miento de madera que hizo en realidad es muy aceptable.
3. Porque debería asegurarse de que lo ha hecho *bien.*	3. ¿Por qué debería hacerlo?
4. Porque *yo lo haría* si fuese carpintero.	4. Pero él no es yo, él no está tratando de cumplir con mis normas.
5. Porque debería importarle más el resultado de su trabajo.	5. No hay razones para que se interese más por su trabajo. Algunos carpinteros se preocupan mucho por lo que hacen y para otros es simplemente un empleo.
6. Entonces, ¿por qué tiene que tocarme *a mí* uno que trabaja mal?	6. No todas las personas que han trabajado en casa lo hicieron mal. No puedes esperar que toda la gente que contrates sea óptima. No sería realista.

su insatisfacción con el trabajo de él. Evite etiquetarlo de un modo ofensivo o dejando entender que es malo, malvado, maligno, etc. Si decide comunicarle sus sentimientos negativos, hágalo objetivamente sin magnificaciones ni un exceso de lenguaje incendiario. Por ejemplo: "Rechazo un trabajo malo porque pienso que usted es capaz de hacer un buen trabajo profesional", es mucho más preferible que "¡La madre que lo...! ¡Su trabajo de... es un insulto!"

En el diálogo siguiente identificaré cada una de estas técnicas.

USTED: Estoy satisfecho con una parte del trabajo, y espero poder decir a otras personas que me ha gustado todo el trabajo. Sobre todo, el revestimiento en madera ha quedado muy bien. Sin embargo, me preocupan un poco las alacenas de la cocina. (Elogio.)

CARPINTERO: ¿Qué problema tienen?

USTED: Las puertas no están bien ajustadas y muchos de los pomos están torcidos.

CARPINTERO: Bueno, eso es todo lo que puedo hacer con esa clase de alacenas. Están fabricadas en serie, y no son las mejores.

USTED: Bien, es verdad. No están tan bien hechas como podrían estarlo otras más caras. (Técnica desarmante.) Sin embargo, no son aceptables así como han quedado, y le agradecería que hiciese algo para que resulten más presentables. (Aclaración; tacto.)

CARPINTERO: Tendrá que hablar con el fabricante o el constructor. Yo no puedo hacer nada.

USTED: Comprendo su frustración (técnica desarmante), pero le corresponde a usted terminar estas alacenas de modo satisfactorio para nosotros. Simplemente, no son aceptables. Quedan mal y no cierran bien. Sé que es un inconveniente, pero pienso que el trabajo no puede considerarse terminado y la cuenta no se le pagará hasta que usted lo haya corregido. (Ultimátum.) Puedo ver por el resto del trabajo que usted es capaz de hacer que queden bien, a pesar del tiempo extra que le llevará. Así estaremos completamente satisfechos con su trabajo y podremos darle una buena recomendación. (Elogio.)

Ensaye estas técnicas de negociación cuando esté disgustado con alguien. Creo que le resultarán más eficaces que salirse de quicio, y se sentirá mejor, porque por lo general terminará consiguiendo más de lo que desea.

Empatía. La empatía es el antídoto definitivo de la irritación. Es la forma más elevada de magia descrita en este libro, y sus efectos espectaculares están firmemente arraigados en la *realidad*. No hace falta ningún espejo trucado.

Definamos la palabra. Por empatía, *no* quiero que se entienda la capacidad de sentir del mismo modo que siente alguna otra persona. Esto es simpatía, algo muy recomendable pero, a mi juicio, un poco sobrevalorado. Cuando digo empatía, *no* me refiero a actuar de una manera tierna, comprensiva. Esto es apoyo. El apoyo también se ha valorado y sobrevalorado mucho.

Entonces, ¿qué es la empatía? Es la capacidad de comprender con exactitud los pensamientos y motivaciones concretos de otras personas de manera que pueda decirse: "Sí, ¡es *exactamente* eso lo que estoy pensando!" Cuando usted tenga este extraordinario conocimiento, comprenderá y aceptará sin irritarse por qué los demás actúan de la forma en que lo hacen aun cuando sus actos no sean de su agrado.

Recuerde, son *sus* pensamientos los que generan su irritación y no la conducta de la otra persona. Lo asombroso es que en el momento en que usted entiende por qué la otra persona actúa de esa manera, este conocimiento tiende a desmentir esos pensamientos generadores de su cólera.

Usted podría preguntar: si es tan fácil eliminar la irritación con la empatía, ¿por qué la gente se pone tan furiosa con los demás todos los días? La respuesta es que la empatía es difícil de adquirir. Como seres humanos, estamos atrapados en nuestras propias percepciones y reaccionamos automáticamente ante los significados que atribuimos a lo que la gente hace. Introducirse en el cerebro de la otra persona requiere un arduo trabajo y la mayoría de las personas ni siquiera saben cómo hacerlo. ¿Usted sabe? Lo aprenderá en las próximas páginas.

Empecemos con un ejemplo. Hace poco un empresario buscó ayuda terapéutica debido a los frecuentes episodios de estallidos coléricos y conducta violenta que venía sufriendo. Cuando su familia o sus empleados no hacían lo que él quería, armaba un escándalo. Por lo general lograba intimidar a la gente y disfrutaba dominándolos y humillándolos. Pero percibía que sus impulsivas explosiones terminaban causándole problemas a causa de la fama de sádico y violento que le habían procurado.

Me describió una cena a la que asistió en la cual el camarero olvidó llenar su copa de vino. El sintió una explosión de rabia porque pensó: "Este camarero piensa que no soy importante. ¿Quién diablos se cree que es? Me gustaría torcerle el cuello a ese hijo de…"

185

Empleé el método de la empatía para demostrarle que sus pensamientos coléricos eran ilógicos y poco realistas. Le sugerí que hiciéramos una dramatización. El iba a hacer de camarero y yo representaría el papel de un amigo. El tenía que responder a mis preguntas con la mayor sinceridad posible.

Se desarrolló el siguiente diálogo:

DAVID (en el rol del amigo del camarero): He observado que no llenaste la copa de vino de ese empresario.

PACIENTE (en el rol de camarero): Oh, ya sé que no le llené la copa.

DAVID: ¿Por qué no se la has llenado. ¿Te parece que no es una persona importante?

PACIENTE (después de una pausa): Bueno, no, no es eso. En realidad, no lo conozco mucho.

DAVID: ¿Pero no decidiste que no era un hombre importante y te negaste a servirle vino por eso?

PACIENTE (riendo): No, no es *ése* el motivo por el cual no le he servido vino.

DAVID: ¿Entonces por qué no se lo has servido?

PACIENTE (después de pensar): Bueno, estaba pensando en la cita que tengo esta noche. Además, estaba mirando a esa hermosa muchacha que está frente a la mesa. Me distrajo su vestido escotado y simplemente me olvidé de la copa de ese señor.

Este episodio del diálogo le proporcionó un gran alivio al paciente porque, al ponerse en el lugar del camarero, fue capaz de ver lo poco realista que había sido su interpretación. Su distorsión cognitiva fue la de sacar conclusiones apresuradas (lectura del pensamiento). Dedujo automáticamente que el camarero era *injusto,* lo cual le hizo pensar que tenía que vengarse para conservar su orgullo. Una vez que adquirió algo de empatía, pudo ver que su justa indignación era la consecuencia total y exclusiva de sus propios pensamientos distorsionados y *no* de lo que había hecho el camarero. A los individuos con tendencia a encolerizarse suele resultarles sumamente difícil aceptar esto al principio, porque sienten un deseo casi irresistible de culpar a los demás y vengarse. ¿Qué pasa con usted? ¿Le parece que la idea de que muchos de sus pensamientos coléricos no estén justificados es aborrecible e inaceptable?

La técnica de la empatía también puede ser bastante útil cuando los actos de la otra persona parecen más obvia e intencionalmente ofensivos. Una mujer de veintiocho años, llamada Melissa, buscó orientación cuando se estaba separando de su marido, Howard. Cinco años antes Melissa había descubierto que Howard estaba viviendo una aventura amorosa con Ann, una atractiva secretaria que trabajaba en el mismo edificio que él. Esta revelación fue un duro golpe para Melissa, pero, para empeorar las cosas, Howard vacilaba en romper definitivamente con Ann y, así, la aventura se prolongó ocho meses más. La humillación y la rabia que Melissa sintió durante ese período fue un factor fundamental para que decidiese separarse de él. Sus pensamientos eran de este tenor: 1) él no tenía derecho a actuar así; 2) él era egocéntrico; 3) era injusto; 4) él era una mala persona; 5) debo haber fracasado.

En el transcurso de una sesión de terapia, le pedí a Melissa que interpretase el papel de Howard y seguidamente la interrogué para ver si podía explicar con exactitud por qué él había tenido esa aventura con Ann y había actuado como lo hizo. Ella me dijo que en medio del desarrollo de la dramatización vio de pronto cuál había sido la motivación de Howard, y en ese momento su irritación se desvaneció completamente. Después de la sesión, Melissa redactó una descripción de la espectacular desaparición de la cólera que había sentido durante años:

Después de que la aventura de Howard con Ann supuestamente hubiera terminado, insistía en seguir viéndola y seguía muy ligado a ella. Esto era doloroso para mí. Me hacía sentir que Howard realmente no me respetaba y que se consideraba más importante que yo. Yo creía que si él me amase de verdad no me haría pasar por una situación así. ¿Cómo podía seguir viendo a Ann cuando sabía lo desdichada que me hacía sentir? Estaba realmente enfadada con Howard y me sentía mal conmigo misma. Cuando ensayé el método de la empatía y representé el rol de Howard, lo comprendí "todo". De pronto vi las cosas de un modo diferente. Cuando imaginé que yo era Howard, entendí cuál era su motivación. Al ponerme en su lugar, vi el problema que significaba amar a Melissa, mi mujer, y a mi amante, Ann. Me di cuenta de que Howard estaba atrapado en un "callejón sin salida" creado por sus pensamientos y sentimientos. El me amaba pero Ann lo atraía desesperadamente. Por mucho que lo deseara, no podía dejar de verla. Se sentía muy culpable y no podía detenerse.

Creía que fracasaría si dejaba a Ann y que también fracasaría si me dejaba a mí. No estaba dispuesto a aceptar ningún tipo de pérdida ni era capaz de hacerlo, y era *su falta de decisión y no una insuficiencia por mi parte* lo que hacía que fuese tan lento para decidirse.

Esta experiencia fue una revelación para mí. Vi realmente lo que había sucedido por primera vez. Supe que Howard no había hecho nada deliberadamente para hacerme daño, pero había sido incapaz de actuar de un modo distinto. El hecho de ver y comprender esto me hizo sentir bien.

Se lo conté a Howard cuando hablé con él después de este descubrimiento. Los dos nos sentimos mucho mejor. Además, me sentí realmente bien con la experiencia de la técnica de la empatía. Fue muy interesante. Más real de lo que había visto antes.

La clave de la irritación de Melissa era su temor a perder su autoestima. Aunque Howard había actuado en realidad de un modo genuinamente negativo, lo que provocó su sensación de tristeza y rabia fue el *significado* que ella atribuyó a la experiencia. Ella supuso que por ser una "buena esposa" tenía derecho a "un buen matrimonio". Esta es la lógica que le causó el trastorno emocional.

Premisa: Si soy una esposa buena y competente, mi marido ha de amarme y serme fiel.

Observación: Mi marido no se está comportando de un modo cariñoso y fiel.

Conclusión: Por consiguiente, o no soy una esposa buena y competente, o bien Howard es una persona mala e inmoral porque está violando mi "regla".

En consecuencia, la irritación de Melissa constituía un débil intento de salvar la situación porque, en su sistema de suposiciones, era realmente la *única* alternativa, para no sufrir una pérdida de autoestima. Los únicos problemas de su solución eran: a) ella no estaba *realmente* convencida de que él "no era bueno"; b) no *deseaba* dejarlo porque lo amaba, y c) su amarga irritación crónica no la *hacía sentir* bien, no *parecía* buena y alejaba a su marido cada vez más.

Su premisa de que su marido la amaría mientras fuese buena era un cuento de hadas que nunca había pensado cuestionar. El método de la empatía transformó su pensamiento de un modo muy beneficioso, al permitirle abandonar la *grandiosidad* inherente a su premisa. La mala conducta de su marido era consecuencia de las cogniciones distorsionadas que *él* tenía, no de la incompetencia de ella. Por lo tanto ¡*él* y no ella era el responsable del lío en que se había metido!

La intuición repentina cayó sobre ella como un rayo. En el momento en que vio el mundo a través de los ojos *de su marido,* su irritación se desvaneció. Ella se convirtió en una persona mucho *más pequeña* en el sentido de que ya no se consideró responsable de las acciones de su marido y de la gente que la rodeaba. Pero a la vez experimentó un repentino aumento de su autoestima.

En la sesión siguiente decidí poner su nueva mentalidad a prueba. La enfrenté con los pensamientos negativos que originalmente la habían afligido para ver si podía oponerse a ellos con eficacia:

DAVID: Howard podría haber dejado de ver a Ann antes. El la ha engañado.

MELISSA: No, él no podía dejar de hacerlo porque estaba atrapado. Experimentaba una tremenda obsesión y se sentía atraído por ella.

DAVID: Pero entonces él *debería haberse* ido con ella y roto con usted, así hubiera dejado de torturarla. ¡Eso habría sido lo único decente por su parte!

MELISSA: El creía que tampoco podía romper conmigo porque me amaba y se sentía comprometido conmigo y con nuestros hijos.

DAVID: Pero fue injusto que la tuviese en vilo tanto tiempo.

MELISSA: El no quiso ser injusto. Simplemente sucedió así.

DAVID: ¡Simplemente sucedió así! ¡Qué tontería! El hecho es que *él no debería haberse* metido en esa situación, en primer lugar.

MELISSA: Pero él ya se encontraba ahí. Ann representaba el entusiasmo y en ese momento él se sentía aburrido y abrumado por la vida. Llegó un día en que simplemente ya no pudo resistir más el coqueteo de ella. Dio un pequeño paso en falso en un momento de debilidad y enseguida se puso en marcha la aventura.

DAVID: Bien, usted no puede considerarse una persona, porque su marido no le ha sido fiel. Es algo que la convierte en un ser inferior.

MELISSA: No tiene nada que ver con ser o no ser una persona.

No tengo que conseguir lo que deseo todo el tiempo para ser válida como persona.

DAVID: Pero su marido nunca habría buscado la compañía de otra mujer si usted hubiese sido una esposa competente. Usted es indeseable y nadie puede quererla. Es una persona de segunda clase, y por eso su marido tuvo una aventura.

MELISSA: El hecho es que al final él me eligió a mí y no a Ann, pero eso no me hace mejor que Ann, ¿verdad? Igualmente, el hecho de que él decidiese resolver sus problemas escapando de ellos no significa que a mí no me pueda querer nadie o que sea menos deseable.

Pude ver que Melissa permanecía evidentemente imperturbable ante mis vigorosos intentos de confundirla, lo cual demostró que había superado aquel doloroso período de su vida. Cambió su irritación por alegría y autoestima. La empatía fue la clave que la liberó de quedar atrapada en la hostilidad, la duda y la desesperación.

Todo a la vez: ensayo cognitivo. Cuando se irrita, puede que se sienta reaccionar con tanta rapidez que no es capaz de sentarse para evaluar la situación objetivamente y aplicar las diversas técnicas descritas en este capítulo. Esta es una de las características de la ira. A diferencia de la depresión, que tiende a ser constante y crónica, la irritación es mucho más explosiva y episódica. Cuando se da cuenta de que está alterado, puede que ya se encuentre fuera de control.

El "ensayo cognitivo" es un método eficaz para resolver este problema y para sintetizar y utilizar todas las herramientas que ha conocido hasta ahora. Esta técnica le ayudará a superar su irritación a tiempo sin tener que experimentar en la realidad la situación en sí. Luego, cuando suceda el hecho real, estará preparado para controlarlo.

Empiece haciendo una lista, de acuerdo con un orden jerárquico, de las situaciones que más comúnmente le hacen perder el control, y clasifíquelas entre + 1 (la menos perturbadora) y + 10 (la que le pone más furioso), tal como aparece en la figura 7-7. Las provocaciones deben ser las que a usted le gustaría resolver con más eficacia por el tipo de insoportable y maladaptativa irritación que le provocan.

Comience con el primer punto de la lista de jerarquías que le resulte menos perturbador e imagine lo más vívidamente posible que se encuentra *en* esa situación. Luego verbalice sus "pensamientos violentos" y anótelos. En el ejemplo dado en la figura 7-7, usted se siente molesto porque está diciéndose: "¡Los hijos de _____ de los camareros no saben qué _____ están haciendo! ¿Por qué no se moverán un poco esos vagos de mierda? ¿Quiénes se creen que son? ¿Se supone que tengo que morirme de hambre antes de que me traigan la carta y un vaso de agua?"

Luego imagine que se sale de sus casillas, sermonea al *maître* y se va del restaurante hecho una furia y golpeando la puerta. Ahora registre su grado de malestar asignándole entre cero y cien por ciento.

A continuación sitúese en el mismo escenario mental, pero reemplace sus pensamientos por otros "más fríos" e imagine que se siente *relajado* y *sereno;* imagine que maneja la situación con tacto, firmeza y eficacia. Por ejemplo, podría decirse: "Los camareros parecen no haberse dado cuenta de mi presencia. Tal vez estén ocupados y no se hayan dado cuenta de que todavía no me han traído la carta. No tiene sentido acalorarse por esto".

Luego instrúyase a sí mismo para dirigirse al *maître* y explicarle la situación con firmeza: indique con tacto que ha estado esperando; si él dice que están ocupados, desármelo *coincidiendo* con él; elógielo por lo bien que marcha el restaurante, y vuelva a pedir un mejor servicio de un modo firme pero amistoso. Por último, imagine que él responde enviando a un camarero que se disculpa y le ofrece un servicio de primera categoría. Usted se siente bien y disfruta de la comida.

Ahora practique esta versión del escenario todas las noches hasta que logre dominarlo y pueda imaginar que maneja la situación con eficacia y tranquilidad de esta manera. Este ensayo cognitivo le capacitará para programarse y responder con más seguridad y calma cuando se encuentre otra vez en la situación real.

Usted podría objetar algo con respecto a este procedimiento: tal vez piense que no es realista imaginar que obtendrá un buen resultado en el restaurante, puesto que no hay ninguna garantía de que el personal le responda amistosamente y le dé lo que desea. La respuesta a esta objeción es simple. Tampoco hay ninguna garantía de que respondan cínicamente, pero si usted *espera* una respuesta negativa, aumentará la probabilidad de obtenerla, porque su irritación tendrá una enorme capacidad para actuar como una profecía que se cumple sola. En cambio, si usted espera e imagina

Figura 7-7. La jerarquía de la irritación

+ 1 — Hace quince minutos que estoy sentado en un restaurante y el camarero no se acerca.

+ 2 — Llamo a un amigo que no me devuelve la llamada.

+ 3 — Un cliente cancela una cita en el último momento sin dar explicación alguna.

+ 4 — Un cliente no aparece a la hora convenida sin avisarme previamente que no podía venir.

+ 5 — Alguien me critica de manera desagradable.

+ 6 — Un fastidioso grupo de jóvenes se amontonan frente a mí en la fila del cine.

+ 7 — Leo en el diario que se han cometido hechos violentos sin sentido como, por ejemplo, violaciones.

+ 8 — Un cliente se niega a pagar la factura de la mercancía que le he entregado y se va de la ciudad para que yo no pueda cobrar.

+ 9 — Delincuentes de la zona derriban a golpes mi buzón reiteradas veces en medio de la noche durante siete meses seguidos. No puedo hacer nada para pescarlos o detener su afán de destrucción.

+ 10 — Veo en un informativo de la televisión que alguien —presumiblemente un grupo de adolescentes— ha entrado por la fuerza en el zoológico durante la noche matando a pedradas a varios animales y mutilando a otros.

---

un resultado positivo y aplica un método optimista, es mucho más probable que ocurra.

Desde luego, también puede prepararse para un resultado negativo de una manera similar, empleando el método del ensayo cognitivo. Imagine que se acerca al camarero y éste actúa con presunción y malhumor y lo atiende mal. Ahora registre sus pensamientos violentos, reemplácelos por pensamientos fríos y desarrolle una nueva estrategia como hizo antes.

Puede seguir trabajando con su lista de jerarquías del modo expuesto hasta que haya aprendido a pensar, sentir y actuar más pacífica y eficazmente en la mayoría de las situaciones conflictivas que se le presenten. Debe abordar estas situaciones con flexibilidad, y tal vez necesite diferentes técnicas para los diferentes tipos de conflictos enumerados en la lista. En una situación, la respuesta puede ser la empatía; en otra, la clave podría ser su manera decidida de hablar, y en una tercera situación, el método más útil podría consistir en modificar sus expectativas.

Será decisivo que no evalúe el progreso que alcanza en su programa de reducción de la cólera de manera absoluta, porque el desarrollo emocional lleva algún tiempo, en especial cuando se trata de la ira. Si comúnmente reacciona ante determinada provocación con un noventa y nueve por ciento de irritación y luego ve que la vez siguiente se irrita en un setenta por ciento, podría considerar que es un comienzo satisfactorio. Continúe trabajando en ello, utilizando el método del ensayo cognitivo y vea si puede reducirlo al cincuenta por ciento y luego al treinta por ciento. Con el tiempo logrará hacerlo desaparecer totalmente o, por lo menos, lo habrá reducido a un mínimo aceptable.

Recuerde que la sabiduría de sus amigos y asociados puede ser una mina de oro que usted puede utilizar cuando se encuentre atrapado. Ellos pueden ver claramente en cualquier situación en la que usted se encuentre obnubilado. Pregúnteles cómo piensan *ellos* y cómo se comportarían en una situación dada que a usted le provoca frustración, impotencia y furia. ¿Qué se dirían a sí mismos? ¿Qué harían realmente? Usted podrá aprender con rapidez una sorprendente cantidad de cosas si está dispuesto a preguntar.

DIEZ COSAS QUE DEBERIA SABER SOBRE SU IRRITACION

1. Los sucesos de este mundo no pueden hacerle sentir cólera. Son sus "pensamientos violentos" los que crean su cólera. Aun cuando se haya producido un acontecimiento genuinamente negativo, es el significado que usted le atribuye lo que determina su respuesta emocional.

La idea de que usted es el responsable de su irritación acaba siempre por beneficiarlo, porque le da la oportunidad de llegar a controlarla y de elegir libremente cómo desea sentirse. Si no fuera así, usted se sentiría impotente para controlar sus emociones; estarían irreversiblemente ligadas a todos los acontecimientos externos de este mundo, la mayoría de los cuales están fuera de su control.

2. La mayor parte de las veces su irritación no podrá ayudarle. Lo inmovilizará y quedará paralizado en su hostilidad sin ningún propósito productivo. Se sentirá mejor si pone el acento en la búsqueda activa de soluciones creativas. ¿Qué puede hacer para

corregir la dificultad o, por lo menos, reducir la probabilidad de volver a fracasar de la misma manera en el futuro? Esta actitud eliminará en cierto grado la sensación de impotencia y frustración que usted experimenta cuando siente que no puede abordar una situación con eficacia.

Si no hay solución posible porque la provocación está completamente fuera de su control, lo único que podrá hacer es sentirse desdichado con su resentimiento, así que, ¿por qué no liberarse de él? Es difícil, o imposible, sentir a la vez irritación y alegría. Si usted cree que sus sentimientos de irritación son especialmente preciosos e importantes, piense entonces en uno de los momentos más felices de su vida. Ahora pregúntese: ¿cuántos minutos de ese período de paz o alegría estaría dispuesto a cambiar por una sensación de frustración e irritación?

3. Los pensamientos que en general generan cólera contienen distorsiones. La corrección de estas distorsiones atenuará su irritación.

4. En definitiva, su irritación aparece porque usted cree que alguien está actuando injustamente o algún suceso es injusto. La intensidad de la irritación aumentará proporcionalmente a la gravedad de la maldad percibida y cuando el acto sea considerado intencional.

5. Si usted aprende a ver el mundo a través de los ojos de otras personas, a menudo se sorprenderá al darse cuenta de que lo que hacen *no* es injusto desde su punto de vista. ¡En estos casos la injusticia resulta ser una ilusión que existe *sólo en su mente*! Si está dispuesto a abandonar la idea poco realista de que sus conceptos de la verdad, la justicia y la equidad son compartidos por todos, se desvanecerá una gran parte de su resentimiento y frustración.

6. Los demás, por lo general, no creen merecer su castigo. Por consiguiente, es improbable que su revancha le ayude a lograr ningún objetivo positivo en sus interacciones con ellos. Su furia a menudo sólo provocará un mayor deterioro y polarización, y funcionará como una profecía que se cumple sola. Aun cuando temporalmente obtenga lo que desea, cualquier beneficio a corto plazo procedente de ese tipo de manipulación con frecuencia se verá contrarrestado por un resentimiento y una revancha a largo plazo por parte de las personas a las cuales coacciona. A nadie le gusta que le controlen ni obliguen a nada. Por eso un sistema de recompensas positivas funciona mejor.

7. Una buena parte de su irritación tiene que ver con su actitud

defensiva frente a la pérdida de autoestima cuando los demás lo critican, están en desacuerdo con usted o no se comportan como usted quiere. Ese tipo de irritación *siempre* es inadecuada porque sólo sus propios pensamientos negativos distorsionados pueden hacerle perder autoestima. Cuando usted culpa al otro por sus sentimientos de inutilidad, siempre se está engañando a sí mismo.

8.   La frustración se origina en expectativas no satisfechas. Como el hecho que le ha decepcionado formaba parte de la "realidad", era "realista". Por consiguiente, su frustración es siempre la consecuencia de una expectativa *no realista*. Usted tiene el derecho de tratar de influir en la realidad para que se ajuste más a sus expectativas, pero no siempre resulta práctico, especialmente cuando estas expectativas representan ideales que no coinciden con el concepto que tienen todos los demás de la naturaleza humana. La solución más sencilla sería *modificar* sus expectativas. Por ejemplo, entre las expectativas no realistas que terminan por generar frustración se encuentran las siguientes:

a) Si deseo algo (amor, felicidad, una promoción, etc.), lo merezco.
b) Si trabajo arduamente en algo, *debería* tener éxito.
c) Otras personas *deberían* estar a la altura de mis convicciones y creer en mi concepto de "justicia".
d) *Debería* ser capaz de resolver cualquier problema con rapidez y facilidad.
e) Si soy una buena esposa, mi marido está *obligado* a amarme.
f) La gente *debería* pensar y actuar como yo.
g) Si soy atento con alguien, esa persona *debería* tratarme igual.

9.   Es infantil poner mala cara e insistir en que tiene *derecho* a enfadarse. ¡Desde luego que sí! Está legalmente permitido enfadarse. Lo fundamental es: ¿le conviene? ¿Usted o el mundo realmente se beneficiarán con su irritación?

10.   Rara vez necesita de su irritación para ser humano. No es verdad que se convertirá en un robot sin sentimientos si no se irrita. En realidad, cuando se libere de esa amarga irritabilidad, sentirá un mayor vigor, alegría, paz y productividad. Experimentará una sensación de liberación e iluminación.

8
Métodos para superar la culpa

Ningún libro sobre la depresión estaría completo sin un capítulo sobre la culpa. ¿Cuál es la función de la culpa? Los escritores, los guías espirituales, los psicólogos y los filósofos han intentado desde hace mucho tiempo resolver este problema. ¿Cuál es la base de la culpa? ¿Se desarrolla a partir del concepto de "pecado original"? ¿O a partir de las incestuosas fantasías edípicas y los demás tabúes postulados por Freud? ¿Es un componente realista y útil de la experiencia humana? ¿O se trata de una "emoción inútil" sin la cual la humanidad estaría mucho mejor, como han sugerido recientemente algunos psicólogos muy conocidos?

Cuando se descubrió la matemática basada en el cálculo, los científicos se dieron cuenta de que podían resolver fácilmente problemas complejos de movimiento y aceleración que eran sumamente difíciles de resolver empleando métodos más antiguos. La teoría cognitiva nos ha proporcionado análogamente una especie de "cálculo emocional" que permite resolver con mucha más facilidad algunos espinosos problemas propios de la psicología y la filosofía.

Veamos qué podemos aprender de un método cognitivo. La culpa es la emoción que experimentará cuando tenga los siguientes pensamientos:

1.   He hecho algo que no debía hacer (o no he hecho algo que debía hacer) porque mis actos no están a la altura de mis normas morales y violan mi concepto de justicia.

2.   Este "mal comportamiento" demuestra que soy una mala persona (o que tengo un mal fondo o un carácter insoportable, venenoso, etc.).

Este concepto de la "maldad" de uno mismo es fundamental en la culpa. Si está ausente su acto hiriente podrá producir una

196

saludable sensación de remordimiento, pero no culpa. El remordimiento se origina en la percepción *no* distorsionada de que ha actuado intencional e innecesariamente de un modo nocivo, con respecto a usted mismo o a otra persona, que ha violado sus normas éticas personales. El remordimiento se diferencia de la culpa porque no presupone que su transgresión indique que usted es inherentemente malo o inmoral. En síntesis, el remordimiento o la lamentación tienen como objetivo la conducta, mientras que la culpa apunta al "sí mismo".

Si además de culpa, siente depresión, vergüenza o ansiedad, probablemente está dando por supuesta alguna de las afirmaciones siguientes:

1. A causa de mi "mal comportamiento" soy inferior o inútil (esta interpretación produce depresión).
2. Si los demás se enteraran de lo que he hecho, me despreciarían (esta cognición produce vergüenza).
3. Corro el riesgo de que me castiguen o de que se venguen de mí (este pensamiento provoca ansiedad).

La manera más simple de evaluar si los sentimientos creados por esos pensamientos son útiles o destructivos es determinar si contienen alguna de las diez distorsiones cognitivas descritas en el capítulo 3.

En la medida en que estos errores de pensamiento estén presentes, su culpa, ansiedad, depresión o vergüenza no podrán, evidentemente, ser válidas o realistas. Sospecho que al final comprenderá que gran parte de sus sentimientos negativos se basan en realidad en esos errores de pensamiento.

La primera distorsión potencial, cuando se siente culpable, es el supuesto de que ha hecho algo mal. Esto puede que sea así o puede que no. La conducta que usted condena en usted mismo, ¿es en realidad tan terrible, inmoral o equivocada? Una encantadora química me trajo hace poco un sobre cerrado que contenía un trozo de papel en el cual había escrito algo sobre sí misma tan terrible que no podía soportar decirlo en voz alta. Al alcanzarme el sobre temblorosamente, me hizo prometer que no lo leería en voz alta ni me reiría de ella. El mensaje en cuestión decía: "¡Me hurgo la nariz con los dedos y después me lo como!". La aprehensión y el horror de su cara en contraste con la trivialidad de lo que había escrito me hizo tanta gracia que perdí toda mi compostura profesional y estallé en carcajadas. Por suerte, ella también se echó a reír y manifestó una sensación de alivio.

¿Estoy afirmando que usted *nunca* se ha comportado mal? No. Esa posición sería extrema y en absoluto realista. Simplemente estoy insistiendo en que, en la medida en que su percepción del fracaso está irrealmente magnificada, su angustia y autopersecución son inadecuadas e innecesarias.

Una segunda distorsión fundamental que produce sentimientos de culpa es cuando se etiqueta a sí mismo de "mala persona" a causa de lo que ha hecho. ¡Es exactamente el tipo de pensamiento destructivo supersticioso que llevó a la caza de brujas en la Edad Media! Tal vez haya realizado una acción malévola, hiriente, incluso irritante, pero es contraproducente endilgarse la etiqueta de "mala" persona sólo porque su energía se canaliza hacia la reiteración rumiante de lo sucedido y la autopersecución, en lugar de hacerlo hacia la de estrategias creativas para resolver los problemas.

Otra de las distorsiones corrientes que provocan sentimientos de culpa es la *personalización*. Usted asume inadecuadamente la responsabilidad por un suceso que no ha provocado. Suponga que le ofrece una crítica constructiva a un amigo, quien reacciona de un modo defensivo y ofensivo. Usted puede culparse a sí mismo por su perturbación emocional y llegar a la arbitraria conclusión de que su comentario ha sido inadecuado. En realidad, han sido los *pensamientos* negativos de él los que le han perturbado, no el comentario que ha hecho usted. Además, estos pensamientos probablemente estén distorsionados. El podría estar pensando que su crítica significa que no es bueno y llegar a la conclusión de que usted no lo respeta. Ahora bien: ¿ha sido *usted* el que ha puesto ese pensamiento ilógico en su cabeza? Evidentemente, no. El lo ha hecho, por lo que usted no puede asumir la responsabilidad de la reacción que ha experimentado.

Dado que la terapia cognitiva afirma que sólo sus pensamientos crean sus sentimientos, podría llegar a la creencia nihilista de que no puede hacer daño a nadie haga lo que haga y que, por lo tanto, tiene permiso para hacer *cualquier cosa*. Después de todo, ¿por qué no abandonar a su familia, engañar a su mujer y estafar a sus socios? Si se sienten mal, es problema suyo porque son sus pensamientos, ¿no es así?

¡Pues no! Volvemos una vez más a la importancia del concepto de distorsión cognitiva. En la medida en que la perturbación emocional de una persona es la consecuencia de sus distorsionados pensamientos, usted puede decir que ella es responsable de su sufrimiento. Si se culpa a sí mismo por el dolor de ese individuo, es un error de personalización. En cambio, si el sufrimiento de una persona es la consecuencia de pensamientos válidos, no distorsionados, el padecimiento será real y podrá tener una causa externa. Por ejemplo, usted podría darme patadas en el estómago y yo podría pensar: "¡Vaya patada!" "¡Me duele!" "¡___ ___ ___!". En este caso, la responsabilidad por mi dolor es *suya*, y su percepción de que me ha hecho daño no está en modo alguno distorsionada. Su remordimiento y mi incomodidad son válidos y reales.

Las enunciaciones "debería" inadecuadas constituyen el "último sendero común" hacia su culpa. Las enunciaciones "debería" irracionales dan por sentado que se espera que usted sea perfecto, omnisciente o todopoderoso. Entre los "debería" perfeccionistas se encuentran las reglas de vida que lo anulan creándole reglas y expectativas imposibles. Un ejemplo sería: "Debería ser feliz en todo momento". La consecuencia de esta regla es que se sentirá como un fracasado cada vez que esté afligido. Dado que es evidentemente poco realista para cualquier ser humano lograr la meta de la felicidad perpetua, la regla es contraproducente e irresponsable.

Una enunciación "debería" basada en la premisa de que usted es omnisciente da por sentado que posee todo el conocimiento del universo y que puede adivinar el futuro con una certeza absoluta. Por ejemplo, usted podría pensar: "No debería haber ido a la plaza este fin de semana, porque he agarrado una gripe. ¡Qué idiota soy! Ahora estoy enfermo y tendré que quedarme una semana en cama". No es realista que se regañe así porque seguramente usted no sabía que ir a la plaza lo iba a poner tan enfermo. Si lo *hubiera* sabido, habría actuado de otro modo. Como ser humano tomó una decisión y su presentimiento resultó equivocado.

Las enunciaciones "debería" basadas en la premisa de que es todopoderoso dan por sentado que, como Dios, usted es omnipotente y tiene la facultad de controlarse a sí mismo y a los demás para poder lograr todos los objetivos. Pierde el servicio en un partido de tenis y pone mala cara, exclamando: "¡No debería haberlo perdido!". ¿Por qué? ¿Juega tan espléndidamente al tenis que no es posible que pierda un servicio?

Es evidente que estas tres categorías de enunciaciones "debería" crean una sensación de culpa inadecuada porque no constituyen normas morales sensatas.

Además de la distorsión, hay otros criterios que pueden resultarle útiles para distinguir la culpa anormal de una sana sensación de remordimiento o pesar. Entre ellos se encuentran la *intensidad, duración* y *consecuencias* de su emoción negativa. Apliquemos estos criterios para evaluar la culpa paralizadora de una maestra de escuela primaria, casada, de cincuenta y dos años, llamada Janice. Esta mujer sufrió durante años una grave depresión. Su problema era que estaba continuamente obsesionada por dos episodios de hurto que había protagonizado cuando tenía quince años. Aunque desde entonces había llevado una vida escrupulosamente honesta, no podía borrar de su memoria esos dos incidentes. Constantemente se veía asaltada por pensamientos que le provocaban sentimientos de culpa: "Soy una ladrona. Soy una mentirosa. No soy buena. Soy una impostora". La agonía de su culpa era tan enorme que todas las noches le rogaba a Dios que la hiciera morir mientras dormía. Cada mañana, al despertarse aún viva, se decepcionaba amargamente y se decía: "Soy una persona tan mala que ni siquiera Dios me quiere". Frustrada, terminó por cargar el revólver de su marido, lo apuntó hacia su corazón y apretó el gatillo. El arma falló y no disparó. No la había amartillado bien. Janice sintió que era la derrota definitiva: ¡ni siquiera podía matarse! Dejó el arma y lloró de desesperación.

La culpa de Janice es inadecuada no sólo por evidentes distorsiones, sino también por la *intensidad, duración* y *consecuencias* de lo que estaba sintiendo y diciéndose a sí misma. Lo que siente no puede describirse como un remordimiento o arrepentimiento sano sobre el hurto real, sino como una degradación irresponsable de su autoestima que le impide vivir en el aquí y ahora y que es muy desproporcionada con respecto a cualquier transgresión real. Las consecuencias de su culpa dieron lugar a la última ironía: creer que era una mala persona la llevó a intentar matarse, un acto destructivo en extremo y que no tiene sentido.

EL CICLO DE LA CULPA

Aun cuando su culpa no sea sana y esté basada en la distorsión, una vez que empiece a sentirse culpable, quedará atrapado en una ilusión que hará que la culpa parezca legítima. Esas ilusiones pueden ser poderosas y convincentes. Sus razonamientos son éstos:

1. Me siento culpable y merecedor de una condena. Esto significa que sido malo.
2. Puesto que soy malo, merezco sufrir.

En consecuencia, su culpa lo convence de su maldad y le produce más sentimientos de culpa. Esta conexión cognitiva-emocional enlaza sus pensamientos y sus sentimientos entre sí. Y termina atrapado en un sistema circular que denomino el "ciclo de la culpa".

El razonamiento emocional alimenta este ciclo. Supone automáticamente que, porque se siente culpable, *debe* de haber hecho algo malo y merece sufrir. Usted se dice: "Me *siento* mal, por lo tanto debo de *ser* malo". Esta conclusión es irracional porque su autoaborrecimiento no prueba necesariamente que haya hecho algo mal. Su culpa sólo refleja el hecho de que usted *cree* que se ha comportado mal. *Podría* ser así, pero a menudo no lo es. Por ejemplo, con frecuencia los chicos son castigados injustamente cuando los padres están cansados o irritables e interpretan mal su comportamiento. En estas circunstancias, la culpa del pobre chico evidentemente no prueba que haya hecho algo mal.

Su conducta autopunitiva intensifica el ciclo de la culpa. Los pensamientos que le crean sentimientos de culpa se traducen en acciones improductivas y refuerzan su certeza de que es malo. Por ejemplo, una neuróloga proclive a los sentimientos de culpa estaba tratando de prepararse para un examen ante la junta médica. Tenía dificultades para estudiar y se sentía culpable por el hecho de que no estaba estudiando. Entonces perdía el tiempo mirando la televisión todas las noches, mientras los siguientes pensamientos pasaban por su mente: "*No debería* estar mirando la televisión. *Debería* estar preparándome para el examen. Soy una holgazana. No merezco ser médico. Soy demasiado egocéntrica. Debería ser castigada". Estos pensamientos la hacían sentirse intensamente culpable. A continuación razonaba: "Estos sentimientos de culpa prueban qué mala persona, qué haragana soy". Así, sus pensamientos autopunitivos y sus sentimientos de culpa se reforzaban mutuamente.

Como muchas personas proclives a experimentar sentimientos de culpa, tenía la idea de que, si se castigaba, con el tiempo empezaría a cambiar. Desafortunadamente, sucedía todo lo contrario. Su culpa simplemente agotaba su energía y reforzaba su idea acerca de que era una holgazana y una inútil. Las únicas acciones que provocaba su autoaborrecimiento eran los viajes compulsivos que hacía cada noche, a la nevera, para "pellizcar" un poco de helado o mantequilla.

El círculo vicioso en el que se atrapaba a sí misma aparece en la figura 8-1. Sus pensamientos, sentimientos y conductas negativos

Figura 8-1. Los pensamientos autocríticos de una neuróloga la hacían sentir tan culpable que tenía dificultades para preparar su examen final. La tendencia que tenía a postergar las cosas reforzó su convicción de que era mala y merecía un castigo. Esto obstaculizó aún más su motivación para resolver el problema.

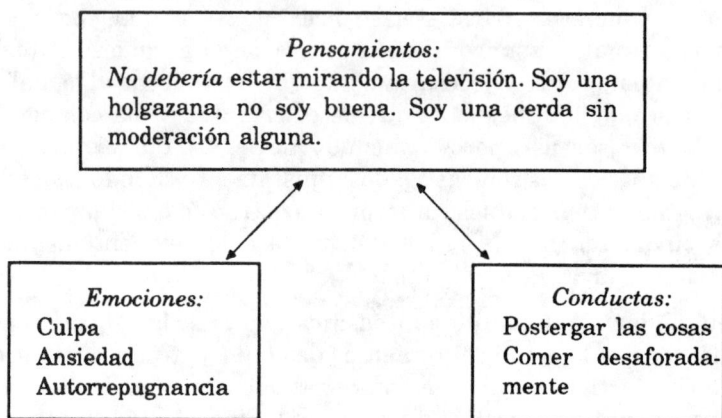

```
                    ┌──────────────────────────────────────┐
                    │         Pensamientos:                 │
                    │   No debería estar mirando la televisión. Soy una │
                    │   holgazana, no soy buena. Soy una cerda sin      │
                    │   moderación alguna.                  │
                    └──────────────────────────────────────┘
              ↙                                    ↖
┌─────────────────────────┐          ┌─────────────────────────┐
│    Emociones:           │          │    Conductas:           │
│  Culpa                  │          │  Postergar las cosas    │
│  Ansiedad               │          │  Comer desaforada-      │
│  Autorrepugnancia       │          │  mente                  │
└─────────────────────────┘          └─────────────────────────┘
```

interactuaban conjuntamente en la creación de la ilusión cruel y contraproducente de que era "mala" e incontrolable.

La irresponsabilidad de la culpa. Si realmente ha hecho algo inadecuado o hiriente, ¿piensa que merece sufrir? Si cree que la respuesta a esta pregunta es sí, pregúntese: "¿Durante cuánto tiempo debo sufrir? ¿Un día? ¿Un año? ¿Durante el resto de mi vida?" ¿Qué sentencia elegirá para imponerse a sí mismo? ¿Está dispuesto a dejar de sufrir y de sentirse desdichado cuando su sentencia haya expirado? Este modo de castigarse sería por lo menos *responsable*, porque tendría un límite de tiempo. Pero, ¿qué sentido tiene abusar de sí mismo con los sentimientos de culpa? Si realmente ha cometido un error y ha actuado de un modo hiriente, su culpa no borrará su equivocación como por arte de magia. Tampoco acelerará sus procesos de aprendizaje para reducir la probabilidad de cometer el mismo error en el futuro. Otras personas no lo amarán ni respetarán más porque se sienta culpable y se degrade de ese modo. Ni siquiera sus sentimientos de culpa le harán llevar una vida productiva. Entonces, ¿qué sentido tiene?

Muchas personas preguntan: "Pero, ¿cómo podría comportarme moralmente y controlar mis impulsos si no me siento culpable?". Este es el estilo de vida del encargado de controlar a los que están en libertad provisional. Al parecer, se considera tan obstinado e incontrolable que debe castigarse constantemente para evitar desbocarse. Sin duda, si su conducta produce un efecto innecesariamente hiriente en los demás, una pequeña dosis de sincero remordimiento acrecentará su toma de conciencia más efizcamente que el reconocimiento infructuoso de su error sin ningún tipo de reacción emocional. Pero seguramente nunca le ha ayudado a *nadie* considerarse una mala persona. La mayoría de las veces la creencia de que se es una mala persona intensifica el "mal" comportamiento.

El cambio y el aprendizaje se producen muchísimo más fácilmente cuando: a) usted reconoce que ha habido un error, y b) desarrolla una estrategia para solucionar el problema. Una actitud de egoísmo y relajamiento hace las cosas más fáciles, mientras que la culpa siempre es un obstáculo.

Por ejemplo, ocasionalmente los pacientes me critican por hacer comentarios cáusticos que les sientan mal. Esta crítica, por lo general, hiere mis sentimientos y despierta mi sensación de culpa si contiene una pizca de verdad. En la medida en que me siento culpable y me etiqueto a mí mismo de "malo", tiendo a reaccionar a la defensiva. Tengo la necesidad de negar o justificar mi error o de contraatacar, porque el sentimiento de ser una "mala persona" me resulta odioso. Esto hace que me sea mucho más difícil admitir y corregir el error. Si, en cambio, no me sermoneo a mí mismo ni experimento pérdida alguna de mi autorrespeto, es fácil admitir mi error. Entonces puedo corregir fácilmente el problema y aprender de él. Cuanto menos culpa siento, tanto más eficazmente puedo hacerlo.

Así, lo que resulta necesario cuando usted se equivoca es un proceso de reconocimiento, aprendizaje y cambio. ¿La culpa le ayuda a cumplir alguno de estos tres pasos? No creo que lo haga. En lugar de facilitarle el reconocimiento de su error, la culpa lo envuelve en una operación de ocultamiento. Usted desea cerrar sus oídos a toda crítica. No soporta estar equivocado porque le parece algo terrible. Por eso la culpa es contraproducente.

Usted puede protestar: "¿Cómo sé que he hecho algo mal si no me siento culpable? ¿No me entregaría a un ciego ataque de egoísmo destructivo e incontrolado si no fuese por mis sentimientos de culpa?"

Cualquier cosa es posible, pero honestamente dudo de que esto pueda suceder. Puede reemplazar su culpa por un fundamento más sensato de conducta moral: la empatía. La empatía es la capacidad de visualizar las consecuencias, buenas y malas, de su conducta. Es la capacidad de conceptualizar el impacto de lo que usted se hace a sí mismo y a la otra persona, y de sentir una tristeza y remordimiento adecuados y genuinos sin ponerse a sí mismo etiqueta de inherentemente malo. La empatía crea el clima emocional y mental necesario para guiar su conducta de un modo moral y autoenriquecedor sin el látigo de la culpa.

Aplicando estos criterios, ahora puede determinar con facilidad si sus sentimientos constituyen una sensación normal y sana de remordimiento, o una sensación de culpa contraproducente y distorsionada. Hágase las siguientes preguntas:

1. ¿Consciente y voluntariamente he hecho algo "malo", "injusto" o innecesariamente hiriente que no debería haber hecho? ¿O acaso espero de un modo irracional ser perfecto, omnisciente y todopoderoso?

2. ¿Me estoy poniendo la etiqueta de *mala persona* a causa de esta acción? ¿Mis pensamientos contienen otras distorsiones cognitivas como, por ejemplo, magnificación, generalización excesiva, etc.?

3. ¿Estoy sintiendo un pesar o un remordimiento realistas, originados en un conocimiento empático del efecto negativo de mi acción? La intensidad y la duración de mi dolorosa respuesta emocional, ¿corresponden a lo que realmente he hecho?

4. ¿Estoy aprendiendo de mi error y creando una estrategia para cambiar, o estoy abatiéndome y rumiando improductivamente e, incluso, castigándome de un modo destructivo?

Ahora, examinemos algunos métodos que le permitirán liberarse de los sentimientos inadecuados de culpa y elevar al máximo su autorrespeto.

1. *Registro diario de pensamientos disfuncionales*. En capítulos anteriores ya he presentado el registro diario de pensamientos disfuncionales para superar la baja autoestima y la inadecuación. Este método da muy buenos resultados en el caso de una serie de emociones indeseadas, entre ellas la culpa. Registre el hecho

desencadenante de su culpa en la columna titulada "Situación". Puede escribir: "Me he dirigido con desprecio a mis socios", o "En lugar de aportar diez dólares, he tirado a la basura el pedido para la colecta de mis ex alumnos". A continuación "sintonice" ese tiránico altavoz que tiene en la cabeza e identifique las acusaciones que generan su culpa. Por último, identifique las distorsiones y anote pensamientos más objetivos. Esto le producirá alivio.

En la figura 8-2 se incluye un ejemplo. Shirley era una joven tensa que decidió mudarse a Nueva York para seguir su carrera de actriz. Después de pasar con su madre un largo y fatigoso día buscando un apartamento, cogieron el tren de regreso a Filadelfia. Una vez que hubieron subido descubrieron que por error habían cogido un tren que no llevaba servicio de comedor ni vagón restaurante. La madre de Shirley empezó a quejarse de que no podría tomar un cóctel y Shirley se sintió invadida por sentimientos de culpa y autocrítica. Cuando registró sus pensamientos generadores de culpa y les dió una respuesta, sintió un considerable alivio. Me contó que al superar su sentimiento de culpa, evitó el ataque de cólera que normalmente habría experimentado en una situación tan frustrante como ésa.

2. *Técnicas para eliminar los "debería"*. He aquí algunos métodos para reducir todas esas enunciaciones "debería" irracionales con las que se ha estado castigando. El primer paso es preguntarse: "¿Quién dice yo debería? ¿Dónde está escrito que yo debería?" Esto tiene por objeto que usted tome conciencia de que se está criticando innecesariamente. Puesto que en definitiva es usted quien formula sus propias reglas, una vez que decide que una regla no es útil puede corregirla o liberarse de ella. Suponga que se está diciendo a sí mismo que debería ser capaz de hacer feliz a su cónyuge todo el tiempo. Si su experiencia le enseña que no es realista ni útil, puede reformular la regla para hacerla más válida. Podría decir: "Puedo hacer feliz a mi cónyuge parte del tiempo, pero sin duda no puedo hacerlo siempre. En última instancia, la felicidad depende de él/ella. Y yo no soy más perfecto/a que él/ella. Por consiguiente, no voy a pensar que siempre apreciará todo lo que haga".

Al decidir sobre la utilidad de una regla determinada, puede ayudarle la formulación de la siguiente pregunta: "¿Cuáles son las ventajas y desventajas de aplicarme esta regla a mí mismo?", "¿Cómo me ayudará a creer que *siempre debería* ser capaz de hacer feliz a mi cónyuge, y cuál será el precio por creer esto?" Puede evaluar los

Figura 8-2

Situación	Emociones	Pensamientos que producen culpa	Distorsiones cognitivas	Respuestas racionales	Resultado
Mi madre está muy cansada y debido a que interpreta mal el horario de los trenes, subimos a un tren sin las comodidades que esperábamos.	Sentimiento extremo de culpa, frustración; irritación; autocompasión.	1. Mamá ha caminado por toda Nueva York conmigo y ahora ni siquiera puede tomar una copa porque *yo en realidad no le he explicado bien el horario*. Debería haberle explicado que "No hay restaurante" no quería decir que hubiera servicio de bar.	1. Personalización; filtro mental; enunciación "debería".	1. Me siento mal por mamá, pero el viaje en tren dura sólo una hora y media. Creía haberle explicado todo. Me imagino que todos cometemos errores alguna vez.	Un gran alivio
		2. Ahora me siento muy mal; soy tan egoísta.	2. Razonamiento emocional.	2. Estoy más afligida que mamá. Lo hecho, hecho está; no llores sobre la leche derramada.	
		3. ¿Por qué siempre consigo que todo fracase?	3. Generalización excesiva; personalización.	3. No lo convierto todo en un fracaso. No tengo la culpa de que ella no me haya entendido.	
		4. Ella es muy buena conmigo y yo soy una desalmada.	4. Etiquetación; pensamiento todo o-nada.	4. Por un incidente como éste no voy a ser una desalmada.	

costos y beneficios, usando el método de la doble columna que aparece en la figura 8-3.

Otra manera simple pero eficaz de liberarse de las enunciaciones "debería" consiste en reemplazar "debería" por otras palabras, empleando la técnica de la doble columna. Las expresiones: "Sería bonito que" u "Ojalá pudiera" dan buen resultado y suelen ser más realistas y menos angustiantes. Por ejemplo, en lugar de decir *"Debería* ser capaz de hacer feliz a mi mujer" podría decir *"Sería bonito que* pudiera hacer feliz a mi mujer en este momento porque parece triste. Puedo preguntarle por qué está triste y ver si podría ayudarla de alguna manera". O, en lugar de *"No debería* haberme comido ese helado", puede decir: "Habría sido mejor que no me hubiera comido el helado, pero no se va a terminar el mundo porque me lo haya comido".

Otro método anti-debería consiste en demostrarse a sí mismo que una enunciación "debería" no se ajusta a la realidad. Por ejemplo, cuando dice "No debería haber hecho tal cosa", usted supone: 1) que es un hecho que usted *no debería haber hecho*, y 2) que decir eso va a ayudarlo. El "método de la realidad" revela —para su sorpresa— que, por lo general, la verdad se encuentra en la expresión exactamente opuesta: a) En realidad, usted *debería haber* hecho lo que hizo, y b) decir que no *debería haberlo hecho* no le va a hacer ningún bien.

¿No se lo cree? Déjeme demostrárselo. Suponga que ha estado tratando de seguir una dieta y ha comido un poco de helado. Entonces piensa: "No *debería haber* comido ese helado". En nuestro diálogo quiero que usted afirme que es *realmente cierto* que usted *no debería haber* comido el helado, y yo trataré de desmentir sus argumentos. El diálogo que transcribo a continuación está construido sobre la base de una conversación real, que espero que le resulte tan deliciosa y útil como a mí:

DAVID: Comprendo que está siguiendo una dieta y que ha comido helado. Creo que *debería haber* comido el helado.

USTED: Oh, no. Es imposible. *No lo debería haber* comido porque estoy siguiendo una dieta. Ya ve, estoy tratando de adelgazar.

DAVID: Bueno, yo creo que *debería haber* comido el helado.

USTED: Burns, ¿no lo entiende? *No debería haberlo* comido porque estoy tratando de perder peso. Es lo que estoy

Figura 8-3. Las ventajas y desventajas de creer que "debería· ser capaz de hacer feliz a mi esposa todo el tiempo".

Ventajas	*Desventajas*
1. Cuando ella esté feliz, sentiré que estoy haciendo lo que se supone que tengo que hacer.	1. Cuando ella no esté feliz, me sentiré culpable y me acusaré por ello.
2. Me esforzaré mucho para ser un buen marido.	2. Ella podrá chantajearme con mis sentimientos de culpa. Cada vez que quiera salirse con la suya podrá fingirse triste y entonces me sentiré tan mal que tendré que volverme atrás.
	3. Como no se siente feliz la mayor parte del tiempo, me sentiré un fracasado muy a menudo. Y puesto que su infelicidad casi nunca tiene nada que ver conmigo, será un desperdicio de energía.
	4. Terminaré conviertiéndome en un resentido porque, paradójicamente ¡le estoy dando *a ella* tanto poder sobre *mi* estado de ánimo!

tratando de decirle. ¿Cómo puedo adelgazar si como helado?

DAVID: Pero en realidad se lo ha comido.

USTED: Sí. Ese es el problema. *No debería haberlo hecho.* ¿Ahora se de cuenta?

DAVID: Y al parecer usted afirma que "las cosas deberían haber sido diferentes" de lo que fueron. Pero las cosas fueron como fueron. Y por lo general las cosas son lo que son por un buen motivo. ¿Por qué piensa que hizo lo que hizo? ¿Cuál es el motivo por el cual se ha comido el helado?

USTED: Bueno, estaba triste y nervioso y soy un cerdo.

DAVID: Muy bien. Estaba triste y nervioso. ¿Ha tenido siempre hábito de comer cada vez que se siente triste y nervioso?

USTED: Sí. Así es. Nunca he tenido autocontrol.

DAVID: Entonces, ¿no era natural esperar que la semana pasada, cuando se sentía nervioso, hiciera lo que ha hecho habitualmente?

USTED: Sí.

DAVID: Entonces, ¿no sería sensato, por lo tanto, llegar a la conclusión de que *debería* haber hecho eso porque tiene el hábito de hacerlo desde hace mucho tiempo?

USTED: Me parece que me está diciendo que *debería* seguir comiendo helados y terminar gordo como un cerdo o algo parecido.

DAVID: ¡La mayoría de mis pacientes no son tan difíciles como usted! De cualquier modo, no le estoy diciendo que actúe como un cerdo y no le estoy recomendando que siga con ese mal hábito de comer cuando está triste. Lo que estoy diciendo es que usted se está creando dos problemas al precio de uno. Uno es que en realidad usted ha roto su dieta. Si usted se propone adelgazar, esto hará que tarde más tiempo. Y el segundo problema es que ha sido duro consigo mismo por haberlo hecho. Esta segunda preocupación no es necesaria.

USTED: Entonces usted está diciendo que, porque tengo el hábito de comer cuando estoy nervioso, resulta predecible que hasta que aprenda algunos métodos para modificarlo, seguiré haciéndolo.

DAVID: ¡Ojalá yo lo hubiera dicho tan bien!

USTED: Por consiguiente, yo *debería haber* comido helado porque todavía no he modificado mi hábito. Mientras mantenga el hábito, yo *seguiré* y *debería seguir* comiendo excesivamente cuando esté nervioso. Entiendo lo que quiere decir. Me siento muchísimo mejor, doctor, a excepción de una cosa. ¿Cómo puedo aprender a dejar de hacerlo? ¿Cómo puedo desarrollar algunas estrategias para modificar mi conducta de un modo más productivo?

DAVID: Puede motivarse con un látigo o con una zanahoria. Cuando está diciéndose todo el día *"Debería hacer esto"* o *"No debería* hacer aquello", se queda atascado en un enfoque compulsivo de la vida. Y ya sabe en qué termina: estreñimiento emocional. Si en cambio pone en marcha las cosas, le sugiero que trate de motivarse con recompensas y no con castigos. Puede que las encuentre más eficaces.

En mi caso, utilicé una dieta personal. Las pastillas de goma y las rosquillas azucaradas son dos de mis dulces preferidos. Me di cuenta de que el momento más difícil para controlar lo que comía era por la noche, mientras estudiaba o miraba la televisión. Tenía el impulso de comer helado. Entonces me dije que, si controlaba este impulso, podría recompensarme con una enorme y fresca rosquilla por la mañana y una caja de pastillas de goma por la noche. Y concentraba mi pensamiento en el rico sabor de esas golosinas y esto me ayudaba a olvidarme del helado. De paso, también establecí la regla de que, si fracasaba y me comía el helado, podría comer igualmente los caramelos y la rosquilla como recompensa por haberlo intentado o como un acto de conmiseración por haber fracasado. De cualquiera de las dos formas me ayudaba, y adelgacé más de veinte kilos de este modo.
Asimismo escribí el siguiente silogismo:

A) Los seres humanos que siguen una dieta, de vez en cuando no cumplen.
B) Yo soy un ser humano.
C) Por consiguiente, *debería* dejar de cumplirla de vez en cuando.

Esto también me ayudó muchísimo y me permitió saltarme las reglas los fines de semana; de modo que adelgacé y lo pasé bien. Cada vez que dejaba de cumplir la dieta no me permitía criticarme el desliz ni sentirme culpable. Empecé a pensar que podría llamarse "Dieta Sáltese Todas las Reglas Que Quiera y Cuando Quiera sin Sentimientos de Culpa y Disfrute de Ello", y fue mucho más divertida, hasta el punto de que tuve una leve decepción cuando finalmente logré el peso que quería. En realidad, perdí tres kilos más porque la dieta me resultaba muy placentera. Creo que la actitud y los sentimientos adecuados son la clave. Con ellos, se puede mover montañas, incluso montañas de carne.
El principal obstáculo que le hace retroceder cuando está tratando de cambiar un hábito como comer, fumar o beber en exceso es su convicción de que está fuera de su control. La causa de esta falta de control son esas enunciaciones "debería". Le derrotan.

Suponga, por ejemplo, que está tratando de evitar comerse un helado. Está mirando la televisión, diciendo: "Oh, realmente *debería* estudiar y *no debería* comer helados". Ahora pregúntese: "¿Cómo me siento cuando me digo estas cosas a mí mismo?" Creo que usted conoce la respuesta: se siente culpable y nervioso. Entonces, ¿qué hace? ¡Le da por comer! He ahí la cuestión. ¡La razón por la cual está comiendo es que se está diciendo que no debería hacerlo! Entonces trata de enterrar su culpa y su ansiedad bajo montones de comida.

Otra técnica sencilla para eliminar los "debería" consiste en utilizar el contador de pulsera. Una vez que se ha convencido de que los "debería" no le convienen, puede contarlos. Cada vez que emite una enunciación "debería", accione el contador. Si lo hace, asegúrese de establecer un sistema de recompensas basado en el total diario. Cuantos más "debería" registre de esta manera, tanto mayor será la recompensa que merezca. Durante un período de varias semanas, su total diario de enunciaciones "debería" comenzará a bajar y usted notará que empieza a sentirse menos culpable.

Otra técnica para eliminar los "debería" apunta hacia el hecho de que usted no confía realmente en sí mismo. Es posible que crea que sin todas esas enunciaciones "debería" se pondría furioso y caería en un estado de conmoción que lo llevaría a la destrucción o el asesinato o, incluso, a comer helados. Una manera de evaluar esto es preguntarse si hubo algún período de su vida en el que fue especialmente feliz y se sintió razonablemente realizado, productivo y bajo control. Piense en eso otra vez durante unos minutos antes de seguir leyendo y asegúrese de que tiene un cuadro mental de esa época. Ahora pregúntese: "¿Durante ese período de mi vida, me castigaba con un montón de enunciaciones 'debería'?" Creo que su respuesta será negativa. Ahora dígame: ¿hacía todas esas cosas terribles entonces? Pienso que se está dando cuenta de que se encontraba "libre de los 'debería' y bajo control. Lo cual prueba que puede llevar una vida feliz y productiva sin todos esos "debería".

Puede verificar esta hipótesis realizando un experimento durante un par de semanas. Trate de reducir las enunciaciones "debería" empleando las diversas técnicas expuestas y luego compruebe qué le sucede a su estado de ánimo y a su autocontrol. Creo que le gustará.

Otro método al que puede recurrir es la técnica del obstruccionista obsesivo descrita en el capítulo 4. Dedique dos minutos tres veces al día a recitar todas sus enunciaciones "debería" y sus

211

autopersecuciones en voz alta."*Debería* haber ido al mercado antes de que cerrara", y "No debería haberme hurgado la nariz en la reunión", y "Soy un vago de mierda". etc. Simplemente descargue todas las autocríticas más insultantes que se le ocurran. Podría resultar especialmente útil anotarlas o registrarlas en una *cassette*. Después léalas o escuche la cinta. Creo que esto le ayudará a comprobar cuán tontas son esas enunciaciones. Trate de limitar sus "debería" a esos períodos programados para que no le molesten en otros momentos.

Otra de las técnicas para combatir las enunciaciones "debería" tiene que ver con tomar contacto con los límites de su conocimiento. Cuando estaba creciendo, a menudo oía que la gente decía: "Aprende a aceptar tus límites y serás una persona mucho más feliz", pero nunca nadie se molestó en explicar qué quería decir o cómo se hace para lograrlo. Además, siempre tenía un matiz despreciativo, como si dijesen: "Entérate de que realmente eres un inútil de segunda categoría".

En realidad, no es para tanto. Suponga que frecuentemente mira hacia el pasado y se siente abatido por sus errores. Por ejemplo, mientras examina la sección financiera del diario, se dice: "No debería haber comprado esas acciones. Han bajado dos puntos". Para poder salir de esta trampa, pregúntese: "Bien, en el momento en que las compré, ¿sabía que iban a bajar de valor?" Sospecho que dirá que no. Ahora pregúntese: "Si hubiera sabido que iban a bajar, ¿las habría comprado?" Otra vez responderá que no. De modo que lo que realmente está diciendo es que si lo hubiera sabido en ese momento, habría actuado de otra manera. Para hacerlo, tendría que ser capaz de predecir el futuro con absoluta certeza. ¿Puede predecir el futuro con absoluta certeza? Otra vez su respuesta debe ser no. Usted tiene dos opciones como un ser humano imperfecto con un conocimiento limitado y darse cuenta de que a veces cometerá errores, o puede odiarse por serlo.

Otra manera efectiva de combatir los "debería" es preguntar: "¿Por qué debería?" Luego puede desafiar su propia evidencia para que quede al descubierto la lógica defectuosa. De este modo, puede reducir sus enunciaciones "debería" al nivel del absurdo. Suponga, por ejemplo, que contrata a alguien para que le haga un trabajo. Podría ser para cortar el césped, o pintar, o cualquier otra cosa. Cuando le presenta la cuenta, parece más elevada de lo que usted había entendido que sería, pero el hombre le da una explicación apresurada y usted cede y termina pagándole lo que le pide. Siente

que se han aprovechado de usted. Comienza a sermonearse por no
haber actuado con más firmeza. Hagamos una representación de
roles. Usted puede hacer el papel del pobre inexperto que ha pagado
demasiado.

USTED: Ayer *debería* haberle dicho a ese tipo que su cuenta era
demasiado elevada.

DAVID: ¿Debería haberle dicho que habían convenido un
presupuesto más bajo?

USTED: Sí. *Debería haber* sido más firme.

DAVID: ¿Por qué *debería* haberlo hecho? Entiendo que le habría
convenido intervenir a su favor. Puede trabajar para
desarrollar su firmeza, así en el futuro podrá afrontar
mejor situaciones como ésa. Pero la cuestión es: ¿por qué
debería haber sido más eficaz ayer?

USTED: Bueno, porque siempre dejo que la gente se aproveche
de mí.

DAVID: Muy bien, sigamos la línea de su razonamiento: "puesto
que siempre dejo que la gente se aproveche de mí, debería
haber sido más firme ayer". Ahora, ¿cuál es la respuesta
racional a esto? ¿Hay algo en su afirmación que parezca un
poquito ilógico? ¿Hay algo poco claro en su razonamiento?

USTED: Humm... Déjeme pensar. Bueno, en primer lugar, no
es exactamente cierto que *siempre* deje que la gente se
aproveche de mí. Sería una generalización excesiva. A
veces consigo lo que quiero. En realidad, hay momentos en
que puedo ser bastante exigente. Además, si *fuese* verdad
que *siempre* estuviesen aprovechándose de mí en ciertas
situaciones, entonces yo *debería haber* actuado exactamente como lo hice, puesto que es mi hábito. Hasta que
haya dominado algunas nuevas formas de tratar a la gente,
probablemente seguiré teniendo este problema.

DAVID: Magnífico. Yo no podría haberlo expresado mejor. ¡Veo
que ha estado asimilando lo que le he estado diciendo sobre
las enunciaciones "debería"! ¡Espero que *todos* mis lectores
sean tan inteligentes y atentos como usted! ¿Hay otras
razones por las que piensa que *debería haberse* comportado
de otro modo?

USTED: A ver, déjeme pensar. ¿Algo así como *"Debería haber
sido más firme porque entonces no habría tenido que pagar
más de lo que debía"*?

DAVID: Muy bien. ¿Cuál es la respuesta racional a ese pensamiento? ¿Qué tiene de ilógico ese argumento?

USTED: Bueno, puesto que soy un ser humano, no voy a poder hacer siempre lo que está bien.

DAVID: Exactamente. En realidad, el siguiente silogismo puede ayudarlo.

Primera premisa: Todos los seres humanos cometen errores como, por ejemplo, pagar a veces más de lo debido. ¿Está de acuerdo conmigo hasta ahora?

USTED: Sí.

DAVID: ¿Y qué es usted?

USTED: Un ser humano.

DAVID: ¿Y qué sigue?

USTED: Yo debería cometer errores.

DAVID: Correcto.

Con las técnicas expuestas para eliminar los "debería" debería bastarle. Sería fantástico que estos métodos le resultaran útiles. Creo que al reducir esta tiranía mental, se sentirá mejor porque no se hará recriminaciones. En lugar de sentirse culpable, puede emplear esa energía en realizar los cambios necesarios para mejorar su autocontrol y productividad.

3. *Aprenda a mantenerse en sus trece.* Una de las grandes desventajas de ser proclive a los sentimientos de culpa es que los demás pueden usar, y lo harán, ese sentimiento de culpa para manipularlo. Si se siente obligado a complacer a todos, su familia y sus amigos podrán coaccionarlo eficazmente para que haga muchas cosas que tal vez no sean lo que más le conviene a usted. Para dar un ejemplo trivial, ¿cuántas invitaciones sociales ha aceptado sin entusiasmo por no herir los sentimientos de alguien? En este caso el precio que paga por decir que sí cuando realmente habría preferido decir que no, no es grande. Lo único que pierde es una noche. Y hay una compensación. Evitará sentirse culpable y podrá imaginar que es una persona especialmente agradable. Además, si trata de rechazar la invitación, el decepcionado anfitrión puede decirle: "Pero te estamos *esperando*. ¿Quieres decir que vas a dejar que la vieja pandilla se desintegre? Ven, no seas así". ¿Y *entonces* qué diría usted? ¿Cómo se sentiría?

Su obsesión de complacer a los demás se vuelve más trágica cuando sus decisiones llegan a estar tan domindas por la culpa que termina sintiéndose atrapado y desdichado. La ironía es que, en la mayoría de los casos, las consecuencias de dejar que alguien le manipule con el sentimiento de culpa terminan por ser destructivas no sólo para usted, sino también para la otra persona. Aunque sus actos motivados por la culpa suelen estar basados en su idealismo, los inevitables efectos de ceder siempre se convierten en lo contrario.

Por ejemplo, Margaret era una mujer de veintisiete años, casada y feliz en su matrimonio, cuyo hermano obeso y jugador tendía a aprovecharse de ella en una gran variedad de formas. Le pedía dinero prestado cuando se quedaba sin nada y luego olvidaba devolvérselo. Cuando se encontraba en la ciudad (a menudo varios meses seguidos) suponía que tenía derecho a cenar con la familia de su hermana todas las noches, beberse todo el licor y usar el coche de ella cada vez que se le ocurría. Ella racionalizaba que debía ceder a sus exigencias diciéndose: "Si yo le pidiera un favor o necesitase su ayuda, haría lo mismo por mí. Después de todo, un hermano y una hermana que se quieren *deberían* ayudarse mutuamente. Y, además, si tratase de decirle que no, él se enfadaría y yo podría perderlo. Entonces me sentiría como si hubiera hecho algo malo".

Al mismo tiempo, era capaz de ver las consecuencias negativas de estar continuamente cediendo: 1) estaba apoyando el estilo de vida dependiente y autodestructivo de su hermano, y su adicción al juego; 2) se sentía atrapada y utilizada; 3) la base de la relación no era el amor sino el chantaje: constantemente tenía que decir que sí a sus exigencias para evitar la tiranía del temperamento de su hermano y su propio sentimiento de culpa.

Margaret y yo hicimos una representación de roles para que pudiera aprender a decir que no y mantenerse en sus trece con tacto pero con firmeza. Yo desempeñé el rol de Margaret y ella fingió ser su hermano:

HERMANO (representado por Margaret): ¿Vas a usar el coche esta noche?

MARGARET (representada por mí): En este momento no tengo nada planeado.

HERMANO: ¿Te importa si lo tomo prestado más tarde?

MARGARET: Preferiría que no.

HERMANO: ¿Por qué no? Tú no vas a usarlo. Va a estar ahí sin que nadie lo use.

MARGARET: ¿Crees que tengo la obligación de prestártelo?

HERMANO: Bueno, yo haría lo mismo por ti si tuviera un coche y tú lo necesitases.

MARGARET: Me alegro de que pienses así. Aunque no estoy pensando en usar el coche, me gustaría tenerlo a mano en caso de que decida ir a alguna parte más tarde.

HERMANO: ¡Pero no tienes planeado usarlo! ¿No nos han educado para que nos *ayudemos* mutuamente?

MARGARET: Sí, así es. ¿Piensas que eso significa que tengo que decirte siempre que sí? Los dos hacemos mucho por el otro. Tú has usado mi coche en muchísimas ocasiones y de ahora en adelante me sentiría más cómoda si comenzaras a buscarte tu propio medio de transporte.

HERMANO: Sólo pienso usarlo durante una hora más o menos, así que te lo devolveré en el caso de que lo necesites. Es muy importante y sólo voy a hacer un kilómetro, así que no voy a gastártelo, no te preocupes.

MARGARET: Parece que se trata de algo importante para ti. Tal vez puedas conseguir otro medio de transporte. ¿No podrías caminar si es sólo un kilómetro?

HERMANO: ¡Oh, está bien! Si eso es lo que piensas, ¡no vengas a pedirme ningún favor!

MARGARET: Parece que estás bastante furioso porque no estoy haciendo lo que quieres. ¿Crees que tengo la obligación de decir siempre que sí?

HERMANO: ¡Tú y tu filosofía! ¡Guárdatela! ¡Me niego a seguir oyendo más disparates! (Empieza a vociferar.)

MARGARET: No hablemos más de esto, entonces. Tal vez en un par de días te sentirás con más ganas de hablar sobre estas cosas. Creo que tenemos que volver a conversar.

Después de este diálogo cambiamos de roles para que Margaret pudiese practicar una actitud más firme. Cuando yo representé el rol de su hermano, le hice las cosas lo más difíciles que pude y ella supo cómo mantenerme a raya. Esta práctica aumentó su coraje. Margaret se percató de que era útil mantener ciertos principios en la mente mientras se resistía a las manipulaciones de su hermano, a saber: 1) podía recordarle que ella tenía derecho a no decir que sí a todas sus exigencias; 2) podía encontrar una pizca de verdad en sus argumentos (técnica desarmante), para confundirle un poco, pero podía retomar luego su posición relativa a que el amor no significa ceder siempre; 3) iba a adoptar una posición firme, decisiva y sin concesiones con el mayor tacto posible; 4) no iba a aceptar su rol de muchachito débil, inadaptado, que no puede valerse por sí mismo; 5) no iba a responder a su irritación irritándose a su vez, porque esta actitud reforzaría su idea de que era una víctima a quien una bruja cruel y egoísta estaba maltratando injustamente; 6) tenía que arriesgar la posibilidad de que su hermano se retirara temporalmente y que la castigara negándose a hablar con ella o a considerar su punto de vista. Cuando lo hiciera, ella iba a permitirle que vociferara pero le haría saber que había algunas cosas sobre las que quería conversar más adelante, cuando él se encontrara con ánimos de comunicarse.

Cuando Margaret se enfrentó con él, descubrió que no era un adversario tan duro como había imaginado. En realidad, pareció aliviado y comenzó a actuar con más madurez cuando ella puso algunos límites a la relación.

Si usted decide aplicar esta técnica, tendrá que estar dispuesto a mantenerse en sus trece porque el otro puede hacerle creer que le está hiriendo mortalmente al no ceder a sus demandas. Recuerde que el daño que usted inflige a la larga por no hacer lo que más le conviene suele ser mayor.

La clave del éxito reside en practicar por anticipado. Cualquier amigo estará generalmente contento de representar roles con usted y servirle de interlocutor. Si no tiene a mano a ese amigo o usted es demasiado tímido para pedírselo, redacte un diálogo imaginario al estilo del que he puesto como ejemplo. Esto le ayudará mucho a poner en marcha los circuitos adecuados de su cerebro para lograr el coraje necesario y la habilidad de decir que no diplomáticamente pero con decisión, y para mantenerse firme cuando llegue el momento de aplicarlo.

4. *Técnica antillorón.* Este es uno de los métodos más deliciosamente eficaces y sorprendentes de este libro. Funciona a las mil maravillas en situaciones en las que alguien —por lo general alguien querido— le hace sentir frustrado, culpable e impotente mediante sus lloriqueos, quejas y sermones. El proceso típico funciona así: el llorón se le queja de algo o alguien. Usted siente el sincero deseo de ser útil, así que le hace una sugerencia. La otra persona inmediatamente rechaza su sugerencia y vuelve a quejarse. Usted se siente tenso e incómodo, de manera que insiste y hace otra sugerencia. Obtiene la misma respuesta. Cada vez que trata de escapar de la

conversación, la otra persona le da a entender que la está abandonando y usted se siente invadido por la culpa.

Shiba vivía con su madre mientras terminaba su doctorado. Amaba a su madre, pero sus constantes sermones con respecto al divorcio, la falta de dinero, etc., le resultaban tan intolerables que se puso en tratamiento. Le enseñé el método antillorón en la primera sesión, de este modo: sin tener en cuenta lo que dijese su madre, Shiba iba a encontrar alguna manera de *estar de acuerdo* (técnica desarmante) y, luego, en lugar de ofrecerle un consejo, iba a decir algo genuinamente elogioso. En un principio, a Shiba le pareció que este método era asombroso y bastante extraño porque difería radicalmente de su método habitual. En el diálogo siguiente le pedí que hiciese el rol de madre mientras yo representaba su rol; así podía demostrarle esta técnica:

SHIBA (en el rol de su madre): ¿Sabías que durante el juicio del divorcio salió a la luz que tu padre había vendido su parte del negocio y yo fui la última persona en enterarme?

DAVID (en el rol de Shiba): Es absolutamente cierto, no te enteraste hasta el juicio del divorcio. Realmente merecías otra cosa.

SHIBA: No sé qué vamos a hacer para conseguir dinero. ¿Cómo voy a mandar a tus hermanos a la universidad?

DAVID: Ese *sí es* un problema. Estamos escasas de dinero.

SHIBA: Era propio de tu padre actuar de esta manera. Nunca tuvo la cabeza en su sitio.

DAVID: Nunca fue bueno para administrar el dinero. Tú siempre lo has hecho mucho mejor.

SHIBA: ¡Es un canalla! Y aquí estamos, al borde de la miseria. ¿Qué pasará si enfermo? ¡Terminaremos en un asilo!

DAVID: ¡Tienes razón! No es *nada* divertido vivir en el asilo. Estoy completamente de acuerdo contigo.

Shiba me dijo que en su rol de madre descubrió que "no era divertido" quejarse, porque yo siempre estaba de acuerdo con ella. Hicimos una inversión de roles para que pudiese dominar la técnica.

En realidad, es su deseo de ayudar a los quejicas lo que hace que se mantenga la monótona interacción. Paradójicamente, cuando usted está de acuerdo con su pesimista lloriqueo, el quejica se queda rápidamente sin fuerzas. Tal vez una explicación conseguirá que este método parezca menos intrigante. Cuando la gente lloriquea y se

218

queja, por lo general se siente abrumada, irritada e insegura. Cuando uno trata de *ayudarles,* les parece que se trata de una crítica, porque significa que no están controlando bien las cosas. En cambio, cuando se les da la razón y se añade un elogio, se sienten *avalados,* y por lo general se relajan y tranquilizan.

5. *Método antiquejicas de Moorey.* Stirling Moorey, un brillante estudiante británico de medicina que trabajó con nuestro grupo en Filadelfia y asistió a mis sesiones de terapia en el verano de 1979, propuso introducir en la técnica expuesta en los párrafos anteriores una útil modificación. Trabajó con una escultora de cincuenta y dos años, llamada Harriet, que tenía un corazón de oro y padecía una grave depresión crónica. El problema de Harriet era que sus amigos solían llenarle la cabeza de chismes y problemas personales. Estos problemas la hacían sentir mal debido a su excesiva capacidad de empatía. Dado que no sabía cómo ayudar a sus amigos, se sentía atrapada y resentida hasta que aprendió el "Método antiquejicas de Moorey". Stirling simplemente la instruyó para que hallase una manera de coincidir con lo que decía el otro y luego distrajera al quejica encontrando algo positivo en la queja y comentándolo. He aquí varios ejemplos.

1. QUEJICA: ¿Qué demonios puedo hacer por mi hija? Tengo miedo de que esté fumando marihuana otra vez.
RESPUESTA: Sin duda hay marihuana por todas partes hoy en día. ¿Tu hija sigue realizando esas excelentes obras de arte? Me enteré de que hace poco obtuvo un importante premio.
2. QUEJICA: Mi jefe no ha concedido el aumento y hace casi dos años que no me sube el sueldo. He estado aquí veinte años y creo que merezco un poco más de consideración.
RESPUESTA: Sin duda tienes antigüedad y has hecho enormes aportaciones. Dime, ¿cómo era cuando comenzaste a trabajar hace veinte años? Apuesto a que entonces las cosas eran muy diferentes.
3. QUEJICA: Mi marido nunca parece tener tiempo para quedarse en casa. Todas las noches se larga a esa maldita bolera.
RESPUESTA: ¿No te estabas dedicando también tú a los bolos

recientemente? ¡Me enteré de que obtuviste puntuaciones altas!

Harriet dominó el método antiquejicas de Moorey rápidamente y contó que había experimentado un cambio espectacular en su estado de ánimo y en su perspectiva, porque le brindó una manera simple y eficaz de manejar un problema que había sido muy real y abrumador. Cuando regresó para la sesión siguiente, su depresión —que la había paralizado durante más de una década— había desaparecido completamente. Estaba rebosante de alegría y colmó de bien merecidos elogios a Stirling. Si usted tiene un problema similar con su madre, su suegra o sus amigos, pruebe el método de Stirling. Como Harriet ¡pronto estará sonriendo!

6. *Desarrollo de una perspectiva.* Una de las distorsiones más comunes que producen sentimientos de culpa es la personalización, es decir, la idea errónea de que usted es responsable de los sentimientos y acciones de otras personas, o de hechos que se producen naturalmente. Un ejemplo obvio sería su sentimiento de culpa porque el día que organizó un gran picnic para despedir al presidente de su club, que se retiraba, llovió inesperadamente. En este caso podría liberarse de su absurda reacción sin tener que hacer un gran esfuerzo porque, sin duda, usted no puede controlar el tiempo.

El sentimiento de culpa es mucho más difícil de superar cuando alguien sufre mucho e insiste en que se debe a su interacción personal con usted. En esos casos puede resultar útil determinar de qué medida usted puede asumir de un modo realista la responsabilidad. ¿Dónde termina su responsabilidad y empieza la de la otra persona? El nombre técnico es "desatribución", pero podría decirse que es situar las cosas en su verdadera perspectiva.

Veamos cómo funciona. Jed era un estudiante universitario que sufría una depresión leve pero su hermano gemelo, Ted, padecía una depresión tan grave que abandonó la facultad y empezó a vivir como un recluso con sus padres. Jed se sentía culpable de la depresión de su hermano. ¿Por qué? Me contó que siempre había sido más sociable y trabajador que él. En consecuencia, siempre obtenía mejores calificaciones y tenía más amigos que Ted, desde que eran muy pequeños. Jed razonaba que el éxito académico y social de que gozaba era la causa de que su hermano se sintiese inferior y de que hubiese abandonado sus estudios. Por consiguiente, Jed llegaba a la conclusión de que él era la causa de la depresión de su hermano.

Luego llevó esta línea de razonamiento a su extremo más ilógico y formuló la hipótesis de que sintiéndose él mismo deprimido podría ayudar a Ted para que dejase de sentirse deprimido e inferior mediante algún tipo de psicología inversa (o perversa). Cuando Jed volvió a su casa en las vacaciones, evitó las actividades sociales habituales, minimizó su éxito académico e insistió en que se sentía muy deprimido. Se aseguró de dar a su hermano un mensaje inequívoco de que él también estaba abatido y agotado.

Jed tomó tan en serio su plan que vacilaba bastante en aplicarse las técnicas de control del estado de ánimo que yo estaba tratando de enseñarle. En realidad, en un principio *se resistía* rotundamente porque se sentía culpable si mejoraba y temía que su recuperación ejerciese un efecto devastador en su hermano.

Como la mayoría de los errores de personalización, la penosa impresión que sentía Jed acerca de que era culpable de la depresión de su hermano contenía las suficientes medias verdades como para que pareciera persuasiva. Después de todo, su hermano probablemente se había sentido inferior e inadaptado desde muy pequeño y sin duda abrigaba cierto resentimiento celoso con respecto al éxito y la felicidad de Jed. Pero las preguntas fundamentales eran las siguientes: ¿podía deducirse que Jed fuera el *causante* de la depresión de su hermano, y podía Jed invertir la situación sintiéndose desdichado?

Para ayudarle a evaluar su rol de un modo más objetivo, le sugerí que usara la técnica de la triple columna (fig. 8-4). Como resultado del ejercicio, fue capaz de ver que sus sentimientos de culpa eran contraproducentes e ilógicos. Llegó a la conclusión de que la depresión y el sentimiento de inferioridad de Ted eran la consecuencia de su pensamiento distorsionado y no de su éxito o la felicidad. Que Jed tratara de corregir esa situación haciéndose desdichado a sí mismo era tan ilógico como tratar de apagar un incendio con gasolina. Cuando Jed lo comprendió así, su depresión y su culpa desaparecieron rápidamente y pronto volvió a funcionar con normalidad.

Figura 8-4

Pensamientos automáticos	Distorsión cognitiva	Respuestas racionales
1. Soy parte de la causa de la depresión de Ted debido a la relación que manteníamos desde muy pequeños. Yo siempre he trabajado más y he tenido más éxito.	1. Conclusiones apresuradas (lectura del pensamiento); personalización.	1. Yo no soy la causa de la depresión de Ted. Son los pensamientos y actitudes ilógicos de Ted los que provocan su depresión. La única responsabilidad que me cabe es la de formar parte del ambiente que Ted está interpretando de un modo negativo y distorsionado.
2. Me parece que entristecería a Ted si le contase que lo pasé bien en la facultad mientras él estaba solo en casa sin hacer nada.	2. Conclusiones apresuradas (error del adivino).	2. Podría alegrar a Ted y darle alguna esperanza el hecho de saber que estoy sintiéndome mejor y pasándolo bien. Probablemente Ted se deprima más si me muestro tan desdichado como él, porque eso le quitará la esperanza.
3. Si Ted está sentado por ahí sin hacer nada, me corresponde a mí hacer algo al respecto.	3. Personalización.	3. Puedo animarle para que haga cosas, pero no puedo obligarle. En definitiva, es responsabilidad suya.
4. Estaré haciendo algo por él el no hacer nada por mí. En realidad, le ayudará el hecho de que yo esté deprimido.	4. Conclusiones apresuradas (lectura del pensamiento).	4. Mis actos son totalmente independientes de sus actos. No hay motivo alguno para pensar que mi depresión pueda resultarle útil. Incluso me ha dicho que no quiere que yo me vea arrastrado a la depresión. Si ve que estoy mejorando, realmente podría sentirse estimulado. Quizá yo pueda ser un buen modelo para él al demostrarle que puedo ser feliz. No puedo eliminar su sensación de incapacidad arruinando mi vida.

III

DEPRESIONES REALISTAS

9
La tristeza no es depresión

"Doctor Burns, usted parece sostener que los conceptos distorsionados constituyen la única causa de la depresión. ¿Y si mis problemas fueran reales?" Esta es una de las preguntas que se me formulan con más frecuencia durante los talleres y conferencias de terapia cognitiva. Muchos pacientes lo hacen al comenzar el tratamiento y enumeran una serie de problemas "reales", convencidos de que son los que originan "depresiones realistas". Los más comunes son:

bancarrota o pobreza;
vejez (algunas personas también consideran la primera infancia, la niñez, la adolescencia, la juventud y la edad adulta como períodos de crisis inevitables);
incapacidad física permanente;
enfermedad terminal;
pérdida trágica de un ser querido.

Estoy seguro de que usted podría prolongar la lista. Sin embargo, ninguno de los problemas mencionados puede originar una "depresión realista". En realidad, no existe tal cosa. El verdadero interrogante es cómo trazar la línea divisoria entre los sentimientos negativos convenientes e incovenientes. ¿Cuál es la diferencia entre "una tristeza saludable" y la depresión?

La distinción es simple. La tristeza es una emoción normal provocada por percepciones realistas, las cuales describen un acontecimiento que implica pérdida o decepción de una manera no distorsionada. La depresión es una enfermedad que *siempre* deriva de conceptos distorsionados. Por ejemplo: cuando muere un ser querido, es lógico pensar: "Lo (la) he perdido y extrañaré el compañerismo y el amor que compartimos". Los sentimientos que provoca este pensamiento son tiernos, realistas y convenientes. Sus emociones acrecentarán su humanidad y profundizarán su sentido de la vida. De esta manera *ganará* con su pérdida.

En contraposición, uno podría afirmar: "Nunca volveré a ser feliz ya que él (ella) ha muerto. ¡Es injusto!" Estos pensamientos le provocarán sentimientos de autocompasión y desesperanza. Estas emociones lo derrotarán, ya que están basadas en una distorsión.

Tanto la depresión como la tristeza pueden producirse después de una pérdida o del fracaso en la consecución de algún objetivo de gran trascendencia personal. Sin embargo, la tristeza aparece sin distorsión. Es un sentimiento pasajero y, por lo tanto, tiene un límite de tiempo. Nunca implica una disminución de la autoestima. La depresión, en cambio, tiende a persistir o a repetirse indefinidamente, y siempre implica la pérdida de la autoestima. Cuando una depresión se manifiesta claramente después de un estado de estrés, como por ejemplo una enfermedad, la muerte de un ser querido o un fracaso en los negocios, a menudo se la denomina "depresión reactiva". En otros casos resulta más dificultoso identificar el acontecimiento que ha desencadenado el episodio; se habla entonces de depresiones "endógenas" debido a que los síntomas parecen surgir de la nada. Sin embargo, en ambos casos la causa de la depresión es idéntica: los pensamientos distorsionados y negativos. No desempeña ninguna función adaptativa o positiva y constituye una de las peores formas de sufrimiento. Su único aspecto favorable es la maduración personal que se experimenta cuando uno se recupera de ella.

Mi opinión es la siguiente: cuando se produce un acontecimiento realmente negativo, las emociones surgen exclusivamente de pensamientos y percepciones. Los sentimientos son la resultante del significado que se le otorgue a lo que sucede. Una parte importante del sufrimiento se debe a las *distorsiones* del pensamiento. Cuando se eliminan estas distorsiones, se comprueba que es menos doloroso hacerle frente al "problema real".

Veamos cómo es esto. Una enfermedad grave —un cáncer, por ejemplo— constituye sin duda un problema real. Desafortunadamente, los familiares y amigos de la persona afectada a menudo están tan convencidos de que es normal que el paciente se sienta deprimido que no indagan sobre la causa de dicha depresión, la cual en muchas ocasiones resulta ser completamente reversible. De hecho, algunas de las depresiones más *fáciles* de superar son las que aquejan a las personas que deben afrontar una muerte probable.

¿Sabe por qué? Estos valientes individuos son a menudo muy aptos para hacer frente a la adversidad y no convierten su aflicción en un estilo de vida. Generalmente, están dispuestos a ayudarse de cualquier manera que les sea posible. Esta actitud permite transformar las dificultades aparentemente irreversibles y "reales" en oportunidades de desarrollo personal. Por esta razón considero detestable el concepto de "depresiones realistas". La postura que sostiene que la depresión es necesaria me parece destructiva, inhumana y falaz. Veamos algunos casos concretos y podrá juzgar por usted mismo.

Pérdida de la vida. Naomi tenía algo más de cuarenta años cuando el médico le informó que en su radiografía de tórax había aparecido una "mancha". Como estaba convencida de que ir al médico era una forma de buscarse problemas, tardó varios meses en confirmar esta información. Cuando lo hizo, corroboró sus peores sospechas. Una dolorosa biopsia confirmó la presencia de células malignas y la posterior operación del pulmón indicó que el cáncer ya se había extendido.

Esta noticia fue, para Naomi y su familia, como el estallido de una granada de mano. Mientras transcurrían los meses, cada vez se sentía más abatida por su estado de debilidad. ¿Por qué? No se debía tanto al malestar físico provocado por la enfermedad o la quimioterapia, aunque éstas eran realmente incómodas, como al hecho de que estaba tan débil que tuvo que abandonar las actividades diarias que tanto significaban para su sentido de la identidad y su orgullo. Ya no podía trabajar en su casa (su esposo realizaba la mayor parte de las tareas domésticas) y tuvo que dejar sus dos trabajos de tiempo parcial, uno de los cuales consistía en lecturas voluntarias para ciegos.

Usted podría insistir: "Los problemas de Naomi son *reales*. Su aflicción no viene provocada por la distorsión, se debe a la situación".

Pero... ¿su depresión era inevitable? Le pregunté a Naomi por qué su falta de actividad la trastornaba tanto. Expliqué el concepto de "pensamientos automáticos" y ella escribió las siguientes cogniciones negativas: 1) no estoy contribuyendo a la sociedad; 2) no estoy desarrollándome en mi campo personal; 3) no soy capaz de participar en diversiones *activas,* y 4) soy una carga para mi esposo. Las emociones asociadas con estos pensamientos eran: irritación, tristeza, frustración y culpa.

Cuando vi lo que había escrito, mi corazón saltó de alegría. Estos pensamientos no diferían de los de algunos pacientes deprimidos pero físicamente saludables que observo en mi práctica diaria. La depresión de Naomi *no* venía provocada por su enfermedad, sino por su actitud enferma que la hacía medir su valor por lo que producía. Debido a que siempre había equiparado su valor con sus logros, el cáncer significaba: "¡Estás yendo cuesta abajo! ¡Directo al camión de la basura!" ¡Esto me permitió intervenir!

Le sugerí que confeccionara un gráfico de su "valor" personal desde su nacimiento hasta su muerte (véase la fig. 9-1, página 237). Lo consideró como una constante, estimándolo en un 85 por ciento en una escala imaginaria del 0 al 100 por ciento. También le pedí que calculara su *productividad* durante el mismo período en una escala similar. Trazó una curva con una baja productividad durante la infancia, incrementándola hasta una meseta máxima en la edad adulta y disminuyéndola nuevamente en la vejez (veáse fig. 9-1, página 237).

Entonces, repentinamente, comprendió dos cosas: primero, si bien su enfermedad había reducido su productividad, aún realizaba pequeñas aunque importantes tareas para ella y para su familia. Sólo una concepción de todo o nada pudo hacerla pensar que sus contribuciones equivalían a cero. Segundo, y mucho más importante, comprendió que su valor personal era firme y constante; era algo dado que no estaba relacionado con sus logros. Esto significaba que su valor humano *no* era algo que tuviera que adquirir y que era igualmente valiosa aun en su estado de debilidad. Una sonrisa apareció en su rostro y su depresión se desvaneció en aquel momento. Para mí fue un verdadero placer poder observar y participar de este pequeño milagro. *No* eliminó el tumor, pero le devolvió su autoestima perdida y eso fue lo que cambió su estado de ánimo. Naomi no era una de mis pacientes, sino alguien a quien conocí durante las vacaciones que pasé en mi estado natal de California, en el invierno de 1976. Muy poco después recibí una carta suya que quiero compartir con ustedes:

David:

    Una pequeña posdata a la última carta que le envié, quizás un poco tardía pero muy importante, a saber: los simples y pequeños "gráficos" que realizó después sobre la productividad como opuesta a la autovaloración o autoestima o como quiera

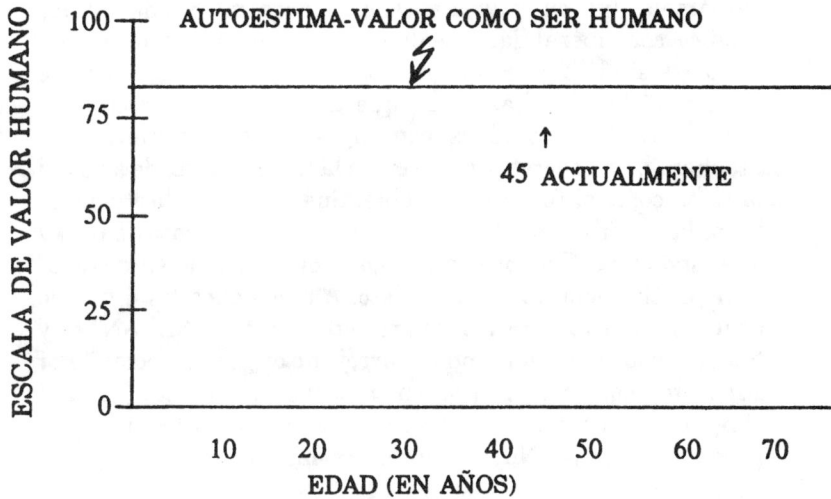

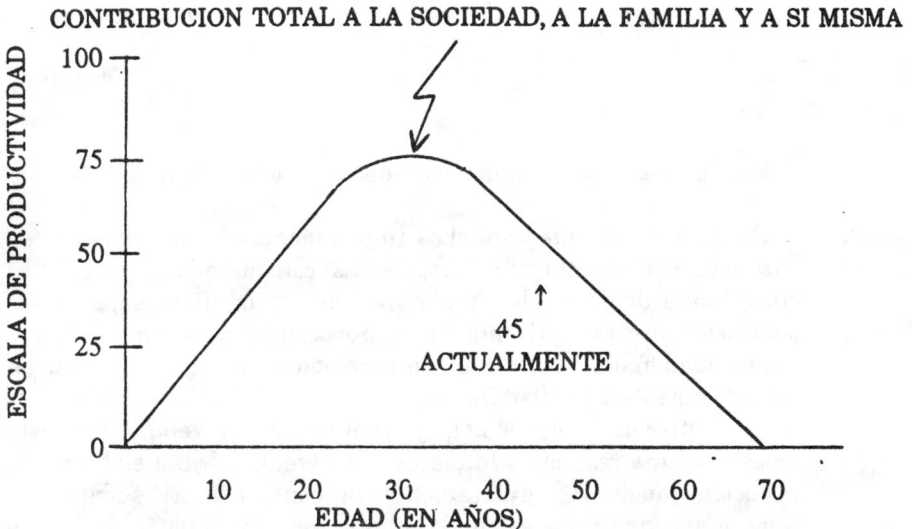

Figura 9-1. Gráficos del valor y el trabajo de Naomi. En la figura de arriba Naomi esquematizó su "valor" humano desde su nacimiento hasta su muerte. Lo estimó en un 85 por ciento. En la figura de abajo esquematizó su productividad y logros durante el transcurso de su vida. Su productividad era baja durante la niñez, alcanzó una estabilidad alta durante la edad adulta y finalmente descendería a cero cuando muriera. Este gráfico la ayudó a comprender que su "valor" y sus "logros" no estaban relacionados, ni existía una correlación entre ellos.

llamársela, fueron muy alentadores para mí, y además los dosifico con liberalidad. Realmente me convirtieron en una psicóloga sin haber tenido que obtener el título. Descubrí que funcionan con muchas cosas que molestan y aburren a la gente. Probé estas ideas con algunos de mis amigos. A Stephanie, una secretaria que tiene la tercera parte de su edad la trata como si fuera un mueble; Sue se ve constantemente humillada por sus mellizas de catorce años; el esposo de Becky la abandonó; a Ilga Brown el hijo adolescente de su novio la hace sentir como una intrusa, etc. A todos ellos les dije: "De acuerdo, pero vuestro valor personal es una CONSTANTE, y toda la basura que el mundo os arroje no os podrá afectar". Por supuesto, comprendo que en muchos casos esto es una simplificación excesiva y no puede ser un calmante para todo, pero es muy útil. ¡Nuevamente, gracias, señor!

Como siempre,

Naomi

Seis meses después murió con dolor pero con dignidad.

Pérdida de un miembro. Los impedimentos físicos constituyen una segunda categoría de problemas considerados "reales". El individuo afligido (o los miembros de la familia) supone automáticamente que las limitaciones provocadas por la vejez o por una incapacidad física, como una amputación o la ceguera, implican necesariamente una disminución en la posibilidad de ser feliz. Los amigos ofrecen comprensión y compasión, creyendo que esto constituye una respuesta humanitaria y "realista". Sin embargo, la situación puede ser exactamente la contraria. El sufrimiento emocional podría ser ocasionado por un concepto equivocado más que por un cuerpo incapacitado. En una situación así, una respuesta compasiva puede tener el efecto, no deseado, de reforzar la autocompasión y la creencia de que el individuo incapacitado está condenado a disfrutar de menos diversión y satisfacción que los demás. En contraposición, cuando el individuo afligido o los miembros de su familia aprenden a corregir las distorsiones de su pensamiento, se puede obtener una vida emocional plena y gratificante.

Por ejemplo: Fran, de treinta y cinco años, casada, madre de dos hijos, comenzó a experimentar síntomas de depresión cuando su marido sufrió la paralización irreversible de la pierna derecha debido a una lesión de la columna vertebral. Durante seis años buscó alivio a su desesperanza y recibió gran cantidad de tratamientos dentro y fuera de los hospitales, incluyendo fármacos antidepresivos y tratamientos de choque. Nada pudo ayudarla. Cuando vino a verme padecía una gravísima depresión y sentía que sus problemas eran irresolubles.

Describió llorando la frustración que experimentaba al tratar de hacer frente a la progresiva inmovilidad de su esposo:

> Lloro cada vez que veo a otras parejas hacer cosas que nosotros no podemos. Sufro al verlos caminar juntos, zambullirse en una piscina o en el mar o pasear en bicicleta. Para John y para mí sería bastante difícil hacer cosas de ésas. Para ellos es algo natural, como lo era para nosotros. Ahora sería maravilloso si pudiéramos hacerlo. Pero usted sabe, yo sé y John sabe que... no podemos.

En un principio, también tuve la sensación de que el problema de Fran era real. Después de todo, *no podían* realizar muchas de las cosas que la mayoría de nosotros sí puede. Y lo mismo cabe decir de la gente anciana, como también de los que son ciegos o sordos o de los que han sufrido la amputación de un miembro.

En realidad, cuando uno piensa en ello, *todos* tenemos limitaciones. Entonces... ¿todos deberíamos sentirnos desdichados? Mientras reflexionaba, repentinamente la distorsión de Fran apareció en mi mente. ¿Saben cuál era? Vea la lista de la página 55 y trate de descubrirla... Correcto, la distorsión que provocó en Fran la sensación de inutilidad era el filtro mental. Fran se concentraba en todas y cada una de las actividades que no podía realizar. Al mismo tiempo, las múltiples cosas que podían o *podrían* realizar con John no podían ingresar en su consciente. No importaba cómo se sintiera: para ella la vida era triste y vacía.

La solución resultó ser sorprendentemente simple. Le propuse a Fran lo siguiente: "Prepare en casa una lista de todas las cosas que usted y John *pueden* realizar juntos. En lugar de concentrarse en las cosas que *no* pueden realizar aprenda a hacerlo en las que *sí* pueden. Por ejemplo: a mí me hubiera encantado ir a la luna, pero como no soy astronauta probablemente nunca tendré la oportunidad de hacerlo. Si me concentro en el hecho de que debido a mi profesión y a mi edad es extremadamente improbable que pueda ir a la luna, me sentiría muy decepcionado. Por otro lado, hay muchas cosas que *puedo* hacer, y si me concentro en ellas no me sentiré así. ¿Cuáles serían algunas de las cosas que usted y John *pueden* hacer como pareja?"

FRAN: Bueno, disfrutamos estando juntos, salimos a cenar y nos une una gran camaradería.

DAVID: Muy bien. ¿Qué más?

FRAN: Montamos a caballo juntos, jugamos a las cartas. Cine, bingo. Me está enseñando a conducir...

DAVID: ¿Lo ve? En menos de treinta segundos ya ha mencionado seis cosas que pueden hacer juntos. Si le propongo que para la próxima sesión continúe con la lista, ¿cuántas actividades podría contabilizar?

FRAN: Podría mencionar cosas en las que nunca pensamos, quizás algo inusual, como volar en avión.

DAVID: Bien, incluso podría descubrir algunas ideas más audaces. Tenga en cuenta que usted y John podrían realizar muchas cosas que usted supone que no pueden. Por ejemplo, me contó que no pueden ir a la playa y mencionó lo mucho que le gustaría nadar. Podría ir a una playa un poco más alejada y así no se sentiría tan acomplejada. Si yo estuviera en una playa y usted y John estuvieran allí, su invalidez física no me importaría. Recientemente visité una playa en el lago Tahoe, en California, con mi esposa y su familia. Mientras íbamos nadando, repentinamente llegamos a una ensenada con una playa nudista, donde había jóvenes desnudos. ¡Por supuesto que no miré a ninguno en particular! Pero a pesar de ello observé que a un hombre joven le faltaba una parte de su pierna derecha, desde la rodilla hasta abajo, y sin embargo, estaba divirtiéndose con los demás. Por eso no estoy en absoluto convencido de que porque alguien sea un impedido o le falte un miembro no pueda ir a la playa y divertirse. ¿Usted qué opina?

232

Algunas personas se burlarían ante la idea de que un problema tan "difícil y real" pueda resolverse tan fácilmente, o de que una depresión intratable como la de Fran pueda curarse con una intervención tan simple. Cuando terminó la sesión manifestó experimentar una completa desaparición de sus desagradables sentimientos, ya que se sentía tan bien como no se había sentido en los últimos años. Para mantener esta mejoría, obviamente, necesitaba realizar un esfuerzo consecuente durante algún tiempo con el fin de cambiar su modo de pensar y poder superar su mal hábito de tejer una intrincada tela de araña mental y caer atrapada en ella.

Pérdida del puesto de trabajo. La mayoría de la gente considera la amenaza de un fracaso en su profesión o la pérdida de la autosuficiencia económica como un golpe emocional potencialmente inhabilitante, debido a la difundida suposición propia de la cultura occidental según la cual el valor individual y la capacidad para ser feliz están directamente relacionados con el éxito profesional. En este sistema de valores parece obvio y realista suponer que la depresión emocional está inevitablemente relacionada con las pérdidas económicas, el fracaso profesional o la bancarrota.

Si esto es lo que usted siente, creo que le interesará conocer a Hal. Hal es un hombre casado, bien parecido, de cuarenta y cinco años, padre de tres niños, que trabajó durante diecisiete años con su suegro en una boyante empresa comercial. Tres años antes de que comenzara el tratamiento conmigo, Hal y su suegro tuvieron una serie de discusiones sobre la administración de la empresa. Hal renunció en un momento de irritación, abandonando así sus intereses en la compañía. Durante los tres años siguientes deambuló de trabajo en trabajo, pero le resultaba difícil encontrar un empleo satisfactorio. Parecía no tener éxito en nada y comenzó a considerarse un inútil. Su esposa se puso a trabajar durante toda la jornada para poder pagar los gastos y esto aumentó la sensación de humillación de Hal, ya que siempre se había enorgullecido de ser el que mantenía a la familia. Con el paso de los meses y los años, su situación financiera se agravó y comenzó a experimentar una creciente depresión a medida que decrecía su autoestima.

Cuando conocí a Hal estaba intentando trabajar desde hacía tres meses como vendedor a prueba de bienes raíces. Había alquilado varios edificios, pero aún no había efectuado ninguna venta. Debido a que su trabajo dependía de las comisiones, sus ingresos durante este período eran bastante bajos. Se encontraba muy deprimido y abúlico. En algunas ocasiones se quedaba en la cama pensando: "¿Para qué? Soy un perdedor. No tiene sentido ir a trabajar. Es menos doloroso permanecer en la cama".

Hal permitió que los residentes de psiquiatría de nuestro programa de entrenamiento de la Universidad de Pensilvania observaran una de nuestras sesiones de psicoterapia a través de un espejo. Durante esta sesión, Hal relató una conversación en los vestuarios de su club. Un amigo acaudalado de Hal le manifestó su interés por la compra de un determinado edificio. Usted pensará que saltó de alegría al saberlo, ya que la comisión de esta venta hubiera supuesto mucho para su carrera e incrementado su cuenta bancaria. En lugar de establecer el contacto, Hal tardó varias semanas. ¿Por qué? Debido a su convencimiento: "Vender una propiedad comercial es muy complicado y nunca antes lo he hecho. De cualquier manera, probablemente se arrepentirá en el último momento. Eso significaría que no sirvo para este trabajo, que soy un inútil".

Luego analicé la sesión con los residentes. Deseaba saber qué pensaban sobre las actitudes pesimistas y contraproducentes de Hal. Opinaban que Hal tenía capacidad para las ventas y que era demasiado duro consigo mismo. Durante la sesión siguiente utilicé este concepto. Admitió que era más crítico consigo mismo que con cualquier otra persona. Por ejemplo, si uno de sus socios perdiera una gran venta simplemente le diría: "No es el fin del mundo, continúa intentándolo". Pero si le sucediera a él, diría: "Soy un perdedor". Admitió que estaba actuando con una "doble medida": tolerante con los demás y duro, crítico y punitivo consigo mismo. Usted puede tener la misma tendencia. Hal defendió su doble medida argumentando que podía serle útil:

HAL: Bueno, ante todo la responsabilidad y el interés que siento por otra persona no es la misma responsabilidad que siento por mí mismo.

DAVID: Muy bien, continúe.

HAL: Si no tengo éxito, no faltará el pan en mi mesa ni surgirán sentimientos negativos dentro de mi familia. Por lo tanto la única razón por la que estoy interesado en ellos es porque es agradable que los demás tengan éxito, pero...

DAVID: Espere, espere... ¿Se interesa por los demás porque es agradable que tengan éxito?

HAL: Sí, creo...

234

DAVID: ¿La norma que aplica con ellos es aquella que cree que los hará triunfar?

HAL: Correcto.

DAVID: ¿Y la que aplica para sí mismo es la que le ayudará a triunfar? ¿Cómo se siente cuando afirma: "Una venta perdida significa que soy un inútil"?

HAL: Desanimado.

DAVID: ¿Y esto es útil?

HAL: Bueno, no produce resultados positivos, por lo tanto, aparentemente no lo es.

DAVID: ¿Y es *realista* decir: "Una venta perdida y soy un inútil"?

HAL: En realidad no.

DAVID: Entonces, ¿por qué utiliza esta norma del todo o nada para sí mismo? ¿Por qué utilizar normas útiles y realistas con personas que no le interesan demasiado y normas perjudiciales y contraproducentes consigo mismo?

Hal comenzó a comprender que no era beneficioso vivir con pautas dobles. Se juzgaba a sí mismo con rígidas reglas que jamás aplicaría a otros. En un principio defendió esta tendencia (como lo harían muchos perfeccionistas exigentes) argumentando que le *ayudaba* a ser mucho más exigente consigo mismo que con los demás. Sin embargo, rápidamente comprendió que sus pautas personales, en realidad, eran contraproducentes y no eran reales, ya que si trataba de vender el edificio y no lo lograba lo consideraba una catástrofe. El mal hábito de su concepción del todo o nada era la clave del temor que lo paralizaba y no le permitía intentarlo. Consecuentemente, pasaba la mayor parte del tiempo abatido en la cama.

Hal pidió algunas pautas específicas sobre lo que debía hacer para abandonar sus normas perfeccionistas y así poder juzgar a todas las personas, incluyéndose a él mismo, por *un* conjunto objetivo de normas. Le propuse que como primer paso debería utilizar la técnica del pensamiento automático y la respuesta racional. Por ejemplo: si se encuentra sentado en casa y no sabe si ir a trabajar, puede pensar: "Si no voy a trabajar temprano, estoy allí toda la jornada y me pongo al día, ni siquiera tiene sentido intentarlo. Mejor me quedo en la cama". Después de escribir esto debo reemplazarlo por una respuesta racional: "Este es un concepto de todo o nada y es una tontería. Ir a trabajar aunque sólo sea medio día podría ser un paso importante y me haría sentir mejor".

Hal estuvo de acuerdo en anotar una cierta cantidad de pensamientos inquietantes antes de la siguiente sesión de terapia, en aquellos momentos en que se sintiera inútil y descontento consigo mismo. (Véase cuadro 9-1, en pág. 237.)

Dos días después recibió una comunicación de despido de su jefe, y vino a la siguiente sesión totalmente convencido de que sus pensamientos autocríticos eran absolutamente válidos y reales. No fue capaz de encontrar una sola respuesta racional. El aviso especificaba que debía renunciar porque no había podido mejorar su estilo de trabajo. Durante la sesión discutimos cómo podía aprender a responderle a su voz crítica.

DAVID: Bueno, veamos si podemos escribir algunas respuestas a sus pensamientos negativos en la columna de Respuestas Racionales. ¿Puede pensar en alguna respuesta basada en lo que hablamos durante la última sesión? Considere su afirmación "Soy un inútil". ¿Podría ser el resultado de su concepción de todo o nada o de sus pautas perfeccionistas? La respuesta le resultará más clara si realizamos un cambio de roles. A veces es más difícil hablar objetivamente de otro. Suponga que me presento con su historia y le cuento que trabajaba con mi suegro. Hace tres años tuvimos una pelea. Sentía que se aprovechaban de mí y me fui. Desde entonces me siento triste y deambulo de trabajo en trabajo. Y ahora me han despedido de un empleo en el que ganaba comisiones, y esto significa una doble derrota. En primer lugar, no me han pagado nada y en segundo lugar, ni siquiera han creído que sirviera para eso y me han despedido. He llegado a la conclusión de que soy un inútil, un ser humano inadaptado. ¿Qué me diría?

HAL: Bueno... Suponiendo que ha llegado a ese punto, digamos que los primeros cuarenta años o más de su vida, obviamente *hizo* algunas cosas.

DAVID: Muy bien, escriba eso en la columna de Respuestas Racionales. Confeccione una lista de todas las cosas buenas y útiles que realizó en los primeros cuarenta años de su vida. Ganó dinero, educó hijos que han tenido éxito, etc., etc.

HAL: Bien. Puedo escribir que he logrado algunas cosas. Tenemos un buen hogar. Educamos tres hijos inteligentísi-

236

Tabla 9-1
Tarea de Hal para registrar y desafiar sus pensamientos autocríticos. Escribió las respuestas racionales durante la sesión de terapia (véase texto).

Pensamientos negativos (AUTOCRITICA)	Respuestas racionales (AUTODEFENSA)
1. Soy perezoso.	1. He trabajado duro gran parte de mi vida.
2. Disfruto estando enfermo.	2. No es divertido.
3. Soy un inútil, soy un fracasado.	3. Tengo un cierto éxito. Tenemos un buen hogar. Hemos educado tres hijos inteligentísimos. La gente me admira y respeta. Participo en actividades comunitarias.
4. El hecho de permanecer sin hacer nada representa mi verdadero yo.	4. Son los síntomas de alguna enfermedad. No es "mi verdadero yo".
5. Podría haber hecho más.	5. Por lo menos, he hecho más que la mayoría de la gente. No tiene sentido y es inútil afirmar: "Podría haber hecho más", ya que cualquiera podría afirmarlo.

mos. La gente me admira y respeta, y participo en actividades comunitarias.

DAVID: Bien, éstas son todas las cosas que ha hecho. ¿Cómo concilia esto con su creencia de que es un inútil?

HAL: Podría haber hecho más.

DAVID: ¡Bravo! Estaba seguro de que encontraría una manera inteligente de descalificar sus puntos a favor. Escríbalo como otro pensamiento negativo: "Podría haber hecho más". ¡Maravilloso!

HAL: Ya lo he escrito como número cinco.

DAVID: ¿Cuál es la respuesta para ése?

(Prolongado silencio)

DAVID: ¿Cuál es? ¿Cuál es la distorsión en ese pensamiento?

HAL: ¡Usted es un tramposo!

DAVID: ¿Cuál es la respuesta?

HAL: Por lo menos ha hecho más que la mayoría de la gente.

DAVID: Correcto. ¿Y en qué porcentaje cree usted eso?

HAL: En un ciento por ciento.

DAVID: ¡Bravo! Anótelo en la columna de Respuestas Racionales. Regresemos a ese "Podría haber hecho más". Suponga que es Howard Hughes sentado en su torre con todos esos millones y billones. ¿Qué se diría a sí mismo para sentirse infeliz?

HAL: Estoy tratando de pensar.

DAVID: Sólo lea lo que ha escrito en el papel.

HAL: ¡Oh! "Podría haber hecho más".

DAVID: Siempre se puede decir eso, ¿verdad?

HAL: Sí.

DAVID: Y ésa es la razón por la cual gran cantidad de gente que ha conseguido fama y fortuna es infeliz. Es sólo un ejemplo de pautas perfeccionistas. Usted puede avanzar, avanzar y avanzar, y no importa los logros que alcance, siempre podrá decir: "Podría haber hecho más". Esta es una forma arbitraria de castigarse a sí mismo. ¿Está de acuerdo o no?

HAL: Bueno, sí. Lo comprendo. Para ser feliz realmente se requiere más de un elemento, ya que si se tratara de dinero entonces los millonarios estarían eufóricos. Pero para ser feliz o sentirse satisfecho con uno mismo existen otras circunstancias además de obtener dinero. Ese no es el impulso que me paraliza, nunca tuve el impulso de ir detrás del dinero.

DAVID: ¿Cuáles eran sus impulsos? ¿Tuvo el impulso de formar una familia?

HAL: Eso era muy importante para mí. Muy importante. Y participé en la educación de los niños.

DAVID: ¿Y qué hizo?

HAL: Trabajé con ellos, les enseñé, jugué.

DAVID: ¿Y cómo evolucionaron?

HAL: ¡Creo que son muy inteligentes!

DAVID: Usted anotó: "Soy un inútil. Soy un fracasado". ¿Cómo relaciona esto con el hecho de que su propósito fuera educar tres niños y acabara consiguiéndolo?

HAL: Creo que otra vez no he tenido en cuenta eso.

DAVID: Entonces, ¿cómo puede considerarse un fracasado?

HAL: No he ganado ni un sueldo... No llevo dinero a casa desde hace varios años.

DAVID: ¿Es realista considerarse un "fracasado" basándose en eso? He aquí un hombre que tiene una depresión desde hace tres años y le cuesta ir al trabajo y, ¿es realista considerarlo un fracaso? ¿La gente con depresiones es un fracaso?

HAL: Bueno, si supiera más acerca de lo que provoca la depresión podría realizar un crítica más justa.

DAVID: No conoceremos la causa principal de la depresión hasta dentro de algún tiempo. Pero a nuestro entender la causa directa de la depresión son las aseveraciones punitivas y perjudiciales con las que uno se castiga. No sabemos por qué esto les sucede más a unos que a otros. Aún no se han determinado las influencias bioquímicas y genéticas. Indudablemente la educación contribuye, y si lo desea podemos tratarlo en otras sesiones.

HAL: Si no existe la certeza sobre la causa principal de la depresión, ¿no podemos considerarla como un fracaso? Quiero decir, no sabemos dónde se origina... Debe haberme sucedido algo malo que provocó... alguna frustración que originó la depresión.

DAVID: ¿Qué evidencia tiene de eso?

HAL: No la tengo. Es sólo una posibilidad.

DAVID: Pero para realizar una suposición tan seria como ésa... *cualquier cosa* es una posibilidad. Pero no hay *evidencia* de eso. Cuando los pacientes superan las depresiones, vuelven a ser tan productivos como antes. Me parece que si su problema consistía en que eran unos fracasados, cuando superan la depresión deberían continuar siendo unos fracasados. Entre mis pacientes he tenido profesores de escuela secundaria y presidentes de corporaciones. Permanecían sentados mirando la pared debido a su depresión. Cuando la superaron comenzaron a dar conferencias y a administrar sus negocios como antes. ¿Cómo podemos afirmar que la depresión se debe al hecho de que son unos fracasados? Me parece que es exactamente al revés: que el fracaso se debe a la depresión.

239

HAL: No puedo responder a eso.

DAVID: Es *arbitrario* afirmar que usted sea un fracasado. Ha tenido una depresión y la gente deprimida no hace las cosas como cuando no lo está.

HAL: Entonces soy un depresivo con éxito.

DAVID: ¡Correcto! ¡Correcto! Y ser un depresivo con éxito implica mejorar. Espero que eso sea lo que estamos haciendo. Supongamos que tiene neumonía desde hace seis meses. No podría haber ganado ni un centavo. También podría haber afirmado: "Soy un fracasado". ¿Sería realista?

HAL: No lo creo, ya que seguramente no podría haberme provocado voluntariamente la neumonía.

DAVID: Muy bien. ¿Puede aplicar la misma lógica a su depresión?

HAL: Sí. Honestamente no creo que mi depresión fuera provocada voluntariamente.

DAVID: Por supuesto que no lo fue. ¿Deseaba provocar esto?

HAL: ¡Oh, no!

DAVID: *¿Hizo* algo conscientemente para provocarlo?

HAL: No, que yo sepa.

DAVID: Y si supiéramos qué es lo que está provocando la depresión podríamos señalarlo. Pero como no lo sabemos, ¿no es estúpido culpar a Hal por su propia depresión? Lo que sí sabemos es que la gente deprimida tiene esa visión negativa de sí misma. Y sienten y actúan de acuerdo con esa visión negativa de todo. Usted no provocó eso a propósito ni *eligió* sentirse incapacitado. Y cuando supere esa visión y vuelva a ver las cosas de una manera no depresiva será tan productivo o más que antes, si es como los demás pacientes que he tratado. ¿Comprende lo que quiero decir?

HAL: Sí, lo comprendo.

Para Hal resultó un alivio comprender que a pesar de que durante varios años no había tenido éxitos financieros, era absurdo considerarse "un fracasado". Esta imagen de sí mismo negativa y su sensación de parálisis eran el resultado de su concepción del todo o nada. Su sensación de inutilidad estaba basada en su tendencia a concentrarse sólo en los aspectos negativos de su vida (el filtro mental) y a no considerar las muchas áreas en las que había triunfado (desestimar lo positivo). Pudo comprender que se estaba torturando innecesariamente al afirmar: "Podría haber hecho más", y que el valor financiero no es el mismo que el valor humano. Finalmente, Hal pudo admitir que los *síntomas* que experimentaba (letargo e indecisión) eran simplemente manifestaciones de un proceso de enfermedad temporal y no indicaciones de su "verdadero yo". Le resultaba absurdo creer que su depresión era un castigo por alguna insuficiencia personal, como podría serlo la neumonía.

Al finalizar la sesión, el test de depresión de Beck indicó que Hal había tenido una mejoría del 50 por ciento. En las semanas siguientes continuó ayudándose a sí mismo y utilizando la técnica de las dos columnas. Al aprender a vencer sus pensamientos negativos, pudo reducir las distorsiones de su durísima autoevaluación y su estado de ánimo continuó mejorando.

Hal abandonó su trabajo como vendedor y abrió una librería. Pudo haber salido de allí sin ganar ni perder; pero a pesar de un considerable esfuerzo personal no pudo obtener beneficios que justificaran continuar después del primer año de prueba. Las señales de éxito exteriores no cambiaron de manera apreciable durante ese período. En lugar de ello, Hal logró evitar una grave depresión y mantener su autoestima. El día que decidió "arrojar la toalla" en la librería, aún se encontraba económicamente por debajo de cero, pero su autorrespeto no disminuyó. Escribió las siguientes líneas, que decidió leer todas las mañanas mientras buscaba un nuevo trabajo:

¿POR QUÉ NO SOY UN INUTIL?

Mientras tenga algo a lo que contribuir con mi bienestar y el de los demás, no seré un inútil.

Mientras lo que haga tenga un efecto positivo, no seré un inútil.

Mientras el hecho de estar vivo sea importante para una sola persona, no seré un inútil (si es necesario, esa persona puedo ser yo mismo).

Si brindar amor, comprensión, compañía, estímulo, sociabilidad, consejo, consuelo, significa algo, no seré un inútil.

Si puedo respetar mis opiniones, y mi inteligencia, no seré un inútil. Si otros también me respetan, es un halago.

Si siento respeto por mí mismo y tengo dignidad, no seré un inútil.

Si además puedo contribuir a la subsistencia de las familias de mis empleados, no seré un inútil.

Si hago todo lo posible para ayudar a mis clientes y vendedores a través de mi productividad y creatividad, no seré un inútil.

Si mi presencia en este medio significa algo para los demás, no seré un inútil.

No soy un inútil. Evidentemente, ¡soy alguien muy valioso!

Pérdida de un ser querido: Una de las pacientes más gravemente deprimidas que traté cuando comencé mi carrera fue Kay, una pediatra de treinta y un años, cuyo hermano menor se había suicidado de una manera espantosa, tirándose por la ventana del apartamento de ella, hacía seis semanas. Lo que resultaba particularmente doloroso para Kay era que se sentía responsable del suicidio, y los argumentos que esgrimía para apoyar este punto de vista eran bastante convincentes. Kay sentía que afrontaba un problema agudo que era real e insoluble. Sentía que merecía morir y, en aquel momento, era una suicida en potencia.

Un problema frecuente que aqueja a la familia y a los amigos de un individuo que se suicida es el sentimiento de culpa. Existe una tendencia a torturarse con pensamientos tales como: "¿Por qué no lo impedí? ¿Por qué fui tan estúpido?" Incluso los psicoterapeutas y consejeros no son inmunes a estas reacciones y se castigan: "En realidad es culpa mía. Si le hubiera hablado de un modo diferente en aquella última sesión... ¿Por qué no indagué si era o no un suicida? Debí haber intervenido de manera más enérgica. ¡Lo he asesinado!" Lo que resulta más trágico e irónico es que, en la mayoría de los casos, el suicidio ocurre debido a la creencia distorsionada de la víctima de que tiene un problema insoluble, el cual, visto desde una perspectiva más objetiva, sería mucho menos abrumador y seguramente no valdría el suicidio.

La autocrítica de Kay era muy intensa, ya que sentía que había tenido mejores oportunidades en la vida que su hermano y, por lo tanto, se apartó de su camino para tratar de compensar esto brindándole apoyo emocional y financiero durante su prolongado ataque de depresión. Concertó su tratamiento psicoterapéutico, lo pagó e incluso le consiguió un apartamento cerca del suyo para que pudiera llamarla cuando se sintiera mal.

Su hermano estudiaba fisiología en Filadelfia. El día de su

suicidio llamó a Kay para preguntarle sobre los efectos del monóxido de carbono en la sangre para una charla que debía dar en clase. Como Kay sabía mucho acerca del tema, creyó que la pregunta era inocente y le dio la información sin pensar. No habló mucho con él, pues estaba preparando una conferencia que debía dictar al día siguiente en el hospital en el que trabajaba. Utilizó la información para realizar su cuarto y último intento de suicidio lanzándose por la ventana del apartamento de Kay mientras ella preparaba su conferencia. Kay se sintió responsable de su muerte.

Se sentía comprensiblemente abatida considerando la trágica situación que debió afrontar. Durante las primeras sesiones de terapia confesó por qué se culpaba y estaba convencida de que estaría mejor muerta: "Había asumido la responsabilidad de la vida de mi hermano. He fracasado, por lo tanto siento que soy responsable de su muerte; pues esto prueba que no lo ayudé como hubiera debido. Debería haber sabido que estaba en una situación crítica y fracasé al no intervenir. Pensándolo bien, es obvio que de nuevo estaba mostrando intenciones suicidas. Ya lo había intentado tres veces. Si se lo hubiera preguntado cuando me llamó, podría haberle salvado la vida. Durante el mes anterior a su muerte, en varias ocasiones me enfadé con él y, para decir la verdad, a veces era una carga y una molestia. Recuerdo que en una ocasión me sentí irritada y pensé que quizás estaría mejor muerto. Me siento terriblemente culpable por esto. ¡Quizá deseaba que muriera! Sé que lo dejé caer, por eso creo que merezco morir".

Kay estaba convencida de que su culpa y su agonía eran válidas y lógicas. Como era una persona con una elevada moral y una educación estrictamente católica, sentía que merecía el castigo y el sufrimiento. Sabía que había algo incorrecto en su forma de razonamiento, pero no pude penetrar en su ilógica durante varias sesiones, pues era brillante y persuasiva y elaboró una convincente acusación contra sí misma. Casi comencé a compartir su creencia de que su dolor emocional era "real". Entonces, repentinamente, descubrí la clave que la liberaría de su prisión mental. El error que estaba cometiendo era el número diez expuesto en el capítulo 3: personalización.

En la quinta sesión de terapia utilicé esta concepción para desafiar las equivocaciones del punto de vista de Kay. Primero, destaqué que, si fuera responsable de la muerte de su hermano, debería ser la causa de la misma. Ya que ni los expertos conocen la causa del suicidio, no había razón para pensar que ella lo fuera.

Le comenté que si tuviéramos que adivinar la causa de su suicidio, ésta debería ser su errónea convicción de que no tenía esperanza, de que era un inútil y de que su vida no valía la pena de ser vivida. Como ella no controlaba su pensamiento, no podía ser responsable de las suposiciones ilógicas que lo llevaron a terminar con su vida. Eran los errores de su hermano y no los suyos. Por lo tanto, estaba asumiendo la responsabilidad de sus estados de ánimo y acciones, por algo que no podía controlar. Lo máximo que cualquiera podría haber esperado de ella era que tratara de ayudarlo, como lo hizo dentro de sus posibilidades.

Insistí en que fue una desgracia que no supiera lo necesario para prevenir su muerte. Si hubiera sabido que iba a intentar suicidarse, habría intervenido de cualquier manera posible. Sin embargo, como no lo sabía, no pudo intervenir. Por lo tanto, al culparse de su muerte estaba suponiendo de manera ilógica que podía predecir el futuro con absoluta certeza y que tenía todo el conocimiento del universo a su disposición. Debido a que ambas expectativas eran irreales, no había razón para menospreciarse. Le señalé que ni siquiera los terapeutas profesionales son infalibles en su conocimiento de la naturaleza humana y aprenden frecuentemente de pacientes suicidas a pesar de su supuesta experiencia.

Por todas estas razones, era un gran error sentirse responsable del comportamiento de su hermano, pues no había podido controlarlo. Le puntualicé que sólo era responsable de su propia vida y bienestar. En este punto, comprendió que estaba actuando irresponsablemente, no porque lo hubiera "dejado caer", sino porque se estaba deprimiendo y proyectando su propio suicidio. Lo responsable era *rechazar* cualquier sentimiento de culpa y terminar con la depresión, y luego buscar una vida de felicidad y satisfacción. Esto era actuar de una manera responsable.

Esta discusión fue seguida de una rápida mejoría en su estado de ánimo. Kay atribuyó esto a un profundo cambio en su actitud. Comprendió que habíamos descubierto las equivocaciones que la hicieron desear su muerte. Entonces decidió continuar con la terapia durante algún tiempo para trabajar en la mejora de su calidad de vida y para disipar la sensación de opresión crónica que la había atormentado durante varios años antes del suicidio de su hermano.

Tristeza sin sufrimiento. Entonces surge la pregunta: ¿cuál es la naturaleza de la "tristeza saludable" cuando no está contaminada por la distorsión? O para decirlo de otra manera: la tristeza, ¿necesariamente debe suponer sufrimiento?

Ya que no puedo afirmar que conozca la respuesta definitiva a esta pregunta, me gustaría compartir una experiencia que me ocurrió cuando era un inseguro estudiante de medicina, y realizaba mis prácticas clínicas en el servicio de urología del hospital del Centro Médico de la Universidad de Stanford, en California. Se me asignó un hombre mayor a quien, recientemente, le habían extirpado un tumor del riñón. El equipo quería darle de alta rápidamente, pero su función hepática comenzó a deteriorarse repentinamente y se descubrió que el tumor había reaparecido en el hígado. Esta trágica complicación era intratable y su salud comenzó a deteriorarse rápidamente con el paso de los días. Mientras su funcionamiento hepático se agravaba, lentamente entró en un estado de inconsciencia. Su esposa, al comprender la seriedad de la situación, se instaló a su lado día y noche durante más de cuarenta y ocho horas. Cuando estaba cansada, apoyaba la cabeza sobre la cama, pero nunca se alejó de su lado. En ocasiones le tocaba la cabeza y decía: "Eres mi hombre y te amo". A causa de su estado crítico, los miembros de su numerosa familia, incluyendo hijos, nietos y bisnietos, comenzaron a llegar al hospital, desde varios lugares de California.

Por la tarde, el residente encargado me pidió que me quedara con el paciente y atendiera el caso. Cuando entré en la habitación advertí que estaba entrando en un coma. Había ocho o diez familiares suyos, algunos muy mayores y otros muy jóvenes. A pesar de que tenían una vaga idea de la seriedad de su situación no se les había informado sobre la gravedad de lo que podía suceder. Uno de sus hijos, al sentir que se acercaba el fin, me preguntó si estaría dispuesto a quitarle el catéter que drenaba su vejiga. Comprendí que al quitarle el catéter su familia sabría que se estaba muriendo, por lo que fui a preguntar al equipo de enfermeras si sería apropiado hacerlo. Me respondieron que sí, pues en realidad se estaba muriendo. Después de que me enseñaran cómo sacar el catéter, regresé con el paciente y lo hice, mientras su familia esperaba. Una vez que lo hube quitado, comprendieron que se había eliminado una cierta ayuda y el hijo comentó: "Gracias. Sé que era incómodo para él y se lo habría agradecido". Luego se dio la vuelta como para confirmar el significado de la señal y me preguntó: "Doctor, ¿cuál es su estado? ¿Qué podemos esperar?"

Sentí una repentina aflicción. Me había sentido muy unido a aquel hombre apacible y cortés, pues me recordaba a mi abuelo, y me di cuenta de que las lágrimas rodaban por mis mejillas. Tuve que tomar una decisión: permancer allí y permitir que la familia viera mis lágrimas mientras hablaba con ellos, o alejarme y esconder mis sentimientos. Elegí quedarme y decirles con considerable emoción: "Es una gran persona. Aún puede oírlos a pesar de que está casi totalmente inconsciente y es el momento de acercarse y despedirse de él esta noche". Luego salí de la habitación y lloré. Los familiares también lloraron y se sentaron en la cama mientras le decían adiós. En la hora siguiente, su coma le condujo a la pérdida de la conciencia y murió.

A pesar de que su muerte fue muy triste para la familia y para mí, la experiencia estuvo llena de una ternura y belleza que nunca olvidaré. La sensación de pérdida y el llanto me recordaron: "Puedes amar". Esto convierte la aflicción en una exaltante experiencia completamente exenta de dolor y sufrimiento. Desde entonces, he vivido una serie de experiencias que me han hecho llorar de la misma manera. Para mí, la aflicción representa una elevación, una experiencia de la más elevada magnitud.

Como era un estudiante de medicina estaba preocupado por el hecho de que el equipo pudiera considerar inapropiada mi conducta. Más tarde, el director del departamento me comentó que la familia del paciente le pidió que me manifestara su aprecio por haberlos ayudado a que el momento de su muerte fuera íntimo y hermoso. Me manifestó que él también se había sentido atraído por aquel hombre y me mostró un cuadro de un caballo que había pintado el anciano y que estaba colgado en la pared.

El episodio incluyó una partida, un sentimiento de conclusión y una sensación de adiós. Esto no resultó espantoso ni terrible; en realidad fue cálido y apacible, y aportó una sensación de riqueza a mi experiencia vital.

IV

PREVENCION Y DESARROLLO PERSONAL

10
La causa de todo

Cuando su depresión haya desaparecido, existirá la tentación de divertirse y relajarse. Seguramente se lo merecerá. Hacia la finalización de la terapia muchos pacientes me comentan que se sinten mejor que nunca. A veces parece que cuanto más desesperante, grave e intratable es la depresión, más extraordinario y delicioso es el gusto por la felicidad y la autoestima cuando se supera. Cuando usted comience a sentirse mejor, los pensamientos pesimistas retrocederán tan dramática y predeciblemente como se derrite la nieve del invierno cuando llega la primavera. Incluso puede que llegue a preguntarse cómo pudo creer en aquellos pensamientos irreales. Esta profunda transformación del espíritu humano nunca deja de sorprenderme. Una y otra vez tengo la oportunidad de observar esta metamorfosis mágica en mi práctica diaria.

Debido a que el cambio de su perspectiva puede ser drástico, usted quizá llegue a creer que sus tristezas han desaparecido para siempre. Pero existe un residuo invisible del desorden anímico que subsiste. Si esto no se corrige y se elimina, usted será vulnerable a futuros ataques de depresión.

Existen varias diferencias entre *sentirse* mejor y *estar* mejor. Sentirse mejor simplemente indica que los síntomas dolorosos han desaparecido temporalmente. Estar mejor implica:

1. Comprender *por qué* se deprimió.
2. Saber *por qué* y *cómo* mejoró. Esto implica el dominio de determinadas técnicas de autoayuda que funcionan específicamente con usted, de manera que pueda volver a aplicarlas y hacerlas funcionar cuando lo necesite.
3. Adquirir confianza en uno mismo y autoestima. La confianza en uno mismo está basada en la comprensión de que usted tiene una buena oportunidad de lograr un éxito razonable en sus relaciones

personales y en su profesión. La autoestima es la capacidad de sentir amor por uno mismo y alegría, tenga o no éxito en cualquier aspecto de su vida.

4. Situar las causas más profundas de su depresión.

La primera, segunda y tercera parte de este libro están dedicadas a ayudarle a alcanzar los dos primeros objetivos. Los siguientes capítulos le ayudarán con el tercer y cuarto objetivo.

A pesar de que sus pensamientos negativos distorsionados se reducirán sustancialmente o se eliminarán por completo después de que se haya recuperado de un ataque de depresión, existen ciertas "suposiciones silenciosas" que probablemente acechen en su mente. Estas suposiciones silenciosas explican en gran parte *por qué* usted se deprime y es capaz de predecir *cuándo* podría sentirse vulnerable. Y por consiguiente contienen la clave para impedir una recaída.

¿Qué es una suposición silenciosa? Es una ecuación con la cual usted define su valor personal. Representa su sistema de valores, su filosofía personal, la materia en la cual basa su autoestima. Ejemplos: (1) "Si alguien me critica me siento miserable porque esto automáticamente significa que algo malo hay en mí". (2) "Para ser una persona verdaderamente completa, debo ser amado. Si estoy solo, me sentiré como un miserable". (3) "Mi valor como ser humano es proporcional a mis logros". (4) "Si no me comporto (siento o actúo) perfectamente, habré fracasado". Como aprenderá, estas suposiciones ilógicas pueden ser completamente contraproducentes. Crean una vulnerabilidad que le predispone a desagradables cambios en su estado de ánimo. Representan su talón de Aquiles psicológico.

En los próximos capítulos aprenderá a identificar y evaluar sus propias suposiciones silenciosas. Podrá descubrir que una adicción a la aprobación, el amor, los logros o la perfección constituyen la base de los cambios en su estado de ánimo. Cuando aprenda a descubrir y desafiar su contraproducente sistema de creencias establecerá el fundamento de una filosofía válida y de autovaloración. Se encontrará en el camino del perfeccionamiento emocional.

Para descubrir los orígenes de los cambios en su estado de ánimo, la mayoría de los psicoterapeutas y del público en general supone que es necesario un prolongado y dolorosamente lento (varios años) proceso terapéutico, después del cual a la mayoría de los pacientes les costaría explicar la causa de su depresión. Una de las más grandes contribuciones de la terapia cognitiva ha consistido en evitar esto.

Figura 10-1

Pensamientos automáticos	Respuestas racionales
1. El doctor dijo que el paciente pensó que mi comentario era agresivo. Probablemente, cree que soy un mal terapeuta. →	1. Lectura mental; filtro mental; etiquetación. Sólo porque el doctor B. haya puntualizado mi error, eso no significa que crea que soy un "mal terapeuta". Tendré que preguntarle para ver qué piensa realmente, pero en muchas ocasiones me ha elogiado y ha comentado que tengo un talento brillante.

En este capítulo usted aprenderá dos maneras diferentes de identificar las suposiciones silenciosas. La primera es un método sorprendentemente efectivo llamado "La técnica de la flecha vertical", el cual le permite probar su psique.

En realidad, la técnica de la flecha vertical es una prolongación del método de la columna de doble entrada presentado en el Capítulo 4, en el cual usted aprendió a anotar sus pensamientos automáticos más inquietantes en la columna izquierda y a sustituirlos por respuestas racionales más objetivas. Este método le ayuda a sentirse mejor, pues usted se libra de las distorsiones de su pensamiento. Se presenta un pequeño ejemplo en la figura 10-1.

Estas líneas pertenecen a Art, el residente de psiquiatría descrito en el capítulo 7, quien se molestó después de que su supervisor tratara de ofrecerle una crítica constructiva.

Al desmentir sus pensamientos perturbadores, los sentimientos de culpa y ansiedad de Art disminuyeron, pero él deseaba saber cómo y por qué había realizado una interpretación tan ilógica. Quizás usted también comenzará a preguntarse: ¿existe un *patrón* innato en mis pensamientos negativos?, ¿hay alguna perturbación psíquica que existe en un nivel más profundo de mi mente?

Art utilizó la técnica de la flecha vertical para responder a estas preguntas. Primero, trazó una flecha corta hacia la parte inferior directamente *debajo* de su pensamiento automático (véase fig.

251

10-2, pág. 253). Esta flecha descendente es una forma de taquigrafía que obliga a Art a preguntarse: "Si este pensamiento automático fuera realmente verdadero, ¿qué significaría para mí?, ¿por qué sería perturbador?". Luego, Art escribió el siguiente pensamiento automático que surgía inmediatamente en su mente. Como puede verse escribió: "Si el doctor B. cree que soy un mal terapeuta significa que lo *soy*, ya que el doctor B. es un experto". Luego Art trazó una segunda flecha descendente debajo de este pensamiento y repitió el mismo procedimiento para generar otro pensamiento automático, como demuestra la figura 10-2.

Cada vez que se le ocurría un nuevo pensamiento automático, inmediatamente trazaba una flecha vertical debajo de él y se preguntaba: "Si eso fuera verdad, ¿por qué me molestaría?" Al hacer esto una y otra vez pudo generar una cadena de pensamientos automáticos, los cuales lo condujeron a las suposiciones silenciosas que originaron sus problemas. El método de la flecha descendente es análogo a extraer las sucesivas capas de una cebolla para descubrir las que se encuentran debajo. Es tan simple y directo como puede verse en la figura 10-2.

Observará que la técnica de la flecha vertical es lo opuesto a la estrategia usual que usted utiliza cuando registra sus pensamientos automáticos. Generalmente, usted los sustituye por una respuesta racional que muestra por qué su pensamiento automático es distorsionado o inválido (figura 10-1). Esto le ayuda a cambiar inmediatamente sus esquemas de pensamiento, de manera que pueda pensar sobre su vida más objetivamente y también sentirse mejor. En el método de la flecha vertical usted supone que su pensamiento automático distorsionado es absolutamente válido, y busca la *índole de la verdad* en él. Esto le permite llegar a la esencia del problema.

Ahora volvamos a la cadena de pensamientos automáticos de Art en la figura 10-2 y preguntémonos: ¿cuáles son las suposiciones silenciosas que me predisponen a la ansiedad, la culpa y la depresión? Existen varias:

1. Si alguien me critica, quizá tenga razón.
2. Mi valor está determinado por mis logros.
3. Un solo error y todo se arruinará. Si no tengo éxito en *todo* momento, es que soy un fracasado total.
4. Los demás no tolerarían mi imperfección. Debo ser perfecto para

Figura 10-2. Descubra las suposiciones que originan sus pensamientos automáticos utilizando el método de la flecha vertical. La flecha descendente es una forma de taquigrafía para las siguientes preguntas "Si ese pensamiento fuera verdadero, ¿por qué tiene que turbarme? ¿Qué significaría para mí?" La pregunta representada por cada flecha en el ejemplo aparece entre comillas al lado de la flecha. Esto es lo que usted debería preguntarse si hubiera escrito el pensamiento automático. Este proceso conduce a una cadena de pensamientos automáticos que revelarán la causa del problema.

Pensamientos automáticos	*Respuestas racionales*

1. El doctor B. probablemente → piensa que soy un mal terapeuta.
   ↓ "Si realmente lo cree, ¿por qué tiene que molestarme?"

2. Eso significaría que soy un mal → terapeuta porque él es un experto.
   ↓ "Supongamos que *soy* un mal terapeuta, ¿qué significaría para mí?"

3. Eso significaría que soy un → fracasado, que soy un inútil.
   ↓ "Supongamos que *no* soy bueno. ¿Por qué debería significar un problema? ¿Qué significaría para mí?"

4. Entonces se correría la voz y → todos descubrirían lo mala persona que soy. Nadie me respetaría. Me expulsarían de la sociedad médica y tendría que mudarme a otro Estado.
   ↓ "¿Y eso qué significaría?"

5. Significaría que soy un inútil. → Me sentiría tan miserable que desearía morir.

agradar a la gente y para que me respete. Si me equivocara recibiría una feroz desaprobación y sería castigado.

5. Esta desaprobación significaría que soy una persona imperfecta e inútil.

Una vez que ha generado su propia cadena de pensamientos automáticos y aclarado sus suposiciones silenciosas es fundamental señalar con precisión las distorsiones y reemplazarlas por respuestas racionales como acostumbra a hacer (véase fig. 10-3, pág. 255).

La belleza del método de la flecha descendente consiste en que es inductivo y socrático: a través de un proceso de cuestionamiento reflexivo usted descubre por sí mismo las creencias que provocan su frustración. Descubre el origen de sus problemas repitiendo una y otra vez las siguientes preguntas: "Si ese pensamiento negativo fuera verdadero, ¿por qué me perturbaría?".

Sin la predisposición subjetiva, creencias personales o tendencias teóricas de algún terapeuta, usted puede llegar a la raíz de sus problemas de manera *objetiva* y sistemática. Esto evita una dificultad que ha caracterizado la historia de la psiquiatría. Los terapeutas de todas las escuelas de pensamiento se han destacado por interpretar las experiencias de los pacientes en términos de nociones preconcebidas que pueden tener muy poca o ninguna validez experimental. Si usted no "compra" la explicación de su terapeuta sobre el origen de sus problemas, esto podría interpretarse como "resistencia a la verdad". De esta sutil manera sus problemas se ven forzados a ingresar en el modelo de su terapeuta sin importar lo que usted diga. Imagine la sorprendente cantidad de explicaciones que escucharía si acude a un consejero religioso (factores espirituales), a un psiquiatra en un país comunista (el ambiente social, político y económico), a un analista freudiano (irritación internalizada), a un terapeuta especializado en drogas (desequilibrio entre factores genéticos y química cerebral), a un terapeuta familiar (relaciones interpersonales perturbadas), etc.

Una advertencia para cuando utilice el método de la flecha vertical. Interrumpirá el proceso si anota pensamientos que contengan descripción de sus reacciones emocionales. En lugar de ello, anote los pensamientos negativos que *provocan* sus reacciones emocionales. Aquí hay un ejemplo sobre la forma errónea de realizarlo:

Figura 10-3. Después de producir su cadena de pensamientos automáticos utilizando el método de la flecha descendente, Art identificó las distorsiones cognitivas y colocó respuestas más objetivas.

Pensamientos automáticos	Respuestas racionales
1. El doctor B. probablemente cree que soy un mal terapeuta. → ↓ "Si realmente lo cree, ¿por qué debería molestarme?"	1. Sólo porque el doctor B. haya señalado mi error no significa que crea que soy un "mal terapeuta". Tendría que preguntarle lo que realmente piensa, pues en muchas ocasiones me ha elogiado comentando que tengo un talento brillante.
2. Eso significaría que *soy* un mal terapeuta, pues él es un experto. → ↓ "Supongamos que *soy* un mal terapeuta, ¿qué significaría esto para mí?"	2. Un experto sólo puede señalar mis virtudes y debilidades específicas como terapeuta. Cuando alguien me etiqueta como "malo" simplemente está realizando una afirmación global, destructiva e inútil. He tenido mucho éxito con la mayoría de mis pacientes, por lo tanto *no* puede ser verdad que sea "malo", sin importar quién lo diga.
3. Eso significaría que soy un completo fracaso. Significaría que no soy bueno. → ↓ "Supongamos que no *soy* bueno. ¿Por qué esto debería significar un problema?"	3. Generalización exagerada. Aunque fuera relativamente inexperto e ineficaz como terapeuta, no significaría que soy "un completo fracaso" o que no "soy bueno". Tengo muchas otras fuerzas y cualidades que no están relacionadas con mi carrera.
4. Entonces se divulgaría y todos sabrían lo mala persona que soy. Entonces, nadie me respetaría. Me expulsarían de la sociedad médica y tendría que mudarme a otro Estado. → ↓ "¿Y eso qué significaría?"	4. Esto es absurdo. Si cometo un error puedo corregirlo."La noticia" no se divulgaría por el Estado como un reguero de pólvora sólo porque haya cometido un error. ¿Qué harían? ¿Publicar un titular en el dia-

255

Figura 10-3 (continuación)

Pensamientos automáticos	*Respuestas racionales*
	rio: "DESTACADO PSIQUIA-TRA COMETE ERROR"?
5. Significaría que soy un inútil. Me sentiría tan miserable que desearía morir. →	5. Aunque todo el mundo me desapruebe o me critique, no puedo convertirme en un in-útil, porque *no lo soy*. Si no soy un inútil debo de ser bastante valioso. Entonces, ¿por qué debo sentirme mal?

Primer pensamiento automático: Mi novio no ha llamado por teléfono este fin de semana como me prometió.

↓ "¿Por qué me perturba eso? ¿Qué significa para mí?"

Segundo pensamiento automático: Es terrible porque no puedo soportarlo.

Esto es inútil. *Ya sabemos* que se siente mal. La pregunta es: ¿qué *pensamientos* cruzaron automáticamente por su mente y *provocaron* ese disgusto? ¿Qué significaría para usted si la hubiera *olvidado*? Esta es la forma correcta de hacerlo:

1. Mi novio no me ha llamado por teléfono como me prometió.

↓ "¿Por qué debería molestarme? ¿Qué significa para mí?"

2. Eso significa que me está olvidando. Eso significa que en realidad no me quiere.

↓ "Y supongamos que eso fuera verdad. ¿Qué significaría para mí?"

3. Eso significaría que algo malo sucede conmigo. De otro modo sería más atento.

↓ "Y supongamos que eso fuera verdad. ¿Qué significaría para mí?"

4. Eso significaría que voy a ser rechazada.

↓ "Y si realmente lo fuera, ¿qué? ¿Qué significaría para mí?

5. Eso significaría que no puedo ser amada y siempre seré rechazada.

↓ "Y si eso sucediera, ¿por qué debería disgustarme?"

6. Eso significaría que terminaría sola y sumida en la desgracia.

Así, al apuntar al *significado* más que a sus *sentimientos*, sus suposiciones silenciosas se convierten en evidentes: (1). Si no soy amada, no soy una inútil; y (2). Es probable que me sienta desgraciada si estoy sola.

Esto *no* quiere decir que sus sentimientos no sean importantes. La clave consiste en entregar al verdadero Mc Coy: transformación emocional válida.

La Escala de Actitudes Disfuncionales (EAD). Debido a la gran importancia de descubrir las suposiciones silenciosas que originan sus cambios de estado de ánimo,la doctora Arlene Weissman, integrante de nuestro grupo, desarrolló un segundo método, más simple, denominado "Escala de actitudes disfuncionales" (EAD). Confeccionó una lista de cien actitudes contraproducentes que se observan en individuos predispuestos a perturbaciones emocionales. Su investigación reveló que mientras que los pensamientos automáticos negativos se reducen drásticamente entre los episodios de depresión, un sistema de creencias contraproducentes subsiste de manera más constante durante los episodios de depresión y remisión. Los estudios de la doctora Weissman confirman el concepto de que las suposiciones silenciosas representan una predisposición a ciertas turbulencias emocionales que usted lleva consigo en todo momento.

A pesar de que una presentación completa y extensa de la Escala de actitudes disfuncionales no está al alcance de este libro, he seleccionado cierta cantidad de las actitudes más comunes y añadido varias más que pueden ser útiles. Cuando complete el cuestionario indique sus acuerdos y desacuerdos con cada actitud. Cuando haya finalizado, una clave de respuestas le permitirá evaluarlos y trazar un perfil de su sistema de valores personales. Esto le indicará sus áreas de fuerza y vulnerabilidad psicológica.

Responder el test es bastante simple. En cada una de las treinta y cinco actitudes coloque una marca en la columna que represente la valoración de su pensamiento durante *la mayor parte* del tiempo. Asegúrese de elegir solamente una respuesta para cada actitud. Como todos somos diferentes, no hay respuestas "correctas" o "equivocadas" para cada afirmación. Para decidir si una actitud es típica de su propia filosofía, recuerde cómo observa las cosas durante *la mayor parte del tiempo*.

EJEMPLO:

	Total coin- cidencia	Poca coin- cidencia	Neutral	Poco desa- cuerdo	Total desa- cuerdo
35. La gente que tiene las carac- terísticas apro- piadas para el éxito (buena apa- riencia, posición social, riqueza o fama) tiene la posibilidad de ser más feliz que aquellos que no las poseen.					

En este ejemplo la marca en la columna de "Poca coincidencia" indica que la afirmación es típica de las actitudes de la persona que completa el inventario. Ahora continúe.

La escala de actitudes disfuncionales*

	Total coin- cidencia	Poca coin- cidencia	Neutral	Poco desa- cuerdo	Total desa- cuerdo
1. La crítica ob- viamente dis- gustará a la persona que la recibe.					
2. Lo mejor es dejar de lado mis intereses para complacer a los demás.					

*Copyright 1978, Arlene Weissman.

258

	Total coincidencia	Poca coincidencia	Neutral	Poco desacuerdo	Total desacuerdo
3. Necesito la aprobación de los demás para ser feliz.					
4. Si alguien importante para mí espera que haga algo entonces realmente deberé hacerlo.					
5. Mi valor como persona depende en gran parte de lo que los demás piensen de mí.					
6. No puedo ser feliz sin que otra persona me ame.					
7. Si les desagrada a los demás es probable que sea menos feliz.					
8. Si la gente que me importa me rechaza, significa que algo malo sucede conmigo.					

	Total coin- cidencia	Poca coin- cidencia	Neutral	Poco desa- cuerdo	Total desa- cuerdo
9. Si una persona que amo no me ama, significa que nadie puede quererme.					
10. Permanecer alejado de los demás puede conducir a la infelicidad.					
11. Si deseo ser una persona brillante debo destacarme por lo menos en un proyecto importante.					
12. Debo ser una persona útil, productiva y creativa o la vida no tendrá sentido.					
13. La gente que tiene buenas ideas es más valiosa que la que no las tiene.					
14. Si no lo hago tan bien como las demás personas significa que soy inferior.					

	Total coincidencia	Poca coincidencia	Neutral	Poco desacuerdo	Total desacuerdo
15. Si fallo en mi trabajo soy un fracasado como persona.					
16. Si no puedo hacer algo bien no tiene sentido que lo haga.					
17. Para una persona es vergonzoso mostrar sus debilidades.					
18. Una persona debería tratar de ser la mejor en todo lo que emprende.					
19. Debería sentirme molesto si cometo un error.					
20. Si no establezco las normas más elevadas para mí, puedo terminar como una persona de segunda categoría.					
21. Si creo que realmente merezco algo tengo razones para esperar poder conseguirlo.					

	Total coin- cidencia	Poca coin- cidencia	Neutral	Poco desa- cuerdo	Total desa- cuerdo
22. Si encuentro obstáculos para conseguir lo que deseo no es extraño que me sienta frus- trado.					
23. Si antepongo las necesidades de los demás a las mías, me ayudarán cuan- do necesite algo de ellos.					
24. Si soy un buen esposo (o espo- sa) segura- mente mi es- posa me amará.					
25. Si hago cosas buenas por los demás puedo anticipar que me respetarán y me tratarán tan bien como yo los trato.					
26. Debería asumir la responsabili- dad por el modo en que se siente y se comporta la gente que co- nozco.					

	Total coincidencia	Poca coincidencia	Neutral	Poco desacuerdo	Total desacuerdo
27. Si critico la forma en que alguien hace algo y se enfada o se deprime, esto significa que lo he molestado.					
28. Para ser una persona buena, útil y moral debo tratar de ayudar a todos los que lo necesitan.					
29. Si un niño tiene dificultades emocionales o de conducta, esto demuestra que sus padres han fallado en algún aspecto importante.					
30. Debería poder complacer a todos.					
31. No puedo esperar controlar cómo me siento cuando sucede algo malo.					

	Total coincidencia	Poca coincidencia	Neutral	Poco desacuerdo	Total desacuerdo
32. No tiene sentido tratar de cambiar las emociones molestas, pues son una parte válida e inevitable de la vida cotidiana.					
33. Mis estados de ánimo se deben principalmente a factores que están más allá de mi control, tales como el pasado, o la química corporal, o los ciclos hormonales, o los biorritmos, o las oportunidades, o el destino.					
34. Mi felicidad depende de lo que me suceda.					
35. La gente que tiene características propias del éxito (buena presencia, posición social, riqueza o fama) tiene la posibilidad de ser más feliz que aquellos que no las poseen.					

Ahora que ha completado la EAD puede evaluarla de la siguiente manera. Evalúe cada una de las treinta y cinco actitudes de acuerdo con la clave siguiente:

Total coincidencia	Poca coincidencia	Neutral	Poco desacuerdo	Total desacuerdo
-2	-1	0	+1	+2

Ahora sume su puntuación de las primeras cinco actitudes. Esto evalúa su tendencia para medir su valor en relación con la opinión de los demás y con la cantidad de aprobación o crítica que recibe. Suponga que su puntuación de estos cinco ítems ha sido: +2; +1; -1; +2; 0. El total de estas cinco preguntas sería +4.

Proceda de esta manera para sumar su puntuación de los ítems 1 al 5, 6 al 10, 11 al 15, 16 al 20, 21 al 25, 26 al 30, 31 al 35, y regístrelo como se muestra en el siguiente ejemplo:

EJEMPLO DE PUNTUACION

Sistema de valores	Actitudes	Puntuaciones parciales	Puntuaciones totales
I. Aprobación	1 al 5	+2, +1, -1, +2, 0	+4
II. Amor	6 al 10	-2, -1, -2, -2, 0	-7
III. Realización	11 al 15	-1, +1, 0, 0, -2	0
IV. Perfeccionismo	16 al 20	+2, +2, +1, +1, +1	+7
V. Derechos	21 al 25	+1, +1, -1, +1, 0	+2
VI. Omnipotencia	26 al 30	-2, -1, 0, -1, +1	-3
VII. Autonomía	31 al 35	-2, -2, -1, -2, -2	-9

REGISTRE AQUI SUS PUNTUACIONES

Sistema de valores	Actitudes	Puntuaciones parciales	Puntuaciones totales
I. Aprobación	1 al 5		
II. Amor	6 al 10		
III. Realización	11 al 15		
IV. Perfeccionismo	16 al 20		
V. Derechos	21 al 25		
VI. Omnipotencia	26 al 30		
VII. Autonomía	31 al 35		

Cada grupo de cinco ítems de la escala mide uno de los siete sistemas de valores. Su puntuación total de cada grupo de cinco ítems puede variar entre +10 y -10. Ahora proyecte las puntuaciones de cada una de las siete variables para obtener el "perfil de su filosofía personal" de la siguiente manera:

EJEMPLO DE PUNTUACION

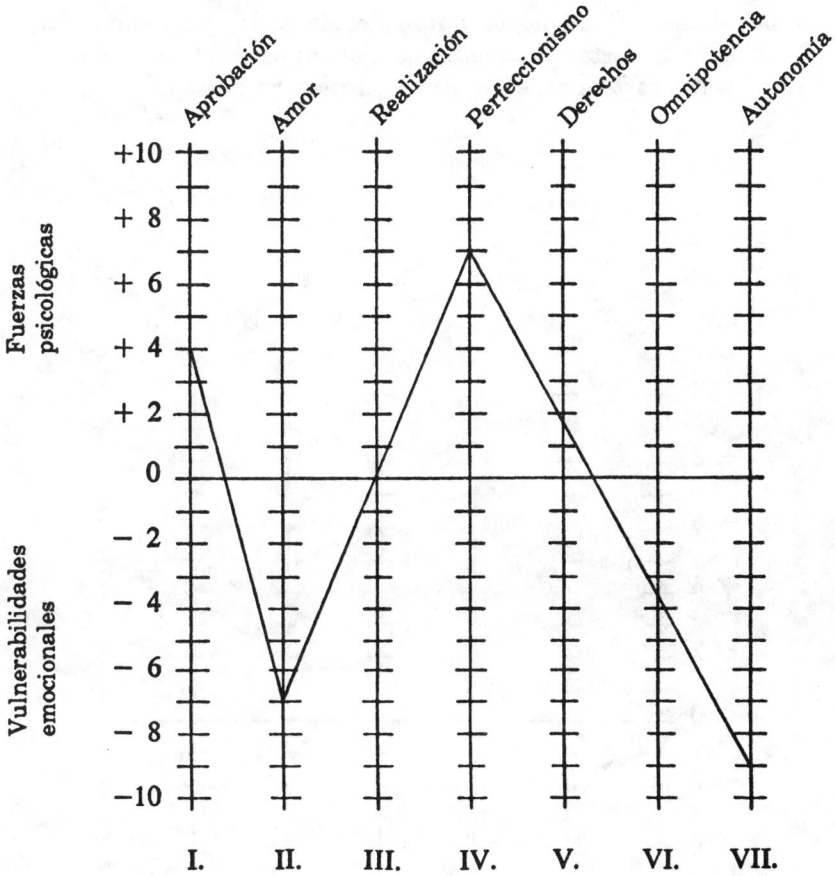

Como puede observar, una puntación positiva representa un área en la que usted es psicológicamente *fuerte*. Una puntuación negativa representa un área en la que usted es emocionalmente *vulnerable*.

Esta persona es fuerte en las áreas de la aprobación, el perfeccionismo y los derechos. Sus vulnerabilidades se encuentran en las áreas del amor, la omnipotencia y la autonomía. Los significados de estos conceptos se desarrollarán más adelante. Primero, trasporte aquí el perfil de su filosofía personal.

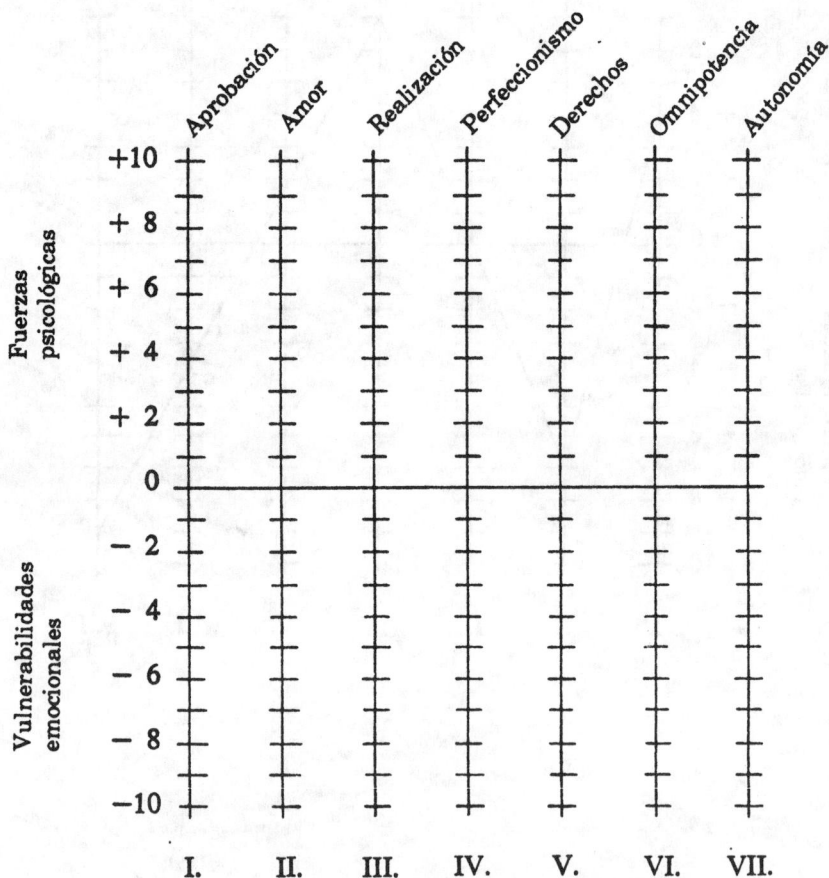

I. *Aprobación*. Las primeras cinco actitudes del test de su EAD prueban su tendencia a medir su autoestima basándose en cómo reacciona y qué piensa la gente con respecto a usted. Una puntuación positiva entre cero y diez indica que usted es independiente, con un saludable sentido de su propio valor incluso cuando se enfrenta con la crítica y la desaprobación. Una puntuación negativa entre cero y menos diez indica que usted es excesivamente dependiente, pues se valora a través de los ojos de los demás. Si alguien lo insulta o lo humilla, automáticamente tiende a despreciarse. Debido a que su bienestar emocional es exquisitamente susceptible a lo que cree que la gente piensa de usted, puede ser fácilmente manipulado, siendo vulnerable a la ansiedad y la depresión cuando alguien lo critica o se enfada con usted.

II. *Amor*. Las segundas cinco actitudes del test evalúan su tendencia a basar su valor en si es o no amado. Una puntuación positiva indica que ve el amor como algo deseado, pero que posee una amplia gama de intereses que también considera gratificantes. Por lo tanto, el amor no es un requerimiento necesario para su felicidad y autoestima. La gente lo encuentra atractivo, pues usted irradia un saludable sentido del amor propio y se interesa por varios aspectos de su propia vida.

Una puntuación negativa indica que usted es "un adicto al amor". Ve al amor como una "necesidad" sin la cual no se puede sobrevivir, y mucho menos ser feliz. Cuanto más se acerque su puntuación a menos diez, más dependerá usted del amor. Usted tiende a adoptar roles de inferioridad o humillación en las relaciones con las personas que le importan por temor a molestarlos. El resultado de esto, con frecuencia, es que ellos le pierden el respeto y lo consideran una carga debido a que sin su amor se derrumbaría. Al sentir que la gente se aleja, experimenta un doloroso síndrome de desamparo. Comprende que no podrá "madurar" sin su dosis diaria de afecto y atención. Entonces comienza a obsesionarse compulsivamente por "obtener amor". Al igual que la mayoría de los adictos, podría recurrir a conductas coercitivas y manipuladoras para obtener lo que necesita. Irónicamente, su voraz adicción al amor aleja a mucha gente, intensificando así su soledad.

III. *Realización*. Su puntuación de las actitudes número 11 al 15 le ayudarán a medir un tipo diferente de adicción. Una puntuación negativa indica que usted es un adicto al trabajo. Tiene un sentido limitado de su propia humanidad, y se ve a sí mismo como un artículo de supermercado. Cuanto más negativa sea su puntuación, su sentido de la autovaloración y su capacidad de júbilo más dependerán de su productividad. Si sale de vacaciones, si sus negocios van mal, si se jubila, enferma o se encuentra inactivo correrá el peligro de sufrir un colapso emocional. Las depresiones económicas y emocionales le parecerán idénticas. Por el contrario, una puntuación positiva indica que usted disfruta de la creatividad y la productividad, pero no las considera un camino exclusivo o necesario para llegar a la satisfacción y la autoestima.

IV. *Perfeccionismo.* Los ítems del 16 al 20 miden su tendencia al perfeccionismo. Una puntuación negativa indica que usted se encuentra buscando el Santo Grial. Exige perfección de sí mismo: los errores están prohibidos, el fracaso es peor que la muerte e incluso las emociones negativas son un desastre. Se supone que debe aparentar, sentir, pensar, y comportarse espléndidamente en todo momento. Cree que no ser espectacular en todo significa quemarse en las llamas del infierno. A pesar de que exige de sí mismo un intensísimo ritmo, sus satisfacciones son escasas. Una vez que ha logrado un objetivo, inmediatamente otro más lejano lo reemplaza, por lo tanto nunca experimenta la satisfacción de llegar a la cima de la montaña. Finalmente, comienza a preguntarse por qué no se materializa la prometida recompensa a todos sus esfuerzos. Su vida comienza a convertirse en algo triste y tedioso. Está viviendo con patrones personales irreales e imposibles y necesita volver a evaluarlos. Su problema *no* radica en su actuación personal, sino en el criterio que utiliza para medirla. Si adecua sus expectativas a la realidad se verá *complacido* y *recompensado* en lugar de *frustrado*.

Una puntuación positiva sugiere que usted tiene la capacidad de establecer patrones significativos, flexibles y apropiados. Obtiene una gran satisfacción de los procesos y las experiencias, y no se encuentra concentrado exclusivamente en los resultados. No debe destacarse en todo y siempre "ser el mejor". No teme a los errores y los considera como oportunidades para aprender y afianzar su humanidad. Paradójicamente, es probable que usted sea mucho más productivo que sus compañeros más perfeccionistas, pues no se encuentra compulsivamente preocupado por los detalles y la corrección. Su vida es como un río caudaloso o un géiser, comparada con el rígido perfeccionismo de sus amigos, que parecen glaciares.

V. *Derechos.* Las actitudes comprendidas entre el 21 y el 25 miden su sentido de los "derechos". Una puntuación negativa indica que usted se siente con "derecho" a todo: éxito, amor, felicidad, etc. Usted espera y desea que los demás y el mundo entero satisfagan todos sus deseos debido a su bondad innata o su esforzado trabajo. Cuando esto *no* sucede (muy a menudo) usted se ve atrapado en una o dos reacciones. Se siente deprimido y fracasado o encolerizado. De esta manera, emplea una enorme cantidad de energía sintiéndose frustrado, triste y furioso. La mayor parte del tiempo ve la vida como una experiencia amarga. Se queja ruidosamente y con frecuencia, pero hace muy poco para resolver los problemas. Después de todo, usted tiene *derecho* a que se los resuelvan, entonces, ¿por qué debería realizar algún esfuerzo? Como resultado de sus actividades amargas e implorantes, invariablemente obtiene mucho *menos* de lo que desea de la vida.

Una puntuación positiva sugiere que usted no se siente automáticamente con derecho a las cosas, por lo tanto *negocia* por aquello que desea y a menudo lo obtiene. Debido a su reconocimiento de que las demás personas son únicas y diferentes, comprende que no existe una razón innata por la cual las cosas siempre deben ser como usted dice. Experimenta un resultado negativo como un desengaño, pero no como una tragedia, porque es un jugador a comisión y no espera una reciprocidad perfecta o "justicia" en todo momento. Es paciente y persistente, y tiene una elevada tolerancia ante la frustración. Como resultado, siempre termina encabezando el grupo.

VI. *Omnipotencia*. Las actitudes comprendidas entre el 26 y el 30 miden su tendencia a considerarse el centro de su universo personal y a sentirse responsable de gran parte de lo que sucede a su alrededor. Una puntuación negativa indica que, a menudo, usted realiza la personalización del error tratada en los capítulos 3 y 6. Se culpa inapropiadamente por las acciones y actitudes negativas de los demás que, en realidad, no se encuentran bajo su control. Como consecuencia, está obsesionado por la culpa y la autocondena. Paradójicamente, la actitud que le indica que debe ser omnipotente y todopoderoso le perturba y conduce a la ansiedad e ineficacia.

Una puntuación positiva indica que usted conoce la alegría que se obtiene al aceptar que *no* es el centro del universo. Ya que *no* controla a otros adultos no es responsable de ellos, sino sólo de usted mismo. Esta actitud no lo aísla de los demás. Todo lo contrario. Se relaciona efectivamente con los demás como un colaborador amistoso y no se siente amenazado cuando discrepan con sus ideas o no

271

siguen sus consejos. Debido a que su actitud ofrece a la gente una sensación de libertad y dignidad se convierte en un imán humano. A menudo, los demás desean estar junto a usted porque ha renunciado a cualquier intento de controlarlos. La gente lo escucha y respeta sus ideas porque no los abruma con la irritante insistencia en que deben estar de acuerdo con usted. Al dejar de lado su intento de obtener *poder,* la gente le responde convirtiéndolo en una persona de *influencia.* Sus relaciones con sus hijos, amigos y compañeros se caracterizan por la reciprocidad en lugar de la dependencia. Como no trata de dominar a la gente, lo admiran, aman y respetan.

VII. *Autonomía.* Los ítems 31 al 35 miden su autonomía. Esta se refiere a su habilidad para encontrar la felicidad dentro de sí mismo. Un porcentaje positivo indica que todos sus estados de ánimo son hijos de sus pensamientos y actitudes. Asume la responsabilidad de sus sentimientos, pues reconoce que es usted quien los provoca. Esto *suena* como si debiera estar solo y aislado, pues comprende que todas las significaciones y sentimientos se originan sólo en su cabeza. Sin embargo, paradójicamente, esta visión de autonomía lo libera de los confines mezquinos de su mente y le brinda un mundo, con toda la satisfacción, misterio y excitación que éste puede ofrecer.

Una puntuación negativa sugiere que aún se encuentra atrapado en la creencia de que su potencial de júbilo y autoestima proviene del exterior. Esto lo coloca en una gran desventaja, pues todo lo exterior está más allá de su control. Sus estados de ánimo terminan siendo víctimas de factores externos. ¿Desea esto? Si no es así, puede liberarse de esta actitud con la misma seguridad con que una víbora pierde su piel, pero deberá trabajar en ello con los diferentes métodos mencionados en este libro. Cuando por fin le toque el turno de experimentar la transformación hacia la autonomía y la responsabilidad personal, se sentirá asombrosa, o temerosa, o complacida, o deliciosamente anonadado. Vale la pena un importante compromiso personal.

En los próximos capítulos se examinarán con detalle algunas de estas actitudes y sistemas de valores. Cuando estudie cada uno, pregúntese: (1) ¿Me conviene mantener esta peculiar creencia? (2) Esta creencia, ¿es realmente válida y verdadera? (3) ¿Qué pasos específicos puedo dar que me permitan librarme de actitudes que son contraproducentes e irreales y sustituirlas por otras más objetivas y autovaloradoras?

11
La adicción a la aprobación

Consideremos su creencia de que sería *terrible* si alguien lo desaprobara. ¿Por qué la desaprobación plantea tal amenaza? Quizá su razonamiento sea el siguiente: "Si una persona me desaprueba significa que todos podrían desaprobarme. Significaría que algo malo sucede conmigo".

Si usted piensa así, sus estados de ánimo se alterarán cada vez que lo ataquen. Usted razona: "Tengo algunas respuestas positivas; por lo tanto, puedo sentirme bien conmigo mismo".

¿Por qué es esto ilógico? Porque está soslayando el hecho de que sólo sus creencias y pensamientos tienen el poder de elevar su espíritu. La aprobación de otra persona no tiene la facultad de afectar sus estados de ánimo a menos que usted crea que lo que él o ella afirma es válido. Pero si usted cree que el cumplido es merecido, es *su creencia* la que le hace sentir bien. Usted debe validar la aprobación externa antes de experimentar una elevación en su estado de ánimo. Esta validación representa su aprobación personal.

Supongamos que está visitando el pabellón psiquiátrico de un hospital. Un paciente confundido y alucinado se le acerca y le dice: "Usted es maravilloso. He tenido una visión de Dios, me dijo que la decimotercera persona que entrara sería el Mensajero Especial. Usted es la decimotercera, por lo tanto sé que es el Elegido de Dios, el Príncipe de la Paz, el Santo de los Santos. Déjeme besar su zapato". Esta aprobación externa, ¿elevaría su estado de ánimo? Probablemente, se sentiría nervioso e incómodo. Esto se debe a que usted no cree que lo que afirma el paciente sea válido. No cree en sus comentarios. Sólo *sus* creencias sobre sí mismo pueden afectar su manera de sentir. Los demás pueden decir o pensar lo que deseen sobre usted, bueno o malo, pero sólo sus pensamientos influirán sobre sus emociones.

El precio que usted pague por su adicción al elogio puede ser una extrema vulnerabilidad a las opiniones de los demás. Al igual que un adicto, deberá continuar alimentando su hábito con múltiples aprobaciones para evitar dolores recurrentes. En el momento en el que alguien importante para usted le exprese su desaprobación sufrirá dolorosamente, igual que un adicto que no puede obtener su droga. Los demás podrán utilizar esta vulnerabilidad para manipularlo. Deberá acceder a sus demandas con más frecuencia de lo que desearía porque teme que puedan rechazarlo o despreciarlo. Se expone a un chantaje emocional.

Usted podría comprender que su adicción a la aprobación no lo beneficia, pero seguir creyendo que los demás tienen *realmente* derecho a juzgar no sólo el mérito de lo que hace, sino también su valor como ser humano. Suponga que realiza una segunda visita al pabellón psiquiátrico del hospital. En esta oportunidad otro paciente se le aproxima y le dice: "Lleva una camisa roja, esto quiere decir que usted es el Demonio. ¡Es un malvado!" ¿Se sentiría mal por esta crítica y desaprobación? Por supuesto que no. ¿Por qué estas palabras no deberían molestarlo? Es simple: porque usted no cree que las afirmaciones sean verdaderas. Usted debe "comprar" la crítica de la otra persona (y creer que en realidad no es bueno) para sentirse mal consigo mismo.

¿Nunca se le ha ocurrido pensar que si alguien lo desaprueba podría ser *su* problema? La desaprobación refleja a menudo las creencias irracionales de los demás. Para mencionar un ejemplo externo: la odiosa doctrina de Hitler acerca de que los judíos eran inferiores no refleja nada sobre el valor intrínseco de la gente que él trataba de destruir.

Por supuesto que habrá muchas ocasiones en las que la desaprobación será el resultado de un verdadero error por su parte. ¿Esto significa que es una persona mala e inútil? Obviamente no. La reacción negativa de otra persona sólo puede estar dirigida hacia algo *específico* que usted haya hecho, no a su valor. Un ser humano *no puede* hacer cosas equivocadas en *todo* momento.

Veamos la otra cara de la moneda. Muchos criminales famosos tienen grupos de fervientes admiradores a pesar de sus crímenes repulsivos y aborrecibles. Recuerde a Charles Manson. Fomentó el sadismo y el asesinato, y sin embargo fue reconocido como un mesías por sus numerosos seguidores, que parecían hacer cualquier cosa que les sugiriera. Quiero dejar bien claro que no estoy defendiendo el comportamiento atroz ni tampoco soy un admirador de Charles Manson. Pero formúlese estas preguntas: si Charles Manson no obtuvo una total desaprobación por lo que hizo o dijo, ¿qué ha hecho usted que sea tan terrible para que alguien lo rechace? ¿Y aún cree en la ecuación: aprobación = valor? Después de todo, Charles Manson disfrutaba de la gran adulación de su "familia". La aprobación que recibía, ¿lo convertía en una persona especialmente valiosa? Esto, obviamente, no tiene sentido.

Es una realidad que la aprobación *agrada*. No hay nada de malo en eso; es natural y saludable. También es un hecho que la desaprobación y el rechazo generalmente tienen un sabor amargo y desagradable. Esto es humano y comprensible. Pero si usted cree que la aprobación y la desaprobación constituyen los criterios adecuados y fundamentales para medir su valor, se está internando en aguas profundas y turbulentas.

¿Alguna vez ha criticado a alguien? ¿Alguna vez ha discrepado de la opinión de un amigo? ¿Alguna vez ha reprendido a un niño por su conducta? ¿Alguna vez le ha hablado con rudeza a un ser querido cuando se sentía irritado? ¿Alguna vez se ha negado a asociarse con alguien cuya conducta no le agradaba? Entonces pregúntese: cuando discrepó, criticó o desaprobó, ¿estaba realizando un juicio moral pensando que la otra persona era un ser humano malo y totalmente inútil? ¿Tiene el poder para realizar esos juicios absolutos sobre otras personas? ¿O simplemente estaba expresando que tenía un punto de vista diferente y estaba disgustado con lo que otra persona hizo o dijo?

Por ejemplo, en el calor de una discusión podría gritarle a su esposa: "¡Eres mala!" Pero cuando la situación se suaviza, uno o dos días después, ¿no admite para sí mismo que estaba exagerando su "maldad"? Por supuesto, su mujer puede tener muchas fallos, pero, ¿no es absurdo pensar que su estallido de crítica y desaprobación la convierten en alguien completamente inútil? Si usted admite que su desaprobación no contiene el suficiente poder atómico moral como para destruir el significado y el valor de la vida de otra persona, ¿por qué otorgarle a la desaprobación *de los demás* el poder de pulverizar *su* sentido de la autovaloración? ¿Qué los convierte en algo tan especial? Cuando usted se atemoriza porque no le agrada a alguien, magnifica la sabiduría y el conocimiento que posee esa persona, y simultáneamente se desvaloriza al ser incapaz de realizar buenos juicios sobre sí mismo. Por supuesto, alguien podría señalar un defecto en su conducta o un error en su pensamiento. Después de todo, todos somos imperfectos, y los demás tienen *derecho* a decírnoslo de vez en cuando. Pero, ¿está usted obligado a sentirse desdichado o a odiarse cada vez que alguien pierde el control o lo critica?

El origen del problema. ¿Dónde ha obtenido esta adicción a la aprobación? Sólo podemos especular que la respuesta podría encontrarse en sus interacciones con personas que eran importantes para usted cuando era un niño. Puede que haya tenido un padre injustamente crítico con usted cuando se portaba mal, o que se irritaba incluso cuando no estaba haciendo nada malo. Su madre le gritaba: "¡Eres *malo* por haber hecho eso!", o su padre le decía sin consideración: "*Siempre* estás haciendo tonterías. Nunca aprenderás".

Dado que era un niño pequeño, probablemente veía a sus padres como dioses. Le enseñaron a hablar y a atarse los zapatos, y *la mayor parte* de lo que le enseñaron era válido. Si papi decía: "Te matarán si cruzas un semáforo en rojo", esto era *literalmente verdadero*. Al igual que la mayoría de los niños pensaba que casi todo lo que sus padres decían era verdad. Por eso cuando escuchaba: "No eres *bueno*" y "Nunca aprenderás", lo *creía* literalmente y esto le hería. Era demasiado joven para poder razonar: "Papi está *exagerando* y *generalizando*". Y no tenía la madurez emocional suficiente para ver que "papi", ese día, estaba cansado e irritable, o quizás había bebido y deseaba estar a solas. No podía determinar si su estallido de violencia era un problema de él o suyo. Y si hubiera sido lo suficientemente mayor como para sugerir que era irrazonable, sus intentos de situar las cosas en una sana perspectiva se habrían visto rápidamente desalentados con una palmada en el culo.

No es extraño que haya desarrollado el mal hábito de despreciarse automáticamente cada vez que alguien lo desaprueba. No es culpa suya que tuviera esta tendencia siendo niño, y no se le puede culpar por haber crecido con esta debilidad. Pero *es* su responsabilidad como adulto razonar el tema a través de la realidad y dar los pasos necesarios para superar esta vulnerabilidad.

¿Cómo predispone a la ansiedad y la depresión este temor a la desaprobación? John es un arquitecto soltero de cincuenta y dos años, con la voz suave, que vive atemorizado por la crítica. Fue sometido a tratamiento por una grave depresión recurrente, la cual no mejoró a pesar de varios años de terapia. Un día en el que se sentía particularmente bien, se acercó entusiasmado a su jefe con algunas nuevas ideas sobre un proyecto importante. El otro le respondió: "Más tarde, John. *¿No ve que estoy ocupado?*" La autoestima de John se derrumbó instantáneamente. Regresó a su

276

oficina desesperado, odiándose a sí mismo y diciéndose que no era bueno. Se preguntaba: "¿Cómo he podido ser tan atolondrado?"

Cuando me comentó lo sucedido, le formulé una pregunta obvia y simple: "¿Quién actuó como un tonto, usted o su jefe? ¿Realmente se comportó de una manera inadecuada, o fue su jefe quién actuó de forma desagradable e irritante?" Después de un momento de reflexión pudo identificar al verdadero culpable. La posibilidad de que su jefe estuviera actuando de manera ofensiva no se le había ocurrido debido a su hábito automático de culparse a sí mismo. Se sintió aliviado cuando repentinamente comprendió que no tenía nada de qué avergonzarse por la forma en que había actuado. Probablemente, su jefe se sentía nervioso o tenía un mal día.

Entonces John preguntó: "¿Por qué siempre busco con tanto ahínco la aprobación? ¿Por qué me desmorono así?" Recordó un acontecimiento que ocurrió cuando tenía doce años. Su único hermano menor murió después de una prolongada leucemia. Tras el funeral escuchó por casualidad a su madre y su abuela conversando en el dormitorio. Su madre lloraba amargamente y comentó: "Ahora no tengo *nada* por qué vivir". Su abuela le respondió: "Shh... Johnny está abajo en la sala. Podría oírte".

Cuando John me lo contó comenzó a llorar. *Escuchó* esos comentarios y para él significaron: "Esto prueba que no valgo mucho. Mi hermano era importante. Mi madre en realidad no me quiere". Nunca comentó que había estado escuchando y con el correr de los años trató de olvidarlo pensando: "En realidad no es importante si me quiere o no". Pero trató intensamente de complacer a su madre con sus éxitos y su carrera en un intento desesperado de ganar su aprobación. En su interior no creía que tuviera ningún tipo de valor y se consideraba inferior y despreciado. Trató de compensar la pérdida de su autoestima ganando la admiración y la aprobación de los demás. Su vida era como un constante esfuerzo por inflar un globo agujereado.

Después de recordar este incidente, John pudo ver la irracionalidad de su reacción por los comentarios que había escuchado en la sala. La amargura de su madre y el vacío que sentía eran una parte natural del doloroso proceso que atraviesa cualquier padre cuando se le muere un hijo. Sus comentarios *no tenían nada que ver con John*, sino con su depresión y desesperación temporales.

El hecho de considerar este recuerdo desde cierta perspectiva ayudó a John a ver lo ilógico y autodestructivo que era relacionar su valor con las opiniones de los demás. Quizás usted también está comenzando a ver que su creencia en la importancia de la aprobación exterior es irreal. En definitiva, usted y sólo usted puede hacerse feliz. Nadie más puede. Recordemos algunos pasos que puede dar para poner estos principios en práctica y así poder transformar su deseo de autoestima y autorrespeto en una realidad emocional.

EL CAMINO HACIA LA INDEPENDENCIA
Y EL RESPETO DE UNO MISMO

Análisis de los costos y beneficios. El primer paso para superar su creencia en cualquiera de las suposiciones contraproducentes del test de la EAD es realizar un análisis de los costos y beneficios. Pregúntese: ¿cuáles son las ventajas y desventajas de recriminarme que la desaprobación me convertirá en un ser menos valioso? Después de analizar todas las formas en que esta actitud puede ayudarle o herirle, estará en condiciones de tomar una decisión acertada para desarrollar un sistema de valores más saludable.

Por ejemplo, una mujer casada de treinta y tres años llamada Susan descubrió que se encontraba demasiado comprometida en las actividades comunales y de la iglesia porque era una trabajadora capaz y responsable y, con frecuencia, la elegían para integrar varias comisiones. Se sentía enormente complacida cada vez que la elegían para un nuevo trabajo y temía decir que no a cualquier requerimiento, pues eso significaría arriesgarse a que alguien la desaprobara. Debido a que la aterrorizaba abandonar a la gente, se convirtió cada vez más en una adicta al círculo vicioso de olvidar sus propios deseos e intereses para complacer a los demás.

El test de la EAD y la técnica de la flecha vertical descritos en el capítulo anterior revelaban una de sus suposiciones silenciosas: "Siempre debo hacer lo que la gente espera que haga". Como parecía renuente a abandonar esta creencia, realizó el análisis de los costos y beneficios (fig. 11-1). Debido a que las desventajas de su adicción a la aprobación pesaban más que las ventajas, se mostró mucho más dispuesta a cambiar su filosofía personal. Aplique esta simple técnica con una de sus suposiciones contraproducentes sobre la desaprobación.

Vuelva a escribir la suposición. Si, basándose en su análisis de los costos y beneficios, usted ve que su temor a la desaprobación lo hiere más de lo que lo ayuda, el segundo paso consiste en volver a

278

escribir su suposición silenciosa de manera que se convierta en algo más real y provechoso (puede hacerlo con cualquiera de las 35 actitudes del test de la EAD que representen zonas de su vulnerabilidad psicológica). En el ejemplo de arriba, Susan decidió contemplar su creencia de un modo distinto: "Puede ser agradable obtener la aprobación de alguien, pero no la necesito para ser una persona valiosa o para respetarme a mí misma. La desaprobación puede ser desagradable, pero no significa que sea una persona inferior".

El plan para alcanzar el respeto de uno mismo. Un tercer paso que podría ayudarle sería escribir un pequeño texto titulado "Por qué es irracional e innecesario vivir atemorizado por la desaprobación o la crítica". Esto puede ser su plan personal para lograr una mayor confianza en su autonomía y en sí mismo. Prepare una lista de todas las razones por las cuales la desaprobación es desagradable, pero no fatal. Algunas ya se han mencionado en este capítulo y puede releerlas antes de comenzar a escribir. En su texto incluya sólo las que le parezcan útiles y convenientes. Asegúrese de creer en cada argumento que anota, y así su nueva sensación de independencia será real. ¡*No* racionalice! Por ejemplo, la afirmación: "Si alguien me desaprueba no debo disgustarme, pues no será la clase de persona que desearía tener como amigo", no funcionaría, pues es una distorsión. Usted está tratando de preservar su autoestima considerando "mala" a la otra persona. Limítese a lo que sabe que es verdad.

Cuando se le ocurran nuevas ideas agréguelas a su lista. Léala todas las mañanas durante varias semanas. Este puede ser el primer paso para ayudarle a considerar las opiniones y los comentarios negativos de la gente en su verdadera dimensión.

Aquí hay algunas ideas que han funcionado bien para mucha gente. Puede utilizarlas en su texto.

1.   Recuerde que cuando alguien reacciona negativamente con usted, puede que sea su pensamiento irracional el que encuentre en el centro de la desaprobación.

2.   Si la crítica es válida, esto no deber hacerle daño. Puede señalar su error y corregirlo. Puede *aprender* de sus errores, y no debe avergonzarse de ellos. Si usted es humano, entonces a veces *debe* cometer errores.

3.   Si ha cometido un error, no significa que haya NACIDO PERDEDOR. Es imposible equivocarse a todas horas e incluso *casi*

Figura 11-1. El método de los costos y beneficios para evaluar las "suposiciones silenciosas". SUPOSICION: "Siempre debo hacer lo que la gente espera que haga".

Ventajas de creer esto	*Desventajas de creer esto*
1. Si puedo cumplir con las expectativas de la gente, siento que puedo controlarme. Esto es agradable.	1. A veces me comprometo y termino haciendo cosas que no me interesan y que realmente no deseo hacer.
2. Si complazco a la gente me sentiré seguro y confiado.	2. Esta suposición me evita mantener relaciones: nunca sé si se me aceptará por mí mismo. Así, siempre tengo que acceder al amor y al derecho de estar cerca de la gente haciendo lo que ellos desean. Me convierto en un esclavo.
3. Puedo evitar grandes cantidades de culpa y confusión. No tengo que pensar las cosas, ya que todo lo que debo hacer es lo que los demás deseen.	3. Los demás obtienen un excesivo poder sobre mí, además pueden dominarme con la amenaza de la desaprobación.
4. No debo preocuparme porque la gente se disguste conmigo o me desprecie.	4. Me resulta difícil saber lo que realmente deseo. No estoy acostumbrado a establecer prioridades para mí mismo ni a tomar decisiones independientes.
5. Puedo evitar conflictos y no tengo que ser dogmático ni hacer aclaraciones.	5. Cuando la gente me desaprueba, como a veces sucede inevitablemente, debo pensar que he hecho algo que les ha desagradado, experimento un gran sentimiento de culpa y me deprimo. Esto hace que los demás controlen mis estados de ánimo, y no yo.
	6. Lo que los demás desean que haga no siempre es lo mejor

$\rightarrow$

Figura 11-1 (continuación)

Ventajas de creer esto	*Desventajas de creer esto*
	para mí, ya que ellos, a menudo, piensan en sus propios intereses. Sus expectativas sobre mí puede que no sean reales y válidas.
	7. Termino viendo a los demás tan débiles y frágiles que acaban dependiendo de mí, y se sentirían heridos y miserables si los abandonara.
	8. Debido a que temo correr riesgos y a que alguien se disguste conmigo, mi vida se convierte en algo estático. No me siento motivado para cambiar, madurar o hacer las cosas de manera diferente para aumentar la cantidad de mis experiencias.

a todas horas. ¡Piense en los miles de cosas que ha hecho *bien* en su vida! Además, puede cambiar y madurar.

4.   Los demás no pueden juzgar su valor como ser humano, sólo la validez o el mérito de las cosas específicas que hace o dice.

5.   Todos lo juzgarán de manera diferente sin importar lo bien que lo haga o lo mal que se comporte. La desaprobación no puede propagarse como el fuego, y un rechazo no puede conducir a una serie interminable de rechazos. Por lo tanto, aunque lo malo se convierta en lo peor y alguien lo rechace, nunca podrá terminar completamente solo.

6.   Generalmente, la crítica y la desaprobación son desagradables, pero el malestar pasará. Deje de desanimarse. Dedíquese a alguna actividad que le gustara en el pasado, aunque crea estar seguro de que es absolutamente inútil volver a empezar.

7.   La crítica y la desaprobación podrán disgustarle *sólo* si usted "compra" las acusaciones que le hagan.

8.   La desaprobación rara vez es permanente. Su relación con una persona que lo desaprueba no terminará necesariamente porque lo critique. Las discusiones son parte de la vida, y en la mayoría de los casos se puede llegar a un acuerdo más tarde.

9.   Si usted critica a otra persona, esto no la convierte en totalmente mala. ¿Por qué brindarle a otro individuo el poder y el derecho para juzgarlo? Todos somos sólo seres humanos, no Cortes Supremas de Justicia. No magnifique a otras personas.

¿Se le ocurren algunas otras ideas? Piense en esto durante los próximos días. Anote sus ideas en un papel. Desarrolle su propia filosofía sobre la desaprobación. Se sorprenderá al descubrir lo mucho que esto puede ayudarle a cambiar su perspectiva y aumentar su sentido de la independencia.

Técnicas verbales. Además de aprender a pensar de modo diferente sobre la desaprobación, puede ser muy útil aprender a comportarse de manera distinta con los individuos que expresan esa desaprobación. En primer lugar, reexamine los métodos dogmáticos tales como la técnica del desarme presentada en el capítulo 6. Ahora desarrollaremos algunas aproximaciones adicionales con el fin de ayudarle a encontrar sus habilidades para hacer frente a la desaprobación.

Antes que nada, si teme la desaprobación de alguien, ¿alguna vez pensó en preguntarle a esa persona si en realidad lo desprecia? Se sorprendería gratamente al ver que la desaprobación existe sólo en su mente. Aunque se requiere un poco de valor, el resultado puede ser magnífico.

¿Recuerda a Art, el psiquiatra mencionado en el capítulo 6, que se estaba adiestrando en la Universidad de Pensilvania? Art no sospechaba que uno de sus pacientes tenía intenciones suicidas. El paciente no tenía historial ni síntomas de depresión, pero se sentía desesperadamente atrapado en un matrimonio agobiante. Una mañana, Art recibió una llamada informándole de que su paciente había sido encontrado muerto con una bala en la cabeza. Aunque se contempló la sospecha de homicidio, la causa probable de la muerte fue el suicidio. Art nunca había perdido un paciente de esta manera. Reaccionó con tristeza debido a su afecto por aquel paciente en particular, y con ansiedad por temor a que su jefe y sus compañeros le desaprobaran y despreciaran por su "error" y falta de previsión. Después de discutir la muerte con su jefe, le preguntó francamente:

"¿Cree que lo defraudé?" Su respuesta estuvo llena de calidez y simpatía, y no de rechazo. Art se sintió aliviado cuando su jefe le contó que a él le había sucedido algo similar en el pasado. Le puntualizó que ésta era una buena oportunidad para aprender a afrontar uno de los riesgos profesionales de ser psiquiatra. Después de discutir el caso y negarse a ceder ante su temor a la desaprobación, Art aprendió que *había* cometido un "error": había pasado por alto el hecho de que una sensación de "desesperanza" puede conducir al suicidio a individuos que no están clínicamente deprimidos. Pero también aprendió que los demás no le exigían la perfección y que no se esperaba que garantizara una milagrosa recuperación de todos los pacientes.

Supongamos que todo esto no hubiera salido tan bien y que su jefe o sus colegas le hubieran censurado por descuidado o incompetente. ¿Qué habría sucedido? El peor resultado habría sido el rechazo. Consideremos algunas estrategias para afrontar la peor eventualidad imaginable.

¡El rechazo nunca es culpa suya! Además de una agresión física o una destrucción de sus posesiones, el peor daño que una persona pueda tratar de infligirle constituirá siempre en el rechazo. Esta amenaza es la fuente de su temor cuando se "deprime".

Existen varios tipos de rechazo. El más obvio y común se denomina "rechazo adolescente", aunque no está limitado a los adolescentes. Supongamos que siente un interés romántico por alguien que ha conocido o con quien está saliendo y resulta que usted no es su ideal. Quizás el problema sea su apariencia, su raza, su religión o su estilo de personalidad. O quizá sea demasiado alto, bajo, obeso, delgado, viejo, joven, brillante, tonto, agresivo, pasivo, etc. Como usted no se ajusta a la imagen mental del compañero ideal de esa persona, ésta le rechaza.

¿Es culpa suya? ¡Obviamente no! Quienquiera que sea, simplemente lo estará rechazando por preferencias y gustos subjetivos. A una persona le puede agradar más el pastel de manzana que el de cereza. ¿Significa esto que el pastel de cereza es intragable? Los intereses románticos son casi infinitamente variables. Si usted es una de esas personas que tiene el estilo de un modelo de anuncios de dentífricos y posee lo que nuestra cultura define como "buena apariencia" y una personalidad atractiva le resultará más fácil obtener citas y compañeros. Pero aprenderá que esta atracción mutua se encuentra lejos de convertirse en una relación amorosa permanente, e incluso los del tipo bello y fornido a veces deberán afrontar el rechazo. Nadie puede conquistar a todo el mundo que conoce.

Si usted tiene una apariencia y personalidad del tipo medio o bajo, en un principio deberá esforzarse para atraer a la gente y afrontar frecuentes desaires. Deberá desarrollar sus habilidades sociales y dominar algunos poderosos secretos para que la gente se sienta atraída por usted. Estos son: (1) No menospreciarse. Niéguese a autocastigarse. Eleve su autoestima con los métodos desarrollados en el capítulo 4. Si se ama, la gente le responderá a esta sensación de júbilo y deseará estar a su lado. (2) Halague a la gente con auténticos cumplidos. En lugar de esperar nerviosamente para saber si les agradará o lo rechazarán, primero agrádeles y luego hágaselo saber. (3) Demuestre interés por los demás enterándose de qué les molesta. Escuche qué es lo que más les agrada y responda a sus comentarios de una manera animada.

Si usted persevera con estas actitudes, finalmente descubrirá que *hay* gente que lo encuentra atractivo y poseedor de una gran capacidad para ser feliz. El rechazo adolescente es una molestia desagradable, pero no es el fin del mundo y no es culpa suya.

"De acuerdo", responde usted, "pero ¿qué sucederá en el caso de que mucha gente lo rechace porque en el fondo les moleste su agobiante amaneramiento?" Supongamos que usted es engreído y egocéntrico. Seguramente es culpa suya, ¿verdad? Esta es una segunda clase de rechazo, la cual denomino "rechazo airado". Nuevamente, creo que verá que no es su culpa si lo rechazan airadamente por algún defecto personal.

En primer lugar, los demás no están obligados a rechazarlo sólo porque hay cosas sobre usted que no les agrade: tienen otras opciones. Pueden ser dogmáticos y puntualizar lo que no les agrada de su conducta o pueden conseguir que no les moleste demasiado. Por supuesto que tienen derecho a evitarlo y rechazarlo si así lo desean, y son libres para elegir los amigos que prefieran. Pero esto no significa que usted sea un "mal" ser humano, y definitivamente no todos reaccionarán con usted de la misma forma negativa. Sentirá una atracción espontánea hacia algunas personas, mientras que tenderá a colisionar con otras. Esto no es culpa de nadie, son sólo cosas de la vida.

Si usted tiene una personalidad difícil que enerva a más gente de la que desearía, si es excesivamente crítico o se enfada con frecuencia, sería conveniente que modificara su estilo. Pero es ridículo culparse si alguien lo rechaza basándose en esta imperfección. Todos somos imperfectos, pero su tendencia a culparse, o a "comprar" la hostilidad con que lo tratan, es autodestructiva e inútil.

La tercera clase de rechazo es el "rechazo manipulador". En este caso la otra persona utiliza la amenaza del alejamiento o el rechazo para manipularlo de alguna manera. Las esposas infelices e incluso los psicoterapeutas frustrados recurren a veces a esta estrategia para obligarlo a cambiar. La fórmula es así: "¡O haces esto y esto o terminamos!" Esta es una manera irracional y generalmente autodestructora de tratar de persuadir a la gente. Este rechazo manipulador es simplemente un modelo culturalmente asimilado y, en general, ineficaz. Raramente conduce a la mejora de una relación, ya que provoca tensión y resentimiento. Lo que realmente indica es una baja tolerancia con respecto a la frustración y pobres habilidades interpersonales por parte de los individuos que realizan la amenaza. Ciertamente *no* es culpa suya que ellos hagan esto y no le conviene dejarse manipular así.

Hasta aquí los aspectos teóricos. Ahora, ¿qué puede decir y hacer cuando lo rechazan? Una forma efectiva de aprender es utilizar el *role- playing*. Para que el diálogo sea más entretenido y dinámico yo desempeñaré el rol del que rechaza y lo enfrentaré con las peores cosas sobre usted que se me ocurran. Como estoy actuando de una manera cáustica e insultante, comience preguntándome si lo estoy rechazando, a juzgar por la forma en que lo he tratado últimamente:

USTED: Doctor Burns, he notado que ha estado actuando de una manera fría y distante. Es como si pretendiera ignorarme. Cuando trato de hablarle me ignora o me contesta mal. Me pregunto si está disgustado conmigo o tiene la intención de no verme más.

Comentario: No me ha acusado inicialmente de rechazarlo. Eso me ha colocado a la defensiva. Además, podría *no* estar rechazándolo, podría estar disgustado porque nadie ha comprado mi libro, y por lo tanto un poco irritable. Para practicar supongamos lo peor: que estoy tratando de menospreciarlo.

DAVID: Me alegro de que hablemos claro. En realidad he decidido no verle más.
USTED: ¿Por qué? Por lo que parece, le he molestado mucho.
DAVID: Usted es un fraude.

285

USTED: Veo que está disgustado conmigo. ¿Qué es lo que he hecho mal?

Comentario: Ha evitado defenderse. Como *usted* sabe que no es un fraude, no tiene sentido insistir en que no lo es. Sólo me disgustaría más y nuestro diálogo se deterioraría rápidamente y se convertiría en un concurso de gritos. (Este "método de la empatía" se ha presentado con todos los detalles en el capítulo 6.)

DAVID: Todo lo que se refiere a usted apesta.
USTED: ¿Puede ser más específico? ¿Me he olvidado de ponerme desodorante? ¿Está disgustado por la forma en que hablo, algo que dije recientemente, mi ropa o qué?

Comentario:: Otra vez se resiste a entrar en una discusión. Al acosarme para que le diga lo que me desagrada de usted, me está forzando a utilizar mis mejores armas y decir algo significativo para no parecer tonto.

DAVID: Hirió mis sentimientos cuando el otro día me humilló. Para usted sólo soy una "cosa", no un ser humano.

Comentario : Esta es una crítica muy común. Quiere decir que usted interesa a la persona que lo rechaza, pero que se siente excluido y teme perderlo. Por eso decide castigarlo para proteger su dubitativa autoestima. Quien lo rechaza también podría decir que usted es demasiado estúpido, demasiado gordo, demasiado egoísta, etc. *Cualquiera* que sea la naturaleza de la crítica, su estrategia debe ser doble: (a) encontrar algo verdadero en la crítica y hacerle saber a quien lo rechaza que está de acuerdo en parte (véase la "técnica del desarme", capítulo (6); (b) disculparse o prometer que corregirá cualquier error que haya cometido (véase "Respuesta y negación", capítulo 6).

USTED: Siento mucho haber dicho algo que le haya incomodado ¿Qué ha sido?
DAVID: Me dijo que era un inexperto. Ya tuve suficiente, hemos terminado.
USTED: Veo que fue un comentario irreflexivo e hiriente. ¿Qué otras cosas dije que hirieron sus sentimientos? ¿Eso fue

todo? ¿O lo hice muchas veces? ¡Adelante, dígame todo lo malo que piensa de mí!

DAVID: Usted es impredecible, puede ser dulce como el azúcar y luego repentinamente me hiere con su lengua mordaz. Cuando se irrita se convierte en un cerdo malhablado. No lo tolero, y no entiendo cómo alguien puede aguantarlo. Usted es arrogante y engreído y no se preocupa más que por sí mismo. Es un egoísta y ya es hora de que se despierte y aprenda. Lamento haber tenido que ser yo el que lo humillara, pero es la única manera en que aprenderá. No tiene sentimientos sinceros para con nadie, sólo para sí mismo, por lo que hemos terminado.

USTED: Veo que existen muchos problemas en nuestra relación que nunca tratamos y parece que en realidad no estaba al corriente. Comprendo que he actuado de forma irritante e irreflexiva. Veo lo desagradable que he sido y lo incómodo que fue para usted. Dígame más sobre este aspecto de mi personalidad.

Comentario: Usted continúa extrayendo comentarios negativos de quien lo rechaza. Evite estar a la defensiva y continúe tratando de encontrar alguna verdad en lo que el otro dice. Después de soportar todas las críticas y estar de acuerdo con aquello que sea verdad, ya estará preparado para arrojar la flecha más afilada directamente al corazón de quien lo rechaza. Admite que conoce sus imperfecciones y que está dispuesto a corregir sus errores. Luego pregúntele por qué lo rechaza. Esto le ayudará a ver por qué el rechazo no es culpa suya. Usted es responsable de sus errores y deberá asumir la responsabilidad de tratar de corregirlos. Pero si alguien lo rechaza por sus imperfecciones, ellos estarán cometiendo una tontería, y no usted. Así funciona esto:

USTED: Veo que he dicho y hecho muchas cosas que no le agradan. Trataré de corregir estos problemas lo mejor que pueda. No puedo prometerle milagros, pero si trabajamos juntos no veo por qué las cosas no pueden mejorar. Al hablar de esta manera, nuestra comunicación ya ha mejorado. ¿Por qué no quiere verme más?

DAVID: Porque me he enfurecido.

USTED: Bueno, a veces surgen diferencias entre las personas, pero no creo que eso deba destruir nuestra relación. ¿Me rechaza porque le he enfurecido o por qué?

David: Usted es un holgazán y me niego a volver a hablarle.

Usted: Lamento que piense así. Me agradaría continuar con nuestra amistad, a pesar de habernos herido mutuamente de este modo. ¿Tenemos que terminar definitivamente? Quizás esta discusión era lo que necesitábamos para comprendernos el uno al otro. Realmente, no sé por qué decidió rechazarme. ¿Puede decirme por qué?

David: ¡Oh, no! No me engañará. ¡Ya lo hizo una vez y es suficiente! ¡No habrá una segunda oportunidad! ¡Adiós!

Comentario: ¿Quién se está comportando tontamente? ¿Usted o quien lo está rechazando? ¿Quién tiene la culpa de que se produzca el rechazo? Después de todo, usted se ha ofrecido para tratar de corregir sus errores y mejorar la relación a través de un compromiso y una comunicación sinceros. Por lo tanto, ¿puede culparse del rechazo? Obviamente, no.

Al utilizar la propuesta transcrita más arriba quizá no evite un verdadero rechazo, pero mejorará la probabilidad de una salida positiva tarde o temprano.

Recuperación de la desaprobación o el rechazo. En realidad, ha sido rechazado a pesar de sus esfuerzos para mejorar la relación con la otra persona. ¿Cómo puede superar rápidamente el trastorno emocional que comprensiblemente siente? Primero, debe comprender que la vida continúa; por lo tanto, este disgusto en particular no debe deteriorar su felicidad futura. Si continúa con el rechazo o la desaprobación, serán sus *pensamientos* los que le provoquen el daño, pero si lucha contra ellos y se niega a rendirse a una distorsionada imagen de sí mismo, el trastorno desaparecerá.

Un método que podría ser bastante útil es el que ha ayudado a ciertas personas que experimentaban prolongados sentimientos de dolor después de haber perdido a un ser querido. Si el individuo en cuestión ocupa buena parte de su jornada con dolorosos recuerdos y pensamientos sobre el ser querido muerto, esto puede acelerar y completar su proceso de decadencia. Si usted hace esto cuando está solo, será más beneficioso. La comparación con los demás a menudo es contraproducente; algunos estudios han demostrado que prolonga el doloroso período de duelo.

Puede utilizar este método "doloroso" para afrontar el rechazo o la desaprobación. Dedique uno o más momentos del día (probablemente, cinco o diez minutos serán suficientes) para meditar sobre todos los pensamientos tristes, de enfado o desesperación que experimente. Si se siente triste, llore. Si se siente irritado, golpee una almohada. Llénese de recuerdos y pensamientos dolorosos durante todo el tiempo que haya decidido dedicar a su meditación. ¡Quéjese y gima sin cesar! Cuando su momento de tristeza termine, DETENGALO y continúe con su normal vida hasta su próxima sesión de llanto. Mientras tanto, si tiene pensamiento negativos, escríbalos, señale las distorsiones y sustitúyalos por respuestas racionales, como se ha indicado en capítulos previos. Descubrirá que esto puede ayudarle a obtener un control parcial de su decepción y acelerará su regreso a una autoestima plena más rápidamente de lo que pensaba.

ENCIENDO LA "LUZ INTERIOR"

La clave para un esclarecimiento emocional consiste en saber que sólo sus pensamientos pueden afectar sus estados de ánimo. Si usted es un adicto a la aprobación, es que tiene el mal hábito de encender su luz interior *sólo* cuando otros ya han hecho brillar su luz sobre usted. Y así confunde erróneamente la aprobación de ellos con la suya, ya que las dos se producen casi simultáneamente. ¡Usted cree erróneamente que la otra persona le ha hecho sentir bien! El hecho de que a veces disfrute del elogio y los cumplidos prueba que *sabe cómo aprobarse a sí mismo*. Pero si usted es un adicto a la aprobación, es que ha desarrollado el hábito contraproducente de aceptarse *sólo* cuando alguien a quien respeta lo ha aprobado primero.

Aquí hay una forma simple de romper el hábito. Consiga el contador de pulsera descrito en capítulos anteriores y úselo por lo menos durante dos o tres semanas. Todos los días trate de observar cosas positivas sobre usted mismo, cosas que hace bien, obtenga o no una recompensa externa. Cada vez que haga algo que apruebe, accione el contador. Por ejemplo, si una mañana le sonríe amablemente a un compañero, márquelo, le devuelva o no la sonrisa. Si realiza esa llamada telefónica en la que estaba pensando, accione el contador. Puede "apoyarse" en cosas grandes o triviales. Incluso puede marcar si recuerda el día en que obtuvo su carnet de conducir o su primer trabajo. Accione el marcador tenga o no una reacción emocional positiva. En un principio deberá *esforzarse* para observar cosas positivas sobre usted mismo y puede que le parezca mecánico. De cualquier manera insista, después de varios días creo que observará que la luz interior comienza a brillar, al principio suavemente y luego más brillante. Todas las noches observe los dígitos del contador y contabilice el total de sus "apoyos" personales. Después de dos o tres semanas, aprenderá el arte del autorrespeto y se sentirá mucho mejor consigo mismo. Este simple procedimiento puede ser un primer paso importante para lograr la independencia y la autoaprobación. Parece fácil, y lo es. Es sorprendentemente poderoso y las recompensas bien valdrán la pequeña cantidad de tiempo y esfuerzo que requiere.

12
La adicción al amor

La "suposición silenciosa" que acompaña al temor por la desaprobación es: "No puedo ser un ser humano verdaderamente pleno y feliz si no me ama alguien del sexo opuesto. El amor es necesario para la felicidad".

La *demanda* o *necesidad* de amor para sentirse feliz se denomina "dependencia". Dependencia significa que usted no es capaz de asumir la responsabilidad de su vida emocional.

La desventaja de ser un adicto al amor. ¿Ser amado es una necesidad absoluta o una opción deseable?

Roberta es una mujer soltera de treinta y tres años que se sentía abatida durante los atardeceres y fines de semana, pues pensaba: "En un mundo de parejas, sin un hombre no soy nada". Vino a mi consulta atractivamente arreglada, pero sus comentarios eran amargos. Estaba llena de resentimiento, pues consideraba que ser amada era tan crucial como el oxígeno para respirar. Sin embargo, se la veía tan ansiosa y ávida que alejaba a la gente. Le sugerí que comenzara confeccionando una lista de las ventajas y desventajas de creer que "sin un hombre (o una mujer) no soy nada". Las desventajas de la lista de Roberta eran bien claras: "(1) Esta creencia me desanima, pues no tengo a nadie que me quiera. (2) Además aleja cualquier iniciativa de hacer cosas y salir. (3) Me hace sentir como una holgazana. (4) Me provoca una sensación de autocompasión. (5) Disminuye mi orgullo y mi confianza y me convierte en una envidiosa amargada. (6) Finalmente, me provoca sentimientos autodestructivos y un terrible temor de estar sola".

Luego mencionó lo que consideraba las ventajas de creer que ser amada era una absoluta necesidad para ser feliz: "(1) Esta creencia me proporcionará un compañero, amor y seguridad. (2) Le dará un sentido a mi vida y una razón para vivir. (3) Me hará creer que aún puedo vivir muchas experiencias felices". Estas ventajas reflejaban la creencia de Roberta en el hecho de que convenciéndose de que no podía vivir sin un hombre conseguiría, de alguna manera, un compañero.

¿Estas ventajas eran reales o imaginarias? A pesar de que Roberta creyó durante muchos años que no podía vivir sin un hombre, esta actitud aún no le había traído el tan anhelado compañero. Admitía que el hecho de considerar a los hombres como algo tan importante en su vida no suponía que fuera a toparse con uno como por encanto.

Comprendía que las personas dependientes a menudo exigen demasiada atención de los demás y son tan ansiosas que tienen grandes dificultades no sólo para atraer a alguien del sexo opuesto, sino para mantener una relación duradera. Roberta era capaz de comprender la idea de que la gente que encuentra la felicidad en su interior generalmente es la más deseada por los miembros del sexo opuesto y se convierte en una especie de imán, ya que se encuentra en paz consigo mismo y genera una sensación de alegría. Irónicamente, es la mujer dependiente, la "melancólica", la que termina sola.

Esto no es en realidad tan sorprendente. Si usted se coloca en la posición de que "necesita" a otro para sentirse alguien, está transmitiendo lo siguiente: "¡Tómeme! ¡No tengo ningún valor por mí mismo! ¡No me soporto!" No es extraño que haya tan pocos compradores. Por supuesto, su demanda no declarada tampoco hace que la gente la quiera: "Como está *obligada* a amarme, si no lo hace es una basura".

Usted puede aferrarse a su dependencia debido a la noción errónea de que, si logra la independencia, los otros lo verán como una persona a la que se puede rechazar y terminará solo. Si este es su temor, está identificando dependencia con afecto. Nada más alejado de la verdad. Si usted es solitario y dependiente, su irritación y resentimiento se originan en el hecho de que se siente privado del amor que cree que tiene derecho a recibir de los demás. Esta actitud lo conduce a un mayor aislamiento. Si es más independiente, no está *obligado* a estar solo, simplemente posee la capacidad de sentirse feliz cuando se encuentre solo. Cuanto más independiente sea, más seguro estará de sus sentimientos. Además, sus estados de ánimo no estarán a merced de los demás. Después de todo, el amor que otro puede sentir por usted es, a menudo, bastante imprevisible. Pueden no apreciarlo todo sobre usted ni tampoco tratarlo de manera afectuosa en todo momento. Si está dispuesto a aprender a quererse tendrá una fuente de autoestima mucho más confiable y continua.

El primer paso es descubrir si *desea* independencia. Todos nosotros tenemos una mejor opotunidad de lograr nuestros objetivos si comprendemos cuáles son. A Roberta la ayudó comprender que su dependencia la estaba condenando a una existencia vacía. Si aún se encuentra aferrado a la noción de que es deseable ser "dependiente", confeccione una lista de las ventajas utilizando la técnica de la doble columna. Considere qué beneficios puede extraer al permitir que el amor determine su valor personal. Luego, para determinar objetivamente la situación, escriba las respuestas racionales o argumentos contrarios en la columna de la derecha. Aprenderá así que las ventajas de su adicción al amor son parcial o totalmente ilusorias.

La figura 12-1 muestra cómo una mujer con un problema similar al de Roberta considera estas situaciones. Este ejercicio escrito la motivó a buscar en su interior lo que buscaba en los demás, y le permitió ver que su dependencia era el verdadero enemigo que la incapacitaba.

Percibir la diferencia entre aislamiento y estar solo. Mientras leía el apartado anterior habrá visto que podía ser ventajoso para usted aprender a regular sus estados de ánimo y a encontrar la felicidad dentro de sí mismo. Esto le brindará la capacidad de sentirse tan animado cuando esté solo como cuando se encuentre con alguien a quien ame. Pero usted puede pensar: "Todo eso suena bien, doctor Burns, pero no es real. La verdad es que es innegable que al estar solo uno se siente emocionalmente inferior. Toda mi vida supe que el amor y la felicidad son idénticos y todos mis amigos están de acuerdo. Usted puede filosofar hasta que su rostro se ponga azul. Pero cuando se llega al fondo, el amor debe estar allí y estar solo es una maldición".

En realidad, mucha gente está convencida de que el amor es lo que hace girar el mundo. Usted puede ver este mensaje en anuncios, oírlo en canciones populares, leerlo en poemas...

Sin embargo, usted puede refutar convincentemente su suposición de que el amor es necesario para ser feliz. Consideremos la ecuación: solo = aislado.

Primero, considere que muchas de las satisfacciones básicas de la vida las obtenemos por nosotros mismos. Por ejemplo, cuando escala una montaña, corta una flor, lee un libro, o come una golosina, no necesita de la compañía de otro para que estas experiencias sean

Figura 12.1. Un análisis de las supuestas "ventajas" de ser un "adicto al amor".

Ventajas de depender del amor para ser feliz	Respuestas racionales
1. Alguien se preocupará por mí cuando me ocurra algo.	1. Esto también es verdad para la gente independiente. Si tengo un accidente automovilístico me llevarán a un hospital. Los médicos se ocuparán de mí, sea una persona dependiente o independiente. Es una tontería creer que toda la gente dependiente obtiene ayuda cuando le ocurre algo.
2. Pero si soy dependiente, no tendré que tomar decisiones.	2. Pero como una persona dependiente tendré mucho menos control sobre mi vida. No es muy ético depender de los demás para que decidan por mí. Por ejemplo, ¿deseo que otro me diga cómo vestirme o qué cenar? Podría elegir algo que no me agradara.
3. Pero como una persona independiente, podría tomar la decisión equivocada. Luego tendría que pagar las consecuencias.	3. Entonces pague las consecuencias: puede aprender de sus errores si es independiente. Nadie puede ser perfecto, y en la vida no existen garantías de certezas absolutas. La incertidumbre puede ser parte de la sal de la vida. Lo importante del autorrespeto es cómo actúo, no si tengo razón en todo momento. Y además todo el mundo confiará en mí si las cosas funcionan bien.
4. Pero si soy una persona dependiente no tendré que pen-	4. Las personas independientes también pueden dejar de pen-

→

294

Figura 12.1 (continuación)

Ventajas de depender del amor para ser feliz	*Respuestas racionales*
sar, sólo podré reaccionar ante las cosas.	sar si así lo desean. No existe una regla que diga que sólo la gente dependiente tiene derecho a dejar de pensar.
5. Pero si soy dependiente me gratificarán. Será como comer cosas dulces. Es agradable tener a alguien que se preocupe por mí y en quien apoyarme.	5. Después de un tiempo, los dulces empalagan. La persona que elija para depender de ella podría dejar de quererme y ocuparse de mí para siempre. Podría cansarse después de un tiempo. Y si se aleja de mí por enfado o resentimiento entonces me sentiré muy desgraciada porque no tendré a nadie en quien confiar. Si soy dependiente podrán manipularme como a una esclava o un robot.
6. Pero si soy una persona dependiente me querrán. Sin amor no podré vivir.	6. Como una persona independiente puedo aprender a quererme y esto puede convertirme en más deseada para los demás, y si puedo aprender a quererme, puede que me quieran *siempre*. En el pasado mi dependencia alejó a los demás de mí con más frecuencia de la que los atrajo. Los bebés no pueden vivir sin amor y sustento, pero yo no me moriré sin amor.
7. Pero a algunos hombres les gustan las mujeres dependientes.	7. En esto hay algo de verdad, pero las relaciones que están basadas en la dependencia frecuentemente acaban destruidas y terminan en divorcio, porque usted le pide a la otra

→

Figura 12.1 (continuación)

Ventajas de depender del amor para ser feliz	Respuestas racionales
	persona algo que no le puede dar; es decir, autoestima y autorrespeto. Sólo yo puedo hacerme feliz, y si confío en que otro lo haga por mí al final puedo terminar amargamente desilusionada.

agradables. Un médico puede disfrutar la satisfacción de atender a un paciente tenga o no una relación personal significativa con él. Un autor se encuentra generalmente solo cuando escribe un libro. Como sabe la mayoría de los estudiantes, se aprende solo. La lista de placeres y satisfacciones que puede disfrutar cuando está solo es interminable.

Esto indica que muchas de las fuentes de satisfacción son accesibles para usted, esté o no acompañado. ¿Puede completar esta lista? ¿Cuáles son los placeres que puede disfrutar solo? ¿Alguna vez escucha buena música? ¿Le agrada la jardinería? ¿El footing? ¿Carpintería? ¿Caminar? Janet, una solitaria empleada de banco, recientemente separada de su esposo, se matriculó en una clase de danza creativa y descubrió (para su sorpresa) que podría disfrutar mucho practicando sola en su casa. Cuando se entregaba al ritmo de los movimientos se sentía en paz consigo misma a pesar de no tener a nadie a quién amar.

Quizás usted está pensando: "Doctor Burns, ¿ésa es su opinión? Es *trivial*. Puedo experimentar momentos temporales de distracción mediocre haciendo cosas sola. Esto puede alejar la melancolía, pero son sólo migajas que me impiden morir de hambre. ¡Yo quiero un banquete! ¡Amar! ¡Felicidad completa y verdadera!"

Eso fue exactamente lo que me dijo Janet antes de matricularse en la clase de danza. Debido a que suponía que era desesperante estar sola, no se le había ocurrido hacer cosas agradables y preocuparse por ella misma tras la separación de su esposo. Había vivido con dobles pautas, por lo cual si estaba con su esposo programaba actividades placenteras, pero cuando estaba sola simplemente se sentía abatida y no hacía nada. Este esquema funcionaba obviamente como una profecía que se cumple a sí misma, pero en realidad consideraba desagradable estar sola. ¿Por qué? Simplemente porque no se trataba a sí misma con cariño. Nunca se le ocurrió desafiar su suposición de toda la vida acerca de que sus actividades serían insatisfactorias a menos que tuviera alguien con quien compartirlas. En otra ocasión, en lugar de comer alimentos preparados al regresar del trabajo, Janet decidió planear una comida especial, como si fuera a agasajar a un hombre que le interesara mucho. Preparó cuidadosamente la cena y puso velas en la mesa. Comenzó con un vaso de buen vino. Después de la cena leyó un buen libro y escucho su música favorita. Para su asombro, pasó una noche muy agradable. Al día siguiente, sábado, Janet decidió ir sola a un museo de arte. Se sorprendió al descubrir que se divirtió más en esta excursión solitaria que cuando acompañaba a su desinteresado y aburrido esposo.

Como consecuencia de haber adoptado una actitud activa y condescendiente consigo misma, Janet descubrió por primera vez en su vida que no únicamente podía hacerlo sola sino también disfrutar.

Como sucede a menudo, comenzó a irradiar un júbilo contagioso que atrajo a muchas personas y le proporcionó algunas citas. Mientras tanto, su esposo se cansó de su compañera y empezó a desear que su esposa regresara. Observó que Janet estaba completamente feliz sin él y en ese momento las cosas comenzaron a cambiar. Después de que Janet le dijera que no deseaba que regresara, él sufrió una grave depresión. Finalmente, ella empezó a mantener una satisfactoria relación con otro hombre y se casó. La clave de su éxito es simple: como primer paso, demostró que podía desarrollar una relación consigo misma. Después de esto, el resto era fácil.

EL METODO DE PREDICCION DEL PLACER

No espero que usted confíe en mi palabra sobre este tema, o en los informes de otras personas como Janet, que aprendieron cómo experimentar las satisfacciones de la confianza en uno mismo. En lugar de ello, le propongo realizar una serie de experimentos, como hizo Janet, para que compruebe su creencia de que "estar solo es una maldición". Si está dispuesto a hacerlo, puede llegar a la verdad de una manera objetiva y científica.

Para ayudarle he elaborado la "hoja de predicción del placer" que aparece en la figura 12-2. Esta hoja está dividida en una serie de columnas en las cuales usted predice y registra la cantidad de satisfacción que obtiene de diferentes trabajos y actividades recreativas que realiza cuando está solo, y también de aquellas que comparte con otros. En la primera columna, registre la fecha de cada experimento. En la segunda columna, anote varias actividades que planea realizar como parte de los experimentos de ese día. Le sugiero que lleve a cabo series de cuarenta o cincuenta experimentos durante un período de dos o tres semanas. Elija actividades que puedan proporcionarle una sensación de realización o placer, o que tengan un cierto potencial de aprendizaje o desarrollo personal. En la tercera columna, registre con quién realiza la actividad. Si la realiza solo, anote "solo" en esta columna (esta palabra le recordará que nunca está realmente solo y que estará consigo mismo). En la cuarta columna, pronostique la satisfacción que cree que logrará con esta actividad, estimándola en una escala entre 0 y 100 por ciento. Complete la cuarta columna antes de realizar cada actividad, no después.

Una vez que haya completado las columnas, proceda con las actividades. Una vez que estén completas, registre la satisfacción real en la última columna utilizando el mismo sistema de valuación del 0 al 100 por ciento.

Después de realizar una serie de estos experimentos, podrá interpretar los datos que haya recogido. Puede aprender muchas cosas. Primero, comparando la satisfacción probable (cuarta columna) con la satisfacción real (quinta columna) podrá descubrir si sus predicciones son acertadas. Podrá descubrir que generalmente subestima la cantidad de satisfacción que experimentará, especialmente cuando hace cosas solo. También podrá sorprenderse al comprender que las actividades con los demás no son siempre tan satisfactorias como puede suponerse.

En realidad, podrá descubrir que hay muchas ocasiones en las que era *más* agradable estar solo, y que los promedios más altos que obtuvo cuando estaba solo, eran iguales o más elevados que aquellos de las actividades compartidas. Puede ser muy útil comparar la cantidad de satisfacción que obtiene de las actividades laborales y las de las placenteras. Esta información puede ayudarle a obtener un equilibrio óptimo entre el trabajo y la diversión mientras continúa planificando sus actividades.

Probablemente usted se preguntará: "Supongamos que hago algo y *no es* tan satisfactorio como imaginé. O supongamos que realizo

Figura 12-2. La hoja de predicción del placer

Fecha	Actividades para disfrutar (sensación de realización o placer)	¿Con quién hace esto? (especifique si lo hace solo)	Satisfacción imaginada (0-100%) (anote esto antes de la actividad)	Satisfacción real (0-100%) (registre esto después de la actividad)
18-8-77	Visitar una galería de arte	sola	20%	65%
19-8-77	Asistir a un concierto de *rock*	sola	15%	75%
26-8-77	Cine	Sharon	85%	80%
30-8-77	Fiesta	muchos invitados	60%	75%
2-9-77	Leer una novela	sola	75%	85%
6-9-77	*Footing*	sola	60%	80%
9-9-77	Comprar una blusa en una *boutique*	sola	50%	85%
10-9-77	Ir al mercado	madre	40%	30% (discusión)
10-9-77	Pasear por el parque	Sharon	60%	70%
14-9-77	Cita	Bill	95%	80%
15-9-77	Estudiar para un examen	sola	70%	65%
16-9-77	Examen de conducir	madre	40%	95% (¡aprobé!)
16-9-77	Ir en bicicleta hasta la heladería	sola	80%	95%

una baja predicción y resulta así". En este caso, trate de identificar los pensamientos automáticos negativos que empañan la experiencia. Luego refute estos pensamientos. Por ejemplo, una mujer de sesenta y cinco años cuyos hijos eran todos mayores y casados decidió inscribirse en un curso nocturno. Todos los demás estudiantes eran jóvenes. Durante la primera semana de clase se sintió tensa, pues pensaba: "Probablemente ellos crean que soy una vieja y no tengo derecho a estar aquí". Cuando recordó que no tenía ni idea de lo que los otros estudiantes pensaban de ella se sintió más aliviada. Después de conversar con otro estudiante descubrió que algunos de ellos admiraban su iniciativa. Entonces se sintió mucho mejor y sus niveles de satisfacción comenzaron a elevarse.

Ahora veamos cómo puede utilizarse la hoja de predicción del placer para superar la dependencia. Joanie era una estudiante secundaria de quince años que había sufrido una depresión crónica durante varios años después de que sus padres su mudaran a otra ciudad. Tenía dificultades para conseguir amigos en la nueva escuela, y creía, como muchas adolescentes, que tenía que conseguir un novio y ser miembro del "círculo" para poder ser feliz. Pasaba todo su tiempo libre sola en casa, estudiando y compadeciéndose. Rechazaba la sugerencia de salir y hacer cosas, pues creía que no tenía sentido hacerlo sola. Hasta que un círculo de amigos apareciera mágicamente en su vida, parecía determinada a sentarse y esperar.

Convencí a Joanie para que utilizara la hoja de predicción del placer. La figura 12-2 muestra que Joanie realizó una gran variedad de actividades, como visitar una galería de arte un sábado, asistir a un concierto de *rock*, etc. Debido a que las realizó sola, pensó que no serían divertidas, como indican las bajas predicciones de la cuarta columna. Se sorprendió al descubrir que realmente pasó ratos agradables. Como este esquema tendía a repetirse, comenzó a comprender que estaba prediciendo cosas de una manera irrealmente negativa. Mientras realizaba más y más actividades sola su estado de ánimo comenzó a mejorar. Aún *deseaba* amigos, pero ya no se sentía desgraciada cuando estaba sola. Cuando demostró que podía hacerlo sola aumentó su confianza en sí misma. Entonces se mostró mejor dispuesta con sus compañeros e invitó a mucha gente a una fiesta. Esto la ayudó a desarrollar una cadena de amigos y descubrió que los muchachos y muchachas de la escuela estaban interesados en ella. Joanie continuó utilizando la hoja de predicción del placer para evaluar los niveles de satifacción que experimentaba en las citas y actividades con sus nuevos amigos. Se sorprendió al descubrir que eran comparables a los niveles de placer que experimentaba cuando hacía cosas sola.

Existe una diferencia entre desear y necesitar algo. El oxígeno es una *necesidad*, pero el amor es un *deseo*. Repito: ¡EL AMOR NO ES UNA NECESIDAD HUMANA! Está bien *desear* una relación amorosa con otro ser humano, no tiene nada de malo. Es un delicioso placer mantener una buena relación con alguien a quien se ama. Pero usted no *necesita* esa aprobación, amor o atención externos para sobrevivir o para experimentar niveles máximos de felicidad.

Modificación de la actitud. Al igual que el amor, la compañía y el matrimonio no son necesarios para la felicidad y la autoestima, y tampoco son suficientes. La prueba de esto son los millones de hombres y mujeres que están casados y son infelices. Si el amor fuera el antídoto para la depresión, entonces pronto yo no tendría trabajo, pues la gran mayoría de los pacientes suicidas que trato tienen en realidad esposas que les aman, hijos, padres y amigos. El amor no es un antidepresivo efectivo. Al igual que los tranquilizantes, el alcohol y las pastillas para dormir, a menudo agravan los síntomas.

Además de estructurar sus actividades más creativamente, desafíe los pensamientos negativos desconcertantes que surcan su mente cuando se encuentra solo.

Esto ayudó a Marla, una adorable mujer soltera de treinta años, que descubrió que cuando realizaba actividades sola, a veces estropeaba la experiencia innecesariamente pensando: "Estar sola es una maldición". Para combatir los sentimientos de autocompasión y resentimiento que le provocaba este pensamiento, confeccionó una lista de argumentos contrarios (véase la fig 12-3, pág. 302). Me informó que esto fue muy útil para romper el ciclo de soledad y depresión.

Un año después de haber terminado mi trabajo con ella le envié un borrador de este capítulo y me respondió: "Anoche leí detenidamente el capítulo... Demuestra que no es estar sola lo que puede ser malo o bueno, sino *lo que uno piensa* de esa condición o de cualquier otra. ¡Los *pensamientos* son tan poderosos! Pueden ayudarlo o destrozarlo, ¿verdad?... Es casi divertido, pero ahora casi me asusta 'tener un hombre'. Me arreglo bastante bien, quizá mejor, sin ninguno... Dave, '¿pensó que alguna vez le diría esto?'"

La técnica de la doble columna puede ser especialmente útil para ayudarle a superar el esquema de pensamiento negativo que la hace temer el hecho de permanecer erguido sobre sus propios pies. Por

Figura 12-3. "Estar sola es una maldición". Argumentos contrarios: las ventajas de estar sola.

---

1. El hecho de estar sola proporciona a una persona la oportunidad de explorar lo que realmente piensa, siente y sabe.

2. Estar sola posibilita a una persona la oportunidad de probar toda clase de cosas nuevas que serían difíciles de realizar si se encontrara unido a un esposo, esposa, etc.

3. Estar sola la obliga a desarrollar sus fuerzas personales.

4. Estar sola le permite dejar de lado las excusas para responsabilizarse de sí misma.

5. Ser una mujer sola es mejor que ser una mujer con un compañero inadecuado. Lo mismo sucede con el hombre.

6. Ser una mujer sola puede representar una oportunidad para convertirse en un ser humano completo y no en el apéndice de un hombre.

7. Ser una mujer sola puede ser útil para mostrarse más comprensiva respecto de los problemas que afrontan otras mujeres que se encuentran en diferentes situaciones. Esto puede ayudarla a aprender a ser más tolerante con otras mujeres y a entablar relaciones más significativas con ellas. Lo mismo podría aplicarse a los hombres y a su comprensión de los problemas masculinos.

8. Ser una mujer sola puede enseñarle a una mujer que, si después vive con un hombre, no necesitará estar constantemente preocupada por si la abandona o muere. Sabe que puede sobrevivir sola y posee el potencial para ser feliz en su interior; así, la relación puede ser de maduración mutua en lugar de dependencia y demanda recíprocas.

---

ejemplo, una mujer divorciada con un hijo deseaba suicidarse porque su amante (un hombre casado) la había abandonado. Tenía una imagen de sí misma intensamente negativa, y creía que no era capaz de mantener una nueva relación estable. Estaba segura de que siempre terminaría rechazada y sola. Escribió en su diario los siguientes pensamientos cuando consideró un intento de suicidio:

El lugar vacío a mi lado, en la cama, se burla silenciosamente de mí. Estoy sola —sola—, mi temor más grande, mi destino

302

más temido, una realidad. La lógica que empleo es más o menos así:

1. Si fuera atractiva y deseada, ahora tendría un hombre a mi lado.
2. No hay un hombre a mi lado.
3. Por lo tanto, no soy atractiva ni deseada.
4. Por lo tanto, no hay razón para vivir.

Continuó interrogándose así: "¿Por qué necesito un hombre? Un hombre resolvería todos mis problemas. Se ocuparía de mí. Le daría un sentido a mi vida y, lo más importante, proporcionaría una razón para levantarme de la cama cada mañana, cuando ahora todo lo que deseo es esconder mi cabeza debajo de las sábanas y sumergirme en el olvido".

Luego utilizó la técnica de la doble columna como una forma de desafiar los pensamientos perturbadores de su mente. En la columna de la izquierda anotó "Acusaciones de mi yo dependiente", y en la de la derecha, "Argumentos contrarios de mi yo independiente". Luego mantuvo un diálogo consigo misma para determinar cuál era la verdad del asunto (véase fig. 12-4, pág. 304).

Después de realizar el ejercicio escrito decidió leerlo todas las mañanas con el fin de tener un motivo para levantarse de la cama. Escribió el siguiente resultado en su diario personal:

Aprendí a ver que existe una gran diferencia entre desear y necesitar. Deseo un hombre, pero ya no siento que debo poseerlo para sobrevivir. Al mantener un diálogo interior más realista conmigo misma, al considerar mis propias fuerzas, al escuchar y leer y releer las cosas que conseguí por mí misma, lentamente comencé a desarrollar la confianza necesaria para afrontar lo que pudiera presentarse. Descubrí que me ocupo mejor de mí misma. Me traté como hubiera tratado a un amigo querido, con amabilidad y ternura, con tolerancia por los defectos y apreciación por los éxitos. Puedo considerar una situación difícil no como algo especialmente concebido para perturbarme, sino como una oportunidad para poner en práctica las habilidades que aprendí, para desafiar mis pensamientos negativos, para reafirmar mis fuerzas y aumentar la confianza en mi habilidad para hacer frente a la vida.

Figura 12-4

Acusaciones de mi yo dependiente	Argumentos contrarios de mi yo independiente
1. Necesito un hombre.	1. ¿Por qué necesita un hombre?
2. Porque no puedo hacer frente a la vida sola.	2. ¿Ha tenido que afrontar muchas cosas en la vida?
3. Muy bien. Pero estoy sola.	3. Sí, pero tiene un hijo y amigos, y se ha divertido mucho estando con ellos.
4. Sí, pero ellos no cuentan.	4. Ellos no cuentan porque usted los deja de lado.
5. Pero la gente pensará que ningún hombre me desea.	5. La gente pensará lo que quiera. Lo importante es lo que usted piensa. Sólo sus pensamientos y creencias pueden afectar sus estados de ánimo.
6. Creo que no soy nada sin un hombre.	6. ¿Qué puede lograr con un hombre que no pueda lograr sola?
7. En realidad nada. Todo lo importante lo he hecho sola.	7. ¿Entonces para qué necesita un hombre?
8. Creo que no necesito un hombre. Sólo lo deseo.	8. Es agradable desear cosas, pero no pueden convertirse en algo tan importante como para que la vida pierda su sentido sin ellas.

13
Su trabajo no es un indicativo de su valía

Una tercera suposición silenciosa que conduce a la ansiedad y la depresión es: "Mi valía como ser humano es proporcional a lo que he obtenido en la vida". Esta postura es esencial en la cultura y en la ética del trabajo protestante. Suena lo suficientemente inocente. En realidad, es autodestructiva, groseramente errónea y perversa.

Ned, el médico mencionado en capítulos anteriores, me llamó por teléfono a casa un domingo por la noche. Se había sentido atemorizado durante todo el fin de semana. Su inquietud se debía a que tenía que asistir a la vigésima reunión de sus compañeros de estudio (se graduó en el colegio Ivy League). Lo invitaron a pronunciar el discurso de apertura. ¿Por qué se encontraba Ned en tal estado de inquietud? Estaba preocupado por encontrarse con algún compañero en la reunión que hubiera tenido más éxito que él. Me explicó por qué era tan inquietante: "Significaría que soy un fracasado".

La exagerada preocupación de Ned por sus éxitos es particularmente común entre los hombres. Aunque las mujeres no son inmunes en lo que se refiere a sus profesiones, es más probable que se depriman después de una pérdida de amor o aprobación. En cambio, los hombres son especialmente vulnerables en lo que se refiere a los fracasos profesionales, pues desde la niñez han sido programados para basar su valía en sus éxitos.

El primer paso para cambiar cualquier valor personal consiste en determinar si es ventajoso o desventajoso. Decir que lo que usted produce no le ayudará en absoluto a medir su valía es el primer paso para cambiar su filosofía. Comencemos con una aproximación pragmática, un análisis de los costos y beneficios.

Evidentemente, *existen* algunas ventajas en equiparar su autoestima con los éxitos. En primer lugar, usted puede decir: "Estoy bien", y sentirse complacido cuando ha logrado algo. Por ejemplo, si gana un partido de golf puede sentirse satisfecho de sí mismo y superior a su contrincante, que perdió la oportunidad en el último hoyo. Cuando practica el *footing* con un amigo y éste se queda sin aliento antes que usted, puede sentirse orgulloso y pensar: "Es un buen muchacho, pero *soy un poco mejor*". Cuando realiza una gran venta en su trabajo, puede pensar: "Hoy estoy produciendo, estoy haciendo un buen trabajo. Mi jefe se sentirá complacido y podré *respetarme a mí mismo*". Esencialmente, su ética laboral le permite sentir que ha ganado valía personal y el derecho a sentirse feliz.

Este sistema de valores puede motivarlo, especialmente, a producir. Usted puede realizar un esfuerzo extra en su profesión por estar convencido de que esto le otorgará mayor valía y así se considerará una persona más atractiva. Puede evitar los horrores de ser "sólo un hombre medio". En pocas palabras, trabajará más para ganar más y cuanto más gane más se agradará a sí mismo.

Consideremos la otra cara de la moneda. ¿Cuáles son las desventajas de su filosofía de "valía igual a éxito"? Primero, si su profesión marcha bien, usted puede preocuparse tanto por ella que inadvertidamente puede privarse de otras fuentes potenciales de satisfacción y diversión al encontrarse esclavizado de la mañana a la noche. Al convertirse cada vez en un adicto al trabajo se sentirá excesivamente obligado a producir, ya que si no mantiene el ritmo experimentará un grave retraimiento caracterizado por un vacío interior y desesperación. Ante la ausencia de éxitos se sentirá inútil y aburrido, ya que no tendrá otras bases de autorrespeto y autorrealización.

Supongamos que como consecuencia de una enfermedad, un contratiempo laboral, la jubilación o algún otro factor fuera de su control, descubre que es incapaz de producir en el mismo elevado nivel durante un período de tiempo. Entonces deberá pagar el precio de una grave depresión, provocada por la convicción de que al ser menos productivo ya no es "bueno". Se sentirá como una lata usada y lista para tirar a la basura. Su falta de autoestima podría culminar en un intento de suicidio, el último precio que deberá pagar por medir su valía exclusivamente a través de las pautas del mercado. ¿Desea esto? ¿Necesita esto?

Puede haber otros precios que pagar. Si su familia sufre por negligencia, podría generarse un cierto resentimiento. Ellos pueden ocultarlo durante mucho tiempo, pero tarde o temprano le pasarán la factura. Su esposa tiene un amante y le pide el divorcio. Su hijo de catorce años es arrestado por robo. Cuando trata de hablar con él, le responde con desprecio: "¿Donde estuviste todos estos años, papá?" Aunque todos estos hechos desafortunados le sucedan a usted, aún sufrirá una gran desventaja: la falta de una verdadera autoestima.

Recientemente comencé a tratar a un boyante hombre de negocios. Se jactaba de ser uno de los que más dinero ganaba en el mundo en su profesión. Sin embargo, sufre estados episódicos de temor y ansiedad. ¿Qué sucedería si se cayera de la cima? ¿Qué sucedería si tuviera que dejar su Rolls Royce Silver Cloud y en su lugar tuviera que conducir un Chevrolet? ¡Sería intolerable! ¿Podría sobrevivir? ¿Podría seguir respetándose? No sabe si podría encontrar la felicidad sin la fanfarria y la gloria. Siempre está nervioso, pues no puede responder a estas preguntas. ¿Cuál sería su respuesta? ¿Seguiría apreciándose y respetándose si experimentara un fracaso importante?

Al igual que en cualquier adicción, necesitará dosis cada vez más grandes de "superioridad" para poder llegar "más arriba". Este fenómeno de tolerancia ocurre con la heroína, las anfetaminas, el alcohol y las pastillas para dormir. También sucede con la riqueza, la fama y el éxito. ¿Por qué? Quizá porque cuando ha alcanzado un determinado nivel, automáticamente empieza a sentir expectativas cada vez más elevadas. La excitación desaparece rápidamente. ¿Por qué no perdura el encanto? ¿Por qué necesita cada vez más? La respuesta es obvia: el éxito no garantiza la felicidad. No son sinónimos y no están relacionados de un modo causal. Por lo tanto, usted terminará buscando un espejismo: debido a que sus *pensamientos* son la verdadera clave de sus estados de ánimo y no el éxito, el encanto de la victoria se desvanece rápidamente. Los antiguos logros se convierten en un sombrero viejo: usted comienza a sentirse tristemente aburrido y vacío cuando observa el estuche de su trofeo.

Si usted no comprende que la felicidad no procede segura y necesariamente del éxito, puede trabajar aun más para tratar de recapturar el sentimiento que experimentaba cuando se encontraba en la cima. Esta es la base de su adicción al trabajo.

Muchos individuos buscan ayuda o terapia debido a la desilusión que comienza a abatirlos cuando son adultos o mayores. Eventualmente, estas preguntas también pueden ocurrírsele a usted: ¿qué sentido tiene mi vida? ¿Cuál es el significado de todo? Usted puede creer que su éxito le otorga valía, pero la recompensa prometida parece evasiva, fuera de su alcance.

Mientras leía los párrafos precedentes, habrá sospechado que las desventajas de ser un adicto al éxito son mayores que las ventajas. Pero aún puede creer que es *verdad* que la gente que triunfa es más valiosa (los peces gordos parecen siempre de alguna manera "especiales"). Puede que esté convencido de que la verdadera felicidad, y también el respeto de los demás, proviene de los éxitos. ¿Es realmente así?

En primer lugar, considere el hecho de que la mayoría de los seres humanos no son grandes triunfadores, y sin embargo la mayoría de las personas son felices y respetadas. En realidad, se puede afirmar que la mayoría de los norteamericanos se sienten amados y felices; sin embargo, por definición, la mayoría de ellos son hombres medios. Por lo tanto, es imposible que la felicidad y el amor surjan de los grandes éxitos. La depresión, como la peste, no respeta clases sociales y golpea tanto a aquellos que viven en barrrios elegantes como a aquellos con recursos medios o bajos (aunque con menos frecuencia). Evidentemente, la felicidad y los grandes éxitos no están en absoluto relacionados.

¿TRABAJO = VALIA?

Muy bien, supongamos que usted decide que no le conviene relacionar trabajo y valía y que también admite que los éxitos no le han proporcionado amor, respeto y felicidad. Aun así puede estar convencido de que, en *algunos niveles,* la gente que obtiene muchos éxitos es mejor que los demás. Consideremos esta postura.

¿Usted diría que todo aquel que triunfa es particularmente valioso por sus logros? Adolf Hitler era un gran triunfador en la cúspide de su carrera. ¿Diría que eso lo convertía en particularmente valioso? Obviamente no. Por supuesto, Hitler hubiera insistido en que era un gran ser humano, porque era un líder indiscutible y porque equiparaba su valor con sus logros. En realidad, probablemente él y sus compañeros nazis estaban convencidos de que eran superhombres, pues obtenían grandes triunfos. ¿Estaría de acuerdo con ellos?

Quizás usted conozca a algún vecino o a alguien que no le agrada mucho porque ha triunfado y aun así parece codicioso y agresivo. En su opinión, ¿esa persona es especialmente valiosa por ser un triunfador? Por el contrario, quizá conozca a alguien que le interesa o respeta y que no es precisamente un triunfador. ¿Diría que aun así es valioso? Si su respuesta es sí, entonces pregúntese: si ellos pueden ser valiosos sin grandes éxitos, ¿por qué no puedo serlo yo?

Aquí hay un segundo método. Si usted insiste en que su valor está determinado por sus éxitos, está creando una ecuación de autoestima: valía = éxito. ¿Cuál es la razón para realizar esta ecuación? ¿Qué prueba objetiva tiene de que sea válida? ¿Podría medir experimentalmente la valía de la gente y sus éxitos para descubrir si en realidad son equivalentes? ¿Qué unidades utilizaría para medirlos? Todo esto no tiene sentido.

Usted no puede probar la ecuación porque es una estipulación, un *sistema de valores*. Usted está definiendo la valía como éxito y éste como valía. ¿Por qué definir el uno como el otro? ¿Por qué no decir que la valía es valía y el éxito es éxito? Valía y éxito son palabras con diferente significado.

A pesar de los argumentos precedentes, usted puede estar convencido de que la gente que más éxito tiene es la mejor. Si es así, lo voy a golpear con el método más poderoso, el cual, como la dinamita, podría destruir esta actitud aunque estuviera construida en granito.

Me gustaría que interpretara el rol de Sonia (o Bob), una antigua amiga (o amigo) de la secundaria. Usted tiene una familia y es maestra de escuela. Yo me he dedicado a una carrera más ambiciosa. En el diálogo, usted dará por sentado que la valía está determinada por los éxitos y yo conduciré las inferencias de todo esto hacia las conclusiones más obvias, lógicas y detestables. ¿Está preparado? Espero que sí, porque está a punto de sufrir un asalto de la manera más desagradable por una creencia que usted aparentemente aún sostiene.

DAVID: Sonia (o Bob), ¿cómo está?

USTED (interpretando el rol de mi antiguo amigo): Bien, David, ¿cómo estás tú?

DAVID: Oh, muy bien. No te veía desde la escuela secundaria. ¿Qué has estado haciendo?

USTED: Bueno... Me casé, doy clases en Parks High School y tengo una pequeña familia. Las cosas van bien.

DAVID: Caramba, lamento escuchar esto, porque he tenido más éxito que tú.

Usted: ¿Cómo es eso?

David: *Yo* asistí a la universidad y obtuve mi doctorado y tengo bastante éxito en mi profesión. Gano mucho dinero. En realidad, soy una de las personas más ricas de la ciudad. He triunfado mucho más que tú. No deseo insultarte ni ofenderte, pero creo que valgo mucho más que tú, ¿verdad?

Usted: Bueno, caramba, Dave; no sé que decir. Antes de empezar a hablar contigo creía que era una persona bastante feliz.

David: Creo que lo comprendo. No sabes qué decir pero deberías afrontar los hechos. Yo tengo cosas que tú no tienes. Sin embargo, me alegro de que seas feliz. Después de todo, seguramente no te regatearía algunas migajas de la mesa del banquete. Pero es una pena que no hayas hecho algo mejor con tu vida.

Usted: Dave, parece que has cambiado. Eras una bella persona en la escuela secundaria. Creo que ya no me agradas.

David: ¡Oh, no! Podemos seguir siendo amigos en tanto admitas que eres una persona inferior y de segunda clase. Sólo deseo recordarte que de ahora en adelante debes respetarme y comprender que te menospreciaré porque valgo más que tú. Esto se deduce de la suposición de que la valía que tenemos equivale a nuestros éxitos. ¿Recuerdas la actitud que sostenías? He tenido más éxito, por lo tanto, valgo más que tú.

Usted: Bueno, espero no volver a encontrarme pronto contigo, Dave. No es agradable conversar contigo.

Este diálogo ilustra cómo se origina el sistema inferior-superior basado en la equiparación de la valía con los éxitos. En realidad, mucha gente se siente inferior. Esta interpretación de roles puede ayudar a ver lo ridícula que es la suposición. En el diálogo precedente, ¿quién actuaba de manera inocente? ¿La esposa y maestra feliz o el arrogante hombre de negocios tratando de demostrar que era mejor que los demás? Espero que esta conversación imaginaria le ayude a ver lo absurdo que es todo el sistema.

Si lo desea, podemos invertir los roles. En esta ocasión *usted* desempeñará el rol de una persona que ha tenido mucho éxito y quiero que trate de menospreciarme tan sádicamente como le sea posible. Puede fingir ser Helen Gurley Brown, editora de la revista *Cosmopolitan*.* Yo fui a la escuela secundaria con usted; ahora soy maestro y su trabajo es demostrar que es mejor que yo.

USTED (interpretando el rol de Helen Gurley Brown): Dave, ¿cómo estás? Hace mucho que no te veía.

DAVID (interpretando el rol de un maestro): Bien. Tengo una pequeña familia y enseño aquí en una escuela. Soy maestro de educación física y realmente disfruto de la vida. Tengo entendido que te ha ido muy bien.

USTED: Sí, realmente tuve mucha suerte. Soy editora de *Cosmopolitan*. Quizás has oído hablar de esta revista.

DAVID: Por supuesto. Te he visto muchas veces en programas de televisión. He oído que tienes enormes ingresos e incluso tu propio agente.

USTED: La vida me ha tratado bien.

DAVID: Hay una cosa que he escuchado sobre ti y que no entiendo. Estabas conversando con un amigo nuestro y le contaste que eras mucho mejor que yo ahora que habías triunfado, mientras que mi carrera es sólo de mediocre. ¿Qué quisiste decir con eso?

USTED: Bueno, Dave, piensa en todas las cosas que he logrado en mi vida. Yo tengo influencia sobre millones de personas y, ¿quién ha oído hablar de Dave Burns en Filadelfia? Yo me codeo con las estrellas y tú corres alrededor de un campo lanzando una pelota de baloncesto con un grupo de niños. No me malinterpretes. Eres una persona agradable y sincera. Es sólo que no has triunfado y deberías afrontar los hechos.

DAVID: Has tenido un gran éxito y eres una mujer famosa e influyente. Respeto mucho eso, y suena bastante emocionante y justo. Pero perdóname si insisto: no comprendo cómo eso te convierte en una persona mejor. ¿Cómo me convierte en inferior a ti o a ti en más valiosa? Con mi pequeña mentalidad provinciana debo estar olvidando algo obvio.

*Este es un diálogo imaginario que no tiene nada que ver con la verdadera Helen Gurley Brown.

Usted: Afróntalo, tú sólo te sientas por ahí y actúas sin un propósito u objetivo particular. Yo tengo encanto. Tengo influencias, eso me otorga una cierta ventaja, ¿verdad?

David: Bueno, yo no actúo *sin* ningún propósito, pero mis propósitos parecen modestos comparados con los tuyos. Yo enseño educación física, preparo los partidos de fútbol locales y esa clase de cosas. Tu círculo es seguramente más grande y divertido comparado con el mío. Pero no comprendo cómo eso te convierte en mejor persona que yo, o puede hacer que yo sea inferior a ti.

Usted: Sólo soy una persona más avanzada e inteligente. Pienso en cosas más importantes. Pertenezco al círculo de conferencias y la gente se mata para oírme. Famosos autores trabajan para mí. ¿A quién das conferencias tú? ¿Al equipo local?

David: Seguramente en éxito, dinero e influencias me aventajas. Eras muy brillante y trabajaste muy duro. Ahora has tenido el éxito que merecías. ¿Y eso te convierte en más valiosa que yo? Debes perdonarme, pero aún no comprendo tu razonamiento.

Usted: Yo soy más interesante. Es como una ameba y una estructura biológica más desarrollada. Las amebas se aburren después de un tiempo. Tu vida debe de ser como la de una ameba. Sólo deambulas sin rumbo. Yo soy una persona más interesante, dinámica y atractiva; tú eres de segunda clase. Tú eres la tostada quemada; yo el caviar. Tu vida es un aburrimiento. No sé cómo explicártelo más claramente.

David: Mi vida no es tan aburrida como crees. Obsérvala con cuidado. Me sorprende escuchar lo que dices, ya que no encuentro *nada* aburrido en mi vida. Lo que hago es estimulante y vital para mí. La gente a la que enseño es tan importante para mí como las encantadoras estrellas de cine con las que tú alternas. Pero aunque fuera verdad que mi vida sea más tediosa, rutinaria y menos interesante que la tuya, ¿por qué eso te convierte en una persona mejor y más valiosa?

Usted: Bueno, supongo que se debe al hecho de que si tienes una existencia de ameba, sólo puedes juzgar las cosas desde una perspectiva de ameba. Yo puedo juzgar tu situación, pero tú no puede juzgar la mía.

DAVID: ¿Cuáles son las bases de tu juicio? Puedes llamarme ameba, pero no sé lo que eso significa. Todo lo que significa es que aparentemente mi vida no es tan interesante para ti. Ciertamente, no tengo tanto éxito ni soy tan encantador, pero, ¿eso te convierte en una persona mejor y más valiosa?

USTED: Ya casi estoy a punto de darme por vencida.

DAVID: No lo hagas. Presiona. ¡Quizá seas una persona mejor!

USTED: Bueno, sin duda la sociedad me valora más. Eso es lo que me convierte en mejor.

DAVID: Te convierte en más valorada por la sociedad, eso es lo que sucede. Quiero decir que Johnny Carson no me ha llamado para ninguna presentación recientemente.

USTED: Ya me he dado cuenta.

DAVID: Pero ¿por qué el hecho de que te valore más la sociedad te convierte en una persona más valiosa?

USTED: Gano un excelente sueldo. Valgo millones. ¿Cuál es tu valor; maestro de escuela?

DAVID: Evidentemente tienes un mayor valor financiero. Pero, ¿eso te convierte en un *ser humano más valioso*? ¿El valor comercial te convierte en mejor persona?

USTED: Dave, si no vas a respetarme, no seguiré hablando contigo.

DAVID: Tampoco comprendo cómo eso me convierte en menos valioso. A menos que creas que puedes ir por ahí decidiendo quién es valioso basándote en quién te respeta.

USTED: ¡Por supuesto que lo hago!

DAVID: ¿Eso tiene que ver con ser editora de *Cosmopolitan*? Si es así, por favor díme cómo tomas estas decisiones. Si no soy tan valioso, quisiera saber por qué, para poder dejar de sentirme bien y de considerarme igual a los demás.

USTED: Bueno, debe de ser porque tu círculo es pequeño y monótono. Mientras yo estoy en mi jeat Lear rumbo a París, tú estás en un atestado autocar escolar rumbo a Sheboygan.

DAVID: Mi círculo puede ser reducido, pero es muy gratificante. Me agrada enseñar. Me agradan los niños. Me agrada verlos crecer. Me agrada verlos aprender. A veces cometen errores, y tengo que corregirlos. Ahí hay verdadero amor y humanidad. También hay problemas. ¿Qué encuentras de monótono en eso?

USTED: Bueno, no hay mucho que aprender. No hay verdaderos

313

desafíos. Me parece que en un mundo tan pequeño como el tuyo uno aprende todo lo que hay que aprender y luego repite las cosas una y otra vez.

DAVID: Tu trabajo tiene más desafíos. ¿Cómo puedo saber todo lo que debe saberse de un solo estudiante? Todos me parecen complejos e interesantes. Creo que no conozco totalmente a nadie, ¿y tú? Trabajar con un solo estudiante es un complejo desafío para *todas* mis habilidades. Tener tanta gente joven para trabajar con ella es más de lo que puedo pedir. No comprendo qué quieres decir cuando afirmas que mi mundo es pequeño y monótono y todo está resuelto.

USTED: Bueno, me parece que en tu mundo no tendrías la oportunidad de conocer gente que haya triunfado como yo.

DAVID: No lo sé. Algunos de mis estudiantes tienen un elevado coeficiente intelectual y podrían llegar a triunfar como tú, y algunos de ellos son mentalmente poco desarrollados y alcanzarán un nivel modesto. La mayoría tiene un nivel medio y todos me resultan fascinantes. ¿Qué has querido decir cuando afirmaste que eran aburridos? ¿Por qué te interesan sólo los grandes triunfadores?

USTED: ¡Me rindo!

Espero que en realidad se haya "rendido" al interpretar el rol de la escritora de éxito. El método que he utilizado para desbaratar su afirmación de que era mejor que yo es muy simple. Cuando usted afirmaba que era una persona mejor o más valiosa debido a alguna cualidad específica como la inteligencia, la influencia, el *status* o cualquier otra, yo inmediatamente estaba de acuerdo con usted en que era mejor *en esa cualidad particular* (o conjunto de cualidades) y luego le preguntaba: "¿Por qué eso te convierte en una *persona mejor* (o más valiosa)?" Esta pregunta *no puede responderse*. Desbarataría cualquier sistema de valores que estableciera la superioridad de algunas personas sobre otras.

El nombre técnico de este método es "operacionalización". En él usted deberá revelar qué cualidad convierte a una persona en más o menos valiosa que otra. ¡Usted no puede hacerlo!

Por supuesto que otras personas raramente pensarán o le dirán cosas tan insultantes como se han dicho en estos diálogos. La verdadera humillación se produce en su mente. Usted es quien se recrimina que su falta de *status*, éxito, popularidad, amor, etc., lo

314

convierte en menos valioso y atractivo; por lo tanto, es usted el que debe terminar con la persecución. Puede hacerlo de la siguiente manera: mantenga un diálogo similar con usted mismo. Su oponente imaginario, a quien llamaremos el Perseguidor, tratará de demostrar que usted es inferior o menos valioso debido a alguna carencia o imperfección. Usted simplemente manifieste estar de acuerdo con la veracidad de su crítica, pero pregúntele por qué es menos valioso. He aquí varios ejemplos:

1. PERSEGUIDOR: Usted no es muy amante. A veces ni siquiera logra una erección firme. Esto significa que no es un hombre ni una persona como Dios manda.

USTED: Esto ciertamente demuestra que el sexo me pone nervioso y que no soy un amante habilidoso y seguro. ¿Por qué eso me convierte en menos hombre y peor persona? Ya que sólo un hombre puede sentirse nervioso por una erección, ésta parece ser una experiencia varonil; ¡el hacerlo bien, lo convierte a uno en más hombre! Además, para ser un hombre no sólo se necesita sexo.

2. PERSEGUIDOR: Usted no es tan persistente ni ha tenido tanto éxito como la mayoría de sus amigos. Es descuidado y perezoso.

USTED: Esto significa que soy menos ambicioso y persistente. Incluso podría ser menos inteligente, pero ¿por qué "descuidado y perezoso"?

3. PERSEGUIDOR: No es muy valioso porque no destaca en *nada*.

USTED: Estoy de acuerdo en que no poseo ni un solo campeonato mundial. Incluso no soy bueno como segundo en nada. En realidad, en la mayoría de las cosas soy del término medio. ¿Esto me hace menos valioso?

4. PERSEGUIDOR: Usted no es popular, tampoco tiene amigos íntimos, y nadie se preocupa mucho por usted. No tiene familia ni amantes ocasionales. Por lo tanto, es un perdedor. Es una persona inadaptada. Obviamente, sucede algo malo con usted. Usted es un inútil.

USTED: No es verdad que no tenga una amante y que tenga muy pocos amigos íntimos. ¿Cuántos necesito para ser una "persona adaptada"? ¿Cuatro? ¿Once? Si no soy popular puede que sea relativamente inexperto y deba ocuparme más de esto. Pero, ¿por qué soy un "perdedor"? ¿Por qué soy un inútil?

Le sugiero que pruebe el método ilustrado más arriba. Anote los peores insultos "persecutorios" que puede dirigirse a sí mismo y luego respóndalos. En un principio, puede ser difícil, pero finalmente comprenderá la verdad: usted puede ser imperfecto o desafortunado. Incluso puede que los demás no le quieran. Pero esto no le resta ningún valor.

CUATRO CAMINOS HACIA LA AUTOESTIMA

Usted puede preguntar: "¿Cómo puedo llegar hasta la autoestima si mi valía no proviene de mi éxito, ni del amor, ni la aprobación? Si uno separa estos criterios y los considera como bases inciertas de la valía personal, puede que no quede nada. ¿Qué es lo que debo hacer?" He aquí cuatro caminos válidos hacia la autoestima. Elija el que le parezca más útil.

El primer camino es pragmático y filosófico. Esencialmente, usted debe reconocer que la "valía" humana es sólo una abstracción, no existe. Por lo tanto, en realidad no existe tal cosa como la valía humana. Usted no puede tenerla o dejar de tenerla, y tampoco puede medirse. La valía no es una cosa, es un concepto global. Es tan generalizado que no tiene un concepto práctico concreto. Tampoco es un concepto útil y desarrollado. Es simplemente autodestructivo. No le hace ningún bien. Sólo causa desgracia y sufrimiento. Por lo tanto, aléjese *inmediatamente* de *cualquier* alegato en favor de ser "valioso", y nunca deberá volver a *medirse* o a temer ser un "inútil".

Comprenda que "valioso" e "inútil" son conceptos vacíos cuando se aplican a un ser humano. Al igual que el concepto de su "verdadero yo", su "valor personal" no tiene sentido. ¡Tire su valía al cubo de la basura! (Si lo desea, también puede colocar allí su "verdadero yo".) Descubrirá que no tiene nada que perder. Entonces podrá ocuparse de vivir aquí y ahora. ¿Qué problemas debe afrontar en la vida? ¿Cómo los resolverá? *Allí* es donde está la acción, no en el espejismo del "valor".

Usted puede preocuparse por abandonar su "yo" o su "valía". ¿Por qué está preocupado? ¿Qué cosa terrible sucederá? ¡Ninguna! El siguiente diálogo imaginario aclarará esto. Supongamos que yo soy un inútil. Quiero que usted me presione y trate de hacerme sentir mal.

USTED: ¡Burns, usted es un inútil!

DAVID: Por supuesto que soy un inútil. Estoy totalmente de acuerdo. Comprendo que no tengo nada que me convierta en "valioso". El amor, la aprobación y los éxitos no pueden darme ningún "valor", por lo tanto, acepto el hecho de que *no tengo nada.* ¿Esto debería ser un problema para mí? ¿Va a suceder algo malo?

USTED: Bueno, usted debe de ser muy desgraciado, no es "bueno".

DAVID: Supongamos que "no soy bueno", ¿y eso qué? ¿Por qué debo sentirme desgraciado? ¿El ser un "inútil" me coloca en desventaja?

USTED: ¿Cómo puede respetarse a sí mismo? ¿Cómo pueden los demás? ¡Usted es escoria!

DAVID: Usted puede pensar que soy escoria, pero yo me respeto a mí mismo y mucha gente también lo hace. No encuentro ninguna razón válida para no hacerlo. *Usted* podría no respetarme, pero no considero eso un problema.

USTED: Pero la gente inútil *no puede* ser feliz ni divertirse. Se supone que usted debe ser aburrido y despreciable. Mi equipo de expertos determinaron que usted es un cero a la izquierda.

DAVID: Entonces llame a los diarios y cuénteselo. Ya veo los titulares: "¡Médico de Filadelfia considerado inútil!" Si realmente soy tan malo, es tranquilizador, porque no tengo nada que perder. Puedo vivir mi vida sin temor. Además, *soy* feliz y me divierto, por lo tanto ser un "cero a la izquierda" no puede ser tan malo. Mi lema es: "¡La inutilidad es maravillosa!" En realidad, estoy pensando en imprimirlo en una camiseta. Quizá me estoy perdiendo algo. Aparentemente, usted es *valioso*. ¿Qué bien le hace este "valor"? ¿Lo convierte en mejor persona que la gente como yo, o qué?

A usted puede ocurrírsele la siguiente pregunta: "Si reniego de mi creencia acerca de que el éxito acrecienta mi valor personal, entonces, ¿qué sentido tiene hacer algo?" Si permanece todo el día en cama, la probabilidad de chocar contra algo o de que alguien le alegre el día es muy reducida. Además, pueden existir satisfacciones enormes en la vida cotidiana, totalmente independientes de cualquier concepto de valor personal. Por ejemplo, mientras escribo esto me siento muy a gusto, pero eso no se debe a mi creencia de que soy particularmente "valioso", sino a que estoy escribiéndolo. El bienestar proviene del proceso creativo, de redactar ideas, de corregirlas, de observar cómo desaparecen las frases inadecuadas, y de pensar cómo reaccionará usted cuando lea esto. Este proceso

317

constituye una aventura emocionante. Comprometerse y correr el riesgo puede ser bastante estimulante. De acuerdo con mi manera de pensar, éste es un resultado adecuado.

También puede preguntarse: "¿Cuál es el *significado* y el *propósito* de la vida sin un concepto del valor?" Es simple. Mejor que buscar "valor", aspire a lograr satisfacción, placer, aprendizaje, destreza y desarrollo personal a través de los demás cada día de su vida. Establezca metas realistas y trabaje para lograrlas. Creo que encontrará eso tan satisfactorio que olvidará todo sobre el "valor", el cual no tiene mayor poder adquisitivo que el oro falso.

Pero usted puede argumentar: "Yo soy una persona humanitaria y espiritual. Siempre me enseñaron que *todos* los seres humanos tienen valor y no deseo olvidar este concepto". Muy bien, si desea considerarlo de esa manera estaré de acuerdo, y esto nos llevará al segundo camino hacia la autoestima. Admitamos que cada uno tiene una "unidad de valor" desde el día en que nace hasta que muere. Cuando es un niño puede lograr muy poco, pero aun así es valioso. Y cuando es viejo o está enfermo, está deprimido o dormido o no está haciendo "nada", aun tiene valor. Su "unidad de valor" no puede medirse y no puede cambiar, y es la misma para todos. Durante toda su vida, usted puede aumentar su felicidad y su satisfacción a través de una vida productiva, o puede actuar de una manera destructiva y sentirse desgraciado. Pero su "unidad de valor" siempre estará allí junto con su potencial de autoestima y felicidad. Ya que no puede medirla o cambiarla, no tiene sentido preocuparse por ella. Dejemos eso a Dios.

Paradójicamente, esta solución es igual a la anterior. Es inútil e irresponsable ocuparse de su valor; por lo tanto, en lugar de ello debe concentrarse en vivir la vida productivamente. ¿Qué problema deberá afrontar hoy? ¿Cómo lo resolverá? Preguntas como éstas son útiles y significativas, mientras que rumiar sobre su "valor" personal sólo le perjudicará.

Este es el tercer camino hacia la autoestima: reconocer que existe sólo un camino en el que puede *perder* su sentido del propio valor: persiguiéndose con pensamientos negativos irracionales e ilógicos. La autoestima puede definirse como el estado que se crea cuando usted no se sermonea ni abusa de sí mismo arbitrariamente, sino que elige luchar contra esos pensamientos automáticos con respuestas racionales significativas. Cuando haga esto, experimentará una sensación de júbilo y autoapoyo.

Debido a que sólo la distorsión puede arrebatarle su autoestima, esto significa que nada que sea real puede anular su sentido del valor. Como evidencia de esto, muchos individuos que fueron apresados por los nazis durante la Segunda Guerra Mundial, se negaron a deprimirse o a caer en las persecuciones de sus capturadores. Manifestaban experimentar un aumento de la autoestima en lugar de la que les rodeaba, y en algunos casos describían experiencias de revelación espiritual.

Esta es la cuarta solución: la autoestima puede considerarse como su decisión de comportarse consigo mismo como lo haría con su amigo más querido. Suponga que alguien muy importante a quien respeta viene a verlo inesperadamente. ¿Cómo lo trataría? Se pondría sus mejores ropas y le ofrecería su mejor comida y bebida, y haría todo lo posible para que se sintiera cómodo y disfrutara de su visita. Se aseguraría de hacerle saber lo mucho que lo aprecia, y lo honrado que se siente de que lo haya elegido para pasar el tiempo con usted. ¿Por qué no *tratarse* así? ¡Si puede, hágalo siempre! Después de todo, no importa lo impresionado que esté con su amigo favorito: usted es más importante que él. ¿Por qué no tratarse *por lo menos* así de bien? ¿Insultaría y sermonearía a un invitado de este tipo con humillaciones distorsionadas? ¿Le enseñaría sus debilidades e imperfecciones? Entonces, ¿por qué hacer esto consigo mismo? Su autotormento adquiere tintes estúpidos cuando se considera de esta manera.

¿Tiene que *ganar* el derecho a tratarse de este modo solícito y amable? No, esta actitud de autoestima será una *aseveración* que usted deberá realizar, basada en un pleno conocimiento y aceptación de sus fuerzas e imperfecciones. Reconocerá cabalmente sus atributos positivos sin falsa humildad ni complejo de superioridad, y admitirá libremente todos sus errores e insuficiencias sin un complejo de inferioridad ni menosprecio. Esta actitud sintetiza la esencia del amor y el respeto hacia uno mismo. No debe ganarse, y no puede ganarse de ninguna manera.

HUIDA DE LA TRAMPA DEL EXITO

Usted puede pensar: "Toda esa filosofía sobre el éxito y el valor personal es buena. Después de todo, el doctor Burns tiene una buena profesión y un libro en el mercado; por lo tanto, a él le resulta fácil decirme que me olvide del éxito. Suena tan creíble como un hombre rico tratando de explicarle a un pobre que el dinero no es importante. La verdad es que *aún me siento mal* conmigo mismo cuando actúo mal, y creo que la vida sería mucho más emocionante y significativa si tuviera más éxito. La gente verdaderamente feliz es la de los grandes éxitos, los ejecutivos. Yo sólo soy un término medio. Nunca he hecho nada realmente destacable, por lo tanto estoy destinado a ser un infeliz y estar insatisfecho.

"Si esto no es correcto, entonces demuéstrelo. Muéstreme qué debo hacer para cambiar la forma en que me siento, y sólo entonces seré un verdadero creyente".

Recordemos algunos pasos que deberá dar para liberarse de la trampa de sentir que debe actuar de una manera especial para ganar su derecho a sentirse valioso y feliz.

No olvide las refutaciones: el primer método útil es practicar el hábito de refutar los pensamientos negativos distorsionados que le hacen sentir como un inútil. Esto le ayudará a comprender que el problema no es su actuación, sino la forma crítica en la que se menosprecia. Cuando aprenda a evaluar lo que hace de manera realista, experimentará una creciente satisfacción y aceptación de sí mismo.

He aquí cómo funcionó esto con Len, un hombre joven que toca la guitarra en bandas de *rock*: inició el tratamiento porque se sentía un músico de "segunda categoría". Desde que era joven estaba convencido de que tenía que ser un "genio" para ser apreciado. La crítica lo hería fácilmente y a menudo se sentía desgraciado al compararse con músicos más conocidos. Se sentía desilusionado cuando pensaba: "No soy nada comparado con X". Estaba seguro de que sus amigos y admiradores también lo consideraban una persona mediocre, y de que nunca podría recibir su parte de las cosas buenas de la vida: elogios, admiración, amor, etc.

Len utilizó la técnica de la doble columna para desarrollar las tonterías ilógicas que se recriminaba (fig. 13-1). Esto le ayudó a ver que la causa de sus problemas *no* era la falta de talento musical, sino sus esquemas de pensamiento irreales. Cuando comenzó a corregir este pensamiento distorsionado, mejoró la confianza en sí mismo. Así descubrió el efecto de esto: "Anotar mis pensamientos y responderlos me ayudó a ver lo estricto que era conmigo mismo y me dio la sensación de que había algo que podía hacer para cambiar. En lugar de permanecer allí sentado, bombardeándome con recriminaciones, de pronto encontré una especie de artillería antiaérea para defenderme".

Sintonice lo que le agrade. Una suposición que puede preocuparle es la idea de que la verdadera felicidad se obtiene sólo a través del éxito en su profesión. Esto es irreal, pues la mayoría de las satisfacciones de la vida no requieren grandes realizaciones. No se necesita un talento especial para disfrutar de un paseo por el bosque en un día de otoño. Usted no tiene que ser un "fenómeno" para gozar de la caricia de su hijo. Puede disfrutar de un buen partido de voleibol aunque no sea un jugador destacado. ¿Cuáles son los placeres de la vida que le agradan? ¿La música? ¿Pasear? ¿Nadar? ¿La comida? ¿Viajar? ¿Conversar? ¿Leer? ¿Aprender? ¿El sexo? No tiene que ser famoso o un gran jugador para disfrutar de eso. He aquí cómo debe subir el volumen para escuchar esa música alta y clara.

Josh es un hombre de cincuenta y ocho años con un historial de estados de ánimo destructivos y maniáticos, y graves depresiones.

Cuando era niño, los padres de Josh le decían una y otra vez que su carrera estaba destinada a ser extraordinaria, por lo que siempre sintió que debería ser el número uno. Realizó una contribución excepcional en su campo de acción, la ingeniería eléctrica. Ganó numerosos premios, fue elegido para integrar comisiones presidenciales y obtuvo numerosas patentes. Sin embargo, debido a que los desórdenes cíclicos de sus estados de ánimo cada vez eran más graves, Josh empezó a sufrir episodios "intensos". Durante estos períodos, su juicio se deterioraba y su comportamiento era tan caprichoso y destructivo que tuvo que ser hospitalizado en varias ocasiones.

Tristemente, de pronto comprendió que había perdido a su familia y también su prestigiosa carrera. Su esposa le pidió el divorcio y fue obligado a abandonar la empresa para la cual trabajaba. Veinte años de éxito tirados a la basura.

Durante los años siguientes, Josh fue tratado con litio y trabajó modestamente como asesor. Finalmente, empezó su tratamiento conmigo porque aún experimentaba desagradables cambios de estado de ánimo, especialmente depresivos a pesar del litio.

El punto de partida de su depresión era claro. Se sentía vitalmente desesperado porque ya no podía evaluar su carrera en términos de dinero y del prestigio que tenía en el pasado. Mientras que cuando era un hombre joven había disfrutado con el rol de "cargador" carismático, actualmente se acercaba a los sesenta años y se sentía solo y "cuesta abajo". Debido a que aún creía que la única manera de alcanzar la verdadera felicidad y el valor personal era a través de logros superlativos y creativos, estaba seguro de que su

Figura 13-1. Trabajo de Len para registrar y responder a sus pensamientos perturbadores sobre ser "el más grande".

Pensamientos automáticos	Respuestas racionales
1. Si no soy "el más grande", significa que no obtendré la atención de la gente.	1. (Pensamiento del todo o nada.) Sea o no "el más grande" la gente me *escuchará*, me *verán* actuar, y muchos *responderán* positivamente a mi música.
2. Pero no *a todos* les agrada la clase de música que toco.	2. Esto es así para todos los músicos, incluyendo a Beethoven o a Bob Dylan. Ningún músico puede complacer a todos. A poca gente le gusta mi música. Si a mí me agrada, entonces eso será suficiente.
3. Pero, ¿cómo *puedo* disfrutar de mi música si sé que no soy "el más grande"?	3. Tocando música que me agrade, como he hecho siempre. Además, no existe algo como "el músico más grande del mundo". ¡Entonces no hay por qué tratar de serlo!
4. Pero si fuera *más* famoso e inteligente, tendría *más* admiradores. ¿Cómo puedo ser feliz en el margen cuando los músicos de renombre y con carisma se encuentran en el centro?	4. ¿Cuántos admiradores y amigas necesito para ser feliz?
5. Pero siento que ninguna muchacha me amará realmente hasta que me convierta en un talento reconocido.	5. Las personas que son "término medio" en sus trabajos también son amadas. ¿En realidad debo ser importante para que me quieran? Muchas de las muchachas que conozco tienen citas y no son excepcionales.

carrera truncada y su modesto estilo de vida lo estaban convirtiendo en un individuo de segunda categoría.

Como aún era un buen científico, Josh decidió examinar su hipótesis de que su vida estaba destinada a la mediocridad utilizando la hoja de predicción del placer (descrita en capítulos previos). Todos los días registró varias actividades que deberían proporcionarle una sensación de placer, satisfacción de desarrollo personal. Estas actividades estaban relacionadas con su trabajo de asesor y también con sus *hobbies* y prácticas recreativas. Antes de cada actividad debía anotar su predicción sobre el placer que obtendría y evaluarla entre 0 (ninguna satisfacción) y 99 por ciento (el máximo placer que puede experimentar un ser humano).

Después de completar esta hoja durante varios días, Josh se sorprendió al descubrir que la vida tenía tanto potencial de placer y satisfacción como nunca lo había tenido (véase fig. 13-2, pág 324). Su descubrimiento de que el trabajo, a veces, era bastante gratificante, y que otras numerosas actividades podían ser placenteras, si no más, fue una revelación para él. Se sorprendió un sábado por la noche cuando fue a patinar con su novia. Mientras se movían con la música, Josh comenzó a cantar la melodía y al sentirse absorbido por el ritmo experimentó una gran sensación de felicidad. Los datos que anotó en la hoja de predicción del placer indicaron que no tuvo que ir a Estocolmo ni recibir el premio Nóbel para sentir una enorme satisfacción: sólo tuvo que ir hasta la pista de patinaje. Su experimento demostró que su vida aún estaba llena de abundantes oportunidades de placer y plenitud si ampliaba el espectro mental de su fijación microscópica en el trabajo hacia el campo más amplio de ricas experiencias que ofrece la vida.

Yo no estoy argumentando que el éxito y los logros sean indeseables. Eso sería irreal. Ser productivo y hacerlo bien puede ser enormemente satisfactorio y agradable. Sin embargo, no es *necesario* ni *suficiente* ser un gran triunfador para ser sumamente feliz. Usted no debe ganar amor y respeto, ni debe ser el número uno para sentirse bien y conocer el significado de la paz interior y de la autoestima. ¿No le parece sensato?

Figura 13-2. La hoja de predicción del placer

Fecha	Actividad para disfrutar	¿Con quién hace esto? (especifique si lo hace solo)	Satisfacción imaginada (0-100%) (anote esto antes de la actividad)	Satisfacción real (0-100%) (registre esto después de la actividad)
18-4-78	Trabajo en un proyecto de consulta	solo	70%	75%
19-4-78	Largo paseo antes del desayuno	solo	40%	85%
19-4-78	Preparación de un trabajo escrito	solo	50%	50%
19-4-78	Realizar una llamada a un posible cliente	solo	60%	40% (ningún negocio nuevo)
20-4-78	Patinar	novia	50%	¡99%!

14
¡Atrévase a quedarse en término medio! Alternativas para superar el perfeccionismo

Lo desafío a que trate de ser un "término medio". ¿Le parece aburrido? Muy bien, le desafío a que lo haga sólo durante un día. ¿Aceptaría el desafío? Si está de acuerdo, le prevengo que sucederán dos cosas. Primero, no tendrá mucho éxito el ser "término medio". Segundo, a pesar de ello recibirá una gran satisfacción con lo que haga. Más de la usual. Y si trata de mantener este "término medio", creo que su satisfacción aumentará y se transformará en gozo. Esto es lo que aborda este capítulo: aprender a derrotar el perfeccionismo y a disfrutar de los beneficios de la alegría.

Considérelo de esta manera: hay dos puertas para la comprensión. Una dice "Perfección" y la otra "Término medio". La puerta de la "Perfección" es muy bonita y seductora. Lo tienta. Desea mucho cruzarla. La puerta del "Término medio" parece monótona y aburrida. ¡Uff! ¿Quién la desea?

Entonces usted trata de cruzar por la puerta de la "Perfección" y siempre descubre una pared de ladrillos en el otro lado. Cuando insiste en cruzarla termina con la nariz medio rota y dolor de cabeza. Del otro lado de la puerta del "Término medio" hay un jardín mágico. Pero jamás se le ocurriría abrirla y echar un vistazo.

¿No me cree? Yo no lo creía, por lo que usted tampoco tiene que hacerlo. ¡Deseo que mantenga su escepticismo! Es saludable, pero al mismo tiempo lo desafío a que lo pruebe. ¡Demuéstreme que estoy equivocado! Examine mi afirmación. Cruce la puerta del "Término medio" *un solo día* de su vida. ¡Terminará sorprendido!

Permítame explicarle por qué. La "Perfección" es la última ilusión del hombre. Simplemente no existe en el universo. No hay perfección. Realmente es la estafa más grande del mundo; promete riquezas y entrega miseria. Cuanto más busque la perfección, mayor será su decepción, pues es sólo una abstracción, un concepto que no coincide con la realidad. Todo puede mejorarse si se observa con la suficiente atención y sentido crítico: cada persona, cada idea, cada obra de arte, cada experiencia, todo. Por lo tanto, si usted es un perfeccionista, será un seguro perdedor en cualquier cosa que haga.

El "término medio" es otra clase de ilusión, pero es una decepción benigna, un invento útil. Es como una máquina de servicio automático que le devolviera un dólar y medio por cada dólar que usted introduce. Lo enriquece en todos los niveles.

Si desea explorar esta hipótesis, que suena tan fantástica, comencemos. Pero cuidado: no se convierta en *demasiado* "término medio" pues quizá no está acostumbrado a tanta euforia. Después de todo, un león no se puede comer toda la carne después de la matanza.

¿Recuerda a Jennifer, la estudiante escritora perfeccionista mencionada en el capítulo 4? Se quejaba de que sus amigos y psicoterapeutas le pedían que dejara de ser tan perfeccionista, pero ninguno se molestaba en indicarle cómo hacerlo. Este capítulo está dedicado a Jennifer. Ella no es la única que siente incertidumbre sobre esto. En mis conferencias y talleres, los psicoterapeutas me han pedido que prepare un manual que ilustre las quince técnicas que he desarrollado para superar el perfeccionismo. Bueno... aquí está el manual. Estos métodos sirven. Usted no tiene nada que temer o perder, porque los efectos no son irreversibles.

1. El mejor lugar para comenzar a luchar contra el perfeccionismo es su motivación para mantener esta propuesta. Confeccione una lista de las ventajas y desventajas de ser perfeccionista. Se sorprenderá al ver que no le favorece. Una vez que comprenda que en realidad *no* le ayuda de ninguna manera, estará mucho más dispuesto a abandonarlo.

La lista de Jennifer se muestra en la figura 14-1. Llegó a la conclusión de que su perfeccionismo no la favorecía. Ahora confeccione *su* lista. Después de completarla, léala.

2. Utilizando su lista de las ventajas y desventajas del perfeccionismo, quizá desee realizar algunos experimentos para evaluar algunas de sus suposiciones sobre las ventajas. Al igual que mucha gente, usted puede creer: "Sin mi perfeccionismo no seré nada. No podré actuar de una manera efectiva". Apuesto a que nunca ha evaluado esta hipótesis porque su creencia en su insuficiencia es un hábito tan automático que jamás se le ha ocurrido cuestionarla. ¿Alguna vez ha pensado que quizás haya tenido éxito *a pesar* de su perfeccionismo y no gracias a él?

Aquí hay un experimento que le permitirá llegar a la verdad del

Figura 14-1. Lista de Jennifer acerca de las ventajas y desventajas del perfeccionismo. Llegó a la siguiente conclusión: "Las desventajas exceden claramente cualquier posible ventaja".

Ventajas del perfeccionismo	*Desventajas*
1. Puede producir un buen trabajo. Trataré de obtener un excelente resultado.	1. Me ocasiona tal tensión y me pone tan nerviosa que no puedo producir un buen trabajo.
	2. Me preocupo y me resisto a cometer los errores necesarios para lograr un buen trabajo.
	3. Me convierte en demasiado autocrítica. No puedo disfrutar de la vida porque no puedo admitir mis éxitos ni permitirme gozar de ellos.
	4. Nunca puedo relajarme porque siempre podré encontrar algo en algún lugar que *no sea perfecto,* y entonces me volveré autocrítica.
	5. Como nunca podré ser perfecta, estaré siempre deprimida.
	6. Me convierte en intolerante con los demás. Mis amigos me abandonan, pues a la gente no le agrada que la critiquen. Encuentro tantos defectos en la gente que pierdo mi capacidad de ser amable y de que me agraden.
	7. Otra desventaja es que mi perfeccionismo no me permite probar cosas nuevas y realizar descubrimientos. Me preocupa

$\rightarrow$

Figura 14-1. (continuación)

Ventajas del perfeccionismo	*Desventajas*
	tanto cometer errores que no hago nada más que las cosas que conozco y hago bien. El resultado es que mi mundo es cada vez más limitado, lo que me convierte en aburrida e impaciente, pues nunca afronto nuevos desafíos.

asunto. Pruebe a alterar sus pautas en varias actividades, entonces podrá ver cómo responde su actuación en niveles elevados, medios y bajos. Los resultados le sorprenderán. Hice esto con mi estilo de redacción, mi psicoterapia con pacientes y mi *footing.* Y en todos los casos, me sorprendí gratamente al descubrir que al *bajar* el listón no sólo me siento mejor sobre lo que hago sino que trato de hacerlo mejor.

Por ejemplo, comencé a practicar el *footing* por primera vez en mi vida en enero de 1979. Vivo en una región muy montañosa e inicialmente no podía correr más de doscientos o trescientos metros sin tener que detenerme y caminar, porque hay montañas en todas las direcciones desde la calle donde vivo. Todos los días me propuse correr un poco menos que el día anterior. El efecto fue que siempre logré cumplir fácilmente mi objetivo. Entonces me sentía tan bien que me esforzaba un poco más. Después de algunos meses llegué a correr diez kilómetros en terrenos escarpados, a un paso bastante rápido. Nunca abandoné mis principios básicos: tratar de lograr menos que el día anterior. Debido a esta regla, nunca me sentí frustrado o decepcionado en mis carreras. Hubo muchos días en los que, debido a una enfermedad o a la fatiga, en realidad *no* corrí demasiado ni muy rápidamente. Hoy, por ejemplo, sólo he podido correr medio kilómetro, pues estaba resfriado y mis pulmones han dicho ¡BASTA YA! Entonces me he dicho: "Se suponía que debía llegar hasta aquí". Me he sentido bien, pues había cumplido con mi objetivo.

Pruebe esto. Elija una actividad, y en lugar de proponerse el 100 por ciento, intente el 80 por ciento, el 60 por ciento o el 40 por ciento.

Luego vea cuánto ha disfrutado de la actividad y qué resultado ha obtenido. ¡Atrévase a proponerse ser término medio! Se requiere valentía, pero se sorprenderá.

3. Si usted es un perfeccionista compulsivo quizá crea que si no se propone ser perfecto no podrá disfrutar al máximo de la vida o encontrar la verdadera felicidad. Usted puede probar este concepto utilizando la hoja del antiperfeccionismo (véase fig. 14-2). Anote la cantidad de satisfacción que obtiene de una amplia gama de actividades, como cepillarse los dientes, comer una manzana, caminar por el bosque, cortar el césped, tomar el sol, redactar un informe para el trabajo, etc. Ahora estime con qué perfección realizó cada actividad entre el 0 el 100 por ciento, y señale cuán satisfactoria fue cada una entre el 0 y el 100 por ciento. Esto le ayudará a romper la ilusoria conexión entre perfección y satisfacción.

Así es como funciona. En el capítulo 4 me referí a un físico que estaba convencido de que debía ser perfecto en todo momento. Sin importar su actuación siempre elevaba un poco más sus aspiraciones y luego se sentía desgraciado. Le dije que era el campeón de Filadelfia del pensamiento del todo o nada. Estuvo de acuerdo, pero manifestó que no sabía cómo cambiar. Lo convencí para que analizara sus estados de ánimo y sus éxitos utilizando la hoja del antiperfeccionismo. Un fin de semana hizo algunos trabajos de fontanería en casa porque rompió una cañería e inundó la cocina. Era un fontanero principiante, pero pudo arreglar la gotera y limpiar el estropicio. En la hoja lo consignó con un 99% de satisfacción (véase fig. 14-2, arriba). Como era la primera vez que trataba de arreglar una cañería, consignó su experiencia con sólo el 20%. Realizó el trabajo, pero le llevó bastante tiempo y necesitó la ayuda de un vecino. En contraste, obtuvo menos satisfacción con algunas actividades en las que realizó un trabajo sobresaliente.

Esta experiencia con la hoja del antiperfeccionismo lo convenció de que no debía ser perfecto en algo para disfrutarlo, y además esa búsqueda de la perfección y la actuación excepcional no garantiza- ban la felicidad, sino que realmente estaba frecuentemente asociada con una menor satisfacción. Llegó a la conclusión de que podía abandonar su búsqueda compulsiva de la perfección y vivir feliz y con una elevada productividad, u otorgarle a su felicidad una importancia secundaria y buscar constantemente la grandeza, obteniendo angustia emocial y una productividad modesta. ¿Cuál elegiría usted? Pruebe la hoja del antiperfeccionismo y sométase al examen.

Figura 14-2. La hoja del antiperfeccionismo

Actividad	Anote con qué efectividad realizó esto entre el 0% y el 100%.	Anoté qué satisfacción obtuvo entre el 0% y el 100%.
Arreglar una cañería rota en la cocina.	20% (Tardé mucho y cometí muchos errores)	99% (¡Lo hice!)
Dictar una conferencia para una clase de medicina.	98% (Recibí una ovación.)	50% (Generalmente recibo una ovación, pero no estoy del todo conforme con mi actuación.)
Jugar al tenis después del trabajo.	60% (Perdí el partido pero jugué bien.)	95% (Me sentí realmente bien. Disfruté del partido y del ejercicio.)
Corregir el borrador de mi último trabajo durante una hora.	75% (Corregí muchos errores y perfeccioné las oraciones.)	15% (Continué diciéndome que no era el trabajo definitivo y me sentí bastante frustrado.)
Conversar con un estudiante sobre sus opciones profesionales.	50% (No hice nada especial. Sólo le escuché y le ofrecí algunas sugerencias obvias.)	90% (Realmente apreció nuestra conversación, entonces me sentí bien.)

4.   Supongamos que usted ha decidido abandonar su perfeccionismo por lo menos con un fin experimental sólo para ver qué sucede. Sin embargo, usted tiene el convencimiento de que *realmente puede* ser perfecto por lo menos en algunas áreas, si se esfuerza, y cuando consiga sucederá algo mágico. Analicemos si este objetivo es realista. Un modelo de perfección, *¿siempre* se adecua verdaderamente a la realidad? ¿Existe *algo* que usted haya encontrado personalmente y que no pueda mejorarse?

Para examinar esto, observe a su alrededor y vea cómo pueden mejorarse las cosas. Por ejemplo, la ropa de alguien, un adorno floral, el color, el brillo del televisor, la calidad de la voz del cantante, la eficacia de este capítulo, cualquier cosa. Creo que *siempre* podrá encontrar alguna manera en la cual algo pueda mejorarse. Cuando realicé este ejercicio por primera vez, viajaba en un tren. La mayoría de las cosas, como la suciedad, los viejos vagones herrumbrosos, eran tan obviamente imperfectos que podía encontrar muchas maneras de mejorarlos. Y entonces entré en un área problemática. Un joven de color presentaba en su cabeza uno de esos rizados naturales. Parecía esculpido de una manera perfectamente uniforme, y no pude pensar en nada que pudiera mejorarlo. Comencé a atemorizarme y ver que toda mi filosofía antiperfeccionista se estaba haciendo añicos. Entonces, de pronto, observé algunas manchas grises en su cabeza. ¡Me sentí aliviado! ¡Después de todo su cabello era imperfecto! Y cuando lo observé más de cerca vi algunos cabellos demasiado largos y fuera de lugar. Cuanto más me acercaba al joven veía más cabellos desiguales, en realidad cientos de ellos. Esto me ayudó a convencerme de que cualquier norma de perfección no se ajusta a la realidad. ¿Por qué no abandonarla? Será un seguro perdedor si para evaluar su actuación se fija un objetivo que jamás alcanzará. ¿Por qué continuar castigándose así?

5. Otro método para superar el perfeccionismo implica una confrontación con el miedo. Quizá no haya advertido que el miedo acecha detrás del perfeccionismo. El miedo es el combustible que impulsa su compulsión hacia el perfeccionismo. Si usted elige abandonar su perfeccionismo, primeramente deberá afrontar este miedo. ¿Está dispuesto? Después de todo, el perfeccionismo supone una recompensa: lo protege. Lo protege del riesgo de afrontar la crítica, el fracaso o la desaprobación. Si decide comenzar a hacer las cosas con menor perfección, se sentirá tan tembloroso como si un gran terremoto estuviera a punto de sacudir California.

Si usted no aprecia el poderoso papel que desempeña el miedo en el mantenimiento de los hábitos perfeccionistas, los patrones de conducta exigentes de las personas perfeccionistas pueden parecer incomprensibles e irritantes. Por ejemplo, existe una enfermedad conocida como "lentitud compulsiva", en la cual la víctima se concentra tanto en realizar las cosas lo "mejor posible" que las tareas cotidianas pueden convertirse en agotadoras. Un abogado con esta enfermedad se preocupaba por el aspecto de su cabello. Todos los días pasaba cuatro horas frente al espejo con un cepillo y tijeras tratando de arreglarlo. Estaba tan absorbido por esto que tuvo que reducir su práctica legal con el fin de tener más tiempo para arreglarse el cabello. Cada día tenía el cabello más corto debido a sus furiosos tijeretazos. Finalmente, se quedó con el pelo casi al cero en toda la cabeza. Luego estaba tan preocupado por equilibrar el contorno del cuero cabelludo en la parte delantera que comenzó a recortárselo para que le quedara "un poco mejor". Cada día el contorno del cuero cabelludo retrocedía más y más hasta que finalmente se había afeitado toda la cabeza. Entonces se sintió aliviado y dejó que le creciera otra vez con la esperanza de que lo haría "regularmente". Después de que le creciera el cabello, comenzó a recortarlo otra vez y el ciclo se repitió. Esta ridícula rutina se repitió durante años y lo convirtió en una persona incapaz de hacer otra cosa.

Su caso puede parecer extremo, pero no puede considerarse grave. Existen formas de estas enfermedades mucho peores. Aunque los extraños hábitos de las víctimas puedan parecer absurdos, los efectos son trágicos. Al igual que los alcohólicos, estos individuos sacrifican su profesión y su familia por sus compulsiones. Usted también puede pagar un elevado precio por su perfeccionismo.

¿Qué impulsa a estos individuos exigentes y excesivamente controlados? ¿Están enfermos? Generalmente no. Lo que los atrapa en la búsqueda sin sentido de la perfección es el miedo. Cuando tratan de detener lo que están haciendo, sienten un desasosiego que rápidamente se convierte en terror. Esto los lleva nuevamente a su compulsivo ritual en un patético intento de encontrar alivio. Tratar de que abandonen su perfeccionismo es como tratar de persuadir a un hombre colgado del borde de un precipicio de que se suelte.

Puede que haya observado tendencias compulsivas en usted mismo en un grado mucho más serio. ¿Alguna vez ha buscado implacablemente un objeto, importante, como un lápiz o una llave extraviados, cuando sabía que era mejor olvidarlo y esperar a que apareciera? Lo hace porque no puede detenerse. Se siente "mal" sin el objeto perdido, como si todo el significado de su vida dependiera de ello.

Un método para afrontar y vencer este temor se denomina "prevención de respuestas". El principio básico es obvio y simple. Usted se *niega* a abandonar su hábito perfeccionista y permite que le invada el temor y la disconformidad. Aférrese a él obstinadamente y no lo abandone, sin importar lo mucho que se inquiete. Permita que su inquietud llegue al máximo. Después de un tiempo, la compulsión comenzará a disminuir hasta que desaparezca completamente. En este punto (el cual podrá requerir varias horas, o diez o quince minutos) habrá vencido. Habrá derrotado a su hábito compulsivo.

Analicemos un simple ejemplo. Supongamos que usted tiene el hábito de comprobar varias veces las cerraduras de la casa o del coche. Seguramente es correcto controlar las cosas *una vez*, pero más que eso es redundante e inútil. Conduzca su coche hasta un aparcamiento, cierre las puertas y aléjese. ¡Niéguese a comprobarlas! Se sentirá intranquilo. Tratará de convencerse a sí mismo para regresar y "asegurarse". NO LO HAGA. En lugar de ello, registre su grado de ansiedad minuto a minuto en la Hoja de prevención de respuestas (véase fig. 14-3, pág 334) hasta que la ansiedad haya desaparecido. En este punto usted habrá ganado. A menudo, una pueba así es suficiente para romper un hábito de forma permanente, aunque quizá necesita numerosas pruebas o algún refuerzo de vez en cuando. Muchos malos hábitos adquieren este carácter, incluyendo varios "rituales de control" (controlar si el horno está apagado o si la correspondencia ha caído dentro del buzón, etc.), rituales de limpieza (lavado de manos compulsivo o excesiva limpieza de la casa) y otros. Si está preparado y dispuesto a romper estas tendencias, creo que encontrará muy útil la técnica de la prevención de las respuestas.

6.   Usted se estará preguntando sobre el origen del absurdo temor que lo conduce a un perfeccionismo compulsivo. Puede utilizar el método de la flecha vertical descrito en el capítulo 10 para encontrar la suposición silenciosa que le provoca esa forma de afrontar la vida tan rígida y tensa. Fred era un estudiante de secundaria que estaba tan preocupado por presentar un trabajo final lo "bastante bueno" que abandonó el colegio para dedicarse a ello durante un año entero y así evitar los horrores de lograr un producto con el que no estuviera completamente satisfecho. Finalmente, Fred regresó al colegio cuando creyó que podía presentar el trabajo, pero inició el tratamiento de su perfeccionismo, pues comprendió que de esa manera tardaría demasiado en finalizar sus estudios.

Tuvo su confrontación con el miedo cuando llegó el momento de presentar el siguiente trabajo escrito al finalizar el primer semestre. En esta oportunidad, el profesor le dio un ultimátum: o lo presentaba a las 18 horas del día fijado o se le reduciría un punto por cada día de retraso. Como Fred había realizado un buen borrador del trabajo, pensó que no le convendría tratar de mejorarlo y revisarlo, por lo tanto lo entregó, a disgusto, a las 4:55, sabiendo que había errores

Figura 14-3. La hoja de prevención de las respuestas. Registre el grado de ansiedad y cualquier pensamiento automático cada uno o dos minutos hasta que se sienta completamente relajado. El siguiente experimento fue realizado por alguien que deseaba terminar con el mal hábito de comprobar compulsivamente las cerraduras de las puertas.

Hora	Porcentaje de ansiedad o inquietud	Pensamientos automáticos
4:00	80%	¿Y si alguien roba el coche?
4:02	95%	Esto es ridículo. ¿Por qué no ir y ver si el coche está bien?
4:04	95%	Alguien puede estar en él ahora. ¡No soporto esto!
4:06	80%	
4:08	70%	
4:10	50%	
4:12	20%	Esto es aburrido. El coche probablemente está bien.
4:14	5%	
4:16	0%	¡Lo logré!

tipográficos sin corregir y algunos párrafos con los que no estaba completamente satisfecho. En el momento en que lo entregó, su ansiedad comenzó a aumentar. Se incrementaba minuto a minuto, y se sintió atrapado por un ataque de pánico tan intenso que una noche me llamó por teléfono a casa bastante tarde. Estaba convencido de que iba a suceder algo terrible porque había entregado un trabajo imperfecto.

Le sugerí que utilizara el método de la flecha vertical para puntualizar qué era lo que le preocupaba. Su primer pensamiento automático fue: "No he realizado un trabajo excelente". Anotó esto (véase la fig 14-4, pág. 336) y luego se preguntó: "Si esto fuera verdad, ¿por qué debería representar un problema para mí?" Esta pregunta generó el pensamiento inquietante escondido detrás de aquél, como se demuestra en la figura 14-4. Fred anotó el siguiente pensamiento que vino a su mente y continuó utilizando la técnica de la flecha descendente para revelar sus temores más profundos. Continuó quitando las capas de la cebolla de esta manera hasta que descubrió el origen más profundo de su pánico y su perfeccionismo. Esto requirió unos minutos. Entonces sus suposiciones silenciosas se convirtieron en obvias: (1) Un error y se arruinará mi carrera. (2) Los demás me exigen éxito y perfección y me condenarán al ostracismo si fallo.

Una vez que escribió sus pensamientos automáticos inquietantes, estaba en condiciones de puntualizar sus errores. Lo que aparecía con más frecuencia eran tres distorsiones: pensamiento del todo o nada, lectura del pensamiento y el error del adivino. Estas distorsiones lo habían atrapado en un estilo de vida rígido, coercitivo, perfeccionista y con una búsqueda constante de aprobación. La sustitución por respuestas racionales le ayudó a reconocer lo irreales que eran sus temores y pudo eliminar su pánico.

Sin embargo, Fred era escéptico, porque no estaba totalmente convencido de que no fuera a suceder una catástrofe. Necesitaba alguna evidencia real para convencerse. Como durante toda su vida había alejado a los elefantes tocando la trompeta, no podía estar *absolutamente* seguro de que no ocurriera una estampida una vez que hubiera decidido abandonar la trompeta.

Dos días después, Fred obtuvo la evidencia que necesitaba: cuando recogió su trabajo, había obtenido una A. El profesor corrigió los errores tipográficos y escribió una sincera nota al final que contenía elogios y algunas sugerencias útiles.

Si está dispuesto a abandonar su perfeccionismo, quizá tenga que sufrir un poco de ansiedad como hizo Fred. Esta puede ser una oportunidad importante para aprender sobre el origen de sus temores, utilizando la técnica de la flecha vertical. ¡En lugar de huir de su temor, siéntese tranquilo y *afronte* el espectro!

Pregúntese: "¿Qué me preocupa?" "¿Qué es lo peor que puede suceder?" Luego escriba sus pensamientos automáticos como hizo Fred y recháacelos. Será angustioso, pero si lo hace y afronta el malestar, conquistará sus temores, pues están basados en ilusiones. El alivio que sentirá cuando pase de este método de la angustia a

Figura 14-4. Fred utilizó el método de la flecha vertical para descubrir el origen de sus temores referidos a la entrega de un "trabajo imperfecto" para una clase. Esto le ayudó a aliviar un poco el terror que sentía. La pregunta que se encuentra junto a cada flecha vertical representa lo que Fred se cuestionaba para descubrir el próximo pensamiento automático más profundo. Al pelar la cebolla, fue capaz de descubrir las suposiciones silenciosas que representaban el origen y la raíz de su perfeccionismo (véase el texto).

Pensamientos automáticos	*Respuestas racionales*
1. No he realizado un trabajo excelente. ↓ "Si esto fuera verdad, ¿por qué debería representar un problema para mí?"	1. Pensamiento del todo o nada. El trabajo está bastante bien aunque no es perfecto.
2. El profesor notará los errores tipográficos y las secciones más flojas. ↓ "¿Y por qué eso debería ser un problema?"	2. Filtro mental. Probablemente notará los errores tipográficos pero leerá todo el trabajo. Tiene algunas secciones bastante buenas.
3. Creerá que no me importó. ↓ "Supongamos que sea así. ¿Qué sucederá?"	3. Lectura del pensamiento. No sé si pensará así. Si lo hace no será el fin del mundo. A muchos estudiantes no les importan sus trabajos. Además a mí sí me importa, por lo tanto si piensa así estará equivocado.
4. Lo estaré decepcionando. ↓ "Si eso fuera verdad y se sintiera así, ¿por qué debería inquietarme?"	4. Pensamiento del todo o nada; error del adivino. No puedo complacer a todos en todo momento. La mayoría de mis trabajos le agradaron. Aunque se sienta decepcionado con este trabajo podré sobrevivir.

→

Figura 14-4 (continuación)

Pensamientos automáticos	*Respuestas racionales*
5. Obtendré una D o una F por el trabajo. ↓ "Supongamos que sea así. ¿Y qué?"	5. Razonamiento emocional; error del adivino. Me *siento* así porque estoy inquieto. Pero no puedo predecir el futuro. Podría obtener una B o una C, pero una D o una F no es probable.
6. Eso estropearía mi promedio académico. ↓ "¿Y entonces qué sucedería?"	6. Pensamiento del todo o nada; error del adivino. Los demás a veces se equivocan y eso no arruina sus vidas. ¿Por qué no puedo hacerlo yo?
7. Esto significaría que no soy la clase de estudiante que pensaba. ↓ "¿Por qué debería inquietarme?"	7. Afirmación del "debería". ¿Quién estableció la regla que afirma que debo actuar de determinada manera durante todo el tiempo? ¿Quién dijo que estaba predestinado y moralmente obligado a vivir conforme con un determinado modelo?
8. La gente se irritará conmigo. Seré un fracasado. ↓ "Y supongamos que se irriten y que sea un fracasado, ¿por qué debería ser tan terrible?"	8. Error del adivino. Si alguien se irrita conmigo, es su problema. No puedo complacer siempre a la gente, es agotador. Convierte mi vida en una confusión rígida, tensa y estrecha. Quizá fuera mejor establecer mis propios modelos y afrontar la irritación de los demás. Aunque falle en el trabajo, eso no me convertirá en "UN FRACASADO".

→

337

Figura 14-4 (continuación)

Pensamientos automáticos	*Respuestas racionales*
9. Entonces me ignorarán y estaré solo. ↓ "¿Y qué?"	9. Error del adivino. ¡*Todos* no me ignorarán!
10. Si estoy solo, es probable que me convierta en un desgraciado.	10. Datos positivos descalificantes. Algunos de mis momentos más felices los he pasado solo. Mi "desgracia" no tiene nada que ver con estar solo, sino que proviene del temor a la desaprobación y del hecho de perseguirme a mí mismo por no ajustarme a modelos perfeccionistas.

la lucha puede ser el comienzo de una forma de vida más confiada y segura.

Puede que haya pensado: supongamos que Fred obtuvo una B, C, D o F. ¿Y entonces qué? En realidad, esto *generalmente* no sucede, porque en su perfeccionismo usted tiene el hábito de dejar un margen de seguridad excesivamente amplio, de manera que pueda reducir considerablemente sus esfuerzos sin reducir la calidad de su actuación. Sin embargo, los fracasos *pueden ocurrir* y *ocurren* en la vida, y ninguno de nosotros es totalmente inmune. Puede resultar útil prepararse con tiempo para esta posibilidad y de esa manera beneficiarse con la experiencia. Puede hacer esto si considera las cosas según el lema de "No es posible perder".

¿Cómo puede beneficiarse de un fracaso real? ¡Es simple! Debe recordarse que su vida no ha acabado. En realidad, obtener una B, es una de las mejores cosas que pueden sucederle si es un estudiante brillante que siempre obtiene A, porque lo obligará a afrontar y aceptar su humanidad. Esto conduciría al desarrollo personal. La verdadera tragedia ocurre cuando un estudiante es tan brillante y compulsivo que evita con éxito cualquier posibilidad de fracaso a través de un evidente esfuerzo personal y termina licenciándose con un promedio de A. La paradoja de esta situación es que el éxito puede ejercer el peligroso efecto de convertir a estos estudiantes en esclavos

338

cuyas vidas se convierten a su vez en intentos obsesivamente rígidos para evitar el miedo de no poder ser perfectos. Sus profesiones son ricas en logros, pero frecuentemente pobres en satisfacciones.

7. Otro método para superar el perfeccionismo implica el desarrollo de un proceso de orientación. Esto significa que usted se concentra en los procesos más que en los resultados para evaluar las cosas. Yo mismo me veía obligado a realizar un trabajo perfecto con cada paciente en cada sesión. Creía que mis pacientes y colegas esperaban esto de mí, y por lo tanto me esforzaba durante todo el tiempo. Cuando un paciente me comentaba que la sesión le había hecho mucho bien, me decía a mí mismo que era brillante y me sentía en la cima del mundo. Por el contrario, cuando un paciente me eludía u otorgaba una evaluación negativa a la sesión del día, me sentía muy desgraciado y me recriminaba que había fallado.

Me cansé del efecto de la montaña rusa y consulté el problema con mi colega el doctor Beck. Sus comentarios fueron sumamente útiles; por lo tanto, se los comentaré. Me sugirió que imaginara que mi trabajo era conducir un coche todos los días hasta el centro. Algunos días encontraba la mayoría de los semáforos con luz verde y tardaba poco. Otros días me encontraba muchas luces rojas y embotellamientos de tráfico, y el viaje se demoraba más. Mi habilidad para conducir era la misma todos los días, entonces, ¿por qué no sentirme igualmente satisfecho con el trabajo que hacía? Me propuso que para impulsar esta nueva manera de ver las cosas me negara a tratar de realizar un excelente trabajo con cualquier paciente. En lugar de ello, podía hacer un esfuerzo en cada sesión sin importar la respuesta del paciente, y de esta manera podía garantizar un 100 por ciento de éxito para siempre.

¿Cómo puede usted establecer objetivos de procesos como estudiante? Puede lograrlo (1) asistiendo a conferencias; (2) prestando atención y tomando apuntes; (3) realizando preguntas adecuadas (4) estudiando entre clase y clase todos los días un poco; (5) revisando las notas de clase cada dos o tres semanas. Todos estos procesos se encuentran dentro de su control, por lo tanto pueden *garantizar* su éxito. Por el contrario, el último grado no está bajo su control. Depende de cómo se siente el profesor ese día, cómo lo hayan hecho los otros estudiantes, cuáles son sus exigencias, etc.

¿Cómo puede establecer objetivos de procesos si estuviera solicitando un trabajo? Puede (1) vestirse de una manera atractiva; (2) presentar su currículum mecanografiado profesionalmente bajo el asesoramiento de un amigo en la materia; (3) halagar al posible jefe con uno o más cumplidos durante la entrevista; (4) expresar interés por la empresa y animar al entrevistador a hablar de sí mismo; (5) cuando el posible jefe le hable sobre su trabajo, decir algo positivo, utilizando un diálogo animado; (6) si el entrevistador realiza una crítica o un comentario negativo sobre usted, inmediatamente manifieste estar de acuerdo, utilizando la técnica del desarme presentada en el capítulo 6.

Por ejemplo, en mis negociaciones sobre este libro con una posible editora, observé que manifestaba algunas reacciones negativas además de algunas positivas. Descubrí que la técnica del desarme funcionaba muy bien para mantener las aguas tranquilas durante las discusiones difíciles. Por ejemplo,

> EDITORA X: Uno de mis intereses, doctor Burns, es insistir la mejora rápida de los síntomas. ¿Tiene en cuenta los orígenes y causas de la depresión?

(En el primer borrador de este libro, había escrito varios capítulos sobre las suposiciones silenciosas que originan la depresión, pero aparentemente a la editora no le impresionó demasiado este material o no lo leyó. Tenía la opción de contraatacar de una manera defensiva, lo cual sólo hubiera radicalizado la posición de la editora y la hubiera hecho sentir a la defensiva. En lugar de ello, elegí desarmarla de la siguiente manera.)

> DAVID: Es una excelente sugerencia y tiene toda la razón. Veo que ha examinado con atención el manuscrito y aprecio sus consejos. Obviamente los lectores desearán saber más sobre *por qué* están deprimidos. Esto debe ayudarles a evitar futuras depresiones. ¿Qué le parece si ampliamos la sesión sobre las suposiciones silenciosas y la presentamos en un nuevo capítulo que podríamos titular "Descendiendo hasta las raíces"?
>
> EDITORA: ¡Suena muy bien!
>
> DAVID: ¿Qué otras observaciones tiene que hacer sobre el libro? Me gustaría escuchar sus opiniones.

Y luego continué buscando la forma de estar de acuerdo con cada crítica y elogiando a la editora X por cada una de sus sugerencias. Esto no era falso, ya que yo era un novato en literatura popular y la editora X era una persona muy inteligente que estaba en condiciones de darme los consejos que necesitaba. Mi estilo de negociación le demostró que la respetaba y que podíamos mantener una relación laboral productiva.

Supongamos que yo me hubiera concentrada en el *resultado* en lugar de en el proceso de negociación cuando la editora me entrevistó. Hubiera estado tenso y preocupado por una sola cosa: ¿me haría o no una oferta por el libro? Entonces hubiera considerado cada crítica como un peligro, y todo el proceso interpersonal hubiera sido desagradable.

Así, cuando trate de conseguir trabajo, no se proponga conseguirlo. ¡Especialmente si lo desea! El resultado depende de numerosos factores que se encuentran fuera de su control, incluyendo la cantidad de aspirantes, sus cualificaciones, quién conoce a la hija del jefe, etc. En realidad, sería mejor tratar de obtener la mayor cantidad de rechazos posibles por las siguientes razones: supongamos que realiza un promedio de diez a quince entrevistas por cada oferta laboral aceptable que recibe en su profesión (un promedio típico que ha recibido la gente que conozco y que recientemente ha buscado trabajo). Esto significa que debe salir y obtener esos nueve a catorce rechazos para obtener el trabajo que desea. Diga cada mañana: "Hoy trataré de obtener tantos rechazos como me sea posible". Y cada vez que lo rechacen diga: "He conseguido que me rechacen. Esto significa un paso importante hacia mi objetivo".

8.   Otro método para superar el perfeccionismo implica asumir la responsabilidad de su vida estableciendo límites estrictos para todas sus actividades durante una semana. Esto le ayudará a cambiar su perspectiva de manera que pueda concentrarse en el flujo de la vida y disfrutarla.

Si usted es un perfeccionista, probablemente tarde mucho en hacer las cosas, pues insistirá en hacerlas concienzudamente. El secreto de la felicidad es proponerse objetivos modestos para cumplirlos. Si desea ser un desgraciado, aférrese a su perfeccionismo y sus tardanzas. Si desea cambiar, cuando planifique su día por la mañana, decida qué cantidad de tiempo invertirá en cada actividad. Deténgase cuando finalice el tiempo que haya estipulado, haya o no terminado, y continúe con el proyecto siguiente. Si toca el piano y lo hace durante muchas horas o no lo hace, en lugara de ello decida tocar una hora por día. Creo que aumentará su satisfacción y su rendimiento sustancialmente.

9.   ¡Apuesto a que usted está preocupado por cometer errores!

341

¿Por qué es tan terrible cometer errores? ¿Se terminará el mundo si usted se equivoca? Muéstreme un hombre que no pueda soportar equivocarse y yo le mostraré un hombre que no desea correr *riesgos* y ha abandonado su capacidad de desarrollo. Un método particularmente poderoso para derrotar al perfeccionismo implica aprender a cometer errores.

He aquí cómo puede hacerlo. Redacte un escrito en el cual quede bien claro por qué es irracional y autodestructivo tratar de ser perfecto o tener miedo de cometer errores. Lo que sigue fue redactado por Jennifer, la estudiante mencionada anteriormente:

POR QUE ES ESPLENDIDO COMETER ERRORES

1. Tengo miedo de cometer errores porque veo todo en términos absolutistas y perfeccionistas: *un error, y todo se habrá arruinado*. Esto es erróneo. Un pequeño error no puede en modo alguno arruinarlo todo.
2. Es bueno cometer errores, porque de esa manera aprendemos; en realidad, no aprenderíamos *a menos* que cometiéramos errores. Nadie puede evitar cometer errores, y como tiene que suceder de cualquier manera, deberíamos aceptarlo y aprender de ello.
3. El reconocimiento de nuestros errores nos ayuda a ajustar nuestro comportamiento, y así podemos obtener resultados que nos complacerán más; por lo tanto, podríamos decir que los errores *nos hacen sentir más felices y hacer mejor las cosas*.
4. *Si tenemos miedo de los errores nos paralizamos*, tememos hacer algo o experimentar, ya que podríamos (y en realidad probablemente será así) cometer errores. Si restringimos nuestras actividades para no cometer errores, entonces nos estamos derrotando a nosotros mismos. Cuanto más probemos y más errores cometamos, más rápido aprenderemos y más felices seremos.
5. La mayoría de la gente no nos rechazará porque cometamos errores; todos cometen errores y la mayoría se siente incómoda con la gente "perfecta".
6. No nos moriremos aunque cometamos errores.

A pesar de que un ensayo no *garantiza* que podamos cambiar, puede ayudarlo a enfilar en la dirección correcta. Jennifer informó sobre una enorme mejoría una semana después de que elaborara su escrito. La ayudó en sus estudios para concentrarse en aprender y no obsesionarse constantemente sobre si era buena o no. Como resultado, disminuyó su ansiedad y aumentó la habilidad para realizar las cosas. Este estado de ánimo distendido y confiado se mantuvo hasta el examen final, cuando terminó el primer semestre, un momento de mucho nerviosismo para la mayoría de sus compañeros. Ella lo explicó así: "Comprendí que *no* tenía que ser perfecta. Voy a cometer mi cuota personal de errores. ¿Y qué? Puedo aprender de mis errorres, por lo tanto no hay nada de qué preocuparse"... ¡Y tenía razón!

Escriba una nota junto con estas líneas. Recuérdese que el mundo no se terminará si comete un error y señale los beneficios potenciales. Luego lea la nota todas las mañanas durante dos semanas. Creo que esto le ayudará mucho a unirse a la raza humana.

10.   En su perfeccionismo, usted es indudablemente bueno para concentrarse en todos los aspectos en los que falla. Usted tiene el mal hábito de puntualizar las cosas que no ha hecho e ignorar las que sí ha hecho. Pasa su vida catalogando cada error y defecto. ¡No importa que se sienta mal! ¿Alguien le obliga a hacer esto? ¿Le agrada sentirse así?

He aquí un método simple para invertir esta tendencia absurda y dolorosa. Utilice su contador de pulsera para contabilizar las cosas que hace *bien* cada día. Vea cuántos puntos puede acumular. Esto puede sonar tan sencillo que usted quizá piense que no le va a ayudar. Si es así, pruebe durante dos semanas. Descubrirá que comenzará a concentrarse más en las cosas positivas de su vida y consecuentemente se sentirá mejor consigo mismo. ¡Suena simple porque lo es! Pero, ¿a quién le importa si funciona?

11.   Otro método útil implica poner de manifiesto lo absurdo del pensamiento de todo o nada que origina su perfeccionismo. Observe a su alrededor y pregúntese cuántas cosas en el mundo pueden colocarse en categorías del todo o nada. ¿Las paredes que le rodean están totalmente limpias? ¿O tienen por lo menos un *poco* de suciedad? ¿Soy totalmente efectivo en todos mis escritos? ¿O parcialmente efectivo? Seguramente cada párrafo de este libro no está redactado a la perfección y no es totalmente útil. ¿Conoce a alguien que sea *totalmente* tranquilo y confiado en todo momento? ¿Su actriz preferida es perfectamente hermosa?

Una vez que reconozca que el pensamiento del todo o nada, muy a menudo, no se ajusta a la realidad. busque sus pensamientos del todo o nada a través del día, y cuando reconozca alguno identifíquelo y derrótelo. Se sentirá mejor. Algunos ejemplos sobre cómo algunos individuos combaten sus pensamientos del todo o nada aparecen en la figura 14-5.

12. El siguiente método para combatir el perfeccionismo implica un sinceramiento personal. Si se siente nervioso e inadaptado en una situación, entonces compártalo con la gente. Puntualice las cosas que siente que ha hecho inadecuadamente en lugar de ocultarlas. Pida sugerencias a la gente sobre cómo mejorar, y si ellos le van a rechazar por ser imperfecto, deje que lo hagan y olvídelo. Si tiene dudas, pregúntese si le aprecian menos cuando comete un error.

Si usted hace esto, deberá estar preparado para tolerar la posibilidad de que la gente le menosprecie por sus imperfecciones. Esto me sucedió durante una clase que dictaba a un grupo de terapeutas. Señalé un error que creí haber cometido al reaccionar airadamente ante un paciente difícil e impertinente. Luego pregunté si alguno de los terapeutas presentes me despreciaba un poco más después de escuchar mi flaqueza. Me desconserté cuando uno de ellos respondió afirmativamente, y se produjo el siguiente diálogo.

TERAPEUTA (en el público): Tengo dos pensamientos. Uno es positivo. Aprecio su valor al correr el riesgo de puntualizar su error delante del grupo, porque yo me hubiera intimidado. Creo que fue muy valiente al hacerlo. Pero tengo que admitir que ahora experimento sentimientos ambivalentes sobre usted. Ahora sé que comete errores, lo cual es realista, pero... me siento decepcionado. Honestamente es así.

DAVID: Bueno, yo sabía cómo tratar al paciente, pero mi irritación me superó de tal manera que me dejé llevar y me disgusté. Mi reacción fue demasiado brusca. Admito que no controlé bien la situación.

TERAPEUTA: Adivino por el contexto que usted ve tantos pacientes cada semana durante tantos años que aunque cometa un desatino no será tan terrible. No va a matarle ni nada similar. Pero debo admitir que me siento decepcionado.

DAVID: Pero *no es* un error extraño. Creo que todos los terapeutas cometen muchos desatinos todos los días. Ya sean obvios o sutiles. Por lo menos, yo lo hago. Parece que

344

Figura 14-5. Cómo reemplazar los pensamientos del todo o nada por otros más acordes con la realidad. Estos ejemplos fueron proporcionados por diferentes individuos.

Pensamientos del todo o nada	Pensamientos realistas
1. ¡Qué día más terrible!	1. Sucedieron un par de cosas malas, pero no fue un desastre.
2. Esta comida que he cocinado es realmente terrible.	2. No es la mejor comida que haya preparado, pero está bien.
3. Soy demasiado viejo.	3. ¿Demasiado viejo para qué? ¿Demasiado viejo para divertirme? ¿Demasiado viejo para alguna relación sexual ocasional? No. ¿Demasiado viejo para disfrutar con mis amigos? ¿Demasiado viejo para amar y ser amado? No. ¿Demasiado viejo para disfrutar de la música? No. ¿Demasiado viejo para realizar algún trabajo productivo? No. Entonces, ¿para qué soy demasiado viejo? ¡Realmente no tiene sentido!
4. Nadie me quiere.	4. Tonterías. Tengo familia y muchos amigos. Quizá no pueda conseguir tanto amor como deseo cuando lo desee, pero puedo trabajar en ello.
5. Soy un fracasado.	5. He tenido éxito en algunas cosas y he fracasado en otras, como todos.
6. Mi profesión va cuesta abajo.	6. No puedo hacer tanto como cuando era joven, pero aún puedo trabajar, producir y crear, entonces, ¿por qué no disfrutarlo?

$\rightarrow$

Figura 14-5 (continuación)

Pensamientos del todo o nada	Pensamientos realistas
7. ¡Mi conferencia fue un fracaso!	7. No fue la mejor conferencia que haya dictado. En realidad, estuvo por debajo de mi nivel. Pero puedo trabajar para mejorar mis próximas conferencias. La mitad de mis conferencias serán de un nivel inferior y la mitad de uno superior.
8. ¡A mi novio no le gusto!	8. ¿No le gusto para qué? Quizá no quiera casarse conmigo, pero sale conmigo, entonces le *debo* gustar parcialmente.

usted está bastante decepcionado conmigo porque no controlé con eficiencia a ese paciente.

TERAPEUTA: Sí, lo estoy. Creí que tenía un repertorio de procedimientos lo suficientemente amplio como para poder manejar fácilmente casi a *cualquier* paciente.

DAVID: Bueno, eso no es verdad. A veces se me ocurren cosas muy útiles para utilizarlas en situaciones difíciles, pero a veces no soy tan eficiente como desearía. Aún tengo mucho que aprender. Ahora que lo sabe, ¿me tiene menor aprecio?

TERAPEUTA: Sí, realmente sí, porque ahora veo que existe una clase de conflicto que puede perturbarle. Usted no fue capaz de controlar sin mostrar sus vulnerabilidades.

DAVID: Eso es verdad. Por lo menos en *esa ocasión* no pude controlarlo bien. Es un aspecto en el cual necesito concentrar mis esfuerzos y madurar como terapeuta.

TERAPEUTA: Bueno, usted no controló las cosas tan bien como yo creía que lo hacía.

DAVID: Creo que es correcto. Pero la pregunta es: ¿por qué me considera menos por el hecho de ser imperfecto? ¿Por qué me menosprecia? ¿Eso me convierte en una persona inferior a usted?

TERAPEUTA: Está exagerando toda la situación y no creo que necesariamente deba tener menos valor como ser humano

346

o algo por el estilo. Pero, por otro lado, creo que no es tan buen terapeuta como yo pensaba.

DAVID: Eso es verdad. ¿Me tiene en menos estima por eso?

TERAPEUTA: ¿Como terapeuta?

DAVID: Como terapeuta o como persona. ¿Me tiene en menor estima?

TERAPEUTA: Sí, supongo que sí.

DAVID: ¿Por qué?

TERAPEUTA: Bueno, no sé cómo decirlo. Creo que la de "terapeuta" es la faceta fundamental que conozco de usted. Me siento decepcionado al descubrir que es tan imperfecto. Tenía una mayor expectativa sobre usted. Pero quizás usted sea mejor en otros aspectos de la vida.

DAVID: Lamento decepcionarlo, pero descubrirá que en muchos otros aspectos de mi vida soy aun *más* imperfecto. Por lo tanto, si me menosprecia como terapeuta, supongo que lo hará aun más como persona.

TERAPEUTA: Así es, creo que es una descripción adecuada sobre lo que siento por usted.

DAVID: ¿Por qué me menosprecia por el hecho de no acercarme a su modelo de perfección? Soy un ser humano, no un robot.

TERAPEUTA: Creo que no comprendo esa pregunta. Juzgo a la gente de acuerdo con su actuación. Usted se equivocó, por lo tanto debe afrontar el hecho de que lo juzgue negativamente. Es duro, pero es la realidad. Creo que debería haber actuado mejor porque usted es nuestro preceptor y maestro. Esperaba *más* de usted. Supongo que yo hubiera podido manejar a ese paciente mejor que usted.

DAVID: Creo que lo *podía* haber hecho y éste es un aspecto en el que creo que puedo aprender de usted. Pero, ¿por qué me menosprecia por esto? Si se desilusiona y pierde la confianza en mí cada vez que observa que cometo un error, muy pronto se sentirá muy desdichado, y ya no me respetará, ya que he cometido errores desde que nací. ¿Desea sentir todo ese malestar? Si desea continuar y disfrutar de nuestra amistad, y espero que lo haga, deberá aceptar el hecho de que no soy perfecto. Quizá quiera buscar los errores que cometa y señalármelos para que yo pueda aprender de usted mientras le enseño. Cuando no cometo errores, pierdo gran parte de mi capacidad de desarrollo. Reconocer y corregir mis errores y aprender de ellos es uno de mis mayores capitales. Y si usted puede aceptar mi humanidad y mi imperfección, quizá también pueda aceptar las suyas. Quizás usted desee sentir que también puede cometer errores.

Esta clase de diálogo supera la posibilidad de que se sienta deprimido. Defender su derecho a cometer errores, paradójicamente lo convertirá en un ser humano mejor. Si la otra persona se siente decepcionada, la culpa es suya por haber tenido la expectativa irreal de que usted puede ser algo más que humano. Si usted no cree en esa tonta expectativa, no deberá irritarse ni ponerse a la defensiva cuando se equivoque, ni tampoco sentirá vergüenza o incomodidad. La elección es clara: puede tratar de ser perfecto y terminar sintiéndose desdichado, o tratar de ser humano e imperfecto y sentirse valorizado. ¿Cuál elige?

13. El próximo método consiste en concentrarse mentalmente en algún momento de su vida en el cual fue realmente feliz. ¿Qué imágenes vienen a su mente? A mí me aparece la imagen de descender al cañón de Havasupai durante las vacaciones de verano, cuando era estudiante de secundaria. Este cañón es una parte aislada del Gran Cañón y para llegar a él hay que caminar o conseguir caballos. Fui con un amigo. Havasupai, una palabra india que significa "gente del agua verde azulado", es el nombre de un río color turquesa que surge en el desierto y convierte el estrecho cañón en un exuberante paraíso de muchos kilómetros de largo. El río Havasupai desemboca en el río Colorado. Hay varias cascadas y en la parte inferior de cada una cae un chorro de agua verde que le da al lecho y bordes del río un aspecto de piscina de color turquesa. Alamos y manzanas del Perú con flores púrpura parecidas a trompetas bordean el río. Los indios que viven allí son serenos y amistosos. Es un recuerdo feliz. Quizás usted tenga algún recuerdo feliz similar. Ahora pregúntese: ¿qué era lo *perfecto* de esa experiencia? En mi caso, *nada*. No había lavabos y pasábamos la noche en sacos de dormir. No nado ni trepo perfectamente, así que nada era perfecto. No había electricidad en la mayor parte del pueblo, debido a su lejanía, y la única comida que se podía conseguir eran frijoles y ensalada de frutas en lata (ni carne ni verduras). Pero la comida tenía bastante buen sabor después de un día de caminar o nadar. ¿Quién necesita la perfección?

¿Cómo puede utilizar un recuerdo feliz? Cuando esté viviendo una experiencia presumiblemente agradable (comer fuera, realizar un viaje, ir al cine, etc.) puede estropearla innecesariamente realizando un inventario de todos los defectos e impidiéndose a sí mismo disfrutarla. Pero eso no tiene valor: es su *expectativa* la que inquieta. Supongamos que la cama del hotel es demasiado alta y ha pagado mucho dinero por la habitación. Llama a la conserjería y no tienen otras camas o habitaciones disponibles. Usted puede duplicar su problema exigiendo la perfección, o evocar su recuerdo "feliz e imperfecto". ¿Recuerda cuando acampaba y dormía sobre el suelo y le encantaba? Entonces seguramente podrá disfrutar en esta habitación del hotel si así se lo propone. Otra vez, depende de usted.

14. Otro método para superar el perfeccionismo es la "técnica de la ansiedad". Está basado en el simple hecho de que la mayoría de nosotros trata de ser perfecto para poder avanzar en la vida. Quizá no se le haya ocurrido que podría tener más éxito si sus expectativas fueran bajas. Por ejemplo, cuando comencé mi carrera académica, tardé más de dos años para escribir el primer trabajo experimental que publiqué. Era un producto excelente y aún estoy orgulloso de él. Pero observé que en el mismo lapso muchos de mis colegas, que eran inteligentes como yo, escribieron y publicaron numerosos trabajos. Entonces me pregunté: ¿estoy en mejores condiciones con una publicación que supone noventa y ocho puntos, o con diez trabajos que contengan sólo ochenta puntos cada uno? En el último caso, en realidad terminaría con 800, y ganaría el juego. Esta verificación constituyó un fuerte incentivo personal y decidí bajar un poco mis expectativas. Mi productividad aumentó espectacularmente y también mis niveles de satisfacción.

¿Cómo puede aplicarlo usted? Supongamos que tiene una tarea y observa que la está realizando lentamente. Puede notar que ya ha alcanzado su nivel máximo y sería mejor que pasara a la próxima tarea. No estoy tratando de convencerlo de que desista, pero quizás usted y los demás se sentirán igualmente o más complacidos con muchas realizaciones buenas y sólidas que con una obra maestra que les origine grandes cantidades de tensión.

15. He aquí el último método. Implica simple lógica. Premisa uno: todos los seres humanos cometen errores. ¿Está de acuerdo? Muy bien, ahora dígame: ¿qué es usted? ¿Un ser humano? Muy bien. ¿Qué sigue? Por supuesto: *deberá* cometer errores. Recuerde esto cada vez que se pregunte por qué ha cometido un error. Diga: ¡se supone que iba a cometer ese error porque soy humano!, o ¡fui muy humano al cometer ese error!

Además, pregúntese: ¿qué puedo aprender de mi error? ¿Puedo

349

obtener algo bueno de esto? Como un experimento, piense en algún error que haya cometido y escriba todo lo que aprendió de él. Algunas de las mejores cosas se pueden aprender sólo cometiendo errores y aprendiendo de ellos. Después de todo, es la forma en que aprendió a hablar, a caminar y a hacer casi todo. ¿Estaría dispuesto a abandonar esa clase de desarrollo? Podría llegar a decir que sus imperfecciones y equivocaciones son algunos de sus mejores capitales. ¡Aprécielas! Nunca abandone su capacidad de equivocarse, porque entonces perderá su habilidad de avanzar. En realidad, piense, cómo sería si *fuera* perfecto. No habría *nada* que aprender, *ninguna* forma de mejorar, y en la vida no existirían desafíos ni la satisfacción que se obtiene al lograr algo que requiere esfuerzo. Sería como ir al jardín de infancia durante toda la vida. Conocería todas las respuestas y ganaría todos los juegos. Todos los proyectos serían una garantía de éxito porque todo lo haría correctamente. La conversación de la gente no le atraería porque ya lo conocería todo. Y lo más importante, nadie podría amarle o relacionarse con usted. Sería imposible sentir amor por alguien que fuera perfecto y lo supiera todo. ¿No parece una situación solitaria, aburrida y miserable? ¿Está seguro de que aún desea la perfección?

350

V

CONTRA LA DESESPERANZA Y EL SUICIDIO

15
La victoria final: elegir la vida

El doctor Aaron T. Beck* informó en un estudio reciente que los deseos suicidas estaban presentes en aproximadamente un tercio de los individuos con casos de depresión moderada, y en cerca de tres cuartos de las personas que se encontraban gravemente deprimidas. El cinco por ciento de los pacientes deprimidos muere como resultado del suicidio. Esto significa aproximadamente el veinticinco por ciento del índice de suicidios en el conjunto de la población en general. En realidad, cuando muere una persona por enfermedad depresiva, las probabilidades de que el suicidio fuese la causa de la muerte son una entre seis.

Ningún grupo de edad, ni clase social o profesional, está exento del suicidio; piense en la gente famosa que conoce que se ha suicidado. Es particularmente sorprendente y grotesco (pero no extraño) el suicidio entre los más jóvenes. En un estudio realizado en el séptimo y octavo curso de una escuela parroquial suburbana de Filadelfia, cerca de un tercio de los jóvenes estaba significativamente deprimido y tenía pensamientos suicidas. Incluso los *niños* que sufren la separación maternal pueden desarrollar un síndrome depresivo que puede desencadenar una muerte por inanición autoimpuesta.

Antes de que se sienta agobiado, déjeme mostrarle el lado positivo de la cuestión. El suicidio es innecesario y el impulso puede superarse y eliminarse rápidamente mediante técnicas cognitivas. En nuestro estudio, los impulsos suicidas se redujeron considerablemente en pacientes tratados con terapia cognitiva o con drogas antidepresivas. Una mejor perspectiva de vida se produjo dentro de

---

*Beck, Aaron T., *Depression: Causes and Treatment,* Filadelfia, University of Pennsylvania Press, 1972, págs. 30-31 (trad. cast.: *Diagnóstico y tratamiento de la depresión,* Madrid, Merck, Sharp and Dhome, 1980).

la primera o segunda semana de tratamiento en muchos pacientes tratados cognitivamente.

El énfasis actual en la prevención de episodios depresivos en individuos propensos a fluctuaciones en su estado de ánimo también podría desembocar en una reducción a largo plazo de los impulsos suicidas.

¿Por qué los individuos deprimidos piensan tan frecuentemente en el suicidio y qué se puede hacer para prevenir estos impulsos? Usted comprenderá esto si analiza el pensamiento de la gente que es suicida en potencia. Una visión penetrante y pesimista domina sus pensamientos. La vida no parece ser más que una pesadilla infernal. Cuando miran al pasado, todo lo que recuerdan son momentos de sufrimiento y depresión.

Cuando usted se siente melancólico, también puede sentirse mal por pensar que nunca fue feliz y nunca lo será. Si un amigo o un familiar le puntualiza que, excepto durante algunos períodos de depresión, usted ha sido bastante feliz, quizá pueda pensar que están equivocados o sólo tratan de animarlo. Esto se debe a que cuando usted está deprimido en realidad distorsiona sus recuerdos del pasado. No puede evocar ningún recuerdo correspondiente a períodos de satisfacción o júbilo, y por lo tanto concluye errónea- mente que no existieron. Así llega a la conclusión, también errónea, de que siempre fue y será un desgraciado. Si alguien insiste en que usted ha sido feliz, le responde como hizo recientemente un paciente joven en mi oficina: "Bueno, ese período no cuenta. La felicidad es una especie de ilusión. Mi verdadero yo está deprimido y es un inadaptado. Sólo me estaba engañando si alguna vez ha creído ser feliz".

No importa lo mal que se sienta, siempre podrá soportarlo si tiene la convicción de que las cosas mejorarán. La decisión crítica de suicidarse proviene de la convicción ilógica de que su estado de ánimo *no* puede mejorar. Se siente seguro de que el futuro sólo le traerá más dolor y agitación. Al igual que algunos pacientes deprimidos, usted puede apoyar su predicción pesimista con una abundancia de datos que le parecerán abrumadoramente convincen- tes.

Un corredor de bolsa deprimido de cuarenta y nueve años me comentó recientemente: "Doctor, ya he sido tratado por seis psiquiatras durante diez años. Recibí tratamientos de *shock* y toda clase de antidepresivos, tranquilizantes y otras drogas. He gastado más de ocho mil dólares tratando de curarme. Estoy emocional y económicamente agotado. Todos los médicos me han dicho: 'Usted puede vender. No se rinda'. Pero ahora comprendo que no era verdad. Todos me mentían. Soy un luchador, y luché con fuerza. Es mejor reconocer cuando uno es derrotado. Debo admitir que estaría mejor muerto".

Estudios de investigación han demostrado que un sentido irreal de la desesperanza constituye uno de los factores más cruciales en el desarrollo de un deseo suicida. Debido a su pensamiento tortuoso, usted se ve a sí mismo en una trampa de la cual parece no haber escape. Así llega a la conclusión de que sus problemas son insolubles. Debido a que su sufrimiento es intolerable y parece interminable, puede creer erróneamente que el suicidio es la única forma de escape.

Si ha tenido tales pensamientos en el pasado, o si lo piensa seriamente ahora, permítame manifestarle el mensaje de este capítulo con voz fuerte y clara:

Usted está equivocado al creer que el suicidio es la única o la mejor solución para su problema.

Permítame repetirlo: ¡*Usted está equivocado!* cuando piensa que se encuentra atrapado y sin esperanza, su pensamiento es ilógico, distorsionado y desviado. No importa de qué manera se haya convencido ni si otras personas están de acuerdo con usted: está *equivocado* al creer que siempre es aconsejable suicidarse debido a una enfermedad depresiva. Esta no es la solución más racional para su desgracia. Le explicaré esta postura y le ayudaré a salir de la trampa suicida.

DETERMINANDO SUS IMPULSOS SUICIDAS

A pesar de que los pensamientos suicidas son comunes incluso en individuos no deprimidos, la aparición de un impulso suicida si usted *está* deprimido siempre debe considerarse como un síntoma peligroso. Para usted es importante conocer cómo determinar esos impulsos suicidas tan amenazadores. En el inventario Beck de la depresión del capítulo 2, la pregunta número nueve se refiere a sus pensamientos e impulsos suicidas. Si obtuvo uno, dos o tres puntos en esta pregunta, las fantasías suicidas se encuentran presentes, y es importante evaluar su seriedad e intervenir si es necesario (véase la pág. 34).

El error más serio que usted puede cometer con respecto a sus impulsos suicidas es sentir vergüenza de comentarlos con un consejero. Mucha gente se siente mal al hablar sobre sus fantasías e impulsos suicidas por temor a la desaprobación o porque creen que hablando sobre ellos provocarán un intento suicida. Este punto de vista es injustificable. Sentirá una gran sensación de alivio si discute sus pensamientos suicidas con un terapeuta profesional, y por lo tanto tendrá más posibilidades de eliminarlos.

Si en realidad tiene pensamientos suicidas, pregúntese si se los está tomando en serio. ¿Hay ocasiones en las que desearía estar muerto? Si la respuesta es sí, ¿su deseo de muerte es activo o pasivo? Un deseo de muerte *pasivo* existe si usted prefiere estar muerto, pero no está dispuesto a dar los pasos necesarios para realizarlo. Un hombre joven me confesó: "Doctor, todas las noches cuando me acuesto le pido a Dios que me permita despertarme con cáncer. Entonces podría morir en paz, y mi familia lo comprendería".

Un deseo de muerte *activo* es más peligroso. Si está planeando seriamente un intento de suicidio, entonces es importante saber lo siguiente: ¿ha pensado en el método? ¿Cuál es su método? ¿Ha hecho planes? ¿Qué preparaciones específicas ha realizado? Como regla general, cuanto más concretos y mejor formulados sean los planes, más probabilidades tendrá de realizar un intento de suicidio. ¡Es el momento de buscar ayuda profesional!

¿Realizó algún intento de suicidio en el pasado? Si es así, considere cualquier impulso suicida como una señal peligrosa para buscar ayuda inmediatamente. Para mucha gente, estos intentos previos parecen ser "precalentamientos" en los cuales coquetean con el suicidio pero no dominan el método que han seleccionado. El hecho de que un individuo haya realizado este intento sin éxito en varias ocasiones en el pasado indica un riesgo de éxito incrementado en el futuro. Es un mito peligroso pensar que los intentos suicidas fracasados son simplemente gestos o recursos para llamar la atención y que por lo tanto no deben tomarse en serio. El pensamiento actual sugiere que todos los pensamientos o acciones suicidas deben tomarse en serio. Es engañoso considerar los pensamientos o acciones suicidas como "una petición de ayuda". Muchos pacientes suicidas *no* desean ayuda, pues están convencidos en un 100 por ciento de que no tienen esperanza y no necesitan ayuda. Debido a esta creencia ilógica, lo que realmente desean es la muerte.

Su grado de desesperanza es de gran importancia para determinar si se encuentra o no ante el riesgo de realizar un intento de suicidio activo en cualquier momento. Este solo factor parece más relacionado con los intentos de suicidio reales que cualquier otro. Usted deberá preguntarse: "¿Creo que no tengo ninguna posibilidad de mejorar? ¿Creo que he agotado todas las posibilidades de tratamiento y que nada podrá ayudarme? ¿Estoy convencido de que mi sufrimiento es insoportable y de que nunca terminará?" Si responde afirmativamente a estas preguntas, entonces su grado de desesperanza es elevado y necesita tratamiento profesional *ya*. Desearía puntualizar que la desesperanza es un síntoma de depresión en el mismo grado en que la tos es un síntoma de la neumonía. El sentimiento de desesperanza, en realidad *no* prueba que usted no tenga esperanza, al igual que la tos no significa que usted está sentenciado a morir de neumonía. Sólo prueba que usted sufre una enfermedad, en este caso depresión. Esta sensación de desesperanza *no* es una razón para cometer un intento de suicidio, pero le brinda una clara señal para que busque un tratamiento competente. Por lo tanto, si se siente desesperanzado, busque ayuda. ¡No piense en el suicidio ni un minuto más!

El último factor importante es el que incluye los elementos disuasorios. Pregúntese: "¿Hay algo que me impida suicidarme? ¿Me detendría por mi familia, mis amigos o por creencias religiosas?" Si usted no tiene elementos que puedan disuadirle, la posibilidad de considerar un intento de suicidio real es mayor.

RESUMEN: Si usted es un suicida, es muy importante que evalúe estos impulsos como un hecho real, utilizando su sentido común. Los siguientes factores lo colocan en un grupo de alto riesgo:

1. Si se siente muy deprimido y desesperanzado;
2. Si tiene un historial de intentos de suicidio;
3. Si ha llevado a cabo planes concretos y preparaciones de suicidio; y
4. Si ningún elemento puede disuadirle de que desista.

Si uno o más factores coinciden con su parecer, entonces es vital obtener inmediatamente ayuda profesional y tratamiento. Aunque creo que una actitud de autoayuda es importante para todas las personas con depresión, usted debe buscar una guía profesional ahora mismo.

357

¿Usted cree que la gente deprimida tiene "derecho" a suicidarse? Algunos "humanistas" equivocados y terapeutas novatos se encuentran confundidos con este tema. Si usted aconseja o trata de ayudar a un individuo con depresión crónica que se encuentra desesperanzado o amenzado por la autodestrucción, debe preguntarse: "¿Debo intervenir agresivamente o dejar que continúe? ¿Cuáles son sus derechos como ser humano en este asunto? ¿Soy responsable de prevenir este intento o debo decirle que continúe y ejercite su libertad de elección?"

Considero esto un tema absurdo y cruel. El verdadero interrogante no es si un individuo deprimido tiene derecho a suicidarse, sino si sus pensamientos son *realistas* cuando lo está considerando. Cuando hablo con un posible suicida, trato de descubrir por qué se siente así. Le pregunto: "¿Por qué motivo desea matarse? ¿Qué problema tan terrible tiene en su vida que no tenga solución?" Luego debo ayudar a esa persona a que exponga tan rápido como sea posible el pensamiento ilógico que se esconde detrás de su impulso suicida. Cuando usted comience a pensar de manera más realista, su sentido de la desesperanza y el deseo de terminar con su vida desaparecerán y volverá a sentir deseos de vivir. Por lo tanto, a los individuos suicidas les recomiendo alegría en lugar de muerte, y trato de demostrarles cómo obtenerla lo más rápidamente posible. Veamos cómo se puede hacer.

Holly es una joven de dieciocho años que me fue enviada para su tratamiento por un psicoanalista infantil de Nueva York. El la había tratado sin éxito con una terapia analítica durante varios años, desde la aparición en su adolescencia de una grave depresión crónica. Otros médicos tampoco pudieron ayudarla. Su depresión se originó durante un período de problemas familiares que culminó con la separación y el divorcio de sus padres.

El estado de ánimo eternamente triste de Holly estaba puntuado por numerosos intentos de cortarse las venas. Comentó que cuando atravesaba períodos de frustración y desesperanza, sólo podía superarlos practicándose cortes en las muñecas y sólo se sentía aliviada cuando veía que la sangre brotaba a través de su piel. Cuando conocí a Holly, observé que sus muñecas estaban vendadas ratificando ese comportamiento. Además de estos episodios de automutilación, que no eran intentos de suicidio, trató de matarse en varias ocasiones.

A pesar del tratamiento que había recibido, su depresión no había disminuido. En ocasiones era tan grave que debían hospitalizarla. Holly estuvo internada en un hospital de Nueva York durante varios meses cuando me la enviaron para que la tratara. El médico que la envió recomendó un mínimo de tres años más de hospitalización y estaba de acuerdo con Holly acerca de que sus posibilidades de una mejoría sustancial, por lo menos en un futuro inmediato, no eran muy abundantes.

Irónicamente, tenía mucha personalidad y era guapa e inteligente. Había sido una buena alumna en la escuela secundaria, a pasar de no haber podido asistir a clases durante los períodos en que estaba hospitalizada. Tuvo que hacer algunos cursos con la ayuda de profesores particulares. Al igual que muchos pacientes adolescentes, el sueño de Holly era convertirse en un profesional de la salud mental, pero los terapeutas anteriores le habían informado que eso era irreal debido a la naturaleza de sus problemas emocionales, especialmente violentos. Esta opinión representó otro golpe demoledor para Holly.

Después de finalizar la escuela secundaria, pasó la mayoría de su tiempo en hospitales para enfermos mentales, debido a que la consideraban demasiado enferma e intratable como para recibir terapia ambulatoria. En un intento desesperado por encontrar ayuda, su padre contactó con la Universidad de Pensilvania, pues había leído cosas acerca de nuestro trabajo sobre la depresión. Solicitó una consulta para determinar si existían otras alternativas de tratamiento que pudieran curar a su hija.

Después de haber hablado conmigo por teléfono, el padre de Holly obtuvo su custodia y vino a Filadelfia para que pudiera hablar con ella y considerar las posibilidades de tratamiento. Cuando los conocí, sus personalidades chocaron con mis expectativas. El era un individuo tranquilo y apacible; ella era asombrosamente atractiva, agradable y cooperadora.

La sometí a varios tests psicológicos. El inventario de la depresión de Beck indicó una grave depresión y otros tests confirmaron un alto grado de desesperanza y serios intentos de suicidio. Holly lo expresó claramente: "Deseo matarme". La historia familiar indicaba que varios familiares habían intentado suicidarse (dos de ellos con éxito). Cuando le pregunté a Holly por qué deseaba matarse, me respondió que era una holgazana. Me explicó que por eso mismo se sentía una inútil y merecía morir.

Deseaba averiguar si respondería favorablemente a una terapia cognitiva; por lo tanto utilicé una técnica para atraer su atención. Le propuse que realizáramos un poco de *role-playing* (interpretación de roles), y que ella imaginara que dos abogados discutían su caso en los juzgados. Su padre era un abogado especializado en malas prácticas médicas. Debido a que en aquel momento yo era un terapeuta novato, esto aumentaba mis propios sentimientos de ansiedad e inseguridad para abordar un caso tan difícil. Le pedí a Holly que interpretara el papel del fiscal y que tratara de convencer al jurado de que ella merecía una sentencia a muerte. Le expliqué que yo interpretaría el papel de abogado defensor, y que refutaría cada acusación que ella hiciera. Le manifesté que de esta manera podríamos considerar sus razones para vivir y sus razones para morir, y determinar dónde estaba la verdad:

HOLLY: Para este individuo, el suicidio sería huir de la vida.

DAVID: Ese argumento se puede aplicar a cualquier persona del mundo. Por sí misma, no es una razón convincente para morir.

HOLLY: El fiscal responde que la vida de la paciente es tan desgraciada que no puede soportarla ni un minuto más.

DAVID: Ha sido capaz de soportarla hasta ahora, por lo tanto quizá pueda hacerlo un poco más. En el pasado no era siempre desgraciada y no hay pruebas de que siempre lo sea en el futuro.

HOLLY: El fiscal señala que la vida de la paciente es una carga para su familia.

DAVID: La defensa destaca que el suicidio no resolverá este problema, ya que su muerte representaría un golpe demoledor aun para su familia.

HOLLY: Pero ella es egoísta, holgazana e inútil, y merece morir.

DAVID: ¿Qué porcentaje de la población es holgazana?

HOLLY: Probablemente el veinte por ciento... No, diría que sólo el diez por ciento.

DAVID: Eso significa que veinte millones de norteamericanos son holgazanes. La defensa señala que ellos no merecen morir por eso; por lo tanto no hay razón para que la paciente deba ser escogida para morir. ¿Cree que la holgazanería y la apatía son síntomas de depresión?

HOLLY: Probablemente.

DAVID: La defensa señala que los individuos de nuestra cultura deben sentenciarse a muerte por síntomas de una enfermedad, ya sea neumonía, depresión o cualquier otra cosa. Por otra parte, la holgazanería podría desaparecer cuando se curara.

Holly parecía sentirse implicada en el juego y divertida con esta respuesta. Después de esta serie de acusaciones y defensas, admitió que no existía una razón convincente por la cual debiera morir, y que cualquier jurado razonable hubiera fallado en favor de la defensa. Lo más importante era que Holly estaba aprendiendo a desafiar y responder a sus pensamientos negativos sobre ella misma. Este proceso le proporcionó una tranquilidad emocional parcial pero inmediata, la primera que experimentaba en muchos años. Al finalizar la sesión de consulta me comentó: "No recuerdo haberme sentido tan bien desde hace mucho tiempo, pero un pensamiento negativo me viene a la mente: esta nueva terapia podría no ser tan buena como parece". Como reacción ante esto, repentinamente volvió a sentirse deprimida. Le aseguré: "Holly, el abogado defensor ha señalado que ése no es un problema real. Si la terapia no es tan buena como parece, lo sabrá en pocas semanas, y aun tendrá la alternativa de una hospitalización a largo plazo. No habrá perdido nada. Además, la terapia puede ser parcialmente tan buena como parece o incluso mejor. Quizás esté dispuesta a darle una oportunidad". Como respuesta a esta proposición, ella decidió venir a Filadelfia para realizar un tratamiento.

El apremio de Holly por suicidarse era simplemente el resultado de distorsiones cognitivas. Ella confundía los síntomas de su enfermedad, tales como el letargo y la pérdida de interés por la vida, con su verdadera identidad y se clasificaba como una "persona holgazana". Debido a que Holly equiparaba su valor como ser humano con sus logros, infería que era inútil y merecía morir. Llegó a la conclusión de que nunca podría recuperarse, y de que su familia estaría mejor sin ella. Magnificaba su malestar afirmando: "No puedo soportarlo". Su sensación de desesperanza era el resultado del error del adivino: llegaba a la conclusión errónea de que no podría mejorar. Cuando Holly comprendió que simplemente se estaba atormentando con pensamientos irreales, sintió un alivio repentino. Para mantener esta mejoría, Holly tenía que aprender a corregir su pensamiento negativo con un criterio progresista y mucho trabajo. ¡No se iba a dar por vencida tan fácilmente!

Después de nuestra consulta inicial, Holly fue trasladada a un hospital de Filadelfia, donde yo la visitaba dos veces por semana para iniciar una terapia cognitiva. En el hospital tenía dramáticos cambios en su estado de ánimo, pero pudo controlarlos después de cinco semanas, y la convencí para que se inscribiera como alumna de tiempo parcial en la escuela de verano. Durante unos días sus estados de ánimo continuaron oscilando como un yo-yo, pero luego mostró una sorprendente mejoría. A veces, Holly me comentaba que se sentía muy bien durante varios días. Esto constituía un verdadero avance, ya que eran los primeros períodos felices que experimentaba desde que tenía trece años. Luego, repentinamente recaía en un grave estado depresivo. En esos momentos volvía a tener intenciones suicidas, y trataba de convencerme de que no valía la pena vivir. Al igual que muchos adolescentes, parecía sentir rencor contra toda la humanidad, e insistía en que no tenía sentido seguir viviendo.

Además de tener un sensación negativa sobre su propia valía, Holly había desarrollado una visión intensamente negativa y desilusionada del mundo entero. No solamente se sentía atrapada por una depresión interminable e intratable, sino que, al igual que muchos adolescentes de hoy en día, había adoptado una teoría personal del nihilismo. Esta es la forma más extrema del pesimismo. El nihilismo es la creencia de que no existe verdad o significado en nada y que *toda* la vida implica sufrimiento y agonía. Para una nihilista como Holly, el mundo no ofrece más que desgracias. Estaba convencida de que la esencia de todos los objetos y personas del universo era malvada y horrible. Así, su depresión era la experiencia del infierno en la tierra. Holly consideraba la muerte como el *único* final y la deseaba. Se quejaba constantemente y sermoneaba cínicamente sobre las miserias y crueldades de la vida. Insistía en que la vida era totalmente insoportable en todo momento, y en que todos los seres humanos carecían totalmente de cualidades respetables.

La tarea de convencer a una mujer tan inteligente y persistente para que admitiera que su pensamiento estaba por completo distorsionado fue un verdadero desafío para este terapeuta. El siguiente diálogo ilustra sus actitudes intensamente negativas, así como también mis esfuerzos para ayudarla a penetrar en lo ilógico de su pensamiento:

HOLLY: La vida no vale la pena, pues en el mundo hay más maldad que bondad.

David: Supongamos que yo fuera un paciente deprimido y usted fuera mi terapeuta y le comentara eso. ¿Qué diría?

(Utilicé este argumento con Holly pues sabía que su objetivo en la vida era ser terapeuta. Me imaginé que diría algo razonable e inteligente, pero me sorprendió con la siguiente afirmación:)

HOLLY: ¡Diría que no puedo discutir con usted!

DAVID: Entonces, si yo fuera su paciente deprimido y le dijera que la vida no vale la pena, ¿me aconsejaría que saltara por la ventana?

HOLLY (riéndose): Sí. Cuando pienso en ello, creo que es lo mejor. Si uno piensa en todo lo malo que sucede en el mundo lo correcto es disgustarse y deprimirse.

DAVID: ¿Y cuáles son las ventajas de eso? ¿La ayuda a corregir las cosas malas del mundo, o qué?

HOLLY: No. Usted *no* puede corregirlas.

DAVID: ¿No puede corregir *todas* las cosas malas del mundo, o no puede corregir *algunas*?

HOLLY: No se puede corregir nada importante. Creo que se pueden corregir cosas pequeñas. Realmente no se puede hacer mella en la maldad del universo.

DAVID: Si cuando regreso a casa todos los días me digo eso, realmente puedo llegar a inquietarme. En otras palabras, puedo pensar en la gente a la que he ayudado durante el día y sentirme bien, o puedo pensar en los cientos de personas que nunca podré ver y ayudar, y sentirme desesperado e inútil. Eso me inhabilitaría y no creo que me conviniera. ¿Es ventajoso sentirse inhabilitado?

HOLLY: Realmente no. Bueno, no lo sé.

DAVID: ¿Le agrada sentirse inhabilitada?

HOLLY: No. No a menos que fuera completamente incapacitada.

DAVID: ¿Cómo sería eso?

HOLLY: Estaría muerta, y creo que así estaría mejor.

DAVID: ¿Cree que estar muerta es agradable?

HOLLY: Ni siquiera sé cómo es. Supongo que debe ser horrible estar muerta y no sentir nada. ¿Quién sabe?

DAVID: Puede ser horrible o no. Lo más cercano a la nada es cuando uno está anestesiado. ¿Es agradable?

HOLLY: No es agradable, pero tampoco es desagradable.

DAVID: Me alegro de que admita que no es agradable. Y tiene razón, no tiene nada de agradable. Pero la vida tiene algunas cosas agradables.

(En este punto creí que me había anotado un punto. Pero nuevamente, estas cosas no eran buenas para su insistencia adolescente, y continuó refutándome y contradiciéndome. Su testarudez representaba un verdadero desafío para mi trabajo y cada vez era más frustrante.)

HOLLY: Sí, pero hay tan pocas cosas en la vida que sean agradables, y hay que pasar por tantas otras para obtenerlas que para mí no tiene sentido.

DAVID: ¿Cómo se siente cuando se siente bien? ¿Siente que no tiene sentido, o sólo se siente así cuando se siente mal?

HOLLY: Todo depende de en qué desee concentrarme, ¿entiende? La única forma de no deprimirme es no pensar en todas las cosas miserables de este universo que me deprimen. ¿Correcto? Por lo tanto, cuando me siento bien significa que me estoy concentrando en las cosas buenas. Pero todas las cosas malas aún están ahí. Ya que hay más maldad que bondad, es deshonesto y falso observar sólo lo bueno y sentirse bien o feliz, y es por eso que el suicidio es lo mejor.

DAVID: Bueno, hay dos clases de cosas malas en este universo. Unas son las pseudo malas. Este es el mal imaginario que creamos como una invención de nuestra imaginación por la forma en que pensamos sobre las cosas.

HOLLY (interrumpiendo): Bueno, cuando leo los periódicos, veo violencia y asesinatos. Para mí ése es un mal *real*.

DAVID: Correcto. Eso es lo que denomina mal real. Pero primero consideremos el pseudomal.

HOLLY: ¿Como cuál? ¿Qué quiere decir con pseudomal?

DAVID: Tomemos su afirmación de que la vida no es buena. Esa afirmación es una exageración inexacta. Como usted puntualizó, la vida tiene elementos buenos, elementos malos, y elementos neutrales. Por lo tanto, la afirmación de que la vida no es buena o de que todo es desesperanzado es exagerada e irreal. Esto es lo que quiero decir con pseudo mal. Por otra parte, en la vida existen problemas reales. Es verdad que a la gente la asesinan y enferma de cáncer, pero según mi experiencia estas cosas pueden afrontarse. En realidad, en su vida puede tomar la decisión de comprometerse con algún aspecto de los problemas del mundo, con lo

364

cual cree que puede contribuir a solucionarlos. Pero aun así, una aproximación significativa implica una interacción positiva con el problema y no dejarse agobiar por él ni retroceder y abatirse.

HOLLY: Bueno, eso es lo que yo hago. Inmediatamente me agobio con las cosas malas que encuentro y luego siento que debo matarme.

DAVID: Correcto. Sería hermoso que hubiera un universo donde no hubiera problemas, ni sufrimientos, pero entonces no existirían oportunidades para que la gente madurara o resolviera los problemas. Probablemente, uno de estos días usted se ocupará de uno de estos problemas del mundo y contribuir a solucionarlo se convertirá en una fuente de satisfacción para usted.

HOLLY: Bueno, no es justo utilizar los problemas de esa manera.

DAVID: ¿Por qué no lo intenta? No deseo que crea nada de lo que le digo a menos que lo pruebe por sí misma y averigüe si es verdad. Un modo de probarlo es implicarse en las cosas, asistir a clases, realizar su trabajo y establecer relaciones con la gente.

HOLLY: Eso es lo que estoy comenzando a hacer.

DAVID: Bueno, puede ver cómo funciona después de un tiempo, y puede descubrir que asistir a una escuela de verano y realizar una contribución a este mundo, y encontrarse con amigos y participar en actividades, y cumplir con su trabajo y obtener buenas calificaciones, y disfrutar de los logros y sentir placer en hacer lo que pueda, quizá no la satisfaga y pueda afirmar: "Hey, la depresión es mejor que esto". Y: "No me agrada ser feliz". Puede pensar: "Hey, no me agrada implicarme en la vida". Si eso es verdad, puede regresar a su depresión y desesperanza. No se lo voy a prohibir. Pero no descarte la felicidad antes de probarla. Vea cómo es la vida cuando se compromete y realiza un esfuerzo. Entonces podremos ver hacia dónde se decantan las cosas en ese momento.

Holly volvió a sentir un sustancial alivio emocional cuando comprendió, por lo menos en parte, que su intensa convicción de que el mundo no era bueno y de que no valía la pena vivir era simplemente el resultado de su ilógica manera de ver las cosas. Estaba cometiendo el error de concentrarse sólo en las cosas negativas (el filtro mental) e insistiendo arbitrariamente en que las cosas positivas del mundo no cuentan (descalificar lo positivo). Consecuentemente, tenía la impresión de que todo era negativo y de que no valía la pena vivir. Cuando aprendió a corregir este error de su pensamiento, comenzó a sentir alguna mejoría. Aunque continuaba experimentando altibajos, la frecuencia y gravedad de los cambios en su estado de ánimo disminuyeron con el tiempo. Tuvo tanto éxito en su trabajo de la escuela de verano que en el otoño fue aceptada como estudiante de tiempo completo en el colegio Ivy League. A pesar de que había realizado muchas predicciones pesimistas de que fracasaría porque no tenía capacidad, para su gran sorpresa se desenvolvió de manera excelente en sus clases. Cuando aprendió a transformar su intensa negatividad en productiva actividad, se convirtió en una estudiante sobresaliente.

Holly y yo tuvimos una discusión después de menos de un año de sesiones semanales. En mitad de la discusión, salió de la oficina, dio un portazo y prometió no regresar. Quizá no conocía otra forma de decir adiós. Creo que sintió que estaba preparada para intentarlo por sí sola. Quizá finalmente se cansó de tratar de derrotarme; después de todo, yo era tan obstinado como ella. Recientemente me llamó para contarme cómo le iban las cosas. Aunque a veces todavía luchaba con sus estados de ánimo, cursa el último año y es una alumna brillante. Su sueño de emprender una carrera profesional parecía convertirse en una realidad. ¡Dios te bendiga, Holly!

El pensamiento de Holly representa muchas de las trampas mentales que pueden conducir a un impulso suicida. Casi todos los pacientes suicidas tienen en común un sentido ilógico de la desesperanza y la convicción de que afrontan un dilema insoluble. Una vez que usted exponga las distorsiones de su pensamiento, experimentará un considerable alivio emocional. Esto le dará una base de esperanza y lo podrá ayudar a impedir un peligroso intento de suicidio. Además, el alivio emocional puede brindarle un respiro de manera que pueda continuar realizando cambios en su vida.

Quizá le cueste identificarse con una adolescente turbulenta como Holly; entonces consideremos otra causa más común de los pensamientos e intentos suicidas: la sensación de desilusión y desesperanza que a veces nos invade en nuestra edad adulta. Cuando usted piensa en el pasado, puede llegar a la conclusión de que no ha logrado tanto en su vida como esperaba en su juventud. Esto se denomina la crisis de la mitad de la vida: el momento en el cual usted analiza lo que en realidad ha hecho con su vida comparado con sus planes y esperanzas. Si no puede resolver esta crisis con éxito puede sentir una amargura tan intensa y una decepción tan profunda que podría intentar suicidarse. Una vez más, el problema tiene muy poco que ver con la realidad. En lugar de eso, su perturbación está basada en un pensamiento tortuoso.

Louise era una mujer casada de cincuenta años que emigró de Europa a los Estados Unidos durante la Segunda Guerra Mundial. Su familia la trajo a mi consulta un día después de que la dieron de alta de una unidad de terapia intensiva, donde la habían tratado por un intento de suicidio totalmente inesperado y casi consumado. La familia no sabía que experimentaba una seria depresión, por lo tanto su repentino intento de suicidio fue una completa sorpresa. Cuando hablé con Louise, me contó con amargura que su vida no había mejorado. Nunca había sentido el júbilo y la plenitud que soñó cuando era niña; se quejó de una sensación de insuficiencia y estaba convencida de que era un fracaso como ser humano. Me comentó que no había logrado nada de valor y que no valía la pena vivir.

Como sentí que era necesaria una rápida intervención para prevenir un segundo intento de suicidio, utilicé técnicas cognitivas para demostrarle tan rápido como fuera posible lo ilógico de lo que se recriminaba. Primero le pedí que me diera una lista de las cosas que había logrado en su vida, como una manera de poner a prueba su creencia de que no había tenido éxito en nada que fuera valioso.

LOUISE: Bueno, ayudé a mi familia a escapar del terror nazi y a instalarse en este país durante la Segunda Guerra Mundial. Además, aprendí a hablar muchos idiomas con fluidez (cinco) mientras crecía. Cuando llegué a los Estados Unidos, realicé trabajos desagradables para obtener el suficiente dinero para mi familia. Mi esposo y yo educamos a un niño, que estudió y ahora es un gran hombre de negocios. Soy una buena cocinera; y además de ser una buena madre, mis nietos creen que soy una buena abuela. Estas son las cosas que siento que he hecho durante mi vida.

DAVID: A la luz de estos logros, ¿cómo puede decirme que no ha tenido éxito en nada?

LOUISE: Todos en mi familia hablan cinco idiomas. Salir de Europa era cuestión de supervivencia. Mi trabajo era común

367

y no requería un talento especial. El deber de una madre es atender a su familia, y cualquiera buena ama de casa aprende a cocinar. Como éstas son todas las cosas que supongo que hice y que cualquiera habría hecho, no son verdaderos logros. Son muy comunes, y por eso decidí suicidarme. Mi vida es inútil.

Comprendí que Louise se inquietaba innecesariamente recriminándose "Yo no cuento" con relación a cualquier cosa buena que se refiriera a sí misma. Esta distorsión cognitiva común, llamada "descalificación de lo positivo", era su principal enemigo. Louise se concentraba *sólo* en sus incapacidades o errores, e insistía en que sus éxitos no valían nada. Si usted desestima sus logros de esta manera, se provocará la ilusión mental de que es un inútil.

Para demostrarle su error mental de una manera dramática, propuse que Louise y yo realizáramos un poco de *role-playing* (interpretación de roles). Le manifesté que yo interpretaría el papel de un psiquiatra deprimido y ella sería mi terapeuta, quien trataría de averiguar por qué me sentía de aquel modo.

LOUISE (como terapeuta): ¿Por qué se siente deprimido, doctor Burns?

DAVID (como un psiquiatra deprimido): Bueno, comprendí que no he logrado nada en mi vida.

LOUISE: ¿Cree que no ha logrado nada? Pero eso no tiene sentido. Debe haber logrado algo. Por ejemplo, se preocupó por muchos pacientes deprimidos, y publicó artículos sobre sus investigaciones y pronunció conferencias. Parece que logró bastante para ser tan joven.

DAVID: No. Nada de eso cuenta. La obligación de todo médico es preocuparse por sus pacientes. Por lo tanto eso no cuenta. Sólo hago lo que se supone que debo hacer. Además, mi deber en la universidad es investigar y publicar los resultados. Por lo tanto, éstos no son logros *reales*. Todos los miembros de la facultad lo hacen, y mi investigación no es muy importante. Mis ideas son comunes. Mi vida es un fracaso.

LOUISE (riéndose de sí misma, y dejando el papel de terapeuta): Comprendo que he estado criticándome así durante los últimos diez años.

DAVID (otra vez como terapeuta): ¿Qué se siente cuando uno se recrimina continuamente "No cuento" al pensar en sus logros?

LOUISE: Me siento deprimida.

DAVID: ¿Y qué sentido tiene pensar en las cosas que no hizo y que le habría gustado hacer, y dejar de lado las cosas que ha hecho bien y fueron el resultado de un gran esfuerzo y determinación?

LOUISE: No tiene ningún sentido.

Como resultado de esta intervención, Louise comprendió que se había inquietado inútilmente al recriminarse una y otra vez: "Lo que he hecho no es lo suficientemente bueno". Cuando reconoció esta situación, experimentó un alivio emocional inmediato, y su deseo de suicidarse desapareció. Louise comprendió que no importaba lo mucho que hubiera logrado en su vida; si deseaba inquietarse siempre podría mirar atrás y decir: "No ha sido suficiente". Esto le indicaba que su problema no era *real*, sino simplemente una trampa mental en la que había caído. El cambio de roles supuso para ella distracción y diversión. Esta estimulación de su sentido del humor pareció ayudarle a reconocer lo absurdo de su autocrítica, y alcanzó así un necesario sentido de la compasión por sí misma.

Recordemos por qué su convicción de que es un "desesperanzado" es irracional y autodestructiva. Recuerde que la enfermedad depresiva, generalmente, si no siempre, es autolimitada, y en la mayoría de los casos desaparece incluso sin tratamiento. El propósito del tratamiento es acelerar el proceso de recuperación. Actualmente existen muchos métodos efectivos de terapia con drogas y psicoterapia, y otros se están desarrollando rápidamente. La ciencia médica está en un constante estado de evolución. En este momento estamos experimentando un renacimiento en nuestra aproximación a la enfermedad depresiva. Debido a que aún no podemos predecir con total certeza qué intervención psicológica o medicación será más útil para un determinado paciente, a veces se debe aplicar una cierta cantidad de técnicas hasta encontrar la llave correcta de una potencial felicidad encerrada. Aunque esto requiere paciencia y trabajo continuo, es fundamental tener en cuenta que la falta de respuesta a una o varias técnicas no significa que todos los métodos vayan a fallar.

En realidad, sucede todo lo contrario. Investigaciones recientes sobre drogas, han demostrado que los pacientes que no responden a una medicación antidepresiva a menudo tienen mayores posibilidades de responder a otra. Esto significa que si usted no responde a uno de los agentes, sus posibilidades de mejorar cuando se le den otros pueden ser mejores. Si se considera que hay una gran cantidad de antidepresivos efectivos, intervenciones psicoterapéuticas y técnicas de autoayuda, la probabilidad de una eventual recuperación es enormemente mayor.

Cuando usted está deprimido, puede tener tendencia a confundir sentimientos con hechos. Sus sentimientos de desesperanza y su desesperación son sólo *síntomas* de una enfermedad depresiva, no hechos. Si usted piensa que es un caso desesperanzado, naturalmente se sentirá así. Sus sentimientos sólo siguen el patrón ilógico de su pensamiento. Sólo un experto, que haya tratado cientos de individuos depresivos, podrá dar un pronóstico significativo de recuperación. Su impulso suicida sólo indica la necesidad de un tratamiento. Así, su convicción de que un caso es "desesperanzado" casi siempre prueba que no lo es. Lo indicado es la terapia y no el suicidio. A pesar de que las generalizaciones pueden ser engañosas, yo me guío por la siguiente regla empírica: los pacientes que se *sienten* desesperanzados *en realidad nunca están* desesperanzados.

La convicción de la desesperanza es uno de los aspectos más curiosos de la enfermedad depresiva. En realidad, el grado de desesperanza experimentado por pacientes seriamente deprimidos que tienen un excelente pronóstico, generalmente es mayor que el de pacientes con enfermedades terminales que tienen un mal pronóstico. Es de gran importancia exponer la ilógica que se esconde detrás de su desesperanza tan pronto como sea posible para prevenir un verdadero intento de suicidio. Usted puede estar convencido de que tiene un problema insoluble en su vida. Usted puede sentirse atrapado en una trampa sin salida. Esto puede conducirlo a una frustración extrema e incluso a matarse como única salida. Sin embargo, cuando me enfrento a un paciente deprimido para precisar en qué trampa se encuentra atrapado, e investigo el "problema insoluble" de esa persona, invariablemente descubro que el paciente se está engañando. En esta situación, usted es como un brujo malvado, y crea una ilusión infernal con su magia mental. Sus pensamientos suicidas son ilógicos, distorsionados y erróneos. Sus pensamientos retorcidos y sus suposiciones equivocadas son los que provocan su sufrimiento, y no la realidad. Cuando aprenda a mirar detrás del espejo verá que se está engañando a sí mismo y desaparecerá su intención suicida.

Sería ingenuo afirmar que los individuos deprimidos y suicidas nunca tienen problemas "reales". Todos tenemos problemas reales, incluyendo el dinero, las relaciones interpersonales, la salud, etc. Pero dichas dificultades casi siempre pueden afrontarse de una manera razonable sin llegar al suicidio. En realidad, abordar estos desafíos puede ser una fuente de recuperación del estado de ánimo y de desarrollo personal. Además, como se señaló en el capítulo 9, los problemas reales nunca podrán deprimirlo completamente. Sólo los pensamientos distorsionados podrán despojarlo de una esperanza válida o de la autoestima. Nunca he visto un problema "real" en un paciente deprimido que fuera "totalmente insoluble" y para el cual la única salida consistiera en el suicidio.

VI

AFRONTAR LAS TENSIONES DE LA VIDA COTIDIANA

16
Predico con el ejemplo

"Médico, cúrate a ti mismo" (Lucas, 4:23).

Un estudio reciente sobre el estrés indicó que uno de los trabajos más exigentes del mundo (en términos de tensión emocional e incidencia en ataques cardíacos) es el de controlador de tráfico aéreo. El trabajo requiere precisión, y el controlador de tráfico debe estar constantemente alerta, pues una equivocación puede provocar una tragedia. Sin embargo, me pregunto si ese trabajo es más exigente que el mío. Después de todo, los pilotos son cooperadores y tratan de despegar o aterrizar con seguridad. Pero los barcos que yo conozco tienen a veces un rumbo destructivo intencional.

He aquí lo que sucedió durante un minuto y medio el jueves pasado por la mañana. A las 10:25 recibí la correspondencia y leí superficialmente una carta extensa, errabunda y encolerizada de un paciente llamado Félix, justo antes de mi sesión de las 10:30. Félix anunciaba sus planes de llevar a cabo un "baño de sangre", en el cual asesinaría a tres doctores, incluyendo dos psiquiatras que lo habían tratado en el pasado. En su carta, Félix señalaba: "Estoy esperando tener la suficiente fuerza como para conducir hasta la tienda y comprar la pistola y las balas". Como no podía comunicarme por teléfono con Félix, comencé mi sesión de las 10:30 con Harry. Harry estaba muy delgado y parecía una víctima de un campo de concentración. No deseaba comer, pues debido al mal funcionamiento de sus intestinos había rebajado mucho peso. Mientras discutía la desagradable opción de hospitalizar a Harry para alimentarlo con suero para evitar su muerte por inanición, recibí una llamada telefónica de emergencia de un paciente llamado Jerome, que interrumpió la sesión. Jerome me informó que se había puesto una soga en el cuello y pensaba colgarse antes de que su esposa regresara del trabajo. También me anunció que no deseaba continuar con el tratamiento ambulatorio e insistió en que la hospitalización sería inútil.

Resolví estas tres emergencias cuando ya terminaba el día y me fui a casa para relajarme. Cuando me iba a acostar recibí una llamada de una nueva paciente, una mujer famosa y muy conocida, que me recomendó otra paciente mía. Me manifestó que estaba deprimida desde hacía varios meses y que al atardecer había estado delante del espejo ensayando para cortarse el cuello con una hoja de afeitar. Me explicó que me llamaba sólo para tranquilizar a la amiga que la había recomendado, pero que no deseaba concertar una cita, pues estaba convencida de que su caso era "desesperado".

¡Todos los días no son tan agitados como éste! Pero a veces parece que estoy viviendo dentro de una olla a presión. Esto me brinda muchas oportunidades de aprender a enfrentarme con la más intensa incertidumbre, la preocupación, la frustración, la irritación, la desilusión y la culpa. Me da la oportunidad de utilizar técnicas cognitivas conmigo mismo y ver si son efectivas. También hay muchos momentos sublimes y jubilosos.

Si alguna vez ha acudido a un psicoterapeuta o a un consejero, lo más probable es que el terapeuta le haya escuchado y esperado a que usted hable. Esto se debe a que muchos terapeutas están adiestrados para ser relativamente pasivos, una especie de "espejos humanos" que simplemente reflejan lo que usted dice.* Este estilo de comunicación unidireccional quizá le parezca poco productivo y frustrante. Usted puede preguntarse: "¿Cómo es en realidad mi psiquiatra? ¿Qué clase de sentimientos tiene? ¿Cómo los controla? ¿Qué presiones siente al tratar conmigo o con otros pacientes?"

Muchos pacientes me han preguntado directamente: "Doctor Burns, ¿usted predica con el ejemplo?" La realidad es que, a menudo, tomo una hoja de papel en el tren de regreso a casa, y trazo una línea de arriba abajo para poder utilizar la técnica de la doble columna y afrontar cualquier amenaza emocional del día. Si le interesa observar detrás del escenario, me agradaría compartir con usted algunos de mis deberes de autoayuda. Esta es su oportunidad de sentarse y escuchar mientras el *psiquiatra* habla. Al mismo tiempo, podrá hacerse una idea de cómo las técnicas cognitivas que usted empleó para superar la depresión clínica pueden aplicarse a toda

*Algunas de las nuevas formas de tratamiento, como la terapia cognitiva, permiten un diálogo más o menos abierto entre el paciente y el terapeuta, que trabajan juntos como miembros del mismo equipo.

clase de frustraciones y tensiones diarias, que son una parte inevitable en la vida de todos nosotros.

AFRONTAR LA HOSTILIDAD:
EL HOMBRE QUE ABANDONO A VEINTE DOCTORES

Una de las situaciones más agobiantes que debo afrontar a menudo requiere el trato con individuos encolerizados, exigentes e irracionales. Creo que he tratado a algunos de los campeones de la cólera de la Costa Este. Esta gente, a menudo, descarga su resentimiento con aquellos que se interesan por ellos, y a veces esto me incluye a mí.

Hank es un hombre joven en perpetuo estado de irritación. Abandonó a veinte doctores antes de que me lo enviaran para que lo atendiera. Hank se quejaba de dolores de espalda episódicos, y estaba convencido de que sufría una enfermedad grave. Debido a que nunca había surgido ninguna anormalidad física, en lugar de elaboradas y prolongadas evaluaciones médicas, numerosos médicos le dijeron que sus dolores muy probablemente eran el resultado de la tensión emocional, sobre todo su dolor de cabeza. A Hank le resultaba difícil aceptar esto, y sentía que a los doctores no les importaba nada. Una y otra vez se enfurecía, abandonaba a su doctor y buscaba otro nuevo. Finalmente, accedió a consultar un psiquiatra y someterse a tratamiento en nuestra Mood Clinic.

Hank estaba bastante deprimido, y comencé a adiestrarlo en técnicas cognitivas. Cuando por la noche aparecía su dolor de espalda, Hank se sentía frustrado e impulsivamente me llamaba por teléfono a casa (me había convencido para que le diera mi número particular, para no tener que recurrir al contestador automático). Renegaba y me acusaba de diagnosticar mal su enfermedad. Insistía en que tenía un problema médico y no psiquiátrico. Luego realizaba alguna petición irracional en forma de ultimátum: "Doctor Burns, o hace las gestiones para que reciba tratamientos de *shock* o esta noche me suicidaré". Generalmente, era difícil, aunque no imposible, acceder a todas sus demandas. No le prescribí tratamientos de *shock*, pues no creía que este tipo de tratamiento fuera adecuado para Hank. Cuando trataba de explicárselo diplomáticamente, se irritaba y amenazaba con alguna acción destructiva.

Durante nuestras sesiones de psicoterapia, Hank tenía el hábito

377

de subrayar cada una de mis imperfecciones (por otra parte reales). A menudo, se paseaba irritado por mi oficina, golpeaba los muebles y me insultaba. Lo que me preocupaban eran las acusaciones de Hank sobre mi falta de preocupación hacia él. Afirmaba que todo lo que me preocupaba era el dinero y mantener un elevado índice de éxitos terapéuticos. Esto me colocaba en un dilema, pues había algo de verdad en su crítica (a menudo se retrasaba varios meses en sus pagos, por lo que me preocupaba que pudiera abandonar el tratamiento prematuramente y terminar aun más desilusionado). Además, yo estaba ansioso por poder añadirlo a mi lista de individuos a los que había tratado con éxito. Debido a que en los ataques de Hank había algo de verdad, me sentía culpable y a la defensiva. El lo sentía y esto incrementaba sus críticas.

Pedí consejo a mis socios de la clínica sobre cómo controlar los estallidos de Hank y mis propios sentimientos de frustración más efectivamente. El consejo que recibí del doctor Beck fue especialmente útil. Insistió en que yo era "excepcionalmente afortunado", ya que Hank me estaba brindando una excelente oportunidad para aprender a afrontar la crítica y la irritación. Esto me sorprendió por completo, pues no me había dado cuenta de lo afortunado que era. Además de sugerirme que utilizara las técnicas cognitivas para reducir y eliminar mi propia irritación, el doctor Beck me propuso que probara una estrategia inusitada para interactuar con Hank cuando estuviera encolerizado. La esencia de este método era: (1) No rechazar a Hank defendiéndose usted mismo. En lugar de ello, haga lo contrario, provóquelo para que manifieste las peores cosas que pueda decir sobre usted. (2) Trate de encontrar la verdad en todas sus críticas y luego manifieste su acuerdo con él. (3) Destaque la importancia de permanecer juntos, a pesar de esos acuerdos ocasionales. Podría recordarle a Hank que la frustración y la lucha podían retrasar nuestra terapia, pero esto no debía destruir nuestra relación o impedir que nuestro trabajo fuera fructífero.

Apliqué esta estrategia en la siguiente oportunidad en que Hank comenzó a pasearse irritado por mi oficina, gritándome. Como había planeado, traté de que Hank dijera las peores cosas que pensaba de mí. El resultado fue inmediato y dramático. En unos momentos, sobrevino la calma: toda su violencia desapareció. Comenzó a comunicarse de manera sensible y tranquila, y se sentó. En realidad, cuando estuve de acuerdo con algunas de sus críticas, repentinamente comenzó a defenderme y a decir cosas agradables de mí. Estaba tan sorprendido con este resultado que comencé a utilizar el mismo método con otros individuos encolerizados y explosivos, y en realidad empecé a disfrutar de sus estallidos hostiles, porque ya disponía de una efectiva manera de controlarlos.

También utilicé la técnica de la doble columna para registrar y responder a mis pensamientos automáticos después de una de las llamadas de medianoche de Hank (véase la fig. 16-1, pág. 381). Como me sugirieron mis socios, traté de ver el mundo a través de los ojos de Hank para poder adquirir cierto grado de empatía. Este fue un antídoto específico que hizo desaparecer mi propia frustración e irritación, y me sentí mucho menos defensivo y perturbado. Me ayudó a ver sus estallidos más como una defensa de su autoestima que como un ataque hacia mí, y pude comprender sus sentimientos de inutilidad y desesperación. Recordé que durante la mayor parte del tiempo él trabajaba con esfuerzo y cooperaba, y lo estúpido que era exigirle por mi parte que cooperara por completo en todo momento. Cuando comencé a sentirme más calmado y confiado en mi trabajo con Hank, nuestra relación mejoró progresivamente.

Finalmente, la depresión y el dolor de Hank cedieron, y finalizó su trabajo conmigo. Hacía varios meses que no lo veía cuando recibí un mensaje en el que Hank me pedía que lo llamara por teléfono. Repentinamente me sentí aprensivo; los recuerdos de sus turbulentos estados de ánimo invadieron mi mente y los músculos de mi estómago se pusieron en tensión. Con un poco de vacilación y ligeramente confuso marqué su número. Era una soleada tarde de sábado, y yo esperaba poder descansar de una semana especialmente agitada. Hank contestó el teléfono: "Doctor Burns, habla Hank. ¿Me recuerda? Hay algo que quiero decirle desde hace tiempo..." Hizo una pausa y yo esperaba el inminente estallido. "No he sufrido dolor ni depresión alguna desde que terminamos el tratamiento hace un año. Me liberé de mi incapacidad y conseguí trabajo. También dirijo un grupo de autoayuda en mi ciudad natal".

¡Este no era el Hank que yo recordaba! Me sentí aliviado y complacido cuando me explicó: "Pero no es por eso que le llamé. Lo que deseo es decirle..." Se produjo otro momento de silencio. "Estoy agradecido por sus esfuerzos, y ahora sé que siempre tenía razón. En realidad, no me sucedía nada malo, sólo me mortificaba con mi pensamiento irracional. No pude admitirlo hasta estar seguro. Ahora me siento un hombre íntegro y tenía que llamarle y hacerle saber dónde me encuentro... Fue difícil hacer esto y lamento haber tardado tanto en decidirme para contárselo."

¡Gracias, Hank! Deseo que sepa que algunas lágrimas de alegría y orgullo asomaron en mis ojos cuando escribía esto. Todas las angustias que pasamos valieron la pena.

AFRONTAR LA INGRATITUD:
LA MUJER QUE NO PODIA DECIR GRACIAS

¿Alguna vez se ha desviado de su camino para hacerle un favor a alguien sólo para que esa persona responda a sus esfuerzos con indiferencia? La gente no debería ser tan desagradecida, ¿verdad? Si lo piensa, probablemente se sentirá inquieto durante varios días cuando recuerde una y otra vez el incidente. Cuanto más violentos sean sus pensamientos y fantasías, más perturbado e irritado se sentirá.

Permítame contarle algo sobre Susan. Después de finalizar la escuela secundaria, Susan se puso en tratamiento para una depresión crónica. Era muy escéptica acerca de que pudiera ayudarla, y continuamente me recordaba que no tenía esperanza alguna. Durante varias semanas había permanecido en un estado de histeria, pues no podía decidirse entre dos universidades. Actuaba como si el mundo se fuera a terminar si la elección no le resultaba clara. Su insistencia en eliminar toda incertidumbre era la probable causa de su interminable frustración, porque simplemente no podía hacerlo.

Lloraba y sollozaba continuamente. Insultaba y ofendía a su novio y a su familia. Un día me llamó por teléfono, suplicando ayuda. Tenía que tomar una determinación. Rechazó todas las sugerencias que le formulé y me exigió irritada que le diera una mejor solución. Insistía: "Como no puedo tomar esta decisión, esto prueba que su terapia cognitiva no sirve para mí. Sus métodos no son buenos. Nunca podré decidirme, y no puedo mejorar". Debido a su exagerada inquietud, remodelé los horarios de mis citas de la tarde para poder realizar una consulta con un colega. Me ofreció varias sugerencias sorprendentes; la llamé enseguida y le di algunos indicios sobre cómo resolver su indecisión. Entonces podría llegar a una decisión satisfactoria en quince minutos, y se sentiría instantáneamente relajada.

Cuando se presentó para su siguiente sesión, me manifestó que se había sentido relajada desde que conversamos y había terminado de realizar los trámites para asistir a la universidad que había elegido. Me imaginé que me daría las gracias de alguna manera

Figura 16-1. Afrontar la hostilidad.

Pensamientos automáticos	*Respuestas racionales*
1. Empleé más energía en mi trabajo con Hank que con cualquier otro paciente, y esto es lo que he obtenido: insultos.	1. Basta de quejas. ¡Pareces Hank! El está atemorizado y frustrado y se encuentra atrapado en su resentimiento. Sólo porque hayas trabajado duro con alguien, eso no significa que deba apreciarte. Quizás algún día lo haga.
2. ¿Por qué no confía en mi diagnóstico y tratamiento?	2. Porque tiene miedo, se siente extremadamente incómodo y temeroso y aún no ha obtenido ningún resultado importante. Te creerá cuando comience a sentirse mejor.
3. Pero mientras tanto, por lo menos debería tratarme con respeto.	3. ¿Esperas que te respete todo el tiempo o parte de él? En general, se esfuerza tremendamente en su programa de autoayuda y te trata con respeto. Está decidido a mejorar, y si no esperas la perfección no debes sentirte frustrado.
4. ¿Es justo que me llame por teléfono a casa de noche tan a menudo? ¿Tiene que ser tan agobiante?	4. Coméntalo con él cuando ambos estéis más tranquilos. Sugiérele que complemente su terapia individual integrándose en un grupo de autoayuda, en el cual los pacientes se llamen unos a otros para obtener apoyo moral. Esto conseguirá que deje de llamarte. Pero por ahora, recuerda que él no *planifica* estas emergencias, que resultan terribles y reales para él.

debido a mis enérgicos esfuerzos por mejorar su conducta, y le pregunté si aún estaba convencida de que las técnicas cognitivas no iban a resultar con ella. Respondió: "¡Claro que sí! Esto sólo es producto de una coyuntura. Tenía la espalda contra la pared y *tuve* que tomar una decisión. El hecho de que ahora me sienta bien no cuenta, pues no puede durar. Esta estúpida terapia no puede ayudarme. Estaré deprimida durante el resto de mi vida". Pensé: "¡Dios mío! ¿Cuánta ilógica se puede soportar? ¡Podría convertir barro en oro y ella ni siquiera lo notaría!" Mi sangre hervía, por lo tanto decidí utilizar la técnica de la doble columna más tarde ese día para calmar a mi preocupado y maltrecho espíritu (véase la fig. 16-2, pág. 384).

Después de escribir mis pensamientos automáticos, pude identificar la suposición irracional sobre su ingratitud que me estaba obsesionando. Era: "Si hago algo para ayudar a alguien, deberá sentir gratitud y recompensarme". Sería agradable si las cosas funcionaran así, pero simplemente no es el caso. Nadie tiene la obligación moral o legal de reconocer mi talento o elogiar mis esfuerzos por mejorar su comportamiento. Entonces, ¿por qué lo espero o exijo? Decidí adecuarme a la realidad y adoptar una actitud más realista: "Si hago algo para ayudar a alguien, es probable que esa persona sea agradecida y eso será agradable. Pero a veces, alguien no responderá en la forma en que yo lo deseo. Si la respuesta es irracional se tratará de algo propio de esa persona, no de mí, entonces, ¿por qué disgustarme por ello?" Esta actitud convirtió mi vida en algo más agradable y recibí más gratitud de mis pacientes de la que podía esperar. Casualmente, Susan me llamó por teléfono el otro día. Le va bien en la universidad y está a punto de licenciarse. Su padre estaba deprimido y deseaba que le recomendara un buen terapeuta cognitivo. Quizás era ésa su forma de decir gracias.

AFRONTAR LA INCERTIDUMBRE Y EL DESAMPARO:
LA MUJER QUE DECIDIO SUICIDARSE

Los lunes voy andando a mi consulta y me pregunto cómo será la semana. Un lunes por la mañana recibí un brusco sobresalto. Cuando abrí mi despacho, encontré algunos papeles que habían sido deslizados bajo la puerta durante el fin de semana, entre ellos una carta de veinte páginas de una paciente llamada Annie. Annie me fue enviada para que la tratara varios meses atrás, en su vigésimo cumpleaños, después de haber recibido ocho años de tratamiento completamente infructuoso por una enfermedad horrible de su estado de ánimo. Desde los doce años, la vida de Annie se había deteriorado y convertido en una pesadilla de depresión y automutilación. Adoraba efectuarse cortes en los brazos con objetos afilados, y en una ocasión necesitó doscientos golpes. También realizó varios intentos de suicidio que casi tuvieron éxito.

Cuando tomé su carta me puse en tensión. Recientemente, Annie había experimentado una profunda sensación de desesperación. Además de la depresión, sufría de un grave problema alimentario, y la semana anterior había pasado tres días comiendo compulsiva e incontrolablemente. Fue de restaurante en restaurante, y comió durante horas sin parar. Luego lo vomitó todo y comió un poco más. En su carta se describía como un "basurero humano", y me explicaba que ya no tenía esperanza. Manifestaba que había decidido abandonar su esfuerzo porque había comprendido que era "una nulidad".

Sin leer más, la llamé a su apartamento. Sus compañeros de habitación me informaron que había preparado las maletas y se había ido de la ciudad por tres días sin decir dónde o por qué. Me alarmé. Eso era exactamente lo que había hecho en sus varios intentos de suicidio anteriores al tratamiento: se dirigió a un hotel, se registró con un nombre falso e ingirió una sobredosis de algo. Continué leyendo la carta. En ella afirmaba: "Estoy vacía, soy como una bombilla fundida: se puede conectar a la electricidad pero no se encenderá. Lo lamento, pero creo que es demasiado tarde. Ya no tendré más falsas esperanzas... Durante los últimos momentos no me siento triste. A veces trato de asirme a la vida, esperando apretar mis manos alrededor de algo, pero continúo aferrándome a la nada".

Parecía una nota de suicidio honrada, aunque no había un anuncio explícito. Repentinamente me sentí invadido por la incertidumbre y la desesperanza: ella había desaparecido sin dejar rastros. Me sentí furioso y angustiado. Como no podía hacer nada por ella, decidí escribir los pensamientos automáticos que atravesaban mi mente. Tenía la esperanza de que algunas respuestas racionales me ayudarían a afrontar la intensa incertidumbre que sentía (véase la fig. 16-3, pág. 385).

Después de registrar mis pensamientos, decidí llamar a mi socio el doctor Beck para una consulta. Me manifestó que debía suponer que estaba viva hasta que se probara lo contrario. Me sugirió que si la encontraban muerta, podía aprender a afrontar uno de los

Figura 16-2. Afrontar la ingratitud

Pensamientos automáticos	*Respuestas racionales*
1. ¿Cómo una muchacha tan brillante puede ser tan ilógica?	1. ¡Fácilmente! Su pensamiento ilógico es la causa de su depresión. Si no se concentrara continuamente en lo negativo descalificando lo positivo, no se deprimiría tan a menudo. Tu trabajo es adiestrarla para que lo supere.
2. Pero no puedo. Ella está decidida a enervarme. No me brindará ninguna satisfacción.	2. Ella no tiene que brindarte ninguna satisfacción. Sólo tú puedes hacerlo. ¿No recuerdas que sólo *tus* pensamientos afectan tus estados de ánimo? ¿Por qué no confías en lo que haces? No esperes que ella lo haga. Aprendiste algunas cosas interesantes sobre cómo aconsejar a la gente para que tome decisiones. ¿Eso no cuenta?
3. Pero ella no admitirá que la he ayudado. ¡Debería estar agradecida!	3. ¿Por qué "debería"? Eso es un cuento de hadas. Si pudiera quizá lo sería, pero aún no puede. Con el paso del tiempo lo hará, pero deberá invertir un modelo de pensamiento ilógico muy arraigado, el cual ha dominado su mente durante más de una década. Quizá se sienta atemorizada de admitir que está obteniendo ayuda para no volver a desilusionarse. O sienta temor de que le recrimines: "Te lo dije". Actúa como Sherlock Holmes y trata de resolver este enigma. No tiene sentido exigirle que sea diferente de lo que es.

Figura 16-3. Afrontar la incertidumbre

Pensamientos automáticos	*Respuestas racionales*
1. Probablemente ella ha intentado suicidarse y ha tenido éxito.	1. No hay pruebas de que esté muerta. ¿Por qué no suponer que está viva hasta que se pruebe lo contrario? Entonces, mientras tanto no tendrías que preocuparte ni obsesionarte.
2. Si está muerta, significa que yo la he matado.	2. No, tú no eres un asesino. Estás tratando de ayudar.
3. Si hubiera hecho algo diferente la semana pasada, podría haber prevenido esto. Es culpa mía.	3. No eres un adivino, no puedes predecir el futuro. Haces lo mejor que puedes basándote en lo que sabes, mantente en tu sitio y respétate a ti mismo según esas directrices.
4. Esto no debería haber sucedido si me hubiera esforzado más.	4. Sea lo que fuere lo que haya sucedido, sólo porque realices el máximo esfuerzo, esto no garantizará los resultados. No puedes controlarla a ella, sólo a tus esfuerzos.
5. Esto significa que mi propuesta es de segunda categoría.	5. Tu propuesta es una de las mejores jamás desarrolladas, y te dedicas a ella con gran esfuerzo y dedicación, obteniendo sorprendentes resultados. Tú *no* eres de segunda categoría.
6. Sus padres se enfadarán conmigo.	6. Pueden o no hacerlo. Ellos saben lo que te has esforzado por ella.
7. El doctor Beck y mis socios se enfadarán conmigo, sabrán que	7. Extremadamente improbable. Todos nos sentiríamos de-

→

Figura 16-3 (continuación)

Pensamientos automáticos	*Respuestas racionales*
soy un incompetente y me despreciarán.	cepcionados por perder un paciente al que hemos tratado de ayudar desesperadamente, pero tus colegas no sentirán que los has traicionado. Si estás preocupado, llámalos. Predica con el ejemplo, Burns.
8. Me sentiré desdichado y culpable hasta que no averigüe lo que sucedió. Se supone que debo sentirme así.	8. Sólo te sentirás desdichado si realizas una suposición negativa. Las posibilidades son (a) ella está viva y (b) mejorará. Si supones esto te sentirás bien. No tienes la obligación de sentirte mal. Tienes el *derecho* de negarte a sentirte inquieto.

riesgos profesionales de trabajar con la depresión. Si estaba viva, como suponíamos, destacó la importancia de continuar con el tratamiento hasta que su depresión hubiera desaparecido.

El efecto de esta conversación y del ejercicio escrito fue magnífico. Comprendí que no tenía la obligación de suponer "lo peor", y que estaba en mi derecho de elegir no sentirme desdichado por su posible intento de suicidio. Decidí que no podía asumir la responsabilidad de sus decisiones, sólo de las mías, y que había trabajado bien con ella y continuaría haciéndolo con tesón hasta que derrotáramos su depresión y lográramos la victoria.

Mi ansiedad e irritación desaparecieron completamente, y me sentí relajado y tranquilo hasta que recibí la noticia por teléfono el miércoles por la mañana. La encontraron inconsciente en la habitación de un hotel a cincuenta millas de Filadelfia. Este era su octavo intento de suicidio, pero estaba viva y quejándose como siempre en una unidad de cuidados intensivos de un hospital lejano. Iba a sobrevivir, pero necesitaría un poco de cirugía plástica para reemplazar la piel de sus codos y rodillas debido a las llagas que le produjo el largo período de inconsciencia. Arreglé su traslado a la

Universidad de Pensilvania, donde volvería de nuevo a mis implacables garras cognitivas.

Cuando hablé con ella, se sentía muy amargada y desesperanzada. Los próximos meses de terapia serían muy turbulentos. Pero finalmente, la depresión comenzó a ceder en el undécimo mes, y exactamente un año después, el día de su vigesimoprimer cumpleaños, los síntomas de la depresión desaparecieron.

La recompensa: Mi alegría fue inmensa. Las mujeres deben de experimentar este sentimiento cuando ven a su bebé después del parto: todas las incomodidades del embarazo y el dolor se olvidan. Es la celebración de la vida, una experiencia bastante intensa. Descubrí que cuanto más crónica y grave es la depresión, la lucha terapéutica es más intensa. Pero cuando el paciente y yo descubrimos la combinación que abre la puerta de su paz interior, las riquezas que allí se encuentran superan ampliamente cualquier frustración o esfuerzo que se hayan producido durante el camino.

VII

LA QUIMICA DEL ESTADO DE ANIMO

17
Farmacoterapia de la depresión: guía del consumidor

En cualquier época el hombre ha tratado de averiguar qué es lo que causa la depresión. Ya en la antigüedad existía la sospecha de que el humor melancólico se debía, al menos en parte, a un desequilibrio de la química corporal. Para Hipócrates (460-355 a. de C.), el culpable era la "bilis negra". En años recientes los hombres de ciencia han emprendido una afanosa búsqueda de la esquiva atrabilis. Su propósito es determinar cuáles son exactamente las anormalidades de la química cerebral que provocan la depresión. Hay ciertos indicios al respecto, pero, a pesar del creciente refinamiento de los medios de investigación, la solución definitiva no está todavía a nuestro alcance. Es posible que con el tiempo los neuroquímicos desarrollen una alarmante tecnología que nos permita regular a voluntad nuestro estado de ánimo. Será sin duda uno de los progresos más extraordinarios y filosóficamente desconcertantes en toda la historia de la humanidad. Pero, en lo que respecta al futuro inmediato, las metas son mucho más modestas. Lo que se intenta es alcanzar una mayor precisión en el diagnóstico de la enfermedad depresiva e idear métodos terapéuticos más humanitarios y eficaces.

¿En qué se basa la creencia de que pueda haber un componente químico en la depresión? En primer lugar, los síntomas físicos (somáticos) autorizan a pensar que al menos algunos tipos de depresión tienen que ver con cambios en el organismo. Entre esos cambios de las funciones corporales se cuentan la agitación psicomotora (actividad nerviosa incrementada, como pasearse de un lado a otro o retorcerse las manos) y la inhibición psicomotora (apatía e inmovilidad: el sujeto siente como si tuviera un enorme peso encima y no realiza ninguna actividad). También puede haber una variación "diurna" del estado de ánimo (en algunas depresiones los síntomas empeoran por la mañana), pautas de sueño alteradas (de las que el insomnio es la más común), estreñimiento, anomalías del apetito (por lo general disminuye, pero a veces aumenta), disminución de la capacidad de concentrarse y menor interés por el sexo.

Otra razón para atribuir una causa fisiológica a la depresión es que algunos tipos de trastornos del humor afectan a diversos miembros de una misma familia, lo que sugiere la influencia de factores genéticos. Si hay una anomalía hereditaria que predispone a algunos individuos a la depresión, es probable que se manifieste como una perturbación de la química corporal, tal como ocurre con muchas enfermedades genéticas.

La era moderna de la investigación sobre la química de los trastornos del humor comenzó hace varias décadas, cuando se formuló la hipótesis de que la depresión obedecía a un bajo nivel de ciertas sustancias del cerebro conocidas técnicamente como "aminas".[1] ¿Qué son las aminas? Son transmisores químicos que los nervios utilizan para intercambiar mensajes. Las aminas son los "mensajeros" bioquímicos del cerebro, concentrados especialmente en el sistema límbico, una primitiva región del cerebro que al parecer interviene en la regulación de los estados de ánimo.

Los resultados de diversos tipos de investigación son congruentes con esta teoría de las aminas. Una versión simplificada de tales resultados sería la siguiente:

1. Algunos de los fármacos usados en el tratamiento de la hipertensión arterial producen ataques de depresión en los individuos predispuestos. Esos fármacos tienden a vaciar el cerebro de mensajeros químicos amínicos. Los niveles disminuidos de aminas pueden desencadenar el estado de ánimo depresivo.

2. Los fármacos que elevan el nivel de esas aminas en el cerebro provocan un aumento de actividad y alerta en animales de laboratorio. A la inversa, los fármacos que bloquean o reducen la actividad de las aminas cerebrales provocan sedación y letargo en esos animales. Aunque el aumento o disminución de la actividad de los animales no constituye un modelo adecuado de las posibles causas fisiológicas de la euforia y la depresión humanas, no deja de ser cierto que en los trastornos del humor en los seres humanos se

1. Entre las aminas que tienen relación con los trastornos del estado de ánimo se cuentan la norepinefrina, la dopamina y la serotonina.

observa un cambio en los niveles de actividad y alerta. Por lo tanto, esas comprobaciones de laboratorio son congruentes con la teoría amínica.

3. La mayor parte de los fármacos que se emplean en el tratamiento de la depresión refuerzan la actividad o incrementan los niveles de las aminas mensajeras del cerebro. En una notable serie de experimentos llevada a cabo recientemente en Nueva York, pacientes deprimidos recibieron un fármaco que aumenta la concentración de aminas cerebrales. Después de varias semanas de tratamiento, los pacientes mostraron cierta mejoría clínica. Se les administró entonces otro fármaco que hace mermar las aminas cerebrales: en un par de días sufrieron una recaída. Cuando este segundo fármaco fue suspendido —lo cual permitió que el nivel de aminas cerebrales volviera a subir—, los pacientes mejoraron una vez más. Estos descubrimientos permiten suponer que las aminas cerebrales son realmente los "culpables" químicos de al menos algunas depresiones, ya que en el experimento citado el estado de ánimo de los pacientes variaba como consecuencia de los cambios operados en el nivel de esas aminas.

4. El estudio de los niveles de dichas aminas y de sus metabolitos en la sangre, la orina y el líquido cefalorraquídeo de pacientes deprimidos ha confirmado —aunque no en todos los casos— los déficit previstos.

Como puede verse, algunos de los datos son prometedores. ¿Quiere esto decir que conocemos con exactitud la causa de la depresión? En absoluto. Nuestra comprensión del funcionamiento del cerebro es muy rudimentaria. Aún nos encontramos en la era del Modelo T, esperando el advenimiento de la era del *jet*. Pero una importante labor de investigación se ha puesto en marcha y progresa en forma acelerada. Con el tiempo llevará probablemente a la identificación definitiva de la misteriosa "bilis negra".

EFECTO DE LOS ANTIDEPRESIVOS SOBRE EL CEREBRO

En esta sección referiré tan sólo lo esencial de nuestros actuales conocimientos acerca del modo en que los fármacos antidepresivos actúan sobre el tejido cerebral. No obstante, si la palabra "químico" basta por sí sola para producirle vértigo, omita esta sección y pase a la siguiente, donde se tratan los detalles prácticos de la administración de fármacos.

Mensajeros químicos liberados
en la "sinapsis" o zona de contacto.

Impulso
eléctrico

Nervio 1

Impulso
eléctrico

Nervio 2

"Sinapsis": zona de contacto,
llena de fluido, entre dos nervios. El mensajero químico
emigra a través de la sinapsis
y se une a la membrana del
nervio 2

Vesículas en el extremo del
nervio 1 que contienen los
mensajeros químicos.

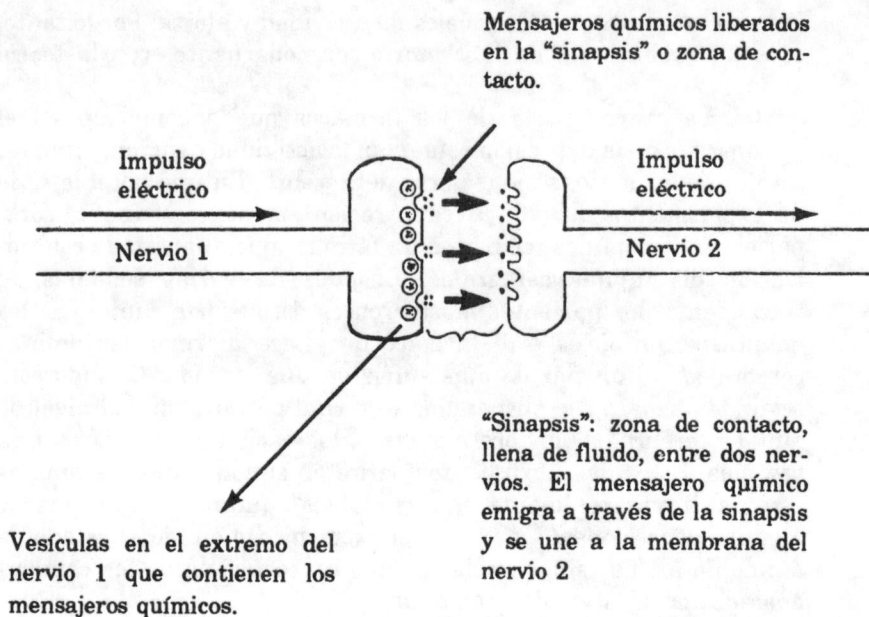

Figura 17-1. Transmisión de mensajes de un nervio a otro. Un impulso
eléctrico recorre el nervio 1 hasta alcanzar su región terminal. Allí se
produce la ruptura de diminutas vesículas que contienen mensajeros
químicos; éstos penetran en la sinapsis, que está llena de fluido, la
atraviesan y se unen a la membrana del nervio 2. Esto origina un impulso
eléctrico en el nervio 2. A continuación los mensajeros químicos son
destruidos; los productos de desecho son eliminados y finalmente aparecen
en la orina.
El nervio 1 tiene que fabricar constantemente mensajeros químicos para
reemplazar a los ya utilizados. Según se cree, un déficit de mensajeros
químicos lleva a la depresión. Los antidepresivos compensan ese déficit
elevando el nivel de mensajeros químicos o bien potenciando su acción en
la región sináptica.

El cerebro es fundamentalmente un sistema eléctrico. Los nervios
o "cables" se comunican unos a otros sus señales eléctricas por medio
de mensajeros químicos (véase las fig. 17-1, pág. 395). Cuando hay
una merma de esos mensajeros químicos, en el cableado del cerebro
se producen contactos defectuosos. El resultado es una interferencia

Tabla 17-1. Antidepresivos tricíclicos

Agente[1]	Efecto sedante[2]	Otros efectos colaterales (sequedad bucal, estreñimiento, visión borrosa)[3]	Dosis total diaria normalmente eficaz[4]	Momento del día en que debe tomarse el medicamento[5]
Imipramina (Tofranil, Imanate, Presamine, Sk-Pramine, Janimine)	moderado	moderados	150-300 mg	esquema 1
Desipramina (Pertofrane, Norpramin)	moderado	moderados	150-250 mg	esquema 1
Amitriptilina (Elavil, Endep)	sustancial	moderados	75-300 mg	esquema 1
Nortriptilina (Aventyl)	sustancial	moderados	50-150 mg	esquema 1
Protriptilina (Vivactil)	mínimo	moderados	10-60 mg	esquema 2
Doxepina (Sinequan, Adapin)	sustancial	mínimos	150-300 mg	esquema 1

[1] Se indica en el primer término el nombre de la sustancia química y a continuación, entre paréntesis, el de los medicamentos que la contienen. Si el médico ha hecho constar en la receta el nombre de la sustancia química, usted puede pedir al farmacéutico que reemplace el medicamento recetado por otro equivalente pero de menor precio, si lo hay. Recientes descubrimientos indican que los fármacos de mayor efecto sedante pueden ser los más eficaces para combatir la ansiedad y el nerviosismo.

[2] Tomados al acostarse, los sedantes contribuyen a aliviar el insomnio.

[3] Si los efectos colaterales resultan molestos, pueden minimizarse reduciendo la dosis. Tales efectos son mayores durante los primeros días y tienden a desaparecer.

[4] Las dosis consignadas corresponden al tratamiento de un episodio depresivo; en el caso de algunos pacientes, las dosis requeridas pueden estar por encima o por debajo de esos límites. Si, una vez superado el episodio depresivo, se considera conveniente instituir una terapia de mantenimiento, pueden administrarse las dos terceras partes de la dosis utilizada durante la fase aguda.

[5] Esquema 1: Si la dosis total diaria no sobrepasa la mitad de la cantidad máxima indicada en la tabla, puede administrarse en una sola toma, por la noche, antes de acostarse. De esta manera se facilita el sueño y la mayor parte de los efectos colaterales se producen mientras usted duerme. En caso contrario, el resto de la dosis se administrará durante el día con las comidas, en forma fraccionada. Esquema 2: Este medicamento es estimulante y debe tomarse en forma fraccionada por la mañana y al mediodía. Si se toma a una hora más avanzada puede dificultar el sueño.

mental y emocional, muy semejante a la música que sale de una radio que tiene un cable suelto en el sintonizador. La interferencia emocional vendría a ser la depresión.

A la inversa, los estados maníacos —en los que el paciente experimenta una euforia incontrolable— se deben, según se supone, a un nivel de actividad excesivo de esos mensajeros químicos, lo cual determina una hiperactividad de la función nerviosa.

¿En qué consiste la acción correctora de los fármacos antidepresivos? Los agentes antidepresivos que se usan en la actualidad son de cuatro clases. Están, en primer lugar, los "tricíclicos", ampliamente recetados (véase el cuadro 17-1, pág. 395) que, si bien no aumentan el nivel de los mensajeros cerebrales del estado de ánimo, potencian su acción en la unión sináptica.

Otro grupo es el de los "inhibidores de la MAO", entre los cuales mencionaremos el Parnate (tranilcipromina), el Marplan (isocarboxazida) y el Nardil (fenelzina). Estos fármacos producen una elevación del nivel de los mensajeros amínicos en las regiones emocionales del cerebro. La presencia en éste de cantidades adicionales de transmisores químicos subsana el supuesto déficit de aminas.

El carbonato de litio es un tercer tipo antidepresivo. Sus efectos son más complejos y no han sido muy bien comprendidos. Es un "electrolito", semejante a la sal común. Modera los nocivos ciclos de humor de los pacientes cuyas emociones oscilan impredeciblemente entre la euforia extremada e incontrolable y una profunda desesperanza. No se sabe bien en virtud de qué mecanismos esta droga produce efectos opuestos entre sí, y esta paradoja es uno de los muchos enigmas apasionantes que los investigadores psiquiátricos están tratando de resolver. Una teoría actual sostiene que el litio estabiliza los niveles de los mensajeros químicos, con lo que convierte en menos probables las oscilaciones cíclicas en la concentración de aminas.

El cuarto tipo de antidepresivo es el L-triptófano, que es también el más reciente de todos. Es un aminoácido natural y está presente en una dieta normal; el cerebro lo utiliza para sintetizar un mensajero químico. Se cree que es de vital importancia para la regulación del humor y se ha investigado intensamente en la última década. Es particularmente fascinante porque pasa con rapidez del estómago a los centros del humor del cerebro, y en consecuencia ha sido recomendado como agente antidepresivo natural.

En la próxima década la investigación nos permitirá sin duda comprender mejor de qué modo regula el cerebro los estados emocionales; también —al menos así lo esperamos— nuestro arsenal de agentes antidepresivos aumentará considerablemente. Hoy por hoy sólo podemos decir lo siguiente:

1. Hay por lo menos una docena de fármacos antidepresivos de efecto comprobado.
2. Esos fármacos son muy eficaces en algunos casos y decepcionantes en otros.
3. Sólo podemos hacer conjeturas de base empírica respecto de qué fármaco dará mejor resultado con un paciente determinado. Algunos pacientes tienen que probar varios antidepresivos antes de descubrir cuál les resulta más beneficioso, ya que no contamos con métodos plenamente eficaces para determinar el fármaco apropiado a partir de las características clínicas o las pruebas de laboratorio.
4. Análisis de sangre para medir el nivel de antidepresivos tricíclicos, desarrollados recientemente en centros de investigación, no tardarán en estar disponibles para uso clínico. Estos análisis orientarán a los terapeutas en cuanto a la dosis adecuada de antidepresivos y pueden aumentar sustancialmente la eficacia y la seguridad de la medicación.

LO QUE USTED Y SU MEDICO NECESITAN SABER SOBRE
LOS ANTIDEPRESIVOS QUE SE RECETAN CON MAYOR FRECUENCIA

Compuestos tricíclicos. Los antidepresivos tricíclicos son los que más se prescriben en la actualidad (la palabra "tricíclico" hace alusión a su estructura química, que presenta el aspecto de tres anillos unidos entre sí). El cuadro 17-1 incluye los más recetados y proporciona información útil sobre dosis, métodos de administración y efectos colaterales.

El error más común en que puede incurrir su médico es prescribir una dosis *demasiado baja.* Aceptar esta afirmación le resultará tal vez difícil si usted cree intuitivamente que debe tomar la menor dosis posible. En el caso de los tricíclicos, si la dosis prescrita es demasiado baja su eficacia se resentirá. Si usted insiste en tomar una dosis diaria demasiado baja, no hará sino perder el tiempo. No le beneficiará. Por otro lado, dosis superiores a las recomendadas en el cuadro 17-1 pueden ser peligrosas y a veces agravan la depresión. Mi consejo, en pocas palabras, es el siguiente: acuda a un médico especialista en tratamientos con fármacos antidepresivos, siga su consejo dentro de lo razonable y examine con él el cuadro 17-1 si piensa que está tomando una dosis demasiado alta o demasiado baja.

Otro error que puede cometer su médico es tratarlo con un antidepresivo determinado durante muchos meses aunque no haya pruebas claras de mejoría. Para mí esto no tiene sentido. Sin embargo, sé de muchos individuos gravemente deprimidos que fueron tratados ininterrumpidamente con el mismo antidepresivo durante meses o años a pesar de no haberse manifestado ningún efecto beneficioso. En casos así, es obvio que el fármaco no ha dado resultado. Entonces, ¿para qué seguir tomándolo? Si a las tres o cuatro semanas de haber comenzado la administración de un fármaco en dosis adecuada no se observan efectos de cierta importancia, comprobados por la persistente disminución de la puntuación en el test BDI, en general lo apropiado es probar otro compuesto tricíclico.

La mejor manera de comenzar un tratamiento con un agente tricíclico es partir de una pequeña dosis e irla aumentando día a día hasta alcanzar la dosis terapéutica normal. Habitualmente esta progresión puede completarse en una semana. Por ejemplo, un programa típico de dosificación diaria de imipramina, el fármaco que encabeza la lista del cuadro 17-1, sería el siguiente:

> Primer día: 50 mg al acostarse
> Segundo día: 75 mg al acostarse
> Tercer día: 100 mg al acostarse
> Cuarto día: 125 mg al acostarse
> Quinto día: 150 mg al acostarse

Si se necesitan más de 150 mg diarios, el excedente debe administrarse en forma fraccionada durante el día. Si la dosis diaria no sobrepasa los 150 mg es conveniente administrarla en una sola toma por la noche. El efecto antidepresivo se prolonga todo el día y los efectos colaterales más molestos se producen durante la noche, que es cuando menos se notan.

Los efectos colaterales más comunes son: somnolencia, sequedad bucal, leve temblor de las manos, mareos pasajeros y estreñimiento. Estos síntomas suelen producirse en los primeros días y, salvo la sequedad bucal, van disminuyendo a medida que el paciente se habitúa al fármaco. Si uno se acostumbra a soportarlos, a menudo desaparecen espontáneamente en pocos días. Si son lo bastante intensos como para producir incomodidad, lo mejor es reducir la dosis, pero nunca en forma abrupta, sino gradualmente. La interrupción súbita de la medicación puede producir trastornos estomacales e insomnio.

Ciertos efectos colaterales son una indicación de que se está tomando una dosis excesiva: la dificultad para orinar, la visión borrosa, la confusión, el temblor acentuado, los mareos fuertes y el aumento de la sudoración se cuentan entre ellos. Cuando se observan estos síntomas, se impone reducir la dosis.

El estreñimiento puede aliviarse con un laxante o algún producto que actúe sobre las heces ablandándolas. Los mareos se producen sobre todo cuando uno se pone de pie bruscamente: se deben a la acumulación de la sangre en las piernas y duran unos pocos segundos. El problema puede evitarse levantándose con cuidado y lentitud o ejercitando las piernas antes de hacerlo (contrayendo y relajando los músculos de las piernas como cuando se corre *in situ*).

Algunos pacientes dicen sentirse "extraños" o "irreales" durante los primeros días de medicación. Reacciones semejantes se observaron en un estudio en el que los paciente recibían píldoras de azúcar (placebos) creyendo que contenían antidepresivos. Esto indica que muchos de los llamados efectos colaterales pueden ser en alguna medida imaginarios y deberse al temor a la medicación más que a los efectos reales del fármaco. Cuando después de un un día o dos de haber comenzado a tomar un antidepresivo los paciente me dicen que se sienten extraños, por lo general les aconsejo que lo sigan tomando y casi siempre esa desagradable sensación desaparece por completo en unos pocos días.

Los compuestos tricíclicos pueden estimular el apetito. Si usted ha estado perdiendo peso a causa de la depresión, ese aumento del apetito puede resultar beneficioso. Pero si está sobrado de peso es posible que tenga que prestar más atención a las cuestiones dietéticas a fin de evitar una ganancia adicional de peso que podría desmoralizarlo.

¿Cuánto tiempo deberá transcurrir antes de que usted se sienta mejor? Por lo general se necesitan dos o tres semanas para que el medicamento comience a mejorar su estado de ánimo. Nadie sabe por qué los antidepresivos actúan con esta demora (y quien lo descubra será probablemente un buen candidato al Premio Nóbel). Muchos pacientes se sienten movidos a dejar de tomar el antidepresivo antes de que hayan transcurrido tres semanas porque piensan que no produce ningún efecto. Esta actitud es ilógica y contraproducente, ya que por lo común estos compuestos no tienen una eficacia inmediata.

¿Qué grado de mejoría cabe esperar? Yo suelo guiarme por el test BDI (capítulo 2). Utilice el test una o dos veces por semana durante el tratamiento. Su objetivo debe ser reducir la puntuación hasta alcanzar la que corresponde a la normalidad (inferior a diez). El tratamiento no puede considerarse totalmente beneficioso si la puntuación sigue siendo superior a diez. Si después de tres o cuatro semanas de tratamiento con un fármaco la puntuación en el test BDI no ha comenzado a disminuir sustancialmente, a mi juicio debería suspender la medicación. Es probable que en ese caso el médico le prescriba otro antidepresivo tricíclico. Es una medida acertada, ya que muchos pacientes que no mejoran con el primero obtienen buenos resultados con el segundo o el tercero. Si usted sigue sin mejorar después de haber probado varios tricíclicos diferentes, quizá lo mejor sea cambiar a un antidepresivo de otro tipo, por ejemplo un inhibidor de la MAO.[2]

¿Qué probabilidad hay de que usted mejore con un tricíclico determinado? En la mayor parte de los estudios realizados se ha comprobado que aproximadamente el 65% de los pacientes deprimidos responden al primer antidepresivo tricíclico que se les prescribe. Dado que el 30% aproximadamente de los que reciben píldoras de azúcar también se reponen, un antidepresivo llevará al doble sus probabilidades de curarse durante el primer mes o los dos primeros meses de tratamiento. Si prueba varios fármacos sucesivamente, sus probabilidades serán mucho mayores. ¡Pero *no* tome varios fármacos distintos simultáneamente!

Una vez obtenida la mejoría, ¿durante cuánto tiempo debe continuarse la medicación? Usted y su médico deberán decidirlo juntos. Si se trata de su primer episodio depresivo, es posible que pueda prescindir del fármaco y mantener su estado de ánimo normal. Si ha sufrido continuamente de depresión durante muchos años o ha sido propenso a ataques repetidos, quizá desee considerar una

2. Si se está tomando un antidepresivo tricíclico y se desea cambiar por un inhibidor de la MAO (o viceversa), es necesario intercalar un período libre de medicación de por lo menos diez días, ya que entre ambas clases de medicamentos pueden producirse interacciones peligrosas.

terapia de mantenimiento durante un año o más, con las dos terceras partes de la dosis que estaba tomando cuando se produjo la mejoría. Recientes investigaciones indican que la terapia de mantenimiento puede disminuir la incidencia de recaídas en la depresión. Los médicos están cada vez más advertidos de la índole recurrente de los trastornos del estado de ánimo y por lo tanto apoyan cada vez más el empleo profiláctico de los antidepresivos.

¿Qué hacer si más adelante reaparece la depresión? ¿Probar un fármaco nuevo? ¡No! Lo más probable es que usted vuelva a obtener un resultado favorable con el que empleó anteriormente. Es posible que sea la "clave" biológica adecuada para usted. Por lo tanto, use otra vez ese fármaco: ¡vaya sobre seguro! Si algún pariente consanguíneo enferma de depresión, ese mismo medicamento quizá sea apropiado para él, ya que la reacción de una persona a los antidepresivos, tanto como la depresión misma, está aparentemente bajo la influencia de factores genéticos.

Inhibidores de la MAO. Se trata de los primeros antidepresivos utilizados a gran escala, cosa que ocurrió hace ya muchos años. A raíz del posterior descubrimiento de los compuestos tricíclicos, que presentan menor riesgo, cayeron hasta cierto punto en desuso. Ultimamente han vuelto a ganar popularidad porque a menudo resultan muy eficaces con pacientes que no responden a los tricíclicos, sobre todo aquellos que han sufrido de depresión durante tantos años que esta desdichada enfermedad se ha convertido para ellos en un desagradable estilo de vida. Los inhibidores de la MAO son especialmente efectivos en una forma atípica de depresión caracterizada por fobias y altos niveles de ansiedad, ira crónica, hipocondría o conducta impulsiva autodestructora. También los pacientes que presentan pensamientos obsesivos recurrentes y hábitos compulsivos, rituales y absurdos (como el de lavarse las manos reiteradamente o comprobar infinidad de veces si han cerrado la puerta) suelen obtener alivio con los inhibidores de la MAO. Estos fármacos requieren un control cuidadoso y una estrecha colaboración entre el paciente y el médico. El esfuerzo vale la pena porque pueden ser una tabla de salvación cuando otros medicamentos no han dado resultados e inducir modificaciones profundas y benéficas del estado de ánimo.

Como los compuestos tricíclicos, los inhibidores de la MAO necesitan al menos dos o tres semanas para demostrar su eficacia. Su médico querrá sin duda efectuar una evaluación de su estado de

Tabla 17-2. Dosificación de los inhibidores de la MAO

Nombre comercial*	Sustancia química	Dosis
Marplan	Isocarboxazida	10-30 mg por día
Nardil	Fenelzina	15-75 mg por día
Parnate	Tranilcipromina	10-50 mg por día

salud antes de prescribírselos. Dicha evaluación debería incluir un examen físico, radiografía de tórax, electrocardiogramas, recuento globular y análisis de sangre y de orina. Los fármacos que se prescriben con mayor frecuencia son el Parnate, el Nardil y el Marplan. Las dosis aconsejables están indicadas en el cuadro 17-2. Un error común consiste en prescribir una dosis demasiado elevada antes de tiempo. Como estos fármacos tienden a ser estimulantes, pueden provocar insomnio. Para reducir esta posibilidad puede tomarse la dosis total de una sola vez por la mañana. El efecto estimulante de los inhibidores de la MAO resulta útil en especial a los individuos deprimidos que suelen sentirse cansados, aletargados y sin ganas de hacer nada. Pueden proporcionarles algo de la energía que tanto necesitan.

Los efectos colaterales, semejantes a los de los tricíclicos, son en general muy leves: sequedad bucal, mareos al ponerse de pie bruscamente, demora en iniciar la micción y exantema. Puede haber también flojedad de vientre o estreñimiento. Estos efectos colaterales no son peligrosos.

Aunque no sucede con frecuencia, los inhibidores de la MAO pueden tener graves efectos tóxicos cuando no se usan correctamente. El más peligroso es la elevación de la presión sanguínea, que puede sobrevenir cuando el paciente ingiere ciertos alimentos o medicamentos prohibidos (véase el cuadro 17-3). Por esta razón el médico debe controlar la presión arterial en cada visita; también puede usted mismo, si desea ponerse a cubierto de todo riesgo, conseguir un tensiómetro y medírsela diariamente. Los alimentos que usted debe evitar contienen una sustancia llamada "tiramina", que podría afectar la capacidad de su cerebro para regular

*Veáse nuestra nota de la tabla 17-1. [E.]

Tabla 17-3. Alimentos y medicinas que deben evitarse si se está tomando un inhibidor de la MAO[1]

ALIMENTOS: Chocolate; quesos, en especial los más fuertes o viejos; arenques salados; salsa de soja; habas; higos en conserva; bananas o aguacates; pasas; hígado; levadura o extracto de levadura; carne blandas; nata agria.

BEBIDAS: Vino (especialmente Chianti o vino tinto); cerveza; alcohol. La cafeína debe usarse con moderación.

MEDICAMENTOS*: 1) antidepresivos tricíclicos; 2) antigripales, descongestivos, gotas nasales, antiasmáticos; 3) estimulantes como el Ritalin o las anfetaminas, que se prescriben a veces para adelgazar; 4) anticonvulsivos. Si usted toma medicamentos para controlar la hipertensión arterial, es aconsejable que su médico de cabecera y su psiquiatra mantengan una consulta.

EFECTOS COLATERALES PELIGROSOS; Si experimenta de pronto un fuerte dolor de cabeza, náuseas, tortícolis, vértigo, confusión, fotofobia u otros síntomas insólitos, consulte sin demora al médico y asegúrese de que su tensión arterial no es elevada. El insomnio y la euforia repentina y desacostumbrada no ofrecen tanto peligro, pero deben ser atendidos sin tardanza y a veces obligan a interrumpir la medicación.

* Si usted padece un trastorno convulsivo, consulte a su neurólogo antes de tomar un antidepresivo de cualquier tipo.

---

correctamente su tensión arterial en caso de que esté usted tomando un inhibidor de la MAO. Si controla cuidadosamente su dieta, no hay razón para que experimente una elevación perjudicial de su presión arterial.

Litio. En 1949 un psiquiatra australiano, John Cade, observó que el litio, una sustancia común, sedaba a los cobayos. Lo administró entonces a un paciente que presentaba síntomas maníacos: el efecto calmante fue espectacular, y se repitió más tarde en otros pacientes maníacos. Desde entonces la popularidad del litio ha ido aumentado lentamente, aunque encuentra mayor aceptación en Europa que en los Estados Unidos. Tiene dos aplicaciones principales:

1. El tratamiento de los estado maníacos agudos.
2. La prevención de la oscilación entre la forma bipolar de la enfermedad maníaco-depresiva.

"Bipolar" significa simplemente "de dos polos": el paciente pasa de la depresión grave a la euforia incontrolable. Durante la fase maníaca se observan un humor exaltado, extático; un grado inadecuado de confianza en sí mismo y exuberancia, verborrea inacabable, hiperactividad incesante (movimientos corporales rápidos), actividad sexual incrementada, menor necesidad de sueño, irritabilidad y agresividad aumentadas y conducta impulsiva autodestructora, como por ejemplo la participación en juergas agotadoras. Esta poco común enfermedad suele evolucionar hacia una pauta crónica de euforia y depresión alternadas e incontrolables, por lo que a menudo los médicos recomiendan la continuación del tratamiento con litio durante toda la vida del paciente.

Si usted ha experimentado tanto depresión como estados de euforia anormal, el litio es el fármaco que debe utilizar. El empleo del litio cuando la depresión es recurrente pero no alterna con accesos de humor maníaco, aún está siendo investigado. Descubrimientos recientes indican que si en su familia hay antecedentes maníacos, el litio puede beneficiarlo aunque usted no haya pasado por esos estados.

Al igual que los otros fármacos utilizados en el tratamiento de los trastornos del humor, el litio requiere dos o tres semanas para manifestar sus efectos. Si se toma durante un período prolongado, su eficacia clínica va en aumento. Por lo tanto, si usted lo toma durante varios años, es probable que lo beneficie cada vez más.

La dosis diaria oscila entre tres y seis comprimidos de 300 mg, administrada en varias tomas. Su médico le guiará. Deben realizarse frecuentes análisis de laboratorio sobre todo al comienzo del tratamiento, para mantener un nivel adecuado del fármaco en la sangre: un nivel excesivo puede provocar peligrosos efectos colaterales; por otra parte, un nivel insuficiente no será útil. La dosis necesaria puede variar de acuerdo con el tamaño corporal, la función renal, las condiciones atmosféricas y otros factores; por lo tanto, los análisis deben realizarse con regularidad durante el tratamiento. La extracción de sangre se efectuará de ocho a doce horas después de haber tomado el último comprimido, preferentemente a primera hora de la mañana. Si usted, por distracción, toma un comprimido la mañana en que debería hacerse el análisis, *¡no se lo haga!* Déjelo para otro día. De lo contrario, el resultado inducirá a error a su médico.

Antes de iniciar el tratamiento, el médico comprobará su estado de salud e indicará una serie de análisis de sangre y un análisis de orina. El funcionamiento de su tiroides debería evaluarse una vez cada año durante el tratamiento; también debería serlo, cada cuatro meses, su función renal, ya que en algunos pacientes se han comprobado anomalías renales provocadas por el litio.

Los efectos colaterales del litio causan *ligeras* molestias, pero en general no son peligrosos. Al comienzo suele experimentarse fatiga, pero ésta es transitoria. Los trastornos estomacales y la diarrea que a veces sobrevienen en los primeros días del tratamiento también desaparecen en la mayoría de los casos. A menudo se observan un aumento de la sed, micción frecuente y temblor de las manos. Si el temblor es muy acentuado y molesto se puede combatir con un fármaco llamado propranolol, pero por mi parte prefiero prescindir de toda medicación adicional cuando ello es posible.

Algunos pacientes se quejan de gran debilidad y fatiga, lo que puede ser indicio de un nivel excesivo de litio en la sangre y requerir una disminución de la dosis. Una gran somnolencia acompañada de confusión, la pérdida de coordinación y el lenguaje titubeante indican un nivel peligrosamente elevado. Si usted experimenta esos síntomas, interrumpa la medicación y consulte sin tardanza a su médico.

L-triptófano. Vivimos en la era de la ecología. Los científicos, como el público en general, se han preguntado si las sustancias naturales (como las vitaminas, etc.) desempeñan algún papel en el desarrollo de los trastornos del estado de ánimo o en su tratamiento. Pese al gran alboroto suscitado en torno a las "megavitaminas" y otras modas dietéticas, de las investigaciones sistemáticas llevadas a cabo por destacados científicos de todo el mundo se desprende que una sola sustancia dietética ha sido vinculada uniformemente con la depresión: el L-triptófano.

El L-triptófano es uno de los elementos que los tejidos del cuerpo utilizan para fabricar proteínas. Como el cuerpo no lo produce, debemos ingerir alimentos que lo contengan. Forma parte del grupo de aminoácidos denominados "esenciales".

Presenta gran interés para los investigadores psiquiátricos por cuanto el cerebro lo utiliza para fabricar serotonina. La serotonina es uno de los transmisores amínicos que los nervios de los centros emocionales del cerebro emplean para enviarse mensajes entre sí. Si su dieta no contiene una cantidad adecuada de L-triptófano, el nivel de serotonina en el cerebro desciende, lo cual puede contribuir a su depresión.

Los recientes descubrimientos de los doctores Ronald Fernstorm, Richard Wurtman y sus colaboradores, del Massachusetts Institute of Technology, son particularmente interesantes. Han logrado demostrar que la cantidad de L-triptófano contenida en la dieta tiene influencia directa en el nivel de serotonina del cerebro. Confirmaron de este modo, al menos en parte, lo que los defensores de la comida sana han venido proclamando durante años: que el estómago controla parcialmente al cerebro.

Todo esto es apasionante, y uno se sienta tentado de proponer una sencilla solución para la depresión clínica: añada usted a su dieta grandes dosis de L-triptófano puro pulverizado. Así conseguirá aumentar el nivel de L-triptófano en la sangre y el cerebro, y éste, a su vez, fabricará más mensajeros químicos. Cualquier supuesto "desequilibrio" químico resultará corregido, poniendo fin a su trastorno anímico. Suena muy bien, pero, ¿es realmente así?

Esto es precisamente lo que psiquiatras de todo el mundo, incluido nuestro grupo de la Universidad de Pensilvania, han estado tratando de averiguar durante los últimos años. Los resultados son alentadores pero no uniformes; en tanto que los psiquiatras de algunos centros informan haber observado efectos antidepresivos de moderados a notables con el empleo del L-triptófano, en otros estudios se señala que los efectos benéficos son escasos cuando no inexistentes. Los resultados de los estudios llevados a cabo hasta ahora parecen indicar lo siguiente:

1. El L-triptófano tiene efectos antidepresivos, pero éstos sólo se manifiestan en algunos pacientes.

2. Cuando da buenos resultados, es probable que su efecto benéfico sea sólo parcial. Para eliminar completamente la depresión, a menudo es necesario recurrir también a la psicoterapia o a un tratamiento farmacológico adicional.

3. El L-triptófano es un sedante moderadamente eficaz y probablemente seguro que proporciona un sueño reparador.

¿Cómo conseguir el L-triptófano? Puesto que para la Food and Drug Administration no se trata de un fármaco sino de un aditivo para alimentos, en los Estados Unidos (a diferencia de lo que ocurre en Inglaterra) los médicos no están autorizados a prescribirlo. La decisión de tomarlo, por lo tanto, le incumbe enteramente a usted. Lo puede adquirir legalmente en los comercios de alimentos dietéticos (a alto precio) o en los que venden productos químicos (a un precio más bajo). En cualquier caso, asegúrese de que adquiere L-triptófano puro, no D-L-triptófano: este último es menos eficaz porque no pasa tan fácilmente al cerebro.

¿Qué cantidad conviene tomar? La dosis "correcta" aún no ha sido establecida, pero los investigadores han estado administrando a pacientes deprimidos dosis que van de tres a quince gramos por día. Sin duda es mucho L-triptófano: una dieta normal aporta aproximadamente un gramo. Sería prudente que usted consultara a su médico sobre la dosis si decide tomar L-triptófano. Pero *absténgase* de tomarlo junto con otros medicamentos, incluidos los antidepresivos, a menos que su médico esté enterado.

¿Es peligroso el L-triptófano? Hasta ahora no se han observado efectos nocivos en seres humanos. En algunos estudios realizados hace bastante tiempo, en los que se administraron dosis enormes a vacas o conejos, se comprobaron ciertas reacciones tóxicas, pero hoy se piensa que esos descubrimientos no son aplicables a los seres humanos. En términos generales puede decirse que la ingestión de grandes dosis de cualquier fármaco encierra *siempre* un riesgo potencial: incluso la aspirina o las vitaminas pueden causar la muerte cuando se hace de ellas un uso inadecuado. Si no se obtienen claros beneficios del L-triptófano o de cualquier otro antidepresivo, no es sensato seguir tomándolos.

Otros fármacos que puede recetarle su médico. Las cuatro categorías de antidepresivos a que hemos hecho referencia son las únicas que, a mi juicio, están claramente indicadas en el tratamiento de la depresión. Hay varios tipos de fármacos que conviene evitar. Algunos médicos recetan tranquilizantes menores o sedantes para el nerviosismo y la ansiedad. Yo no acostumbro a hacerlo, porque pueden provocar adicción y porque sus efectos sedantes agravan en algunos casos la depresión.

Las píldoras para dormir presentan cierto riesgo y es fácil que se haga de ellas un uso inadecuado. Por lo general empiezan a perder eficacia después de unos pocos días de empleo regular, de modo que para provocar el sueño hay que recurrir a dosis cada vez mayores, creándose así un riesgo de dependencia y adicción. Estas píldoras alteran la pauta normal del sueño y, como el insomnio grave es uno de los síntomas que produce su supresión, cada vez que usted trate de prescindir de ellas deducirá erróneamente que las necesita más que nunca. En consecuencia, pueden agravar sus problemas de insomio. En cambio, algunos de los antidepresivos tricíclicos de mayor efecto sedante (véase el cuadro 17-1, pág. 395) facilitan el sueño sin necesidad de ir incrementando la dosis, por lo que en mi opinión constituyen un medio más adecuado de tratar el insonmio en personas deprimidas. Si usted cree que necesita un somnífero, el L-triptófano tomado a la hora de acostarse puede ser una buena alternativa, ya que produce un sueño reparador y no crea adicción.

¿Y qué decir de los estimulantes que, como el Ritalin y las anfetaminas, se suelen prescribir para facilitar la pérdida de peso? Es verdad que en algunas personas producen exaltación temporal (semejante a la provocada por la cocaína), pero a riesgo de contraer hábito. Cuando desaparece ese estado de ánimo transitorio, el paciente se siente agobiado y su desesperación se vuelve aun más profunda. El consumo prolongado puede dar lugar a una reacción paranoide violenta y agresiva que presenta similitud con la esquizofrenia. Si su médico o un amigo le recomiendan ese tipo de fármacos, le sugiero que no vacile en recurrir a la opinión de otro médico merecedor de confianza.

¿Y los llamados "tranquilizantes mayores", como el Thorazine, Mellaril, Stelazine, Haldol, Prolixin o Navane? Estos fármacos se emplean normalmente para tratar las reacciones esquizofrénicas auténticas o los trastornos maníacos. En general no desempeñan un papel importante en el tratamiento de los pacientes deprimidos o ansiosos. Sólo resultan útiles para una minoría de ellos, concretamente a los que presentan agitación y no pueden estarse quietos, o a los de más edad que se caracterizan por sus rasgos paranoides o ideas delirantes. Por lo general los tranquilizantes mayores agravan la depresión a causa de la somnolencia y el cansancio que provocan.

Las consideraciones precedentes sobre la prescripción de fármacos representan, como es obvio, mis propios puntos de vista. Es posible que su médico opine de otro modo. La psiquiatría es aún una combinación de arte y ciencia. Tal vez algún día el "arte" deje de ser un componente significativo. Si usted tiene dudas respecto de su tratamiento, pídale a su médico que se lo explique con palabras simples que usted pueda entender. Después de todo, usted es el jefe y él es el empleado. Son su cuerpo y su cerebro —no los del médico—

los que están expuestos a un riesgo. Si su tratamientos se basa en una estrategia racional, comprensible y aceptable para ambas partes, tendrá usted muchísimas probabilidades de beneficiarse con el esfuerzo de su médico.

¿Cualquier persona puede tomar un antidepresivo? Casi todos pueden hacerlo, pero la supervisión médica apropiada es indispensable. Por ejemplo, si usted padece de epilepsia, de hipertensión arterial o de alguna enfermedad cardíaca, hepática o renal, deben tomarse precauciones especiales. Con los ancianos y los muy jóvenes no pueden emplearse ciertos fármacos, y en otros casos la dosificación difiere de la habitual. Si además del antidepresivo está usted tomando otros medicamentos, es probable que deban adoptarse ciertas precauciones. Un antidepresivo correctamente administrado ofrece poco riesgo y puede salvar su vida. Pero no intente decidir por sí mismo las modalidades de su administración: la supervisión médica es *imprescindible*. Sobre la conveniencia de que una mujer embarazada tome un antidepresivo deben opinar tanto el psiquiatra como el tocólogo. Como no es posible descartar que se produzcan anomalías en el feto, deben sopesarse la gravedad de la depresión, el beneficio potencial y también la etapa del embarazo. Primero deberían ensayarse otras modalidades de tratamiento: un programa activo de autoayuda del tipo de los que se describen en este libro puede volver innecesaria la administración de fármacos, brindando así una protección óptima al niño en gestación.

Polifarmacia. A veces escuchamos la pregunta: ¿por qué no usar dos o más medicamentos psiquiátricos simultáneamente para beneficiarse con los efectos de todos ellos? Aunque determinadas combinaciones de fármacos están indicadas en algunos casos, tomar más de un antidepresivo a la vez en general no es aconsejable. Se han puesto a la venta y publicitado medicamentos que combinan un antidepresivo con un tranquilizante, pero de los estudios clínicos realizados no se deduce que esos preparados sean eficaces. En la mayoría de los casos bastará un solo fármaco para acelerar el retorno a un estado de ánimo normal. Si un fármaco determinado no le resulta útil, deje de tomarlo después de tres o cuatro semanas y pruebe otro; pero no complique las cosas tomando varios simultáneamente. El tratamiento con varios fármacos provoca confusión, por lo general es innecesario y entraña cierto peligro. La excepción la constituyen los pacientes deprimidos que han probado, uno por uno, varios antidepresivos de composición química diferente. Ante la ausencia de una respuesta terapéutica adecuada, el médico puede en tales casos ensayar una combinación de antidepresivos. Puede combinar un inhibidor de la MAO con un tricíclico o con litio, o bien un tricíclico con litio. Se trata de una forma avanzada de tratamiento cuya prescripción compete a un especialista y que requiere una cuidadosa colaboración entre el paciente y el médico.

INTEGRACION DE LAS TEORIAS COGNITIVA Y BIOQUIMICA

A estas alturas usted se estará preguntando por qué me ocupo del tratamiento farmacológico en un libro que pone el acento en la autoayuda y el desarrollo personal mediante la modificación del pensamiento y la conducta.

Es cierto que en nuestra Mood Clinic hemos tratado con éxito a cientos de pacientes deprimidos sin recurrir a medicación alguna. Pero muchos otros, que así lo deseaban, recibieron tratamiento farmacológico y cognitivo al mismo tiempo, con resultados igualmente felices. En ciertos tipos de depresión, es posible que el empleo de un antidepresivo adecuado convierta al paciente en más accesible a un programa racional de autoayuda y abrevie el tratamiento. Sé de muchas personas deprimidas a quienes la medicación antidepresiva les facilitó la comprensión del carácter ilógico de sus pensamientos negativos. En lo que a mí se refiere, estoy a favor de la utilización de cualquier medio que sea razonablemente seguro y pueda ayudar al paciente.

En la actualidad estamos realizando investigaciones para saber más acerca de la combinación de la farmacoterapia con la terapia cognitiva de autoayuda. Los datos preliminares indican que la respuesta de los pacientes que reciben terapia cognitiva además de antidepresivos es más favorable que la de los que reciben solamente antidepresivos. Esto confirma el hecho de que el tratamiento basado exclusivamente en la administración de fármacos es en muchos casos insuficiente. Por lo tanto, la psicoterapia tiene un papel que cumplir, incluso tratándose de pacientes que encuentran alivio en los fármacos.

¿Qué tipos de depresión se benefician más con el empleo de un antidepresivo? Sus posibilidades de responder a un fármaco adecuado serán mayores:

1. Si presenta un deterioro *funcional* y es incapaz de llevar a cabo sus actividades cotidianas a causa de la depresión.

2. Si su depresión se caracteriza por la presencia de síntomas predominantemente orgánicos, como el insomnio, la agitación o el retraso psicomotor; si los síntomas empeoran por la mañana, y si es usted incapaz de sentirse reconfortado por los acontecimientos favorables.

3. Si su depresión es profunda.

4. Si su depresión tuvo un comienzo bien definido y hay una diferencia sustancial entre sus síntomas y el modo en que usted se siente normalmente.

5. Si no padece otro trastorno psiquiátrico de larga evolución y la depresión no ha venido precedida de alucinaciones.

6. Si tiene un historial familiar de depresiones.

7. Si en el pasado ha respondido bien al tratamiento farmacológico.

8. Si no tiene propensión a quejarse y a culpar a los demás.

9. Si no tiene antecedentes de hipersensibilidad a los efectos colaterales de los medicamentos ni de malestares hipocondríacos múltiples.

Los criterios expuestos son de carácter general y no pretenden ser exhaustivos. Hay muchas excepciones, y nuestra capacidad para predecir la respuesta a los fármacos es aún muy limitada. Es de esperar que el empleo de los antidepresivos llegue a ser más preciso y científico en el futuro, como ha ocurrido con los antibióticos.

Enfoque cognitivo de la farmacoterapia. Ciertas actitudes negativas y pensamientos irracionales pueden conspirar contra la aplicación correcta de un tratamiento con fármacos. A continuación me referiré a varios mitos perjudiciales. Creo que la cautela bien informada frente a cualquier clase de medicación es sensata, pero una actitud demasiado conservadora basada en verdades a medias puede ser destructiva.

Mito nº 1: "Si tomo este fármaco no seré yo mismo. Me comportaré de forma extraña y experimentaré sensaciones irracionales." Nada más alejado de la verdad. Aunque los fármacos acaban con la depresión, por lo general no producen una exaltación anormal del estado de ánimo y, con muy pocas excepciones, no hacen que uno se sienta anormal, extraño o eufórico. En realidad, la mayoría de los

411

pacientes informan que se sienten mucho *más* semejantes a sí mismos una vez que han comenzado a responder a la medicación antidepresiva.

Mito nº 2: "Estos fármacos son muy peligrosos." Falso. Si usted se halla bajo supervisión y coopera con su médico, no tiene motivo para temerlos. Las reacciones adversas son poco frecuentes y en general pueden controlarse sin mayor riesgo si usted y su médico actúan en equipo. Los antidepresivos son mucho menos peligrosos que la depresión misma. Después de todo, la enfermedad puede causar su muerte... ¡por suicidio!

Mito nº 3: "Pero los efectos colaterales han de ser intolerables." No es así: los efectos colaterales son leves y, si se gradúa correctamente la dosis, casi ni se advierten. Si aun así encuentra usted que la medicación le produce molestias, es probable que pueda reemplazarla por otra igualmente eficaz cuyos efectos colaterales sean más leves.

Mito nº 4 : "Pero seguramente perderé el control y usaré esos medicamentos para suicidarme." Los antidepresivos, en efecto, tienen un potencial letal, pero esto no debería constituir un problema si usted habla francamente con su médico. Si siente un impulso suicida, conviene que se procure cada vez la cantidad de antidepresivos necesaria para unos pocos días o para una semana. De este modo no tendrá al alcance de su mano una dosis mortal. Recuerde que cuando el fármaco comience a producir efecto, su tendencia suicida disminuirá. Usted debería ver con frecuencia a su terapeuta y recibir terapia intensiva hasta que el impulso suicida haya desaparecido por completo.

Mito nº 5: "No podré dejarlos y me convertiré en un adicto, como los drogadictos callejeros. Si trato de dejar el medicamento volveré a desmoronarme. Nunca me podré librar de esa muleta." Falso, una vez más. A diferencia de las píldoras para dormir, los opiáceos, los barbitúricos y los tranquilizantes menores, los antidepresivos tienen escaso potencial adictivo. Una vez que el fármaco ha comenzado a obrar *no* es necesario aumentar la dosis para que se mantengan sus efectos, y en la mayoría de los casos la depresión no reaparece al suspenderse su administración. Llegado el momento de finalizar la terapia, conviene hacerlo de forma gradual, disminuyendo poco a poco la dosis a lo largo de una o dos semanas. De esta manera se evitan las molestias que produciría la supresión brusca del fármaco y es posible controlar eficazmente cualquier recaída que llegara a insinuarse.

Actualmente algunos médicos recomiendan una terapia prolongada de mantenimiento para ciertos pacientes. Una dosis baja de antidepresivos administrada durante una año o más después de la recuperación tiene efecto profiláctico, reduciendo al mínimo la probabilidad de una recaída. Esta terapia de mantenimiento es aconsejable para quienes han sufrido depresiones recurrentes a lo largo de varios años. Debido al empleo de dosis bajas, los efectos colaterales suelen ser mínimos.

Mito n° 6: "Si tomo un medicamento psiquiátrico, significa que estoy loco." Esta idea es errónea. Los antidepresivos se recetan para la depresión, no para la "locura". Hoy por hoy no tienen ninguna aplicación en el tratamiento de la demencia en cuanto tal. Por consiguiente, si su médico le receta un antidepresivo es porque está convencido de que usted padece un trastorno del estado de ánimo y de que no está "loco". "Locura" sería rechazar un antidepresivo con semejante argumento, ya que esa actitud tendrá como resultado una mayor desdicha y sufrimiento. Paradójicamente, usted volverá a sentirse "normal" en menos tiempo con la ayuda de un fármaco.

Mito n° 7: "Pero otras personas me despreciarán si tomo un antidepresivo; pensarán que soy inferior." Este temor no es realista. Los demás no se enterarán de que usted está tomando un antidepresivo a menos que usted se lo diga: no tienen otro modo de saberlo. Si usted lo revela a otras personas, es probable que éstas sientan alivio. Si se preocupan por usted, es probable que lo tengan en mayor estima al saber que se está esforzando por acabar con su penoso trastorno del estado de ánimo.

Por supuesto, es posible que alguien ponga en duda la conveniencia de tomar medicamentos o, incluso, que critique su decisión. Eso le dará una magnífica oportunidad de aprender a hacer frente a la desaprobación y la crítica recurriendo a los métodos analizados en el capítulo 6. Tarde o temprano tendrá que decidirse a creer en usted mismo y a no ceder al terror paralizante de que alguien esté o no esté de acuerdo con algo que usted haga.

Mito n° 8: "Es vergonzoso tener que tomar medicamentos.

413

Debería ser capaz de librarme de la depresión por mis propios medios." Al investigar los trastornos del humor hemos comprobado que la mayor parte de las personas *puede* curarse sin necesidad de medicamentos si sigue un programa de autoayuda activo y estructurado del tipo descrito en esta obra. No obstante, también hemos comprobado que a veces un antidepresivo facilita los esfuerzos del paciente para ayudarse a sí mismo. En realidad, pruebas recientes indican que los antidepresivos pueden contribuir a disminuir los pensamientos negativos. Por lo tanto, estos fármacos potenciarán el esfuerzo que usted realiza para modificar sus actitudes y lo ayudarán a cambiar sus pautas de conducta. ¿Tiene sentido que usted se hunda en el abatimiento y sufra interminablemente mientras proclama con terquedad que "debe hacerlo por sus propios medios"? Es obvio que deberá hacerlo por sus propios medios, con o sin ayuda farmacológica. Un antidepresivo puede proporcionarle la pequeña ventaja que necesita para afrontar las cosas de un modo más productivo, acelerando así el proceso natural de restablecimiento.

Lecturas recomendadas

Beck, A.T. *Depression: Causes and Treatment*, Filadelfia, University of Pennsylvania Press, 1972 (trad. cast.: *Diagnóstico y tratamiento de la depresión*, Madrid, Merck, Sharp and Dhome, 1980). Libro muy completo que proporciona una base teórica y práctica para comprender y tratar la depresión.

Beck, A.T., *Cognitive Therapy and Emotional Disorders*, Nueva York, New American Library, 1979. Proporciona un amplio marco para comprender las neurosis e indica cómo puede el profesional aplicar los principios cognitivos en su tratamiento.

Beck, A.T., Rush, A.J., Shaw, B.F. y Emery, G., *Cognitive Therapy of Depression*, Nueva York, Guilford Press, 1979, (trad. cast: *Terapia cognitiva de la depresión*, Bilbao, Dexlee Brouwer, 1986). Dirigido a los asesores y terapeutas, este libro muestra paso a paso el desarrollo del tratamiento.

Beck, A.T. y Young, J.E., "Cognitive Therapy of Depression: Demonstration of an Initial Interview". Sesión real de terapia comentada que transporta al oyente al consultorio. Distribuidor: B.M.A. Audio Cassettes, Cat. n. T-337, 200 Park Avenue South, Nueva York, N.Y. 10003.

Burns, D.D. y Beck, A.T., "Cognitive Behavior Modification of Mood Disorders", en Foreyt, J.P. y Rathjen, D.P (comps.), *Cognitive Behavior Therapy: Research and Application*, Nueva York, Plenum Press, 1978, págs. 109-134. Introducción a la modificación cognitiva de la depresión y también de la ansiedad. Este volumen colectivo incluye capítulos sobre el tratamiento cognitivo del estrés, de los problemas sexuales, la ira, el dolor y los trastornos somáticos.

Burns, D.D. y Herman, I., "Cognitive Therapy of Depression". Este curso, registrado en cuatro videocassettes, fue presentado originalmente en la American Psychiatric Convention de 1978. Proporciona orientación a terapeutas y asesores interesados en utilizar métodos cognitivos e incluye un examen de autoevaluación. Distribuidor: Audio Digest Foundation East Chevy Chase Drive, Glendale, California 91206. Solicítese el curso n. 9468.

Ellis, A. y Harper, R.A., *A New Guide to Rational Living,* North Hollywood, Wilshire Book Co., 1975. Publicado con autorización de Prentice-Hall, Inc., Englewood Cliffs, N.J. Libro clásico de autoayuda que describe la psicoterapia racional-emotiva y muestra cómo pueden resolverse los problemas emocionales modificando los procesos de pensamiento que les dan origen.

Indice analítico